全國高等院校古籍整理研究工作委員會直接資助項目（1327）成果
國家社會科學基金項目（16BZS061）階段性成果之一
河南大學文學院、語言所出版基金資助

# 臧庸及『拜經堂文集』整理研究

丁喜霞◎著

中国社会科学出版社

**圖書在版編目(CIP)數據**

臧庸及《拜經堂文集》整理研究／丁喜霞著．—北京：中國社會科學出版社，2016.11

ISBN 978－7－5161－9053－1

Ⅰ.①臧… Ⅱ.①丁… Ⅲ.①臧庸（1767—1811）－人物研究 ②古典詩歌－詩歌研究－中國－清代 Ⅳ.①K825.6 ②I207.22

中國版本圖書館 CIP 數據核字(2016)第 275576 號

出版人 趙劍英
責任編輯 任明
特約編輯 李曉麗
責任校對 周昊
責任印製 何艷

出版 中國社會科學出版社
社址 北京鼓樓西大街甲 158 號
郵編 100720
網址 http://www.csspw.cn
發行部 010－84083685
門市部 010－84029450
經銷 新華書店及其他書店

印刷裝訂 北京市興懷印刷廠
版次 2016 年 11 月第 1 版
印次 2016 年 11 月第 1 次印刷

開本 710×1000 1/16
印張 24.5
插頁 2
字數 389 千字
定價 85.00 圓

# 前　言

臧庸（1767—1811），本名鏞堂，字在東，又字東序。後易名庸，字用中，一字西成。其書室曰“拜經堂”，故又以拜經爲字。江蘇武進人。清初著名經師臧玉林之玄孫，經學大師盧文弨之弟子。家學師承，淵源有自，治學勤篤嚴謹，學術精審，是清乾嘉時期一位著名的游幕職業學者，也是一位重要的正統派考據學家。臧庸畢生以漢學爲圭臬，以校勘古籍、考訂是非爲職志，孜孜問學，矻矻著述，自著之書與裒集漢儒群經佚注之作，凡數十種。且爲人“沈默敦重，天性孝友”，可謂“修身著書，並見於世”①，在古籍校勘、文字考訂、輯佚和小學訓詁方面成就顯著②，在當時就受到學術界很高的評價。如段玉裁向盧文弨誇嘆“高足臧君，學識遠超孫（星衍）、洪（亮吉）之上”③，阮元謂臧庸“爲學根據經傳，剖析精微。德清許周生兵部（宗彦）謂其好學深造如皇侃、熊安生，當求之唐以上也。”④ 可見其學術造詣之高。

《拜經堂文集》又名《拜經文集》，臧庸身前未能付刻，後由其子臧相編輯而成。今世所行之版本，有民國庚午（1930）三月上元宗氏舜年影印漢陽葉氏名澧家舊藏寫本（現藏湖北省圖書館，收入《續修四庫全書》集部第1491冊），凡五卷，一百三十二篇。内頁署有“漢陽葉氏舊藏寫本，庚午三月上元宗氏印行，江寧鄧邦述署。”卷首有揚州阮元《臧拜經别傳》、長洲宋翔鳳《亡友臧君诔》、嘉慶二十年（1815）仲春秦瀛《序》、嘉慶二十二年（1817）九月朔日吴士模《序》。卷末有宗氏舜年

---

① 《拜經堂文集》（下稱“本集”）卷首阮元《臧拜經别傳》。

② 詳見本書“研究篇”《臧庸及其〈拜經堂文集〉述論》之“臧庸之學術貢獻”部分的論述。

③ 本集卷二《刻詩經小學録序》。

④ 本集卷首阮元《臧拜經别傳》。

識語，説明獲得漢陽葉氏舊藏寫本的經過、此本之特點及印行此本的因由。一些文章並録當時學者如洪亮吉、嚴元照、許宗彦、郝懿行、阮元等諸家的眉批及評語，行間亦有葉氏的批校。另有學海堂《皇清經解》刻本一卷（第1178卷），僅載録二十四文，且時有删節。現代有影印本問世，如上海古籍出版社1995年影印《續修四庫全書》本，上海書店1988年縮拼影印學海堂《皇清經解》本，補以咸豐年間補刊之馮登府著作、庚午年間續刊之許鴻磐著作。至今尚無校點本或注本問世。

《拜經堂文集》囊括經解、序跋、書札、傳狀、記、説、考等各類文體，涵蓋訓詁、校勘、版本、輯佚等漢學考據各個方面，内容十分豐富。從中既可見其對經史疑義的闡釋、文字異同的考訂、版本優劣的比勘，彰顯其闡幽發微的考據之功，也可見其與友朋間學問與人情的往還與互唱及其對歷史人物、事件、禮俗的議論乃至對時事、義理等的看法，更能從其與友朋的書信答問和序跋中見其治學態度、學術觀念、考校原則、治學方法的論述。可以説透過《拜經堂文集》，能夠使人一窺臧庸爲人、治學之全豹。[①] 但是，由於其社會地位不高，著述或有不傳，長期以來對臧庸及《拜經堂文集》的研究未得到學界應有的關注。

關于臧庸及其《拜經堂文集》，除見諸史傳（如《清史稿臧庸傳》）和清代學人詩文集（如阮元《揅經室集》、盧文弨《抱經堂文集》、錢大昕《潛研堂集》等）之外，在綜論清代學術史和乾嘉考據學成就的論著（如梁啟超《清代學術概論》，漆永祥《乾嘉考據學研究》等）中有少量簡要評述，在相關工具書和部分專論顧、盧、錢、王諸考據大家的研究論著中偶見提及，對臧庸及其文集進行細緻的個案分析和深入的專題研究的成果還不多見。

較早關注臧庸並對其生平事跡和著述進行細致研究的成果，是日本學者吉川幸次郎用中文所著《臧在東先生年譜》（載《東方學報》1936年第6冊）。此譜梳理了臧庸治學、游食、代人校書，與當時著名學者盧文弨、劉台拱、錢大昕、段玉裁、畢沅、阮元、王氏父子之請業論學事，頗稱詳備。記事下以雙行小字附引資料、注明出處，又附加案語，有所考辨。譜末附“遺書目録”，並有提要，甚便參稽。譜後有編者昭和十年

① 詳見本書“研究篇”《臧庸及其〈拜經堂文集〉述論》之“《拜經堂文集》之版本與内容”，及“臧庸之治學態度與學術精神”、“臧庸之學術貢獻”等相關部分的論述。

(1935）九月三十日後序，述纂譜緣由並評論譜主學行。其論臧庸之學云：“以先生之學視段、王諸公誠有間矣。然阮元《纂詁》之編實賴先生，始匱於成，即此一事，已覺精力可敬，而後學之蒙其福者將無窮焉。”可稱持平之論。

國内關於臧庸生平及學行的研究，主要體現爲年譜（年表）的編纂和少數單篇研究論文。有關臧庸年譜的編纂，目前所見較早的有北京大學圖書館藏稿本《臧拜經先生年譜》，首題“德化李薇編，丙子正月五日稿”。該譜以記臧庸精研經學、校讎學、代人校書等事爲主，記其及與當時著名學者論學之事較詳。臺灣學者陳鴻森認爲吉川幸次郎所著《臧在東先生年譜》雖鈎稽條貫，頗簡核有法，考證亦時有特識，但於臧庸學行事跡缺略者不少，且其繫年、考證亦有違誤，故搜采群籍有關臧庸行實者，重加考訂排纂，重爲《臧庸年譜》（載《中國經學》第二輯，廣西師范大學出版社 2007 年版）。此譜尤重臧庸與當時學者之交接往來，以勾勒其横向學術活動與學者間之交互影響，從一個側面呈現乾嘉學術生態。陳祖武、朱彤窗著《乾嘉學術編年》（河北人民出版社 2005 年版），從卷帙浩繁的乾嘉學術文獻中，通過爬梳整理，區分類聚，用學術史資料長編的形式，將乾隆元年（1736）至道光十九年（1839）間重要學術史事，按時間順序進行著録，其中涉及臧庸之事者，據筆者初步統計，約八十事。另，麥仲貴著《明清儒學家著述生卒年表》（臺灣學生書局 1977 年版），載録臧庸著述三十二條；張慧劍著《明清江蘇文人年表》（上海古籍出版社 2008 年第 2 版），載録臧庸事九條。

研究論文方面，漆永祥《乾嘉考據學家臧庸》（載《西北師範大學學報》1995 年第 5 期），是目前所見最早對臧庸進行專題研究的成果，文章主要依據《拜經堂文集》所録臧庸與師友的書信和序跋，揭示了臧庸的學術師承、治學經歷、“學問、人品、政事三者兼具”的人生追求、嚴謹求實的治學態度和“漢宋兼采、考據與義理並重”的學術特點。吴明霞《論清代學者臧庸的學術成就》（載《中國典籍與文化》2000 年第 4 期），主要圍繞臧庸的生平、交游和治學經歷，討論臧庸的治學思想、治學態度，簡介其在考據和輯佚方面的成就。臺灣學者陳鴻森《〈子夏易傳〉臧庸輯本評述》（《齊魯文化研究》2011 年第 10 輯），認爲臧氏輯本《子夏易傳》搜集《子夏傳》遺文佚説五六十事，與諸家輯本相較，采輯最爲矜慎不苟。指出臧氏輯本卓異乎諸家輯本者二事：一爲《子夏易傳》之作者，歷來言人人殊，臧庸則倡言其書爲漢韓嬰著，非孔門卜子夏；二則宋代朱震《漢上易傳》所引《子夏傳》十餘事，諸家輯本悉加采輯，臧氏獨屏之不録。蔡長林《論清中葉常州學者對考據學的不同態度及其意義——以臧庸與李兆洛爲討論中心》（載臺灣中央研究院文哲研究所編《中國文哲研究集刊》2003年第23期），從學術著作、學術歷程、論學態度、學術價值觀以及與當時學術界的互動情形，探討清乾嘉之際臧庸與李兆洛對考據學的不同態度及其意義，指出臧庸擁抱漢學，畢生以考據輯佚爲職志，李兆洛則堅持常州原有的學術傳統與批判漢學考據的態度，形成鮮明的對比。唐田恬《阮元〈周禮注疏校勘記〉探析》（北京大學碩士學位論文，2013年），分析了臧庸分校主筆的《周禮注疏校勘記》的體例、内容、使用校本、引用文獻、校勘理念，指出其在校勘方法論上的進步之處。

對臧庸《拜經堂文集》的整理，主要有臺灣學者陳鴻森的《臧庸〈拜經堂文集〉校勘記》（載臺灣國立中山大學《文與哲》2004年第5期），據1995年上海古籍出版社輯印《續修四庫全書》本（復據宗氏本影印），参校以《清經解》所載二十四篇，勘正其訛錯衍脱等四百餘條，是本書點校《文集》的重要參考。陳鴻森《臧庸拜經堂遺文輯存》（載《書目季刊》2006年第2期），從群書中輯得臧庸遺文十六篇：《毛詩馬王微序》《孔子年表序》《孟子編年略後序》《保甓齋文録序》《拜經日記識語》《韓詩遺説跋》《三禮目録輯本跋》《六藝論輯本跋》《七略輯本跋》《與王念孫書一》《與王念孫書二》《與王引之書》《與劉台拱書一》《與劉台拱書二》《與莊述祖書》《與宋翔鳳書》。另，南開大學古籍與文化研究所2010年編輯出版《清文海》時，曾據宗氏影印漢陽葉氏寫本《拜經堂文集》，影録臧庸二十五文。

總體來看，對臧庸及其文集的整理和研究還遠遠不够。《拜經堂文集》的傳本至今仍爲寫本及其影印本，而寫手失於讎校，文字魯魚亥豕、訛誤衍脱，所在多有，且臧庸亦有失檢誤記者，亟需對《拜經堂文集》進行認真細緻的整理以形成一部較爲可靠的校點本，便於學界據以開展進一步深入的研究。對《拜經堂文集》的内容及其體現出的臧庸在治學、爲人等各個方面的追求，對臧庸的家學與師承、游幕與其學術成就的關係，對其學術特色、治學態度、治學方法、校勘思想，對其學術著作的存佚及内容的考證，對其在訓詁學、考據學、校勘學、輯佚學等方面的學術成就及其在清代學術史上的地位的研究都有待深入。

對臧庸及其《拜經堂文集》進行整理和研究，不僅可以彌補是集尚無點校本的缺憾，擴充對臧庸及其文集的專題研究成果，對於研究臧庸及其學術成就在清乾嘉考據學和清代學術史上的學術地位，進一步瞭解乾嘉時期考據學、校勘學、訓詁學相互促動的學術盛況，進而全面把握清代學術史也具有重要參考意義。

本書對臧庸及其《拜經堂文集》的整理和研究，主要分爲三個部分：研究篇、點校篇、資料篇。

研究篇即《臧庸及其〈拜經堂文集〉述論》，主要圍繞以下幾個方面的問題進行評述和探討：一、臧庸之生平與治學經歷；二、臧庸之學術貢獻；三、臧庸之治學態度與學術精神；四、臧庸之著述；五、《拜經堂文集》之版本與內容。此外，對臧庸治學及爲人方面的不足進行了簡要分析。

本書對臧庸及其《拜經堂文集》的研究，遵循清儒實事求是、重視佐證、不尚空談的治學原則，注重引證臧庸自著之《拜經堂文集》《拜經日記》和清人詩文集及相關史籍的記述，以當事人和當時人的言論文章爲依據，結合近現代學者的相關研究，如臧庸年譜等資料，力求全面、客觀地呈現《拜經堂文集》的內容，並藉此歷史地、真實地評述臧庸的生平、治學經歷及學術背景、治學態度與學術價值觀、治學理念與學術特色，客觀評介其在古籍校勘、文字考訂、輯佚和小學訓詁等方面的學術成就，探討其在清乾嘉考據學和清代學術史上的學術地位。但由于時日倉促，更因學力不逮，淺陋之弊、零碎之嫌，恐屬難免。惟望本書能有幸成爲引玉之磚，引起學術界對臧庸及其《拜經堂文集》更多的關注與研究，便達到了著者的一點微意。

點校篇即對《拜經堂文集》進行文本識讀、分段、標點和必要的校勘。此次對《拜經堂文集》的點校是以漢陽葉名澧家舊藏寫本［簡稱“漢陽葉氏寫本”，民國十九年（1930）宗舜年據以影印］爲底本，對於葉氏曾有的批校、增刪，有據者徑據改，其未經校正之疑誤字，不專輒臆改，悉存其真，而以校記出之。同時比勘現存學海堂《皇清經解》本所録二十四文，並擇要吸收清人如阮元《十三經注疏校勘記》、郝懿行《爾雅義疏》等代表性成果，和近現代學術界有關的校勘、考異等方面的成果，對《拜經堂文集》文句做出必要的校勘和注釋，於讀是書者或有少助。惟是《拜經堂文集》内容豐富，所涉典籍及清人著述極多，研究乾嘉學術的文獻更多不勝數，而筆者學殖荒落，加之個人眼目難周，遺漏失校者諒多有之，點校及文字處理，亦不免有欠妥之處，敬希專家讀者不吝是正。

資料篇。研究歷史必須以可靠的史料爲基礎，研究學術史同樣如此。對清代學人學術的研究有一個至關重要的前提，就是要在盡可能充分地掌握相關資料的基礎上，厘清其家學淵源、師承、交游與學術活動的軌跡，進而從中體察其學術思想發展的脈絡，闡明其學術特點及其在學術史的地位。有鑒於此，本書匯輯、點校了部分相關史籍和清人詩文集中對臧庸其人其事及《拜經堂文集》的記述和評語，以及國内外學者研究臧庸生平、著述的相關《年譜》《年表》等資料，冀於臧庸研究乃至清代考據學研究和學術史研究者或少有助益。

引證古代文獻，書名、篇目、著者及引文中的俗字異體，一仍其舊，以存古籍原貌。爲行文簡潔，引述前修時賢的研究成果皆直書其名，不贅先生字樣，敬祈諒解。

# 目　録

## 研　究　篇



## 點　校　篇

# 資　料　篇

# 研 究 篇

# 臧庸及其《拜經堂文集》述論

臧庸是清代乾嘉時期一位重要的正統派考據學家，不僅著述豐碩，成就顯著，而且其治學態度和治學方法也極具特色，在當時就負有盛譽。如段玉裁向盧文弨誇贊“高足臧君，學識遠超孫（星衍）、洪（亮吉）之上”①，劉台拱稱譽臧庸所輯《論語鄭注》“精覈過宋王伯厚”②，阮元謂臧庸“爲學根據經傳，剖析精微。德清許周生兵部（宗彥）謂其好學深造如皇侃、熊安生，當求之唐以上也。所著之書，擬《經義雜記》，爲《拜經日記》八卷。高郵王懷祖先生（念孫）亟稱之，用筆圈識其精確不磨者十之六七。其敘《孟子年譜》，辨齊宣王、湣王之訛，閩縣陳恭甫編修（壽祺）歎爲絶識。”③ 段、劉、阮、許、王、陳諸人皆學界名流大家，從其對臧庸的一致推獎可見臧庸學術造詣之高。但長期以來，由於臧庸是一位游幕職業學者④，社會地位不高，著述或傳或不傳，對其生平及學術背景、著述及其内容、治學態度與方法、學術特色和學術地位的研究，還未引起學界應有的重視。⑤ 本文的討論，或有助上述問題的進一步研究。

## 一　臧庸之生平與治學經歷

臧庸，本名鏞堂，字在東，又字東序。後易名庸，字用中，一字西

---

① 漢陽葉氏寫本《拜經堂文集》（下稱“本集”）卷二《刻詩經小學録序》。

② 本集卷二《書劉端臨先生遺書目録後》。

③ 本集卷首阮元《臧拜經别傳》。

④ 游幕職業學者，指專門從事學術活動的游幕學者。參尚小明《學人游幕與清代學術》，社會科學文獻出版社 1999 年版，第 202 頁。

⑤ 關於臧庸及其《拜經堂文集》的研究現狀，詳見本書“前言”。

成。其書室曰“拜經堂”，故又以拜經爲字。江蘇武進（今屬江蘇省常州市）人。清初著名經師臧玉林之玄孫，經學大師盧文弨之弟子。生於清乾隆三十二年（1767），卒於嘉慶十六年（1811），年僅四十五歲。

臧庸爲人“沈默敦重，天性孝友”[①]，學術精審，惜一生困於場屋，三應鄉試皆不中，以諸生終。爲求謀生與治學之資，臧庸常年游幕[②]，以代人校書、注書、編書爲業，隨幕主輾轉湖北、山東、浙江、北京、江蘇等地，半生衣食奔走，且中歲早卒，未能盡其所學。但孜孜問學、矻矻著述是終其一生不懈追求的第一目標。

臧庸短暫的一生，以治學爲主線，大致可以分爲三個時期：初始期、發展期、成熟期。

初始期：從童年入塾始，至乾隆五十二年（1787）止。臧庸出身貧寒，其父繼宏（1728—1796），幼貧困失學，及長，奔走服賈，助人理業，但教子極嚴，延端士爲之師，課以舉子業。[③] 乾隆五十年（1785），臧庸受業於同邑鄭環。見王鳴盛《尚書後案》，好之。退讀其高祖臧琳《經義雜記》等書，始恍然有悟，知研究經學、推考六籍必以漢儒爲宗，尤必折中於鄭玄，遂盡棄俗學，而專習鄭氏學。[④] 乾隆五十一年（1786），臧庸年二十，始據《吕氏春秋》以挍《小戴記》，撰《月令雜説》，塾師鄭清如、鄉先生莊述祖見而奬異之，遂欣然有志於學。[⑤] 其父始以科第勖之，後見庸好讀書、治經生家言，色喜，以“通經立行、爲鴻儒鉅人”期之，曰“文章當從經典來，汝等能續我祖玉林公之傳，吾愿足矣”，並戒以“爲善無近名，要以實勝爲務”。[⑥] 乾隆五十二年（1787），臧庸撰

① 本集卷首阮元《臧拜經別傳》。

② 在臧庸45歲的人生歷程中，自乾隆五十九年（1794）至嘉慶十六年（1811），除嘉慶八年（1803）嘗棄儒經商外，有17年的游幕生涯，先後游於畢沅、阮元、覺羅桂春、尹秉綬、劉鳳誥、章子卿、孫星衍、吴烜等幕中，輾轉湖北、山東、浙江、北京、江蘇等地。參日本學者吉川幸次郎撰《臧在東先生年譜》。

③ 錢大昕《潛研堂集》卷四十五《布衣臧君墓誌銘》。

④ 本集卷五《皇例贈文林郎府學增廣生員蘇景程先生行狀》，本集卷四《先師漢大司農北海鄭公神坐記》。

⑤ 本集卷二《刻蔡氏月令章句序》。

⑥ 錢大昕《潛研堂集》卷四十五《布衣臧君墓誌銘》，本集卷五《讀淇縣典史汪府君行述》。

《書大學考異後》，辨正任啟運《禮記章句》所稱熊安本之誣，[①] 初顯其才學。

發展期：乾隆五十三年（1788）入盧文弨門下始，至乾隆六十年（1795）盧文弨卒止。乾隆五十三年，盧文弨主常州龍城書院講席，知臧庸，欲見之，臧庸往謁，並以《月令雜説》請正，受盧文弨贊賞，遂執弟子禮。[②] 盧文弨潛心漢學，精校讎，凡所諟正，皆能使積非蓄疑涣然冰釋。其所校刻《抱經堂叢書》，更以精審著稱，學者寶之。臧庸師從盧氏執經受業，不僅能親炙函丈，承其指授，而且通過其師直接或間接地結交了一批經學大師和青年才俊，如劉台拱、錢大昕、王昶、段玉裁、畢沅、阮元、王念孫、王引之、秦小峴、顧廣圻、許宗彦、陳壽祺、钮樹玉、洪亮吉、郝懿行、王鳴盛、莊述祖、宋翔鳳、丁杰、焦循、孫星衍、尹秉綬、趙懷玉、嚴元照等，彼此情趣相投，志同道合，常以治經問學相策勵，以詁訓考據相論辯，臧庸身處其中，耳濡目染，潛心涵泳，學術日益精進。

這一時期，臧庸與其師友之間的學術論辯與互唱十分頻繁，個人的著述也十分豐富。如乾隆五十四年（1789），盧文弨以今本《論語憲問》子路、子貢疑管仲非仁兩章爲出《齊論語》，臧庸疑其説未可據，致書其師相討論，盧氏明年撰《答臧生在東書》以復。[③] 洪亮吉爲訂正臧庸所輯《論語鄭注》若干事，與盧文弨書以辨其非，盧氏韙洪氏之説，以其書示臧庸，臧庸就"束脩"訓解復書洪君以申其説。顧明則右臧庸説，與諸君反復辯論。趙懷玉因集録諸家論辯之説爲《論語束修説》。[④] 臧庸《月令雜説》有駁鄭《注》一條，盧文弨舉之言於段玉裁，段不以其説爲然；乾隆五十五年（1790）臧庸致書段玉裁討論《月令》注疏，並以新作《虞書正義釋》就正；復致書段玉裁，就段氏所校《爾雅》疏失提出商

① 本集卷二《書大學考異後》。

② 本集卷三《上王鳳喈光禄書》、卷五《皇清日講官起居注前翰林院侍讀學士盧先生行狀》。阮元《臧拜經别傳》云：臧庸從盧氏受經在乾隆五十四年（本集卷首及《揅經室二集》卷六），未核。

③ 本集卷三《上侍讀學士盧召弓言齊論語書》，《抱經堂文集》卷二十一。

④ 洪亮吉《卷施閣文甲集》卷八《與盧學士文弨論束修書》，本集卷三《答洪稚存太史書》，《亦有生齋文集》卷二《論語束修説序》。

榷。[①] 乾隆五十九年至六十年（1794—1795），臧庸三入畢沅幕，執教畢沅家館，有書答錢大昕討論古音學，又與之書論《史記孔子世家》及《年表》舛誤。[②]

臧庸治學深受其師盧文弨的影響，就此時期臧庸的諸多著述而言，或受其師之指授，如遵師囑校勘《毛詩注疏》與《尚書注疏》訛誤，録成《毛詩注疏校纂》和《尚書注疏校纂》；[③] 常州知府李廷敬重修《府志》，延盧文弨爲總纂，盧氏因囑臧庸留意鄉邦掌故，佐其采擇；盧文弨擬補輯《常州府志藝文志》，囑臧庸佐成之；並囑校訂《府志甲科門》。[④] 或受其師之啟發，如乾隆五十六年（1791），臧庸據盧文弨著《周易注疏輯正》，録其切要者爲《周易注疏校纂》三卷。[⑤] 或得其師之論贊與襄助，如臧庸輯《爾雅漢注》《盧植禮記解詁》成，盧文弨撰序表彰；[⑥] 並取臧庸所輯《盧植禮記解詁》付梓。師從盧文弨的八年，對臧庸的學術發展和學術造詣影響極大，其治學態度與校勘理念均與其師一脈相承（詳下文）。

此外，這一時期，臧庸還校勘、參補段玉裁所著《古文尚書撰異》《詩經小學》，[⑦] 校錢大昕《唐石經考異》，[⑧] 受段玉裁囑校影宋鈔本《釋文》、增補編輯《東原文集》，[⑨] 受袁廷檮囑校《三禮》《三傳》《經典釋文》《群經音辨》等。[⑩]

有如此名師之導引教誨，有如此學術鉅子兼益友與之切磋往還，臧庸所學愈進，聲名日遠。這一時期可謂臧庸學術上的積累期和發展期。臧庸所輯《通俗文》《爾雅漢注》《校正鄭注論語》《蔡氏月令章句》、鄭玄《三禮目録》、校勘影宋本《經典釋文》、録校《華嚴經音義》、校訂《經義雜記》、撰寫《拜經日記》、輯録《韓詩遺説》及《訂訛》、校録何煌《公羊注疏》《穀梁注疏》校本、校定《左氏音義之六》都在這一時期。

---

① 本集卷三《與段若膺明府書》，本集卷二《與段若膺明府論校爾雅書》。

② 本集卷三《答錢曉徵少詹書》《上錢曉徵少詹書二》。

③ 本集卷二《毛詩注疏校纂序》《尚書注疏校纂序》。

④ 本集卷三《與葉保堂書》《上侍讀盧召弓書》《與趙味辛舍人書》。

⑤ 本集卷二《周易注疏校纂序》。

⑥ 盧文弨《抱經堂文集》卷六《爾雅漢注序》，《拜經堂叢書》本《盧氏禮記解詁》卷首。

⑦ 本集卷二《刻詩經小學録序》。

⑧ 《涵芬樓秘笈》本臧庸題款。

⑨ 本集卷二《校影宋經典釋文書後》，經韻樓本《東原文集》卷首段《序》。

⑩ 本集卷四《别鈕匪石序》。

成熟期：從嘉慶元年（1796）正月始，至嘉慶十六年（1811）卒止。

這一時期，臧庸經歷了繼其師病亡之後，其父病亡（嘉慶元年七月）、其弟禮堂卒（嘉慶十年閏六月）、母卒（嘉慶十二年六月）、屢試不第、家事衰敗等諸多人生大悲之事，身心俱疲，陷入人生低谷，但仍篤志爲學，醉心校勘與輯佚，著述不輟。

經過前一時期的學術積累和發展，臧庸的學術日漸成熟，進入嘉慶年間，可謂是其著述上的收穫期。其中最爲人稱道的是，其於嘉慶二年至七年（1797—1802），應阮元之聘入幕纂修《經籍纂詁》及《補遺》、校勘《十三經注疏》，並撰寫《經籍纂詁後序》和《周禮》《公羊》《爾雅》三經《校勘記》。[①] 此外，臧庸還訂補其高祖臧琳所輯鄭玄《六藝論》並跋之；[②] 爲阮元校補《經郛》，受阮元囑校勘《劉端臨先生遺書》，並爲文以記知遇之恩；[③] 受丁杰囑校其輯《周易鄭注後定》，另纂《敘録》一卷附之；[④] 受王氏父子囑校任大椿《小學鉤沈》，受王引之囑校訂任大椿遺著《字林考逸》，録唐釋湛然《輔行記》；[⑤] 受陳善囑校《永樂大典》本焦氏《易林注》，陳善以臧玉林《六藝論》輯本和臧庸所輯《三禮目録》合爲一册，付梓；[⑥] 受郝懿行囑詳勘校定王照圓《列女傳補注》，復爲之序；[⑦] 佐劉鳳誥編次《五代史記注》，爲孫星衍續成《史記天官書考證》，校訂孫星衍《皋陶謨義疏》，並撰《皋陶謨增句疏證》證成其説；[⑧] 與同里劉逢禄、莊綬甲約爲《五經考異》，仿《經典釋文》之例，采輯舊本經籍所引異文古訓，旁稽近代名儒深通經義小學者之言，匯爲一編。臧庸任《詩考》，著《詩考異》四卷；[⑨] 校定纂次汪德鉞遺書，編爲《周易義例》一卷、《周易雜卦反對互圖》一卷、《七經偶記》十二卷、《女範》二卷、《鋭齋偶筆》二卷、《日記》六卷、《四一居士文鈔》六卷等，凡十種，

① 本集卷二《經籍纂詁後序》，《揅經室一集》卷十一《十三經注疏校勘記序》。
② 《拜經堂叢書》本《六藝論》卷末臧庸《跋》。
③ 《昭代經師手簡》臧庸《與王念孫書》，本集卷二《書劉端臨先生遺書目録後》。
④ 本集卷四《丁小雅教授六十序》及《周易鄭注後定》書後。
⑤ 本集卷三《與王伯申論校小學鉤沈書》，卷二《録唐釋湛然輔行記序》。
⑥ 本集卷三《與陳扶雅論大典本易林書》，陳善《刻六藝論三禮目録書後》。
⑦ 本集卷二《列女傳補注序》。
⑧ 本集卷五《節孝項母葉安人小傳》，張紹南《孫淵如先生年譜》嘉慶十五年條。
⑨ 劉逢禄《劉禮部集》卷九《五經考異敘》，本集卷首阮元《臧拜經别傳》。

並掇其經説之要者，爲作《行狀》;[①] 爲吳烜纂輯《中州文獻考》;[②] 得段玉裁襄助，輯刻蕭該《漢書音義》三卷;[③] 得阮元等襄助，赴廣東刊刻《經籍纂詁》《通俗文》《華嚴經音義》《經義雜記》等書。

這一時期，臧庸繼續保持與當時學者的頻繁交游。如嘉慶二年(1797) 新春，與阮元、鮑廷博、丁杰、王昶、朱文藻、錢大昭、陳焯、張若采、許宗彦、何元錫諸君集瑪瑙寺文宴；十月，與袁廷梼、鈕樹玉、顧千里、費士璣、李鋭、瞿中溶、段玉裁諸君會飲於袁氏漁隱小圃;[④] 與王氏父子、阮元、錢大昕、段玉裁、秦瀛、郝懿行、孫星衍、陳壽祺、莊述祖、張伯雅等人更是書問不絕，一時師友之盛。

臧庸與當時學界大儒屢以書札往復講論，或以經史古義相與質疑問難，或互倡古籍珍本的校勘考證，樂之不疲，至兀坐成疾，不以爲困[⑤]。如與錢大昕討論鄭玄《易注》;[⑥] 與陳壽祺討論《禮》《詩》韻例及《尚書》古今文;[⑦] 與孫星衍論校勘《管子》事，推尊王念孫之所得;[⑧] 與王引之、王念孫論任大椿遺著《小學鉤沉》校勘事，並提出處理意見，王念孫復書，表示贊同;[⑨] 與秦瀛書辨韓愈郡望非昌黎，又與翁方綱書論《毛詩》"下武"之義，翁氏不以其説爲然，復來書辨之。[⑩]

友朋互撰序跋以相砥勵，既昌明學術，又闡發自己對某些學術問題的看法。如臧庸撰寫《題夏小正全書目録》表彰宋咸熙輯逸之功；宋咸熙輯刻吕祖謙《古周易音訓》，臧庸代爲之序；撰《書宋槧左傳不全本後》以明宋本之可貴；撰《小爾雅徵文》，闡發戴震説，考證《小爾雅》乃王肅作；撰《子夏易傳序》，以子夏非卜商，而係漢韓嬰；跋阮元《大學格

① 本集卷五《禮部儀制司員外郎汪君德鉞行狀》。

② 本集卷三《與秦小峴少司寇書》。

③ 《拜經堂叢書》本《漢書音義》卷末臧庸《後序》。

④ 王昶《春融堂集》卷廿二，本集卷四《漁隱小圃文飲記》。

⑤ 本集卷二《列女傳補注序》。

⑥ 本集卷三《上錢曉徵少詹書》。

⑦ 本集卷三《答陳恭甫編修論冠昏辭韻書》《再答陳恭甫編修論韻書》,《左海文集》卷四《答臧拜經論禮辭韻》《與臧拜經辨臯陶謨增句疏證書》。

⑧ 本集卷三《與孫淵如觀察論校管子書》。

⑨ 本集卷三《與王伯申學士論校小學鉤沉書》《與王懷祖觀察論校小學鉤沉書》及所附《王石渠先生答書》。

⑩ 本集卷三《答秦小峴司寇論韓昌黎書》《答翁覃谿鴻臚卿書》。

物說》；段玉裁爲臧庸所輯蕭該《漢書音義》撰序，並爲勘正訛謬，出資助其刊刻；[①] 鮑廷博見其所集《孝經鄭氏解輯》，喜其精核，與日本岡田挺之所輯《孝經鄭注》合刻，阮元爲之序；[②] 王念孫爲其《拜經日記》撰序，用筆圈其精確不磨者十之六七；[③] 孫馮翼取臧庸《毛詩馬王微》輯本，序而刊之。[④]

另，臧庸爲師友撰寫傳狀之文亦多，其中尤值一提的是臧庸爲其師盧文弨所撰《行狀》，[⑤] 敘其行實、治經大略及著述，以昌其學行。其收於《文集》中的經義闡釋類文章，如《弟婦釋》《爲妾服緦議并釋》《五岳釋》《漢太尉南閣祭酒考》《克己復禮解》《仁舊貫解》《頌釋》《昆弟兄弟釋異》等，也都撰寫於這一時期。

## 二　臧庸之學術貢獻

作爲清代乾嘉時期的一位正統派考據學家，臧庸在學術上的突出貢獻，主要體現在校勘學、版本學、輯佚學、編纂學、辨僞學等傳統文獻學諸領域和小學訓詁方面取得了令人矚目的成就。

### （一）校勘學成就

臧庸重視典籍校勘，與時代風尚及其治學旨趣密切相關。臧庸生當考據學鼎盛之乾嘉時期，“好著書不如多讀書，欲讀書必先精校書。校之未精而遽讀，恐讀亦多誤矣”[⑥]，幾成乾嘉學人的共識，漢學家幾人人事校勘，臧庸之業師盧文弨是聲名顯赫的江南考據名家，校勘成果豐碩，游處之錢大昕、王念孫、段玉裁、阮元、丁杰諸友，皆曾致力古籍校勘，並取得不斐成績。受時代風尚浸染，臧庸治學遂以漢學爲圭臬、以經史考訂爲職志。臧庸在其學術生涯中，深感“去聖人久遠，經籍多譌，俗儒穿鑿，

① 以上均見之本集卷二。
② 《知不足齋叢書》本卷首。
③ 《拜經堂叢書》本《拜經日記》卷首，阮元《臧拜經別傳》。
④ 《問經堂叢書》本卷首。
⑤ 本集卷五《皇清日講官起居注前翰林院侍讀學士盧先生行狀》。
⑥ 王鳴盛《十七史商榷序》。

疑誤後進”[①]，校勘古籍文字異同、考訂其是非正訛，俾後生晚學咸知取正，俾百世窮經之士能够據以折衷古經、古史、古子，乃至古注之精華，實爲致用之學。因此，臧庸在遍覽經、史、子、集諸部文獻之餘，對所見各書之疏誤、錯漏逐一厘正、訂補，以求恢復典籍的本來面貌，提高古典文獻的使用價值。

臧庸在校勘學领域取得的突出成就，擇其要者有三：

1. 校勘群經，兼及諸子、史、集各部，成果宏富

乾隆五十一年（1786），臧庸年僅二十，即開始據《吕氏春秋》以挍《小戴記》，並撰《月令雜説》，受到塾師鄭清如和鄉先生莊述祖褒獎[②]；乾隆五十三年（1788）拜入盧文弨門下，遵師囑先後校勘《毛詩注疏》與《尚書注疏》之訛誤，録成《毛詩注疏校纂》和《尚書注疏校纂》；[③]乾隆五十六年（1791），校勘、参補段玉裁所著《古文尚書撰異》與《詩經小學》；[④] 乾隆五十七年（1792），校《戴東原集》；[⑤] 乾隆五十八年（1793），校錢大昕《唐石經考異》；[⑥] 受段玉裁囑校影宋鈔本《經典釋文》；[⑦] 受袁廷梼囑校《三禮》《三傳》《經典釋文》《群經音辨》；[⑧] 嘉慶二年（1797）受丁杰囑校其輯《周易鄭注後定》；[⑨] 嘉慶九年（1804）受王念孫父子囑校任大椿《小學鉤沈》與《字林考逸》，校録唐釋湛然《輔行記》；[⑩] 嘉慶十三年（1808）爲阮元校補《經郛》，受阮元囑校勘《劉端臨先生遺書》；[⑪] 嘉慶十五年（1810），校訂孫星衍《皋陶謨義疏》，並撰《皋陶謨增句疏證》證成其説；[⑫] 與孫淵如及洪頤煊同校《管子》；[⑬]

---

① 本集卷二《刻蔡氏月令章句序》。

② 本集卷二《刻蔡氏月令章句序》。

③ 本集卷二《毛詩注疏校纂序》《尚書注疏校纂序》。

④ 本集卷二《刻詩經小學録序》。

⑤ 經韻樓本《戴東原集》卷首段玉裁《序》。

⑥ 《涵芬樓秘笈》本錢大昕《唐石經考異》臧庸題款。

⑦ 本集卷二《校影宋經典釋文書後》。

⑧ 本集卷四《别鈕匪石序》。

⑨ 本集卷四《丁小雅教授六十序》及《周易鄭注後定》書後。

⑩ 本集卷三《與王伯申論校小學鉤沈書》，卷二《録唐釋湛然輔行記序》。

⑪ 《昭代經師手簡初編》臧庸《與王念孫書》本集卷二《書劉端臨先生遺書目録後》。

⑫ 本集卷五《節孝項母葉安人小傳》，張紹南《孫淵如先生年譜》嘉慶十五年條。

⑬ 張紹南《孫淵如先生年譜》、本集卷三《與孫淵如觀察論挍管子書》。

嘉慶十六年（1811），受陳善囑校《永樂大典》本焦氏《易林注》；[①] 受郝懿行囑詳勘校定王照圓《列女傳補注》；[②] 等。尤其是嘉慶六年（1801），應阮元之聘校勘《十三經注疏》，並撰《周禮》《公羊》《爾雅》三經《校勘記》，[③] 所撰《爾雅注疏校勘記》，辨析精當，與顧千里分撰之《毛詩注疏校勘記》，可稱雙璧。視臧庸校書之富，考訂之詳，即使是乾嘉考據學大家亦少有出其右者，盧文弨稱其“校書天下第一”[④]，當非過譽之辭。

2.《拜經日記》：校勘考訂成果的集中體現

《拜經日記》是仿其高祖臧琳《經義雜記》與其師盧文弨《鍾山札記》《龍城劄記》等書之例，將其讀書之餘隨筆記錄之對古文疑義之詮釋、誤字誤讀之校勘、經義之發揮等見解匯錄而成，共計十二卷。“所孿究者，一曰諸經今古文，二曰王肅改經，三曰四家《詩》同異，四曰《釋文》《義疏》所據舊本，五曰南北學者音讀不同，六曰今人以《說文》改經之非，七曰《說文》譌脫之字，而於孔孟事實，考之尤詳。若其說經所旁及者，叔孫《禮記》、南斗文昌之類，皆確有根據，而補前人所未及。”[⑤]

如卷四“不吳不敖”和“吳娛虞”兩篇，對《毛詩》之載“不吳不敖”及“不吳不揚”，鄭《注》本皆作“不娛”的差異進行詳盡的考證，從而得出：“余所謂毛本或有作‘吳’是也，然毛、鄭云‘娛，譁也’，許云‘吳，大言也’。娛樂則言譁大言。許義原與毛、鄭同，惟王肅音誤，謂‘不過誤有傷’，爲臆說耳。”[⑥] 再如卷五“寡人固固焉”篇，對《禮記》之“寡人固固焉”，鄭《注》本作“寡人固不固焉”之不同，廣引《禮記正義》、盧文弨、李善《文選注》、《經典釋文》諸說，認爲之所以有此不同，“乃今本惑於皇侃之《疏》，亂於《家語》之文，作‘寡人固不固’，鄭《注》亦衍‘不’字，幾不可讀。幸孔《疏》詳明，今爲刪正之，讀者當爽然矣。”又如卷八《包犧》篇，考定《周易》“古者

① 本集卷三《與陳扶雅論大典本易林書》。

② 本集卷二《列女傳補注序》。

③ 阮元《揅經室一集》卷十一《十三經注疏校勘記序》。

④ 嚴可均《鐵橋漫稿》卷七《臧和貴別傳》。

⑤ 清抄本《拜經日記》卷首王念孫《拜經日記敘》。

⑥ 《拜經堂叢書》本。

包犧氏之王天下也”之“包”字是用本字，而“庖”“伏”“宓”則是因聲改字。凡此“逐條分見，有補於經者甚衆”①，“當代通儒碩彥留讀者幾遍”,② 莊述祖稱其書“旁通曲證，精之至矣”③，陳壽祺贊其書“窮源竟委，鉤貫會通，實爲近時説經家所罕及”④，可見其校勘考證之功。

因此，清代考據大家王念孫在此書《敘》中言“夫世之言漢學者，但見其異於今者，則寶貴之，而於古人之傳授，文字之變遷，多不暇致辯，或以爲細而忽之。得好學如用中者，詳考以復古人之舊”，實屬難能可貴，亦爲“讀經之大幸”。盛讚其“考訂漢世經師流傳之分合，字句之異同，後人傳寫之脱誤，改竄之蹤跡，擘肌分理，剖豪析芒，其可謂辨矣。”嚴元照稱其《拜經日記》“皆發明古義者，每出一説，引證甚備，是非甚確”⑤，許宗彥更是感嘆“在東此書任舉一義一字，皆於經學之本源、經師之受授，會通而暢其説，使讀者若置身于兩漢，親見諸家之本者，勿可及也已”⑥。周中孚亦甚稱譽此書，認爲其“專於發揮經義，推見至隱，直使讀者置身兩漢，若親見諸家之説者”，“與其高祖所著《經義雜記》，實堪後先繼美”。⑦ 可以説，臧庸集“平生精力所萃”⑧ 而成之《拜經日記》，不惟是體現其校勘成果的代表作，也是反映清代乾嘉考據學成就的代表作之一。

《拜經日記》除對經書文字異同之校勘考訂之外，還包含有大量史實考證的内容，且考證嚴密，足成定論。如其“辨顔子卒非三十二，歷舉古書以證，甚精確。又辨段干木乃段姓，名干木，亦不可易。”⑨ 又如卷十《齊宣王取燕十城》和《齊湣王伐燕噲》兩篇，“考之《戰國策》《史記》，合之《孟子》”，辨齊伐燕有二事，而史書多訛“湣”爲“宣”。

---

① 清抄本《拜經日記》卷首王念孫《拜經日記敘》。

② 《拜經堂叢書》本《拜經日記》卷末臧相《拜經日記跋》。

③ 《拜經堂叢書》本《拜經日記》卷首莊述祖識語。

④ 《拜經堂叢書》本《拜經日記》卷首陳壽祺識語。

⑤ 《拜經堂叢書》本《經義雜記》卷末嚴元照《經義雜記跋》。

⑥ 《拜經堂叢書》本《拜經日記》卷首許宗彥識語。

⑦ 周中孚《鄭堂讀書記》卷五十五。又《拜經堂叢書》本《拜經日記》卷首阮元《拜經日記序》：“臧君發揮經義，推見至隱，直使讀者置身兩漢，若親見諸家之說者。”

⑧ 清抄本《拜經日記》卷末臧相《拜經日記跋》。

⑨ 鈕樹玉《鈕非石日記》丁卯十月二十三日條。

此齊伐燕在齊宣十年，燕文二十九年，時周顯王三十六年也；後齊伐燕在齊湣十年，燕噲七年，時周赧王元年也。相距上下適二十年。後事亦見《戰國策齊策、燕策》，《史記六國表、燕召公世家》，《荀子王伯篇》。前事載《孟子梁惠王篇》，稱"謚"者，齊宣卒於孟子前也；後事載《公孫丑篇》，衹稱"王"者，齊湣卒於孟子後也。漢趙氏《章句》已蒙混不能分别，余目黄氏説爲證明如此，讀《孟》者正之。

《史記燕世家》之訛，至臧庸乃定，故陳壽祺於文後識語盛贊其文之辨：

《孟子》齊伐燕事，因《燕策》王噲篇齊湣王譌爲宣王，《史記燕世家》噲立齊湣王復用蘇代，亦訛湣爲宣，論者遂至糾紛。然按二書前後上下之文，參觀互考，則二事判然。《史》之《紀》《傳》《世家》與《年表》歲月又皆相應，不得以一二譌字斥全書也。《資治通鑑》以伐燕事屬宣王，屈齊之年數以從燕，閻徵君若璩又欲屈燕之年數以從齊。宋葉大慶《考古質疑》依《通鑑》屬宣王，所載《陳氏新詁》則屬湣王，至謂《孟子》爲誤。近周廣業《孟子四考》又極詆《史記》而不取黄氏《日鈔》，無識甚矣。臧君證之《國策》《史記》，傳之《孟子》，靡不符合，而千古之聚訟乃定。

3. 校勘原則、方法的思考

作爲一位正統派的考據學家，臧庸不僅致力於"校勘異同、考訂是非"，於"經子疑義誤字，他人不能措意者，獨能毛舉件繫而梳節之，持論自闢窔奥"①，留給後人大量持論有據的具體考訂成果，更重要的是他還有關於考據理論、校勘方法的思考，散見於其具體的文字考訂及其與友人的書札、序跋中。

在具體的治學方法和校勘原則上，臧庸主張回歸原典，認爲"校書以復原本爲最"②，不宜"過求其精"，更不可逞"一己之私意"輕改原

① 清抄本《拜經日記》卷首許宗彦《拜經日記序》。

② 本集卷二《毛詩注疏校纂序》。

文，下以己意及諸家異同可另成書札或附以校語，既可避免對古書妄加取捨，以存古書之真，又可保留諸家異説。如校宋本《爾雅》，對原本間有刪改者，"如《釋詁》'謟，疑也'，《注》末三本有'音縚'，《釋文》'謟，郭音縚'可證。而此作'音叨'。……凡此悉仍其舊，不敢專輒改正。即顯係傳寫脱誤，或筆畫小有交譌闕者，亦俱仍之。宋板間有糢糊，則計字空缺，不依俗本補録，庶不失其舊。俾信而有徵，以還雪牕真面目，達者幸無誚焉。"① 輯校《漢書音義》，"其正文從汲古閣毛本，與蕭書互有異同，則各仍其舊，不敢據此改彼，致兩失其真，並録《後漢書注》補其闕遺，綴《隋書本傳》等溯其原委。"②

這與其師盧文弨的觀點頗爲一致。盧文弨認爲：

> 舊《注》之失，誠不當依違，但全棄之，則又有可惜者。若改定正文，而與《注》絕不相應，亦似未可。不若且仍正文之舊，而作案語繫於下，使知他書之文固有勝於此之所傳者。觀漢、魏以上書，每有一事至四五見，而傳聞互異，讀者皆當用此法以治之，相形而不相掩，斯善矣。③

其爲《周易注疏輯正》，合《正字》《考文》之美，於其未及，則以己見參之。認爲"校書以正誤也，而粗略者或反以不誤爲誤。《考文》於古本、宋本之異同，不擇是非而盡載之。此在少知文義者，或不肯如此。然今讀之，往往有義似難通，而前後參證，不覺涣然者。則正以其不持擇之故，乃得留其本真於後世也。"④ 校熊方《後漢書年表》，爲不泯熊氏草創之勞，亦不諱其牴牾之失，以致貽誤後人，"於是更定其尤甚者數條，與夫未是而猶仍其舊，皆著説於下，以俟後之人取衷"⑤。"念校書與自著書不同，如欲盡加更正，既於熊氏之勤勤掇拾者大沒其剏造之勞，且改之亦必不能盡善。……故當時但即因其書而略正之，惟綴一二校語於下，不

① 本集卷二《重雕宋本爾雅書後》。

② 本集卷二《刻漢書音義序》。

③ 盧文弨《抱經堂文集》卷二十《與王懷祖庶常論校正大戴禮記書》。

④ 盧文弨《抱經堂文集》卷七《周易注疏輯正題辭》。

⑤ 盧文弨《抱經堂文集》卷四《校定熊方後漢書年表序》。

相雜廁，使人知爲熊氏之書而已。”[1]

對於文字異同、衍脱訛誤之考訂，臧庸主張采取實事求是的態度，“正其可知者，而闕其不可知者”[2]，對於前人已有之考訂成果，善者從之，非者訂之，務使考證有據。其《録華嚴經音義序》云：

> 《正字》每以他書所引改易本文，抑知古人所易[3]之書未必盡同今本，且引用之際，或未檢尋，時有增損，義苟可通，俱難於據彼以攻此乎。其説是者，亦頗采之。又《考文》《正字》二書皆近今所出，其善者，既盡取之矣。而所棄者，皆違理者也。恐將來之人有惑於斯，故摘其似是而非者訂之。凡經校正頗有依據，疑則闕之以待異日。餘或人所易知，及雖有小疵，無傷大體者，每從省略。所校録其全句是者，大書誤者，注於右；其所從之本，即注於左。古本從者特多，凡不注所本者皆是。宋板注一“宋”字，監本注一“監”字，浦書注一“浦”字，以相識别焉。

臧庸在校勘學領域進行了卓有成效的實踐，取得的相關成果和大量札記，猶如碎金散玉，真知灼見，所在多有，至今仍是經史研究者的重要參考。

## （二）版本学成就

臧庸終生以校勘古籍、考訂是非爲職志，而要確保考校結論的準確性和可信度，除了要廣泛搜求經史子集等各種文獻，以獲取第一手資料，還必須掌握和參考大量的版本，而且版本的優劣往往直接影響典籍本身的解讀和詮釋。因此，臧庸在学術研究中非常重视版本的选择，不僅强調要參閲衆書及各種不同版本，而且特别强調依據善本，尤其是宋本，以考校各本異同與優劣。其《文集》中《重雕宋本爾雅書後》《校宋槧板爾雅疏書後》《書吴元恭本爾雅後》《周易注疏校纂序》《尚書注疏校纂序》《毛詩注疏校纂序》《書宋槧左傳不全本後》《校影宋經典釋文書後》《書左氏

---

① 盧文弨《抱經堂文集》卷四《錢晦之後漢書補表序》。

② 本集卷二《録華嚴經音義序》。

③ “易”，疑當作“引”。

音義之六校本後》等文，一再强調善本和宋本的可貴，對各類善本多方訪求、購置，或於師友處借閱、抄録。每得一善本，必細加審驗，並與他本詳作比勘，一一辨其異同，明其優劣。爲避免宋本書永在秘閣，或至湮滅的命運，他一方面身體力行，盡其所能勉力刊刻；一方面大聲疾呼友朋分任，希望同志努力，使宋本諸經史能够得以重雕刊布。如其於《重雕宋本爾雅書後》中言：

戊午仲冬，鏞堂將有粤東之行，嚴君久能貽我雪牕書院《爾雅》三卷。審其雕刻，定爲南宋本。深感良友所惠，不忍一己私祕之，將願人人得讀宋本也，因勉力重雕焉。

鏞堂讀《雅》十餘年於今矣。初得明天啟丙寅郎奎金五雅本，據以校正注疏本之譌。己酉冬，得嘉靖十七年吴元恭單注本，較郎本爲善，始知郎本尚多竄改。癸丑夏四月，得明陳深《十三經解詁》本，與吴本合，間有愈於吴本者。最後得此冊，又出郎、吴、陳三本之上。凡已據三本校正者，勿論。論其三本所失，而此得焉者。

並於文中歷举数十例以説明宋本之優長、其餘諸本之异同优劣及源流演變。

今注疏本所載音切未詳其所本，明刻單注、葛鼒本與注疏同，吴、陳兩本無之，郎奎金、鍾人傑本别附於各卷後，大致皆同。及見此書，知諸本音切俱經删改，惟此獨為完善，深可寶貴。凡切字皆作反，知其所由來者遠矣。王氏《玉海》著《爾雅音義》二卷，釋智騫撰，吴鉉駁其舛誤。天聖四年，國子監請摹印德明《音義》二卷頒行，而《郡齋讀書志》載蜀毋昭裔《音略》三卷，謂《爾雅》舊有釋智騫及陸德明《釋文》。昭裔以一字有兩音或三音，後生疑於呼説，今擇其文義最明者為定。此書每字一音，其即昭裔所著，為本於智騫乎。郭氏《注》中有音，《注》外别為一卷，後人多所祖述。乃注疏本見音切與郭《注》同者，多删《注》中之音以避複。郎、吴、陳三本《注》下不附音切，故郭《注》無删。此書於《注》末連載音切，雖加匡為識，仍多混淆。今據三本以定郭《注》，凡三本所無，悉屬之音切，加圈以别之。……

凡諸經《義疏》與經《注》皆别行，南宋以來欲省兩讀，始合載之，名之曰《兼義》。然經《注》本與《義疏》往往不同，分之則兩全，合之則兩傷。

呼吁海内藏有宋本、善本諸公能無私奉獻，學界同仁能够協力校刊，使善本、宋本得以刊刻傳承，以倡明學術、嘉惠後學。

近日讀經之士，多思重雕《十三部注疏》而未見有發軔者。葢因資費浩繁，善本亦難一時具得。故鏞堂意以古人校刊書籍，必得善本，而勿參以己意，亦不取其兼備。試約同志於十三部中不拘經《注》《義疏》，得一宋本即為重雕，無則寧缺。庶得友朋分任，力既紓緩，而所刊之書，復無私智臆改之失。不數年間十三部之《注》若《疏》亦可漸備。奚必一人一時合而為之，始稱雄快哉?

吴中多研經之士，又多善本經書。鏞堂昔年所見，有單注《三禮》、單疏《儀禮》，皆宋槧善本。安得普大公無我之志者，為之次第刊行，以傳漢、唐一綫乎? 則鏞堂雖貧儒，《爾雅》雖小經，其即以此為刻《十三經注》若《疏》之權輿也可。①

臧庸一見宋槧板《爾雅疏》則“狂喜。以爲唐人《九經義疏》真面目不可見，得此庶能覩其遺範”，“校讀此書，粗爲卒業，聊舉平日所知一一考證之，以見宋板之美不勝收也。”② 見宋槧《左傳》不全本，不僅“以近本細校”，而且“歷舉宋板之善者著於篇”，嚴元照讀後贊嘆其“考核極細致”③。

臧庸不僅强調閲讀和使用善本的重要，而且能够運用自己所掌握的知識，注意采用各種不同的方法考辨版本的刊刻（包括重刻、覆刻）年代等情況。其鑒别版本的方法主要是從版本自身中尋找證據，有時亦輔以有關旁證。如臧庸經過考察吴元恭本《爾雅》之版式，分析文中之避諱字“匡”“恒”“桓”等字缺末筆，爲宋太祖、真宗、欽宗諱，乃南宋本之

① 本集卷二《重雕宋本爾雅書後》。

② 本集卷二《校宋槧板爾雅疏書後》。

③ 本集卷二《書宋槧左傳不全本後》。

徵，綜合比勘此本引文與《釋文》及《唐石經》所載文字異同及注音情況，判定吳元恭本《爾雅》“雖翻刻於嘉靖，要本宋、元舊書無疑，吳元恭撰《後序》中不知其可貴，故未言耳。”[①] 根據明神廟[②]十四年本《周易注疏》卷首題識，綜合比勘此本與毛氏本和宋本的款式與文字異同，認爲此本乃是兩宋舊本之重刻，又爲毛本所據。[③]

## （三）輯佚學成就

臧庸不僅擅長古籍的校勘與考訂，而且十分重視散佚古籍的輯録與刊刻，將其視爲“有功經學”之“實學”和“急務”而勉力爲之。臧庸深知“斯事惟勤而耐性者乃能之”[④]，且“此事固非一人之能盡，然必先盡夫我力之所能爲，餘俟後人補之，不可一意委之來學，致彼此蹉跎也”[⑤]。認爲《華嚴經音義》“自慧苑譔述以來，千有餘年矣，沈霾釋藏，世無知者。幸本朝文運天開，有好學深思之人，旁搜二典，徵引此書，此書始見知於世。倘及今不為之傳布，一旦亡逸，深可惘矣。鏞堂衣食不遑恤，而孜孜於此，不敢視為不急之務也”[⑥]，而蕭該《漢書音義》因“世無傳本，而漢、魏微言往往存什一於千百，必不可以殘闕廢，思亟付剞劂，傳之同好”[⑦]。

臧庸“生平考輯古義甚勤，故輯古之書甚多。《子夏易傳》一卷，以《子夏傳》為漢韓嬰所撰，非卜子夏。惟采《釋文》《正義》《集解》《古易音訓》《大衍議》五家，不取宋以後説。《詩考異》四卷，大旨如王伯厚，但逐條必自考輯，絕不依循王本。《韓詩遺説》二卷，《訂譌》一卷，顧千里（廣圻）以為輯《韓詩》者衆矣，此為最精。《盧植禮記解詁》一卷、《爾雅古注》三卷、《説文舊音考》三卷、《蔡邕月令章句》二卷、《王肅禮記注》一卷、《聖證論》一卷、《帝王世紀》一卷、《尸子》一卷、《賈唐國語注》二卷、《校鄭康成易注》二卷、《蕭該漢書音義》二

① 本集卷二《書吳元恭本爾雅後》。
② 廟，疑為“宗”之訛。
③ 本集卷二《周易注疏校纂序》。
④ 本集卷二《周易注疏校纂序》。
⑤ 本集卷三《與孫淵如觀察書》。
⑥ 本集卷二《刻華嚴經音義録序》。
⑦ 本集卷二《刻漢書音義序》。

卷，皆詳過于人。”[①]

臧庸輯録古之佚書，均博采詳考，並記諸本之異同，因而頗受當時學者贊賞。盧文弨稱其所輯《盧子榦禮記解詁》，“凡諸經之義疏，史籍之所載，無不捃拾，即衆家相傳文字、音讀之異同，一字一句，罔有遺棄。”[②] 據阮元《孝經鄭氏解輯本題辭》記：“往者鮑君以文持日本《孝經鄭注》請序，余按其文辭，不類漢、魏人語，且與群藉所引有異，未有以應。近見臧子東序輯録本，喜其精核，欲與新出本合刊，仍屬余序。余知東序治鄭氏學幾二十年，有手訂《周易》《論語注》等，所采皆唐以前書，爲晉、宋、六朝相傳鄭《注》，學者咸所依據”[③]，始應允爲鮑氏合刻之臧庸《孝經鄭氏解》輯本與日本岡田挺之所輯《孝經鄭注》撰序。[④] 學界對臧庸所輯諸經及其舊注之精核的認可與重視程度，於此可見一斑。

## （四）編纂學成就

臧庸的治學理念與清代乾嘉正統派考據學家相同，强調通經明道必自訓詁始。如其《與丁道久書》曰：“治經之法，必先通聲音詁訓。”其《録爾雅漢注序》强調“夫治經必先通詁訓”，在《與顧子明書》中指出“讀書當先通詁訓，始能治經。”但是古人傳注中的訓詁材料都散見於各書之中，未有彙成一編者，查找不易。戴震、朱筠等有識之士皆有意將散見諸書之漢唐舊注彙輯成書，以便查找應用，但皆限於條件，未能成書。嘉慶二年（1797），阮元視學浙江，手定凡例，遴拔江浙經生若干人，搜集小學專著及漢唐舊注中的訓詁材料，“分籍饔訓，依韻歸字”[⑤]，延丁杰主持纂修《經籍籑詁》。臧庸以治學嚴謹、學術精審、精於校勘名世，故被阮元延爲《經籍籑詁》之總纂和覆校[⑥]。

期年分纂成，更選其尤者十人，每二人彙編一聲。知鏞堂留心經詁，精力差勝，嘉慶三年春，移書來常州，屬以總編之役。鏞堂不辭

① 本集卷首阮元《臧拜經别傳》。

② 盧文弨《抱經堂文集》卷六《輯盧子榦禮記解詁序》。

③ 陳鴻森《阮元揅經室遺文輯存》卷上《孝經鄭氏解輯本題辭》。

④ 鮑庭博《知不足齋叢書》本卷首。

⑤ 本集卷二《經籍籑詁後序》。又見於《經籍籑詁》卷首，中華書局 1982 年版。

⑥ 《經籍籑詁姓氏》，《經籍籑詁》，中華書局 1982 年版。

譾陋，謹遵宗伯原例，申明而整齊之，以告諸君子。……乃鍵戶謝人事，暑夜汗流蚊積，猶校閱不置。書吏十數輩執筆候寫，雖極繁劇匆猝，不敢以草率了事。與同饗諸君往復辨難。……自孟夏始，至仲秋告竣，凡五閱月，共成書一百一十六卷[①]。[②]

《經籍籑詁》博采唐以前群經、諸子正文中的訓詁及傳注，旁及史、集二部舊注，囊括訓詁書、字書、韻書、音義書中的文字訓釋，彙爲一編，"展一韻而衆字畢備，檢一字而諸訓皆存，尋一訓而原書可識"[③]，可謂"經典之統宗，詁訓之淵藪，取之不竭，用之無窮者矣"[④]，"後之覽是書者，去鑿空妄談之病而稽於古，取古人之傳注而得其聲音之理，以知其所以然。而傳注之未安者，又能博考前訓以正之"[⑤]，"論其大端，實足爲有功經學之書"[⑥]。

誠然，"非宗伯精心卓識、雄才大力，不足以興刱造之功，而非諸君子分籑之勤，亦不能彙其成也"，但是，我們也不難看出，臧庸作爲總纂和覆校，對《經籍籑詁》的最終成書和質量保證所起的至關重要的作用。正因爲有他對《經籍籑詁》全書體例的統一，對所搜集到的繁富資料，"每科爲之審正經子，有失載正文，並補録之。校閱之下，更隨筆改訂，刪繁鉤要，分並歸合，而條次其先後，俾秩然有章"[⑦]，才最終成就了訓詁學史上的一大盛事，後之爲學者才能多得此書之益助。正如日本學者吉川幸次郎所言："以先生之學視段、王諸公，誠有間矣。然阮氏《籑詁》之編，實賴先生，始潰於成。即此一事，已覺精力可敬，而後學之蒙其福

① "一百一十六卷"，錢大昕《經籍籑詁序》作"一百十六卷"，王引之《經籍籑詁序》作"一百一十六卷"，見《經籍籑詁》卷首，中華書局1982年版。而中華書局1982年據阮氏琅嬛仙館原刻本影印之《經籍籑詁》，與上海古籍出版社1989年版皆實有一百六卷。原書《凡例》亦稱"卷次謹遵《佩文韻府》，一韻爲一卷"，當作"一百六卷"，未審臧、錢、王三人《序》中何以皆稱"一百十六卷"。

② 本集卷二《經籍籑詁後序》。又見於《經籍籑詁》卷首。

③ 王引之《經籍籑詁序》，《經籍籑詁》卷首。

④ 本集卷二《經籍籑詁後序》。又見於《經籍籑詁》卷首。

⑤ 王引之《經籍籑詁序》，《經籍籑詁》卷首。

⑥ 本集卷二《經籍籑詁後序》。又見於《經籍籑詁》卷首。

⑦ 本集卷二《經籍籑詁後序》。又見於《經籍籑詁》卷首，中華書局1982年版。

者，将無窮焉。”[1]《經籍籑詁》的編校不僅反映了臧庸在古籍校勘、文字考訂方面的精湛學識，也體現了他在編纂學上的成就。

此外，臧庸還於乾隆五十七年（1792），與顧明增補編次《戴東原集》[2]；嘉慶十二年（1807），應劉鳳誥之聘編次《五代史記注》[3]；嘉慶十五年（1810），爲孫星衍續成《史記天官書考證》[4]；嘉慶十六年（1811）爲吴鑑菴纂輯《中州文獻考》，“絶大著作，以一人揔之”，“逾月未出，每夜必至漏三四下，饑寒不恤，孜孜於此”[5]。

## （五）辨僞學成就

辨僞是考據學的基礎性工作。在清儒輯佚書、精校勘、通小學三大貢獻[6]之外，“應該説清人還在一個方面很有成績和貢獻，這就是辨僞。”[7]清乾嘉時期，雖然古籍辨僞在規模和學術影響方面遜於清初，但辨僞學一直在向前發展，因爲離開古籍辨僞，經史考證就失去了依據和意義。因此，當時的考據學家或多或少都曾注目於此，臧庸同樣也曾致力於古籍真僞問題的考索與探討。

如《經典釋文序録》言《子夏易傳》爲孔子弟子卜商（字子夏）所撰，臧庸詳考漢、晉、六朝人所著之《七略》《七志》《七録》，以及古人名與字的關係，認爲“嬰”爲幼孩，“夏”爲長大名，與字相反而相成，子夏乃漢韓嬰之字，《子夏易傳》實爲韓嬰撰而非卜商。並言《漢書藝文志》所記“《韓易》十二篇”者，是合上、下經並《十翼》言之。“韓嬰《易傳》之有《薛虞記》，猶韓嬰《詩傳》之有《薛君章句》耳。”[8]

又如《通俗文》世題河南服虔子慎造。《魏書》江式《表》，次此於《方言》《埤蒼》間，北人悉以此爲漢服虔子慎所著。臧庸考之梁阮氏

---

① 吉川幸次郎《臧在東先生年譜》之《後序》。

② 經韻樓本《戴東原集》卷首段玉裁《序》。

③ 本集卷五《節孝項母葉安人小傳》。

④ 張紹南《孫淵如先生年譜》嘉慶十五年條。

⑤ 本集卷三《荅翁覃谿鴻臚卿書》《與秦小峴少司寇書》。

⑥ 皮錫瑞《經學歷史》，中華書局1959年周予同注釋本。

⑦ 劉家和《古代中國與世界——一個古史研究者的思考》，武漢出版社1995年版，第225頁。

⑧ 本集卷二《子夏易传序》。

《七録》，徵之《初學記》，斷此非漢人之書。其證有三：

> 凡漢、魏古籍，悉登《晉志》。今《中經簿》及《七志》並無其目，此一證也。自孫叔然以前未解反切，而《通俗文》反音頗近時俗，此二證也。《敘》引蘇林、張揖，皆魏人。論世，在子慎之後，此三證也。①

並進一步對此書著者及存佚時間提出自己的看法："既至阮氏始為著録，則此書當出自晉、宋間人。豈因北方學者咸尊服氏，遂以名同而易姓乎？梁劉昭注《續漢志》始見徵引，傳至唐季而亡。"②

臧庸雖不以古籍辨僞著稱，但他卻能憑借自己的學識和精審的考證進行具體的辨僞實踐，且言之成理，論之有據，解決了一些學術疑難問題，爲辨僞學的發展提供了寶貴經驗。

## （六）訓詁學成就

臧庸認爲："吾儒之事業，以聖人爲歸。孔子，聖之至也。《六經》者，孔子所手定以惠萬世學者，而亦羣聖精神之所寄也，故有志正學者皆當求之《六經》。治經之法，必先通聲音詁訓。"③强調"讀書當先通詁訓，始能治經"④，"治經必先通詁訓"⑤。

這與其高祖玉林先生及其師盧文弨的治學理念一脈相承。據錢大昕《臧玉林經義雜記序》，"先生博極群書，尤精《爾雅》《説文》之學，謂不識字何以讀書，不通訓詁何以明經，孳孳講論，必求其是而後已……嘗謂《六經》者，聖人之言，因其言以求其義，則必自訓詁始；謂詁訓之外别有義理，如桑門以'不立文字'爲最上乘者，非吾儒之學也。詁訓必依漢儒，以其去古未遠，家法相承，七十子之大義猶有存者，異於後人之不知而作也。三代以前，文字、聲音與訓詁相通，漢儒猶能識之。以古

① 本集卷二《刻通俗文序》。
② 本集卷二《刻通俗文序》。
③ 本集卷三《與丁道久書》。
④ 本集卷三《與顧子明書》。
⑤ 本集卷二《録爾雅漢注序》。

爲師，師其是而已矣，夫豈陋今榮古，異趣以相高哉！”[①] 盧文弨亦認爲：“不識古訓，則不能通六藝之文而求其意。欲識古訓，當於年代相近者求之”，“由詁訓以通經學，斯不難循塗而至矣”[②]。

作爲清代乾嘉漢學的主力，臧庸不僅長於古籍校勘與輯佚，而且精於經義訓釋，於《爾雅》故訓，所造尤深。自言：

> 鏞堂少習此經，兼考舊義，見郭氏精美之語多本先儒，支離之談皆由臆説，更或擅改經文，輕棄《注》義。如“委委佗佗”，諸儒本作“褘”，與《説文》合，而郭從《毛詩》作“委槮”，謂之“涔”。《爾雅》舊文並《毛詩傳》皆作“槮”，而郭從《小爾雅》改本[③]旁。“不榮而實者，謂之秀”，衆家無“不”字，而郭本有之，《音義》引“不榮之物”為證。又自歲陽至月名，及九州、九河之類，郭多不言其義，而不知古聖人創物定名各有取意，非無故漫為是稱者。爰采《釋文》《正義》及唐以前諸書所引舊《注》，録為三卷，以存漢學，俾讀是經者有考焉。[④]

强調“《爾雅》者，六藝之權輿也。治《爾雅》者，必根本漢學，而後參考之郭氏，則此書（《爾雅漢注》）又《爾雅》之權輿也。”其所校勘諸書之中以校《爾雅》最爲精勤，所撰《爾雅注疏校勘記》，辨析精當，與顧千里所撰《毛詩注疏校勘記》可稱雙璧。所撰《録爾雅漢注序》《重雕宋本爾雅書後》《校宋槧板爾雅疏書後》《書吳元恭本爾雅後》《與段若膺論校爾雅書》諸文，於《爾雅》之版本優劣、文字異同、字詞義訓，皆考證審密，確當無疑。郝蘭臯贊其“讀書精細”，將其所考證“鼀鼅，詹諸”一條采入所著《爾雅古音義疏》中。並言“舊引《説文虫部》‘蝌鼀，詹諸’之文，以證《爾雅》‘鼀鼅’‘鼀’字之譌，自以為得之矣，今以先生及馬元伯之論，剖精當勝於鄙見遠甚。”[⑤]

臧庸在其短暫的學術生涯中，始終根於漢學之立場，以保存典籍、弘

① 錢大昕《潛研堂文集》卷二十四《臧玉林經義雜記序》。

② 盧文弨《抱經堂文集》卷六《爾雅漢注序》。

③ “本”，當作“木”，寫本概因形近而誤。

④ 本集卷二《録爾雅漢注序》。

⑤ 本集卷三《與郝蘭臯農部論校山海經書》所附《蘭臯先生荅書》。

揚學術爲己任，致力於經史校勘、文字考訂、古籍輯佚等古典文獻的整理研究工作，在校勘學、版本學、輯佚學、編纂學和辨僞學等傳統文獻學的諸多領域進行了的卓有成效的实践，取得了令人矚目的成就，在當時就受到學界的推崇。如宋翔鳳曾賦詩曰：

蕭然樸學世誰稱，盡削繁枝據上層。滿座儒林看奪席，幾家師説得傳燈。馬肝轅固原難食，鹿角朱雲折未能。羨爾讐書如斷獄，何時遍録剡谿藤。①

洪亮吉亦云："奇才樸學我兼師，辛苦高齋論述時。他日許教兒輩拜，臧生經術陸郎詩。"注"臧生者，在東鏞也。"②

宋翔鳳在《亡友臧君诔》中更盛贊其學術貢獻與學術地位：

性命古文，糞土時議。當其一得，即有獨至。窮原得根，稽同覈異。……拓遺茜缺，細別精擘。世之善本，惟此一編。字無亥豕，書積丹鉛。烏呼韞櫝，竟盡君年。《拜經日記》，過從頻讀。諧聲轉注，發蒙起覆。宿儒首肯，後學心服。充君志趣，心力耳目。然疑皆定，往詁可復。君之功勛，在彼卷軸。君之地位，礫孔凌陸。沾溉人間，充棟連屋。③

## 三　臧庸之治學態度與學術精神

### （一）臧庸之治學態度

1. 篤學不倦，勤勉終身

臧庸視學問之事爲人生"不朽之業"，故而孜孜以求，篤學不輟。其於《與顧子明書》《與江叔雲處士書》《别鈕匪石序》《題江井叔讀書圖》等文中一再强調："爲學之道有二端：一曰勤，二曰細心。""而自古負聰

① 宋翔鳳《憶山堂詩録》卷四《秋日懷人詩·臧在東文學庸》。

② 陸繼輅《合肥學舍札記》"稚存先生詩"條。收入《續修四庫全書》第1157册，卷一，頁6。

③ 本集卷首宋翔鳳《亡友臧君诔》。

明絶俗之姿，其所學或無聞於後者，亦多受不勤、不細心之病。”① 認爲爲學：

“非研精極神，忘寢廢食，盡心力為之，則不能有成”，若“為之不勤，或一時發鋭進之心，未旬月已退；或方從事於此，忽念及於彼，遂輟此為彼。若是輾轉，虚靡歲月。

……竊以為吾之學也，猶人之飲食也。吾不可一日不飲食，吾不可一日不學；吾不可一日之中間一飲食，吾不可一日之中間一學。若徒飲食而不學，其不深負此飲食乎?”②

因此，臧庸致力漢學，發疑正讀，篤學不倦，勤勤終生。其師盧文弨言：“武進臧生在東，研求遺經，志甚鋭，力甚勤。”③ 如其“爲吳鑑菴通政使纂《中州文獻考》，踰月未出，每夜必至漏三四下，饑寒不恤，孜孜於此，殆天性然也。雖其事甚煩且重，將來能成與否皆不可必，而現在之勤篤，性命以之。”④ 與漢學通儒游處，“日以經史古義相研究，樂此不疲，兀坐成疾，不以為困”⑤，及至病尵，宋翔鳳往問之，其在牀第猶編校未休，並出少時所校《月令》《樂記》二篇屬余審視。⑥ 勤勉如此，著實令人感嘆，而其中年早逝與其勤學太過亦不無關係。

2. 精研細勘，嚴謹不苟

臧庸治學嚴謹，校勘古籍、考訂是非，唯恐因粗疏而致舛漏，貽誤後人，必自逐條細勘，從不倉猝草率。如其校録《毛詩注疏校纂》，“一字之審，或至數日。兩月以來，寢食屢廢，葢深懼心力有未盡也。”⑦ 編校《經籍籑詁》，“乃键户謝人事，暑夜汗流蚊積，猶校閱不置。書吏十數輩執筆候寫，雖極繁劇匆猝，不敢以草率了事，與同籑諸君往復辨難。”⑧

① 本集卷四《題江井叔讀書圖》。

② 本集卷三《與丁道夂書》。

③ 盧文弨《抱經堂文集》卷六《輯盧子榦禮記解詁序》。

④ 本集卷三《與秦小峴少司寇書》。

⑤ 本集卷二《列女傳補注序》。

⑥ 本集卷首宋翔鳳《亡友臧君诔》。

⑦ 本集卷二《毛詩注疏校纂序》。

⑧ 本集卷二《經籍籑詁後序》。

所著“《詩考異》四卷，大旨如王伯厚，但逐條必自考輯，絶不依循王本。”[①] 受總裁盧文弨囑纂修《常州府志甲科》，“移研經之功一月，力為此事，於舊《府志》、各《縣志》《省志》《登科録》《題名録》及宋、元《文集》外，復參閲全史而後定，中間考正數百十事。……因素性不肯草率一字，故為之不憚煩如此。”[②] 《通俗文》世題河南服虔子慎造，北人悉以此爲是，臧庸考核之下，斷此非漢人之書。“稿始己酉仲夏，迄今十有一年，時有補正，卒無定本”[③]，可見其治學之謹慎。趙懷玉稱“臧君在東，博聞彊記，説經專宗兩漢，一義未安，必求其是而後已”[④]，當不爲虚言。

校《小學鉤沈》，雖同時編校《中州文献考》，又爲汪禮部編校《遺書》並著《行狀》，而於《鉤沈》事，則刻不敢忘。自言：

> 後汪禮部事竣，寫者或為他事，故邇日寢食不遑，謝絶人事，唯《鉤沈》之是務也。特此書每條不過數字，而所引有二三書以上者，即一書又有兩三偁以上者。取其相勘，勢必逐條、逐卷、字字讐對，庶可自信，以信於後。再以侍御原稿煩蕪，或本末倒置，有偁此卷而實在他卷者；有偁是書而錯在彼書者；更有通部細撿而卒未得者。……不苦心考得之，其敢輕刪乎？故此事本瑣碎煩重，加以素性不肯草率，遂似時日有稽，其實刻刻為此，未嘗稍閒。深悉其原委，別無簡便之法。且代人挍勘，往往曲意相就，較之自著尤難。……原稿二冊送覽，凡經勘覆，皆有點識及刪補字樣，紅黑筆隨意用之。……承委無不盡心，特終不敢苟簡從事、聊草塞責。[⑤]

考校如此严谨，王念孫讀後致書贊嘆其“考訂精詳，佩服之至”[⑥]。

3. 虛心求教，敢申己見

臧庸認爲“學問之道，貴在虛己受益，亦貴獨斷不疑”[⑦]，要求自己

---

① 本集卷首阮元《臧拜經别傳》。
② 本集卷三《與趙味辛舍人書》。
③ 本集卷二《刻通俗文序》。
④ 趙懷玉《亦有生齋集文》卷二《論語束修説序》。
⑤ 本集卷三《與王伯申學士論挍小學鉤沈書》。
⑥ 本集卷三《與王懷祖觀察論挍小學鉤沈書》所附《王石渠先生荅書》。
⑦ 本集卷三《與莊葆琛明府書》。

既要敢言不足，虛心求教，聞善而從，知錯即改，也要有學術自信，敢于申述己見。

臧庸的治學態度是謙虛的，他自稱“微末之人，學識譾陋”①，屢言“心質魯鈍，不能通九九”②，惟篤志漢學，“於學問一塗，粗涉津涯，或能黽勉萬一”③，故而在與學界師長友朋交游的過程中，總是虛心請教。如與劉端臨之交，“初見於江寧，後往來鎮江，靡不摳衣請益。試質以心得，則為之擊節嘆賞。或有不合，必反覆引喻，明其義而後已。”④

臧庸治學十分重視學術道德，力求實事求是地評價自己與他人之短長，不掩己過，不掠人美。對於師友之精識卓見，臧庸不僅心悦誠服，且能聞善而從。如其《刻通俗文序》言：“憶昔年嘗手録一篇，就正於吾友錢君廣伯，廣伯校勘精致，糾繩切當。於身後鏞堂始及見之，今録定，多從之焉。”對於師友指出的自己論學中的失誤訛漏，亦能知錯即改，而不文過飾非。如其《上阮雲臺侍講書》言：“前承惠書指正，狀稿已改政，其上文正書有礙處，亦裁節過半。”《荅洪稚存太史書》言：“拙輯《論語鄭注》，承校勘數則，已如教改正。”

臧庸治學嚴謹不苟，對於自己精研細勘的考證成果充滿自信。如其《上阮芸臺侍講書》言：“鏞堂嘗撰《虞書正義釋》一篇，以補閣下所未逮，事事皆有確證。金壇段若膺明府見而嘆賞，謂與彼見印合。”《與段若膺明府論説文忕字窳字書》云：“鄙作《窳字考證》極詳博。如愚言不謬，試取閲之，載入大著《説文解字讀》，俾垂名簡末，幸甚。”《與孫淵如觀察論挍管子書》曰：“《管子》多三代遺文，然錯誤難讀，僅成絶學。懷祖先生所校，頗析窔奧，深中竅要，悦服之至。餘校亦多善者。……因取手校原書，句櫛字比。宋本之善者，既為一一補注，其似是而非者，兼訂正之。更有心得者……”

4. 平心求是，不苟同異

臧庸認爲“學問之道，貴平心以求其是非，而無取乎苟焉好異”⑤，“是以古人之書，言乎其所不得不言，辨乎其所不得不辨，將以明道而祛

① 本集卷三《上阮芸臺侍講書》。

② 本集卷四《題汪孝嬰北湖訪焦君圖》《漁隱小圃文飲記》。

③ 本集卷三《與王懷祖觀察書》。

④ 本集卷二《書劉端臨先生遺書目録後》。

⑤ 本集卷二《題蜀石經毛詩考證》。

惑，非以炫長而矜能。故其義研之彌永，其言久而益章。若病己之疎而務掩護之，嫉人之密而務攻擊之，附會舊師之言，馮藉近儒之説，以求伸其見，必欲人之出我下而後已，無論其言，不能傳之久遠。”① 因此，對於學術異見，臧庸主張拋開成見，依據經典例證進行學術對話，平心以求其真、其實、其是。如其《與汪漢郊書》云：

拙《記》四卷，都中舊作，所惬心者，在言韻一卷。王伯申學士、陳恭甫編修皆詒書争之，惟王懷祖先生頗以鄙説為然。然當世多未信斯説，而復嘵嘵好辨，以求申其是，君子不為也。抑語曰：“狂夫之言，聖人擇焉。”蓋雖上智，必有所遺；下愚，亦有所得。聖人之經，非一二人之所能盡。試舉鄙説，私質之足下，足下平心而察之，固不可曲循庸之臆見，亦不必遽執前人之成説以相詰難。是否有當，幸告我，足以决之矣。

古經文韻深奥，讀者難以遽通其旨，思而適得，並承妙諦，豈容執前人之成見，而一概抹撥耶？是非所望於高賢也。足下讀書能通大義，不拘拘株守一家之學，此庸所心焉竊慕者。知我有素諒，不斥為好辯也。

若己有創獲，或與學界持論不合，或對已有之論心有所疑，無論面對的是自己的摯友，還是名師大儒，臧庸都能直陳己見，多方引證與之反復討論。如臧庸嘗以所論《禮》《詩》韻例質之陳壽祺，陳氏殊不以爲然，移書與之辯，稱其所論《儀禮冠、昏辭命》字字有韻，“過於破碎煩亂，非古人意”，其以句末之韻與前文句首之字遙協，“三百篇從無此例，益非所安”。② 臧庸雖認爲其“示之詳而辨之力”，同時認爲“古人論學，不肯為苟同之論。如其相合，則信之不疑”，因“尚有所疑”，故復致書質之：“閣下向善鄙《集》中論韻之文，此所言較前更密，故再悉心獻疑，以呈審定。”③ 對陳氏所言“《三百篇》皆句首與句首韻，中、末與中、末協”，則認爲“此仍是以常法言之耳。若論其變，則法不能拘，亦

① 本集卷四《題汪孝嬰北湖訪焦君圖》。

② 陳壽祺《左海文集》卷四《答臧拜經論禮辭韻》。

③ 本集卷三《荅陳恭甫編修論冠昏辭韻書》。

非例之所能盡"[1]，舉《匏有若葉》《鴟鴞》《卷阿》等篇復之，亦未能信。臧庸復致書王念孫，舉《皇矣》"無矢我陵"及《東門之枌》《關雎》等篇，以論《詩》辭字字有韻。[2]

又如《論語述而》："自行束脩以上，吾未嘗無誨焉。""束脩"之義向有二説，或以爲束身修飾，或謂贄見之修脯。《後漢書延篤傳》李賢《注》："束修，謂束帶修飾。"鄭玄注《論語》曰："謂年十五已上也。"臧庸據以破古説，謂李賢"束帶修飾"之言亦鄭玄之義，引《伏湛傳》李賢《注》"自行束修，謂年十五以上"爲證。洪亮吉謂"束脩"宜從《説文》本訓，以"修脯"爲義，與盧文弨書，以辨其非："今臧君等據唐人單詞，而即欲破《三禮》《二傳》及先後鄭諸家之詁訓，又使圣人之言語字支離，可謂鋭于立異矣。"[3] 盧氏亦韙洪氏之説，以其書示臧庸，臧庸則謂經傳"無男子用修脯爲贄事"，且孔子不當止論贄之重輕，"反覆鄭義，不能無疑"，復移書洪君再申其説，[4] 並引起了一場關於"束脩"訓解的學術大討論。[5]

再如郝蘭皋曾致書臧庸，認爲"經典内凡加音者，必係異字；若同字，不須加音"，臧庸則認爲：

> 經典内加音有異字者，多同部及聲相近之字也。有同一字而其讀不同者，乃高下、疾徐之别，猶後世一字有四聲，而其義亦因之而異也。《顔氏家訓音辭篇》云："鄭元[6]注《六經》，高誘注《吕覽》《淮南》，許慎造《説文》，劉熹製《釋名》，始有譬況假借以證音字。"而古語與今殊别，其間輕重、清濁猶未可曉，加以外言、内言、急言、徐言、讀若之類，益使人疑。又如《公羊傳》一"伐"字而有長言、短言二讀，《釋名》一"天"字而有舌腹、舌頭兩言，一"風"字而有横口合脣言之、踧口開脣推氣言之之别，皆同字異讀之證也。……聲音之道，當於今人之異者會其同，又當於古人之同

---

① 本集卷三《再荅陳恭甫編脩論韻書》。

② 《昭代經師手簡》初編臧庸《與王念孫書》。

③ 洪亮吉《卷施閣文甲集》卷八《與盧學士文弨論束修書》。

④ 本集卷三《荅洪稚存太史書》。

⑤ 趙懷玉《亦有生齋文集》卷二《論語束修説序》。

⑥ "鄭元"，即"鄭玄"，避帝諱而改。下同。

者求其異。[1]

並舉例以證，不可謂無見。

## （二）臧庸之學術精神

臧庸之學術精神，一言以蔽之，曰“不拘門户，唯是是從”。臧庸治學雖尊崇漢學，但又不墨守漢學家法；既不迷信漢儒之説，也不詆棄宋儒之學；雖以考據爲職志，也不排拒義理；無論是對漢學或宋學，都抱以唯是是從的態度，不存畛畦之見，體現出一定的實事求是的科學精神。

1. 尊崇漢學，不迷信漢儒

臧庸初涉學術之門，即存志“續其高祖將絶之學”[2]，後拜入經學大師、江南考據學名家盧文弨門下，“遂通九經三史，尤明小學”[3]，又於蘇州從主盟學術臺壇的錢大昕、王昶、段玉裁等漢學名家講論學術，强化了其以漢學爲圭臬的學術認同，畢生致力於經學考據，以詁訓、考訂、輯佚爲職志。前文已論，不僅代表臧庸考據學成就之《拜經日記》的體例與臧琳《經義雜記》和盧文弨《鍾山札記》《龍城劄記》相同，且其治學理念、考據原則與校勘方法也與其高祖臧琳及其師盧文弨一脈相承。可見臧庸治學深受其高祖臧琳及其師盧文弨的影響。在家學與師承的雙重熏染之下，在與經學名師的學術交往中，臧庸愈發堅定了尊崇漢學、篤志考據的學術宗旨和學術態度。

臧庸自言：

> 蓋自束髮受書以來，亦沉溺於俗學而無以自振。讀《尚書後案》，初駭其博辨，心怦怦然有動，後反復推考，始識其精確，心焉愛之。知研究經學必以漢儒爲宗，漢儒之中，尤必折中於鄭氏。試操此以參考諸家之言，遇鄭氏與諸家異者，畢竟鄭氏勝之。[4]

又言：

---

① 本集卷三《與郝蘭皋農部論校山海經書》。

② 《清史稿儒林傳二》“臧庸”，《清儒學案》卷四十五“臧先生庸”。

③ 阮元《揅經室二集》卷五《武進臧布衣傳》。

④ 本集卷三《上王鳳喈光禄書》。

> 鏞堂年十九，見光禄卿王鳳喈《尚書後案》，好之。退讀高祖玉林公《經義雜記》等書，始恍然有悟，知推考六籍，必以公為宗。遂盡棄俗學，而專習公學，九年於今矣。習之已久，信之益篤。①

臧庸之所以“篤志讀經，力宗鄭氏學”②，“尊信兩漢大儒説，如君師之命，弗敢違”③，以致盡棄俗學，專習漢學、鄭學，並奉鄭玄為“先師”，立其神坐以祭祀，概有三因：一則“以三代下，漢最近古，其説皆有所受。故欲求聖人之言，舍此無所歸”④；二則“由章句、讐挍、詁訓、聲音，以蕲通乎三代之文者，鄭康成氏之學也”⑤，“先儒精通一經，足垂世立教者，後儒奉為先師。公生東漢末，集先秦、兩漢諸儒大成，偏⑥通《六經》傳記之文，一一為之箋注。其功在周公、孔子，非伏生、毛公輩一經可擬也”，“故奉為先師，供其神坐於家塾，以為師範”⑦；三則既是對乾嘉考據風潮的因應，也是受其家學與師承的影響所致。當時學者對此亦深有體察，如秦瀛《拜經堂文集序》言：“在東承其家學，屏去俗好，不屑蹈常襲故以合於時，而獨與其弟禮堂潛心為漢儒之學。”吴士模《拜經堂文集序》亦言：“近世之學者，争言經學而好宗漢人，其所師承皆有依據。吾友臧君在東，其一也。”

臧庸雖然尊崇漢學，但並不迷信漢儒之説，即使是其極爲推崇的鄭玄，在一些具體問題上也會對其疏失與弊端提出批評。如鄭玄注《禮記大學》“致知在格物”曰：“格，來也。物，猶事也。其知於善深，則來善物；其知於惡深，則來惡物。言事緣人所好來也。”阮元釋爲：“物者，事也；格者，至也。事者，家國天下之事，即止於五倫之至善，明德、親民皆事也。”⑧ 臧庸考證後認爲：

---

① 本集卷四《先師漢大司農北海鄭公神坐記》。

② 《拜經堂叢書》本《經義雜記》卷末嚴元照《經義雜記跋》。

③ 本集卷三《與顧子明書》。

④ 本集卷三《與顧子明書》。

⑤ 本集卷四《宋學均字師鄭説》。

⑥ “偏”，當作“徧”。

⑦ 本集卷四《先師漢大司農北海鄭公神坐記》。

⑧ 阮元《揅經室一集》卷二《大學格物論》。

> 鄭以“格”為“來”，本之《爾雅釋言》、揚子《方言》。考《爾雅》“來”“格”並詁為“至”，則“來”與“至”義通。然以為善惡緣人所好，已啟宋儒心性之説矣。此以“格物”為“至事”，即本經之“知止”，與“明德親民，止於至善”為一事。不特破後儒逃空之見，勝漢注“緣好”之言，直探聖人立言本旨，教人實踐之意矣。①

認爲鄭《注》緣辭生訓，有違本經，而阮元之説簡明又切近原意，更值尊從。對於拘泥漢學，墨守許、鄭者，臧庸也曾撰文進行批評：“泥古者往往墨守《説文》，以篆書、隸體爲漢、魏、唐、宋以來絶無之作，寓目驚人，通經學古者不免焉。”② 又如臧庸所撰《月令雜説》中有駁鄭《注》一條，盧文弨舉之言於段玉裁，段氏不以其説爲然，臧庸復撰《與段若膺明府書》詳陳己見。

2. 篤志考據，不排拒義理

一般認爲清代乾嘉考據學惟重考據，不言義理，實則不然。乾嘉考據學家也重視義理，但他們所講之義理不同於程、朱、陸、王之義理學，學界稱爲乾嘉“新義理學”③，主要内容包括：力主達情遂欲，反對存理滅欲；力主理氣合一，反對理在氣先；注重實證、試驗、實測以及行爲效應和社會功用，摒棄“言心言氣言理”的形上性理之學。④ 他們在治經方面講究通經以致用，認爲《六經》之義理寓於訓詁之中，只有通訓詁才能明《六經》，《六經》明則義理自顯，不存在《六經》之外的義理，很少論及天道、性命。如戴震將學術分爲“義理”、“考核”與“文章”三類，認爲考據乃義理之源，義理必自考據出，講求由考據上求義理。

---

① 本集卷二《阮雲臺侍講大學格物説跋》。

② 本集卷二《四庫全書通俗文字跋》。

③ 余英時《論戴震與章學誠》，華世出版社 1977 年版（三聯書店 2000 年版）；張壽安《以禮代理——凌廷堪與清中葉儒學思想的轉變》，“中研院”近代史研究所 1994 年版；張麗珠《清代義理學新貌》，里仁書局 1999 年版。

④ 周積明《關於乾嘉“新義理學”的通信》，《學術月刊》2001 年第 4 期；周積明《〈四庫全書總目〉與乾嘉“新義理學”》，林慶彰、張壽安主編《乾嘉學者的義理學》，“中研院”中國文哲研究所 2003 年版。

> 夫所謂理義，苟可以舍經而空憑胸臆，將人人鑿空得之，奚有於經學之云乎哉？惟空憑胸臆之卒無當於賢人圣人之理義，然後求之古經；求之古經而遺文垂絕、今古縣隔也，然後求之故訓。故訓明則古經明，古經明則賢人圣人之理義明，而我心之所同然者，乃因之而明。①

此亦大多數乾嘉考據學家之共同觀點。如錢大昕强調："有文字而後有訓詁，有訓詁而後有義理。訓詁者，義理之所由出，非別有義理出乎訓詁之外者也。"②《四庫提要凡例》云："説經主於明義理，然不得其文字訓詁，則義理自何而推。"王鳴盛云："經以明道，而求道者不必空執義理以求之也，但當正文字，辨音讀，釋訓詁，通《傳》《注》，則義理自見，而道在其中矣。"③ 阮元亦云："故訓不明則圣賢之語必誤；語尚誤，遑言其理乎。"④

臧庸作爲乾嘉考據學派的主力，與其他考據學家一樣，雖尊崇漢學，以考據爲職志，也重視通過訓詁進行義理的闡發。如其所撰《克己復禮解》，披檢《左傳》《論語》及馬、杜、范、劉諸説，歸納古書中"己"之原義，指出"克己"之"己"與"人"是對舉之文，"克己"義爲"約身""修身"，而非宋儒所謂"克制私欲"。

> 《左氏》"克己復禮，仁也"，即《論語》"克己復禮為仁"。古志本有是語，孔子嘗稱之。《左氏》引以論楚子，《論語》引以答顏淵，注疏家各望文生義。《爾雅釋詁》"克，勝也"，又"勝，克也"，輾轉相訓。杜元凱本之。楚靈王誇功利，多嗜慾，不能修身自勝以歸於禮，故劉光伯《疏》有"嗜慾與禮義交戰"之說。此以釋《左氏》而非以釋《論語》也。馬季長以"克己"為"約身"者，能修己自勝、約儉其身，即下文"非禮勿動"四者，是。范武子訓"克"為"責"，責己失禮而復之，與下文"四勿"義亦通。馬氏"約身"之訓，即《論語》"以約失之者，鮮矣"之"約"，約身則

① 戴震《東原文集》卷十一《題惠定宇先生授經圖》。

② 錢大昕《潛研堂文集》卷二十四《經籍籑詁序》。

③ 王鳴盛《十七史商榷序》。

④ 阮元《揅經室一集》卷一《釋門》。

非禮勿視、聽、言、動，故“克己復禮”連文。《左傳》《論語》、馬、杜、范、劉等説，義本互通，惟劉光伯“嗜慾”之言，意主楚靈王，而邢叔明襲之以釋《論語》，遂開《集注》訓“己”為“私欲”之端，與全部《論語》“人”“己”對舉之文，方員鑿枘之不合矣。①

又如其《題凌次仲教授挍禮圖》云：“戴東原氏著《原善》《孟子字義疏證》等，大聲疾呼，以言理義之學。庸魯鈍，不通其意，而于教授（指凌廷堪）之文，則攸然有當也。”推允戴震的義理之説，稱讚凌廷堪能繼承戴氏的義理之學，贊成其“以禮代理”的“復禮”主張。

3. 辨正義理，不輕詆宋學

臧庸所主漢學考據派之義理雖不同於宋儒言心性之義理，但他卻能不拘泥於漢宋之界限，辯證客觀地對待宋儒義理之説，不盲目詆棄宋學。如秦瀛《拜經堂文集序》所言：

近世承學之士，多宗漢學，往往目未覩程朱之書，厭薄宋儒，指摘其瑕疵，以相毀謗。當亦漢儒之所不與也。在東之學，師餘姚盧紹弓先生，因主張許叔重、鄭康成諸儒。而其《與阮侍郎雲臺書》云“程朱於聖門躬行之學為近是”，其言於宋儒不為無見。

説明臧庸雖力宗漢學考據，但也肯定宋儒的立身之學，而且同當時宋學諸儒如姚鼐、翁方綱、張惠言、惲敬、莊述祖等人交往密切，對宋學的認識漸次深入，對當時學術界唯宗漢學、詆棄宋學的現象深致不滿與優慮：

文教日昌，諸先正提倡於前，後起之士精詣獨到者，間有其人。而浮薄之徒逞其臆説，輕詆前輩，入室操戈。更有剽竊、膚淺之流，亦肆口雌黄，嫚罵一切，甚至訶朱子爲不值幾文錢者。掩耳弗忍聞。此等風氣，開自近日，不知伊於胡底。二三十年前，講學者雖不及今

① 《文集》卷一《克己復禮解》。

日之盛，而澆薄之風亦不至是。殆盛極必衰，不可不為人心、世道憂也。①

臧庸對宋儒之學的態度是，贊同那些言之有據、説理樸實的義理之説，反對舍經而空談義理，尤其反對“棄《禮》而言理”。如其《題凌次仲教授校禮圖》曰：

姬公制《禮》，孔子定《禮》，自周初迄春秋末，《大學》《中庸》《論語》之微旨，孔子、七十子之大義，均不外此。經十七篇，古《禮》之僅存者。然舍是無以見姬、孔之心，立聖賢之極。後之儒者，棄《禮》而言理，遂潛入於二氏之室，而有違於姬、孔之教矣。

對宋儒“存天理滅人欲”之説更是駁斥有加。如《易彖》曰：“婦人貞吉，從一而終也；夫子制義，從婦凶也。”程頤《易傳》曰：“婦人以從爲正，以順爲德，當終守於從一，夫子則以制義者也，從婦人之道則爲凶也。”並在此基礎上進一步提出“餓死事極小，失節事極大”的觀點。此説後經南宋理學家朱熹推廣，逐漸被統治者和一些道學家所利用，成爲束縛婦女再嫁的工具。臧庸對此嚴加抨擊：

作禮教以教天下後世者，聖人。聖人之於人，原之以情，斷之以法，行之無弊而可从。而非緦緦一節之末，遇變而潰決大敗焉者。……夫死，妻得適人也。若夫死，妻稚子幼，又無大功之親，而不許其適人，必母子交斃矣。……然無夫而有夫，藉以養廉恥之心，免飢寒之困，則猶合乎禮之變。後世庶民之家，改適者有之，士大夫之族以為恥而不行。究之年齒壯艾，衣食空乏，有反不如適人有夫之為愈矣。宋儒言“貧窮無託而再嫁，只是後世怕餓死之説。然餓死極小，失節極大。”不知《禮經》稱繼父，《檀弓》記公叔木、狄儀，皆有同母異父之昆弟，事非起於輓近。以餓死為極小，論亦過刻。……夫死，有嫁者即有娶者，而宋儒言“孀婦不可取。凡取，

① 本集卷三《與姚姬傳郎中書》。

以配身。若取失節者配身，是己失節也。”……己賢，取再醮之婦何傷？己不賢，取守義之女奚益？正己之君子，而斤斤於此末矣？……故夫死不禁其適人，妻不賢而可出。出之，夫得復娶，妻亦可再嫁。①

臧庸此文以樸素人性論和聖人制禮之本意、《禮經》所記之事實，對宋儒“餓死事極小，失節事極大”之論進行批評。趨生避死是人與生俱來的本能與願望，“若夫死，妻稚子幼，又無大功之親，而不許其適人，必母子交斃”，改嫁使“無夫而有夫，藉以養廉恥之心，免飢寒之困，則猶合乎禮之變”，且“《禮經》稱繼父，《檀弓》記公叔木、狄儀，皆有同母異父之昆弟”，“以餓死為極小，論亦過刻”，“故夫死不禁其適人，妻不賢而可出。出之，夫得復娶，妻亦可再嫁。”既動之以情，又曉之以理，更證之以經，足破程氏之説。

## 四 臧庸之著述②

臧庸短暫的一生孜孜問學，矻矻著述，自著之書與裒集漢儒群經佚《注》之作，凡數十種，可謂著述等身。阮元稱其“修身著書，並見於世”，“又其生平考輯古義甚勤，故輯古之書甚多”③，皆能掇零拾墜，考核詳析，精審不苟。

1. 其自著之書傳至於今者有：

《拜經堂文集》五卷④（1930 年上元宗氏影印漢陽葉氏舊藏寫本，《清經解》本收一卷）；

---

① 本集卷一《夫死適人及出妻論》。

② 臧庸著述，參見日本學者吉川幸次郎《臧在東先生年譜》（《東方學報》第六冊，1936 年）所附臧氏“遺書目録”；陳鴻森《臧庸年譜》（《中國經學》第二輯，2007 年）；南京師范大學古籍所《江蘇藝文志常州卷》（江蘇人民出版社 1994 年版）及相關史籍著録。然各家著録之書名、卷數、種數多歧，有待詳考。

③ 本集卷首阮元《臧拜經別傳》。

④ 《國朝先正事略》卷三十三、《文獻徵存録》卷三均作“《拜經堂文集》四卷”，《清史稿》卷四八一作“《拜經文集》四卷”。

《拜經堂文稿》不分卷（清抄本）；

《拜經日記》十二卷[①]（《拜經堂叢書》本、清抄本、《清經解》本收八卷）；

《釋頌》一卷（清抄本）；

《五岳釋》一卷（清抄本）；

《臧孝節行狀》二卷[②]（嘉慶十年都下自刻本）；

《孔子年表》《七十子年表》《孟子編年略》各一卷（清李兆洛刻本）。

2. 其纂輯諸書已刊行者有：

《子夏易傳》一卷（《問經堂叢書》本）；

《馬王易義》一卷（《問經堂叢書》本）；

《周易鄭注敘録》一卷（《湖海樓叢書》本、《叢書集成初編》本）；

《毛詩馬王微》四卷（《問經堂叢書》本）；

《韓詩遺説》二卷，《訂譌》一卷（《仰視千七百二十九鶴齋叢書》本、《靈鶼閣叢書》本、《叢書集成初編》本）；

《儀禮喪服馬王注》一卷（《問經堂叢書》本）；

《盧氏禮記解詁》一卷[③]，《補遺》一卷，《附録》一卷（《拜經堂叢書》本、《鄦齋叢書》本）；

《蔡氏月令章句》二卷[④]（《拜經堂叢書》本、《鄦齋叢書》本、光緒十年上海文藝齋巾箱本）；

《三禮目録》一卷[⑤]（《拜經堂叢書》本、《鄦齋叢書》本）；

《孝經鄭氏解》一卷（《知不足齋叢書》本、《叢書集成初編》本、1924年曹元弼刻本）；

《孝經鄭注解輯》一卷（道光二十七年春雲笈仙房刻本）；

《爾雅漢注》三卷[⑥]（《問經堂叢書》、《槐廬叢書》本、《叢書集成初

① 《清史稿》卷四八一、《文獻徵存録》卷三均作“《拜經日記》八卷”。

② 《北京圖書館古籍善本書目》作“《孝節録》六卷”。

③ 《國朝先正事略》卷三十三作“《盧植禮記解詁》一卷”。

④ 《國朝先正事略》卷三十三作“《蔡邕明堂月令章句》一卷”，《文獻徵存録》卷三作“《蔡邕明堂月令章句》二卷”。

⑤ 《鄦齋叢書》本作“《鄭氏三禮目録》一卷”。

⑥ 《國朝先正事略》卷三十三作“《爾雅古注》三卷”。

編》本）；

《六藝論》一卷①（《拜經堂叢書》本、《鄦齋叢書》本）；

《通俗文》一卷，《敘録》一卷（《嘉慶四年自刻本，《邃雅齋叢書》本》；

《漢書音義》三卷，《敘録》一卷②（《拜經堂叢書》本、《木犀軒叢書》本）；

《新譯大方廣佛華嚴經音義録》二卷，《敘録》一卷（《拜經堂叢書》本、同治八年仁和曹氏重刻本）；

《經義雜記敘録》一卷（《拜經堂叢書》本）；

《拜經堂叢書》十種六十一卷，《附録》二卷（乾隆嘉慶間武進臧氏拜經堂刻本、1935年日本東方文化學院京都研究所影印臧氏刻本）；

《皇朝經解》無卷數（嘉慶十七年養一齋校刻本）；

録段玉裁《詩經小學》四卷（《拜經堂叢書》本、《清經解》本、道光五年抱經堂刻本）；

3. 其已具稿而未經刊刻者有：

《校正鄭氏易注》二卷③（佚）；

《周易注疏校纂》三卷（佚）；

《馬鄭王書義》（佚）；

《尚書注疏校纂》三卷（佚）；

《詩考異》四卷（清抄本）；

《陸機草木蟲魚疏》（佚）；

《毛詩注疏校纂》三卷（佚）；

《周禮賈馬注》（佚）；

《禮記王肅注》一卷④（佚）；

《月令雜説》一卷（佚）；

《樂記二十三篇注》一卷（佚）；

---

① 《鄦齋叢書》本作“《鄭氏六藝論》一卷”。

② 《國朝先正事略》卷三十三、《文獻徵存録》卷三均作“蕭該漢書音義》二卷”，《木犀軒叢書》本作“《漢書音義》三卷，《補遺》一卷”。

③ 《國朝先正事略》卷三十三作“《校鄭康成易注》二卷”，《文獻徵存録》作“《校鄭元易注》二卷”。

④ 《國朝先正事略》卷三十三、《文獻徵存録》卷三均作“《王肅禮記注》一卷”。

《鄭氏論語注》二卷（佚）；
《毛詩鄭箋校字》一卷（清抄本）；
《孝經考異》一卷（佚）；
《聖證論》一卷（佚）；
《説文舊音考》三卷（佚）；
《賈唐國語注》一卷（佚）；
《帝王世紀》一卷（佚）；
《阮氏七録》二卷（清抄本、民國間抄本、民國間積跬步齋抄本）；
《尸子》一卷（佚）；
《臧氏文獻考》六卷（佚）；
惜其諸多久佚之書，無所覓蹤。

## 五　《拜經堂文集》之版本與内容

《拜經堂文集》又名《拜經文集》，臧庸身前未能付刻，後由其子臧相編輯而成。《文獻徵存録》卷三、《國朝先正事略》卷三十三並云“《拜經堂文集》四卷”，《清史稿》卷四八一作“《拜經文集》四卷”，阮元《臧拜經别傳》亦云“《拜經堂文集》四卷”①，《拜經堂叢書總目》則云“《拜經文集》六卷，未刻”，《武陽志餘》同。此兩種本皆不傳。又據繆荃孫《藝風堂文漫存乙丁稾》卷三《常州先哲遺書正續集緣起》，則復有舊刻本二卷，未見其書。今世所行，有民國庚午（1930）三月上元宗氏舜年影印漢陽葉氏名澧家舊藏寫本（現藏湖北省圖書館，收入《續修四庫全書》集部第1491冊），凡五卷，一百三十二篇。《江蘇藝文志》常州卷據此録爲“《拜經堂文集》五卷”。另有學海堂《皇清經解》刻本一卷（第1178卷），僅載録二十四文，且時有删節。現代有影印單行本問世，如上海古籍出版社1995年影印《續修四庫全書》本，上海書店1988年縮拼影印學海堂《皇清經解》本，補以咸豐年间補刊之馮登府著作、庚午年间續刊之許鴻磐著作。《拜經堂文集》至今尚無校點本或注本問世。

① 《清儒學案》卷四十五“玉林學案”下“臧先生庸”，稱臧庸“著《拜經文集》四卷”。

今世通行之漢陽葉氏舊藏寫本《拜經堂文集》，凡五卷，一百三十二篇。内頁署有“漢陽葉氏舊藏寫本，庚午三月上元宗氏印行，江寧鄧邦述署。”卷首有揚州阮元《臧拜經別傳》、長洲宋翔鳳《亡友臧君诔》、嘉慶二十年（1815）仲春秦瀛序、嘉慶二十二年（1817）九月朔日吴士模序。卷末有宗氏舜年識語，説明獲得漢陽葉氏舊藏寫本的經過、此本之特點及印行此本的因由。由于《拜經堂文集》非由臧庸生前手定，而由其子臧相匯録而成，分卷與文章内容和文體分類未能嚴格相應，就其大端而論，卷一爲經解，十篇；卷二爲序跋，三十二篇；卷三爲書札，四十五篇；卷四有記、説、考等雜文十二篇，序跋十二篇；卷五有傳狀十六篇，書札三篇，題跋二篇。一些文章並録當時學者如洪亮吉、嚴元照、許宗彦、郝懿行、阮元等諸家的眉批及評語，行間亦有葉氏的批校。

《拜經堂文集》與《拜經日記》同是臧庸自著書的代表作，也是其一生治學所得的集大成之作。但《拜經日記》重在對經書文字異同之校勘考訂，一般來説，只能使人識其考據之功的一個側面，而《拜經堂文集》囊括經解、序跋、書札、傳狀、記、説、考等各類文體，涵蓋訓詁、校勘、版本、輯佚等漢學考據各個方面的内容，從中既可見其對經史疑義的闡釋、文字異同的考訂、版本優劣的比勘，也可見其與友朋間學問與人情的往還與互唱及其對歷史人物、事件、禮俗的議論乃至對時事、義理等的看法，更能從其與友朋的書信答問和序跋中見其治學態度、學術觀念、考校原則、治學方法的論述，可以説透過《拜經堂文集》能够使人一窺臧庸爲人、治學之全豹。

《文集》所收各類文字雖皆有資經史，但就其學術價值而言，經解、序跋、書札三類文章所論，尤爲精粹。《文集》所收序跋、書札類文字多有論述臧庸治學態度、學術精神、校勘與輯佚原則之内容，前文已有論及，此不贅述。兹擇其《文集》中經解類及反映其品格、學術價值觀與論議等類文字進行討論。

《文集》所收考論經義之文，窮源竟委，時具特識。吴士模《拜經堂文集序》云：“余讀其文，説經者居十之七八，其訓詁之精，考訂之確，于漢人之學深焉。”如其《昆弟兄弟釋異》一文，“以《儀禮》《爾雅》為本，而參證之以群經，詳釋‘昆弟’‘兄弟’之異”，辨“‘兄弟’雖亦‘昆弟’之通稱，對言之，則有親、疎之别。故自大功以上爲‘昆弟’，小功以下為‘兄弟’。”旁推曲證，辨析入微，郝懿行於文末贊曰：

“説經之文，曲暢至矣，無復可加。”

又如其《頌釋》之《釋頌爲古文容字》一文曰：

頭為容貌之首，故古容貌字從“頁”。頁，古文“首”字，籀文作“䫉”[①]，即從今容貌字，尤足為證。凡字有本義，有引申之義。“容貌”為“頌”字之本義，引申為美盛之形容，以誦其成功，因為“歌頌”字。又通於“庸”，訓為“功”，皆“容貌”之引申也。世俗所謂“様”字，即“容”字之轉聲，“容”“永”“羕”“様”，皆聲相轉。

詳考文字音形之流變、意義引申之軌跡，並引證衆多經《傳》舊《注》，闡釋“頌”爲古文“容”字，“容貌”爲“頌”字之本義，引申爲美盛之形容，以誦其成功，因爲“歌頌”字。段玉裁稱其“《論忕字、㝈[②]字書》詞義甚美，而云《説文》脱從‘宀’之‘㝈’，甚確。”[③]

《文集》中許多文章凸顯了臧庸自重、真誠、感恩、重情的品格。臧庸雖爲布衣，但頗自愛重，“躬學古知道，其人其文，俱以古人為師”[④]，樂與學者交接，不屑趨謁達官。其言曰：“自入都以來，同鄉先達足跡所到者，惟閣下之門及吴玉松侍御所而已。然亦不[⑤]敢數數輕詣，若吾邑先進，固未嘗一造其門、一投名刺也。更有某學士者，平居頗砥礪自好，嘗慕庸之爲人，並愛其文，託郝蘭皋農部導意，延往一見，至今未去。”[⑥]“一則恐爲不知者所輕，二則庸固有以自重。”[⑦] 對於友朋交往，臧庸希望做到“君子之交”，彼此“真誠相與，坦率以待，為心交勿為面交，過相規而善相勸，砥厲廉隅。切磋問學，毋懷才以相嫉，毋循利而忘義。出則有濟當時，處則有益後世。”[⑧]

---

① “䫉”爲“頌”之籀文，非“頁”字。“籀文”二字上疑當補“頌”字。

② “㝈”，鍾敬華校點《經韻樓文集補編》卷下此字作“㝈”，疑誤，下同。

③ 本集卷三《與段若膺明府論説文忕字㝈字書》附《段明府荅書》。

④ 本集卷三《荅秦小峴少司冠書》所附《秦小峴少司冠原書》。

⑤ “不”，漢陽葉氏寫本原作“下”，當爲“不”字之誤。

⑥ 本集卷三《與秦小峴少司冠書》。

⑦ 本集卷三《荅秦小峴少司冠書》。

⑧ 本集卷四《漁隱小圃文飲記》。

臧庸十分重視師友之間的情誼，承教受益皆銘記心感，“惓惓師友之誼，雖一言之教、一飯之恩，皆終身弗忘，死生不易。”[①] 如阮元曾致書指正其文之失，臧庸悉從改正，並云：“非大人愛庸之至，孰肯盡言至此？庸當銘諸心版，俾立言、制行不至顛越詒羞，皆先生所教誨、成全者，其爲激仰當何如耶？”[②] 感恩於劉台拱“恤其窮途，賙其困境，飲食教誨，十七年如一日也。”[③] 與王德甫，“去秋摳謁，蒙奬借過實，飲食教誨，載德彌深。”[④] 尤不忘王鳳喈及其《尚書後案》導夫漢學之功：“八年以來，微有所知，以殊異于俗學者，皆閣下教也。其敢忘所自哉？”[⑤]

對於師友學問或品行之優長，臧庸極爲推重。如推崇其師盧文弨爲“天下第一讀書人”[⑥]，稱譽段玉裁“講求聲音、詁訓之學，為海内第一”[⑦]，稱所與往還講論學術者，如秦瀛、王念孫、王引之、阮元、郝懿行諸人，“皆古君子，非特學問優也”[⑧]，認爲丁杰“善與人同，大公無我，而辭氣温雅，循循善誘”[⑨]。臧庸雖爲《經籍籑詁》總裁，爲此書之編纂、校訂費盡心力，卻將此不朽之業全部歸功於阮元及分纂諸君，稱“蓋非宗伯精心卓識、雄才大力，不足以興刱造之功，而非諸君子分籑之勤，亦不能彙其成也”[⑩]，可見其大公無我之胸襟。

臧庸非常看重同門之誼、兄弟之情。如其曾致書顧子明，將其爲學所悟所得之治學門徑與治學方法及其對學問與時文的態度等悉數以告；[⑪] 當顧子明因小故辭幕，身入困境，臧庸念同門之誼與相交二十餘年之情，感其好學有深造但性情坦白而不達世故，更傷其當前生活之空乏，遂致書王引之，拜托其“作一切實之書，託姚秋農宫允聘入學幕，或別爲推薦。

① 本集卷三《上阮雲臺侍講書》。
② 本集卷三《上阮雲臺侍講書》。
③ 本集卷二《書劉端臨先生遺書目録後》。
④ 本集卷三《上王德甫少司寇書》。
⑤ 本集卷三《上王鳳喈光禄書》。
⑥ 本集卷三《與顧子明書》。
⑦ 本集卷三《與段若膺明府書》。
⑧ 本集卷三《荅翁覃谿鴻臚卿書》。
⑨ 本集卷四《丁小雅教授六十序》。
⑩ 本集卷二《經籍籑詁後序》。
⑪ 本集卷三《與顧子明書》。

處則得賢主人，歸則有行李資”①。情深意篤，言詞懇切，拳拳同門情誼，殷殷助友之心，聞之無不動容。臧庸弟禮堂，字和貴，亦精漢學。德至性，父殁，三日不食；母疾，刲臂以進。臧庸聞弟喪，涕泗酷慟，旁采儒議，私謚之曰“孝節”，撰《亡弟和貴割肱記》和《行狀》（即《孝節録》），以顯揚其弟禮堂之至孝至賢，並乞朱珪等諸名儒之詩文，以表章之。又欲請旌孝子，而力未逮。② 雖近埸期，而思刊刻弟之《愛日居遺文》，請宋湘爲審定，並乞諸儒爲之撰序跋，甚至爲彰顯其賢不惜暴己之過。

> 書中指切庸過實多且大，庸亦願陳不孝、不悌之罪，以著吾弟之賢，但使天下後世人人知吾弟為大賢。庸為至不肖，而弟之賢傳矣，而庸之願足矣。即有暴過之失，庸自一身當之，於亡弟無與也。若庸不傳此稿，則吾弟大賢，庸實磨滅之。清夜撫心，不忍為此。又著賢之事大，暴不肖人之過，其失小。萬一此集必不可為人所見，庸猶將刊板，藏之名山古剎，焚之天地鬼神，以著吾弟之賢。則庸雖至不肖，尚無沒賢之罪乎。③

當時學者對臧庸的爲人及品行也多有推崇，如嚴元照以“謙和寬恕，克己自反，嚴以律己，恕以待友”④ 論其人品。焦循《臧上舍庸》詩稱其：“只以《詩》《書》爲性命，絶無城府在交游。”⑤ 瞿中溶《題臧在東茂才鏞堂自撰尊人行狀後》盛贊其：“直可追三代，誠能貫《六經》。報知心自赤，重義眼常青。信有終身誦，施無德色形。瀧岡傳一表，千載仰儀型。”⑥

《文集》中無一篇詩賦或時文，而幾乎全爲論學之語，體現出臧庸重

① 本集卷三《與王伯申學士書》。

② 吉川幸次郎《臧在東先生年譜》“十年乙丑三十九歲”條。亦見於本集卷五《節孝項母葉安人小傳》《跋汪鋭齋員外題孝節遺書後》《亡弟和貴割肱記》，本集卷首阮元《臧拜經別傳》等文。

③ 本集卷五《與宋芷灣太史論刻愛日居遺文書》。

④ 本集卷四《漁隱小圃文飲記》後附嚴元照識語。

⑤ 焦循《焦循詩文集》，《雕菰集》卷四。

⑥ 瞿中溶《古泉山館詩集》金昌藁卷一。

漢學考據、輕科舉時文、棄酬應詩賦的學術價值觀。漢學考據自乾隆盛世開始流行，尤其是四庫館開，士大夫皆重經義實學，這不僅威脅到官方所認可的宋明理學的學術正統地位，也在相當程度上對原先藉由科舉考試、以經術文章進身的文人之業帶來排擠效應，並因此改變了大江南北衆多讀書士子的治學途徑，一代學風由此而變，而乾嘉學者也藉由對漢學考據的認同而形成其學術價值觀。受考據風潮之影響，臧庸於乾隆五十年（1785）十九歲時，即從習舉子業轉而習漢學，尤其是鄭學。① 此一學術轉向影響了臧庸的一生。在此後的二十多年中，臧庸治學尊崇漢學，以考據、輯佚爲職志，致力於古籍的糾謬正訛、拾遺補闕，不屑從事帖括與詞章。他認爲：

> 蓋吾儒之事業，以聖人為歸。孔子，聖之至也。《六經》者，孔子所手定以惠萬世學者，而亦羣聖精神之所寄也，故有志正學者皆當求之《六經》。治經之法，必先通聲音詁訓，此足下所知者。然非研精極神，忘寢廢食，盡心力爲之，則不能有成。……鏞堂以爲，窮達，命也，非人所能必。所可必者，學問之事耳。使吾黨移研經之力，肆力詞章，词章即工，或不能得一第、為顯揚之資，終属無用，而又坐廢不朽之業，是兩失也。至酬應無益之舉，尤足荒功逸志，即肆力詞章者所當屏絕，况有志正學者哉？②
>
> 讀書當先通詁訓，始能治經。尊信兩漢大儒説，如君師之命，弗敢違。非信漢儒也，以三代下，漢最近古，其説皆有所受。故欲求聖人之言，舍此無所歸。……此可必之于己，得之足以自樂，有功于先哲，有造于來學，願足下為之無倦。若夫富貴，乃偶然之遇，其為之也勞心費神，窮年累世，遇者少，不遇者多，一旦僥倖得之，亦可以誇耀世俗。然品誼不修，學業不講，常為有識者所鄙。不幸而畢生帖括，以兔園冊子于自終，《十三經注疏》至不能舉其名目、姓氏，其時文即高出于王、歸、金、陳之上，究之，此物有何足用？③

① 吉川幸次郎《臧在東先生年譜》“五十年乙巳十九歲”條。

② 本集卷三《與丁道夂書》。

③ 本集卷三《與顧子明書》。

臧庸一再强調治經當先通訓詁，並要尊崇鄭儒，漢學考據乃不朽之業，而詞章即使高於汪、歸、金、陳之上，若不能得一第，終屬無用；即使僥幸得之，若學業不講，亦常爲有識者所鄙。充分體現了其重漢學考據、輕科舉時文、棄酬應詩賦的學術價值觀，宋翔鳳《亡友臧君诔》説臧庸"性命古文，糞土時議"，當不爲過。

值得一提的是，臧庸雖以經生自況，畢生從事漢學考據，但並不僅以學術而滿足，也希望通過參加科舉來實現其行"實政"的目的。其《荅秦小峴少司寇書》曰："庸雖溺志於詁訓考訂，未嘗不有意於文章，願讀先生之文，庶知立言之道也。"臧庸一生曾三次參加鄉試，一次是乾隆五十九年（1794）参加江南鄉試，另兩次分别是嘉慶九年（1804）和嘉慶十五年（1811）參加順天鄉試，而皆不中。臧庸深感自責，其《刻庚午落卷跋》曰："或云'君著述自足不朽，不藉科第為重'，此無聊慰藉，余豈足當之？且國家以制義取士，而文不合格，屢擯有司，亦己之過也。……乃至落卷亦不可得，是必余之罪戾叢積，天降之罰，俾諸君子有知言之識者，決科不驗，深可愧已。"其《與王懷祖觀察書》曰："於學問一塗，粗涉津涯，或能黽勉萬一。至舉業荒落，科名或有宰雅望也。"究其落第之因，當與其重漢學考據、輕科舉時文的學術價值觀有關，與其在心態上和行爲上對應試文章的疏離有關。

臧庸長於故訓、校勘、輯佚之學，以考證精確見稱，不侈談義理。但這並不意味著他沒有議論。從《文集》所録文章來看，臧庸議論雖然不多，但言必有中。如在婦女改嫁的問題上，宋儒鼓吹"餓死事極小，失節事極大"，臧庸撰《夫死適人及出妻論》，以樸素人性論和聖人制禮之本意、《禮經》所記之事實，對其嚴加駁斥，並提出"夫死不禁其適人，妻不賢而可出。出之，夫得復娶，妻亦可再嫁"。在道學空氣令人窒息的時代，臧庸此論足以震聾發聵。

又如對東漢末年的學者蔡邕，歷代褒貶不一。臧庸撰《刻蔡氏月令章句序》力辯其冤："余讀《後漢書蔡邕傳》，而歎中郎生不逢時，有匡濟之略不見用，有纂述之才不能成，且脅於權奸，死於牢獄，後世不諒其志，復加以黨惡之名，未嘗不為之太息痛恨、悲感交集也。""中郎垂死，惓惓《漢記》，寧嬰金鐵、斷支體以成之。"當時學者讀其文，對其識見與才情，多大加贊賞。如孫星衍曰："茂美醇疋，一字不可易。非有真性情，不能操管也。"阮元曰："後漢儒者之學，可与康成並驅者，中郎一人而已。身前死已極枉，而後之名又為庸腐者所污，得此昭雪，可為快事。”許宗彥曰：“范氏論中已極為中郎剖析，此更疏通證明之。非具非常之識，不能為古人如此吐气也。”① 而秦瀛則認爲：

拜讀尊著《蔡氏月令章句敘》，為中郎辨冤，甚善，甚善。惟中郎被辟，稱疾，時卓必欲致中郎，進退之際，宜以死殉才，是不降、不辱。卓為漢賊，聞其誅而嘆，雖非同逆，亦過矣。中郎之惓惓於《漢紀》，危素之惓惓於《元史》，史可不作，而身固不可辱也。②

臧庸復致書以辯：

漢季董卓禮召名流，不屈以全高者，惟鄭康成一人。然時勢不同，逼迫有輕重，未可概論伯喈祇欠一死。鄙論以上有献帝不遽責以死，所見當終遜一籌。至伯喈之惓惓《漢記》，與司馬子長下蠶室而著《史記》同。危素本元大臣，師入投井，乃為僧誤，然不死以成《元史》，其失猶小。至入明仕翰林，為御史王著等論讁而死，則辱之至矣。豈可與伯喈並論乎？③

清乾嘉時期的大多數學者雖已没有清初顧炎武、黄宗羲等先儒那種激揚文字、品評時政的氣概，但也有一些學者並不甘心老死於故紙堆中，他們一方面致力於經史的考證，一方面又往往通過闡發經義、借古諷今來表達自己的政治見解和主張。戴震、王念孫、錢大昕等曾爲京官者如此，臧庸身雖未仕，也並非只知埋首考據，不關心時政。如本集卷三其《上畢纕蘅制府書》曰：

前閱邸抄，見閣下塗次奏剿逆苗事，意主撫綏，不勝欽服，始信仁人長者之用心，固大異於貪功好殺者。所屬苗民从託仁宇，安服向化，特因與漢人貿易或失公平，遂至作釁。然蠢頑無知，惰④極可

① 以上孫星衍、阮元、許宗彥所論均見於本集卷二《刻蔡氏月令章句序》後所附。

② 本集卷三《荅秦小峴少司冦書》文後所附《秦小峴少司冦原書》。

③ 本集卷三《荅秦小峴少司冦書》。

④ “惰”，當作“情”。

憫，復多無辜迫於脅從，倘殲其渠魁而招諭餘黨，勢自瓦散，庶不致蔓延他省，从益難治。此吾鄉楊文定公綏定苗疆之略，今日仍用之於閣下，與文定後先輝映，誠仁至義盡之策也。

對撫綏治苗之策的褒揚與贊賞，無疑也是對當時統治者“貪功好殺”的有力批評。在本集卷四《送姚文溪大令還濟南序》中更是直言指斥當時官吏唯重“弋譽干名”，於“有益人世之事，可以為而不為，兢兢然慮人之議其後，而試核其平日之所為，未必事事皆可以質衾影而對大廷者。”

此外，《文集》中所收論韻之文，如《荅錢曉徵少詹書》《荅張伯雅書》討論“地”字古音，《荅陳恭甫編修論冠昏辭韻書》《再荅陳恭甫編脩論韻書》，講論《禮》《詩》韻例，及《與汪漢郊書》《與莊葆琛明府書》《與阮芸臺侍講論古韻書》所論古書多有韻之文，雖所言未能盡是，或亦不免“煩亂破碎之譏”，但能“於前人所舉外，微矜創獲”①，並每以數十例證之，恐不啻爲臧庸“所恠心者”，亦不容“執前人之成見，而一概抹摋”②。其《與王懷祖觀察論校小學鉤沈書》《與王伯申學士論校小學鉤沈書》，搜采佚書，訂正任大椿輯録之誤，頗具高識。《子夏易傳序》一文，辨《子夏易傳》爲漢韓嬰所撰，訂正《經典釋文敘録》及《隋書經籍志》之謬，亦極通達。《刻蔡氏月令章句序》《書大學考異後》《刻漢書音義序》《書宋槧左傳不全本後》《與郝蘭皋農部論校山海經書》諸文，或論人物，或考經史諸子，皆持論平允，考核精細，爲學者所稱道。郝懿行稱其論韓昌黎郡望非昌黎一文“援据精深，不能增減一字”③。《文集》中的一些名儒傳和行狀，如《禮部侍郎莊公小傳》《皇清日講官起居注前翰林院侍講學士盧先生行狀》《禮部儀制司員外郎汪君行狀》《皇例贈文林郎府學增廣生員蘇景程先生行狀》等，都是研究清代學術的寶貴資料。其他雜文，亦多有關乾嘉學術故實者。

無庸諱言，臧庸治學與爲人也有不足之處。臧庸之學大氐出于盧文弨，故其事盧氏甚謹，但也因對盧氏“尊信太過”，終生所業“遂不能越

① 本集卷三《荅陳恭甫編修論冠昏辭韻書》。

② 本集卷三《與汪漢郊書》。

③ 本集卷三《荅秦小峴司寇論韓昌黎書》後郝懿行識語。

其范圍"①。臧庸治學以考證精審見稱，但也有疏誤之處。正所謂千慮一失，智者不免。如其受盧文弨囑校《常州府志甲科門》，於舊《府志》、各《縣志》《省志》《登科録》《題名録》及宋、元《文集》外，復參閱全史而後定，中間考正數百十事。盧氏見之喜，手書嘉之。② 而趙懷玉則認爲其所録尚多訛謬："見臧君在東條繫近人履歷，譌舛不少；縣分及中式前後，亦多與體例未符。"且直言其"密於考古，疏於證今"③。

臧庸爲學勤篤，且淵源有自，每自信其所得不謬於古，常與人論爭，但在有些問題上，尤其是自己所造不深的領域，盲目自信則爲自負。如臧庸雖"不深於音學"④，而頗自得於其論韻之文。其《與汪漢郊書》云："拙《記》四卷，都中舊作，所愜心者，在言韻一卷。王伯申學士、陳恭甫編修皆詒書争之，惟王懷祖先生頗以鄙説為然。"其《與莊葆琛明府書》稱："吾之言韻，往往與嘉定錢詹事、高郵王觀察暗合，而精密實過於二家。"⑤ 今可見臧庸論韻之文，僅《文集》中所録其與陳、錢、張、阮、汪、莊諸公之七通書札，以及《昭代經師手簡》初編所録之《與王念孫書》，所論皆以爲《禮》《詩》等古書皆有韻之文。據莊述祖《拜經日記題辭》稱其《拜經日記》中有"論韻四卷"⑥，但今所見《拜經堂叢書》本與清抄本《拜經日記》中均無，或如莊氏所言，其論韻之文"另爲編次"，或即爲其《與王懷祖觀察書》所稱之《古韻臆説》，今亦無傳本，實無從得知其更多論韻之高見。因此，臧庸論韻或實有創見，但未能得到學界的一致認可，且與錢、王二人之音韻學成就相比"誠有間矣"，稱其言韻"精密實過於二家"，概言過其實，過於自負。

臧庸性情耿直，且又自負所學，與人交往唯持"真誠"二字，不諳處事之道，因此往往遭人詬病乃至憎惡。嚴元照曾致書直陳其"愎與躁"之過並勸誡之："足下天性戆直，有言必盡，欲少宛委一字而不可得，坐是而不諧於俗。……足下去年在杭州書局，局中人皆不悦足下，此亦不可

---

① 張舜徽《清人文集别録》卷十二《拜经堂文集》。

② 本集卷三《與趙味辛舍人書》。

③ 趙懷玉《亦有生齋文集》卷十《與志館總纂盧學士書》。

④ 本集卷三《荅張伯雅書》。

⑤ 陳鴻森《臧庸年譜》於此句下斥曰："斯則大言不慚矣，實則臧君韻學所造甚淺，僅能拾二家牙慧耳。"語似過刻。

⑥ 《拜經堂叢書》本《拜經日記》卷首莊述祖題辭有曰"論韻四卷，或另爲編次"。

盡責於人，亦足下有以召之也。……又臧否人倫，尤宜謹慎，而足下且肆然見之筆墨之間，輒曰‘某某不足道’。此大失儒者謹厚之風，姑無論其爲人所憎惡矣。……愎與躁，非特難以處世，亦且損於養生。斯二病，足下皆不免焉。”① 其後與顧廣圻成水火之勢，概與其自負所學且性情耿直不無關係。

盡管臧庸終不能擺脱時代和漢學考據的局限，且本身也存在諸多弊病，但畢竟表現出一定的實事求是的科學精神，其所身體力行的勤奮嚴謹、不拘門户、唯是是從的治學態度，在文獻校勘、古籍輯佚以及小學詁訓等方面取得的成就，不僅促進了這些專門學科的發展，也成爲我們今天從事文獻整理研究和清代學術研究的寶貴資源。總體而言，臧庸當無愧爲清代乾嘉學者中的佼佼者。

① 嚴元照《悔庵學文》卷一《與臧在東書》。

# 點校篇

# 點校説明

一、對《拜經堂文集》的整理，包括分段、標點、文字處理和必要的校勘。

二、以民國十九年（1930）宗氏石印漢陽葉氏舊藏寫本（簡稱“漢陽葉氏寫本”）爲底本，以學海堂《皇清經解》刻本爲參校本。

三、漢陽葉氏寫本原有清代學者的批注、評語、與臧庸的復信、臧庸文後的續記、案語等一律收入。

四、根據文意，並結合古籍整理各種文體分段的通例，對文集所有文章進行分段。

五、標點

1. 依照現行標點符號的用法，並結合古籍整理標點的通例，對文集所有文章進行規范的標點。但不使用破折號、省略號、著重號、專名號。

2. 文集引用典籍極多，且引文多省簡，書名號的使用亦十分廣泛，此次整理對書名號和引號的用法進行了統一處理。

（1）書名之間不加頓號，如《史記》《漢書》等；書名與篇名之間不用間隔號，如《後漢書蔡邕傳》《顏氏家訓文章篇》等；同書異篇之間加頓號，如《禮記樂記、祭義》《小、大雅》《既、未濟》等；書名號内不加單書名號，如《孝經鄭氏解》，不作《〈孝經〉鄭氏解》。

（2）凡指稱《十三經注疏》之《經》《注》《疏》《傳》《箋》《正義》等，或指稱《二十四史》之《史》《傳》《志》《表》《書》等，皆不避煩瑣，加書名號。

（3）篇名的書名號使用力求規范統一，尤其是《十三經》的篇名。如引用《周易》的卦辭、爻辭等，其卦、爻等皆作爲篇名。《周禮》是一部記載周代職官的書，引用《周禮》時，各職官名皆作爲篇名，非引用其文而僅述説該職官及其職能時，該職官不作爲篇名。

（4）凡引用古代典籍之文或《十三經注疏》各《經》及《注》《疏》

之文，不論有無省簡，皆使用引號。《十三經注疏》含《經》《注》《疏》等多個層次的内容，爲清眉目，凡《注》文中引用《經》文原文或《疏》文中引用《經》《注》文原文，皆使用引號；凡《經》《注》《疏》文引用其他典籍之文，皆使用引號。

六、文字處理

1. 爲存底本原貌，正文及原注文均依漢陽葉氏寫本原文抄録。底本中的通假字及異體字、俗字、古今字，如第—弟、並—并、答—荅、略—畧、為—爲、属—屬、从—從、于—於、亾—亡、岳—嶽等保持原樣；原文中作者避其當朝帝王或先儒尊師名諱之字，如玄—元、丘—亾等不回改；底本原文或引文中的文字脱、衍、訛、錯簡等悉仍其舊，即顯係傳寫脱誤，或筆畫小有譌闕者，亦俱仍之，但出校勘記予以説明。

2. 漢陽葉氏寫本文字有别於《皇清經解》本者，悉以校勘記出之，以明其異同，俟後之人取衷。

3. 葉氏於原文間的批校、增删，有據者徑據改；其未經校正之疑誤字，不專輒臆改，悉存其真，而以校勘記出之。寫本中個别難以辨識的字和缺字，則計字空缺，以“口”顯示。

4. 爲方便閲讀和排版，將原文豎排改爲横排，原注雙行小字改爲單行小字，並置（）中，以示與正文有别。寫本中各篇篇末常有清代學者的批注、評語或作者的續記、案語，原文以首空一字顯示，此次整理以楷體字縮進格式顯示，以别於正文。眉批則以校勘記出之。

七、校勘

1. 系統參校和擇要吸收清人有關《十三經注疏》的一些代表性成果，如阮元《十三經注疏校勘記》（簡稱“阮校”）、郝懿行《爾雅義疏》、劉寶楠《論語正義》等，和近現代學術界有關《拜經堂文集》的校勘、辨證、考異等方面的成果，如陳鴻森《〈拜經堂文集〉校勘記》等，並在校勘記中標明所據。

2. 校勘行文中凡涉《十三經注疏》版本異同而未説明所據者，均爲吸收“阮校”的成果。

3. 所有校勘文字均以腳注形式隨正文置於當頁下。正文中校勘記的序號置於被校勘的字、詞或句的末字右上角，校勘記行文只録該被校之字、詞、句，不録前後無關的文字。

# 臧拜經别傳[1]

## 揚州阮元撰

拜經，姓臧，名庸，字西成，又字拜經，本名鏞堂，武進縣人。父繼宏，業賈。康熙間，有與閻百詩同時老儒玉林先生名琳者，拜經之高祖也。乾隆五十四年，餘姚盧學士（文弨）主常州書院，拜經往受經學[2]，抱玉林先生所著《經義雜記》質于學士，學士驚異之，于校《經典釋文》中多引其説。五十八年，在蘇州從嘉定錢少詹（大昕）、青浦王侍郎（昶）、金壇段縣令（玉裁）講學術。錢公、王公薦拜經于湖廣總督畢公（沅），授其孫蘭慶經。嘉慶元年歸，丁父艱。二年，元督浙江學政，延拜經至西湖助輯《經籍纂詁》。成[3]，拜經至廣東南海縣校刊于板，而臧氏《經義雜記》諸書，亦以是時刊成之。五年，元巡撫浙江，新闢詁經精舍于西湖，復延拜經至精舍，補訂《纂詁》，校勘《注疏》。七年，歸常州。九年，入京應順天甲子鄉試，王伯申侍講（引之）、桂香東侍講（芳）皆引重之。桂侍講命其弟桂菖從之學。秋試，房考吴美存編修（其彦）薦其文，主司抑之。十一年，南歸，過揚州，伊墨卿太守（秉綬）延修《廣陵圖經》。十二年，復應元招至杭州，讀書于北關署中。十四年，歸里，病。十五年，復應順天庚午鄉試，不中式。吴編修延之修《中州文獻書》[4]。十六

---

① 此《别傳》又見收於阮元《揅經室二集》卷六。

② 據漢陽葉氏寫本《拜經堂文集》卷三《上王鳳喈光禄書》和卷五《皇清日講官起居注前翰林院侍讀學士盧先生行狀》，盧文弨主常州龍城書院講席，以及臧庸從盧氏執經受業，當在乾隆五十三年。

③ “成”，阮元《揅經室二集》卷六所收此《别傳》“成”字前有“三年，《纂詁》”四字，漢陽葉氏寫本脱，當據補。

④ “《中州文獻書》”，據漢陽葉氏寫本《拜經堂文集》卷三《答翁覃谿鴻臚書》，該書名爲《中州文獻考》。

年，復病，七月，卒于吳氏館，年四十有五。

拜經沉默敦重，天性孝友。遵父命，續其高祖將絶之學。修身著書，並見于世。可不謂孝乎？其弟禮堂，孝子也，以毀瘠卒。拜經哀之，乞朱文正公諸名儒之詩文以表章之。可不謂友乎？其為[①]學，根據經傳，剖析精微。德清許周生兵部（宗彥）謂其好學深造如皇侃、熊安生，當求之唐以上也。所著之書，擬《經義雜記》，為《拜經日記》八卷。高郵王懷祖先生（念孫）亟稱之，用筆圈識其精確不磨者十之六七。其叙《孟子年譜》，辨齊宣王、湣王之訛，閩縣陳恭甫編修（壽祺）嘆為絶識。又著《拜經堂文集》四卷、《月令雜説》一卷、《樂記二十三篇注》一卷、《孝經考異》一卷、《臧氏文獻考》六卷。又其生平考輯古義甚勤，故輯古之書甚多。《子夏易傳》一卷，以《子夏傳》為漢韓嬰所撰，非卜子夏。惟采《釋文》《正義》《集解》《古易音訓》《大衍議》五家，不取宋以後説。《詩考異》四卷[②]，大旨如王伯厚，但逐條必自考輯，絶不依循王本。《韓詩遺説》二卷，《訂譌》一卷，顧千里（廣圻）以為輯《韓詩》者衆矣，此為最精。《盧植禮記解詁》一卷、《爾雅古注》三卷、《説文舊音考》三卷、《蔡邕月令章句》二卷、《王肅禮記注》一卷、《聖證論》一卷、《帝王世紀》一卷、《尸子》一卷、《賈唐國語注》二卷、《校鄭康成易注》二卷、《蕭該漢書音義》二卷，皆詳過于人。元初因寶應劉端臨（台拱）獲交拜經，十年之間，于我乎館者為多。卒之後，元寫其所著書為副本，以原本還其家，叙玉林先生入《儒林傳》中，而以拜經附焉。顧《儒林》為國史，文體宜簡，乃復述其未盡者為《别傳》，以告後之學人，且致其哀恤云爾。

---

① “為”，《皇清經解》本作“爲”。下同。

② “《詩考異》四卷”，《清史稿》《儒林傳》《國朝先正事略》《文獻徵存録》《清儒學案》所録均同。《清代七百名人傳》《清代樸學大師列傳》和《明清江蘇文人年表》“一八一一，辛未，嘉慶十六年”條作“《説詩考異》四卷”，蓋誤把前文“不取宋以後説”之“説”斷人所致。

# 亡友臧君誄

長洲宋翔鳳撰

武進臧君殁於京師，余方遊冀州，逾月知耗。念自交契，星回歷七。君以學問益我，以手足愛我，非尋常之相與，能不痛哉！今夏四月，君方病尰，余往問之。當在牀第，編校未休，因出少時所校《月令》《樂記》二篇，屬余審視。余以二篇之意勸之，曰："足下抱病而好學不輟，或者'朝聞'之意乎？然《月令》順陰陽、候天氣，《樂記》言合生氣之和。故吸新吐故，陰陽之藏也；進退步趨，剛柔之節也。養生者，迺儒者之要道，非道家之曲説。足下誠鋭精覃思，亦宜休息隨時。養其氣所以舉萬事，存其身所以集令名。"君得余書，時已沉困，答以"難痛"。遂以嘉慶十六年七月癸卯，卒於京師之逆旅。昔歲乙丑，余往貴州，以書別君。君復書曰："努力此別，誠恐骨肉委同艸露，身後之文則以相托。雖余之譾陋，得交於君。而素不善文，即作之，亦何益損？"然君之手札，七年以來猶在囊篋。念其相知，適益余悲，又安得不為君誄乎？

君名庸，字西成，原名鏞堂，以縣學生為國子監生，年四十五。其友長洲宋翔鳳為之誄，曰：

象緯在天，江河在地。人思不滅，迺有名字。吁嗟吾友，弱年勵志。手抱篇策，迹在寰肆。性命古文，糞土時議。當其一得，即有獨至。窮原得根，稽同覈異。美彼寘行，索塗擿埴。名動鄉曲，學求大師。盧君講授，高足相隨。鐂向校䊮，楊雄識奇。君從脩定，見跋不疲。緊余伯舅（葆琛先生），絶學是追。説字解經，非世所知。君之得力，往往在兹。著作初就，繑繑冠時。《尚書》家學，五十六篇。忍飢閉門，心孤力專。伯叔手寫，遺經遂傳。北海《論語》，散如秋煙。拓遺菑缺，細別精孯。世之善本，惟此一編。字無亥豕，書積丹鉛。烏呼韞櫝，竟盡君年。《拜經日記》，過從頻讀。諧聲轉注，發蒙起覆。宿儒首肯，後學心服。充君志趣，心力耳目。然疑皆定，往詁可復。君之功勛，在彼卷軸。君之地位，礫孔凌陸。沾溉人間，充棟連屋。中丞切切（阮中丞），《字詁》《經郛》。太傅休休（朱太傅），嘆其遺珠。雞鶩白鵠，瓦礫瑾瑜。感士不遇，困於庸夫！我有千載，彼有須臾。何必戚然，遂悲窮途。況今大暮，知陋一隅。徒有故人，腸斷行枯。索交斯世，相见稍晚。君方失弟，大自銷損。骨肉沉摯，友道悃欵。接遇俗流，逌訝偃蹇。語言外吃，精神内捷。性情所到，推微及遠。束脩至薄，族鄙分散。孰云纖嗇，寒士所短。君有婦子，方阻朔南。魄散京國，魂反江潭。鴻儒易失，議論誰堪。著作千古，同心兩三。涼飈已至，寒雨相兼。一鐙閉館，和墨書縑。曰言與行，憾無芥纖。清風自今，留為後談。烏呼哀哉！

# 拜經堂文集序

秦瀛

武進有玉林臧先生者，通經學古，著書甚富。越今百餘年，而得在東。在東承其家學，屏去俗好，不屑蹈常襲故以合於時，而獨與其弟禮堂潛心為漢儒之學。禮堂歿，在東泣然心傷，丏①余為文傳之。逾數年，在東來京，為今侍郎吳君烜纂《中州文獻考》，余方約其歸江南，同修《無錫金匱縣志》，而在東亦尋沒，可悲也。

學者去聖既遠，百家衆説，紛然具陳，苟擇焉不精，則說經而經愈亡。近世承學之士，多宗漢學，往往目未覩程、朱之書，厭薄宋儒，指摘其瑕疵，以相毀謗。當亦漢儒之所不與也。在東之學，師餘姚盧紹弓先生，因主張許叔重、鄭康成諸儒。而其《與阮侍郎雲臺書》云“程朱於聖門躬行之學為近是”，其言於宋儒不為無見。余官京師，在東偕其鄉人惲子居集余邸，其議論有合、有不合，而要以古人為歸。蓋子居為鄭清如之甥，而在東嘗學於清如，又皆與張臯文為友，殆其師友之授受、切劘，有相類者。猶憶紹弓先生老居杭州，余嘗與往還，無何出遊，阻之不獲，而先生竟沒於昆陵。身後寥落，生平所手定古本書及其著作，皆鬻於他氏，為之慨然。今在東歿，而其子相持《拜經堂文集》乞余序，余故序其文而及之。

時嘉慶二十年仲春，無錫秦瀛序。

① “丏”，當作“丐”。

# 拜經堂文集序

吴士模

昔昌黎韓氏有言："求觀聖人之道，必自《孟子》始。"豈不以《孟子》之書本於道？性善而正人心，人之所以為人，心與性而已。《六經》者，聖人所以治人之心性，舉而措之事業，以為天下國家者也。然而訓詁不明，則經之旨或晦焉。故漢人之説經，其有功于經也甚著。近世之學者，争言經學而好宗漢人，其所師承皆有依據。吾友臧君在東，其一也。在東少與余善，嘗命其弟禮[①]從余遊。禮固以孝友著。禮卒而復以命其子相相遊吾門。甫二年，而在東沒。相克成先志，輯其父《拜經堂遺文》，欲梓之以行遠，而問序于余。余讀其文，説經者居十之七八。其訓詁之精，考訂之確，于漢人之學深焉。余性固陋，又多疾，不能博覽詳考。顧少讀韓氏之文，又讀程、朱書而善之，以為得《六經》之義為多，而于漢人之學，則雖知好之，而非性之所近，以序在東之文，能勿慚乎？獨計在東生平里居之日少，不克過從講習，以求治經之源委。而其弟若子不使之就學他氏，而獨以命余，則于余殆非無意者。故嘗以謂相先治漢學，以通其訓詁，繼治宋學，以究其義藴，尤必明乎聖人所以作經之旨，而于孔、孟、程、朱之道，同條共貫，以善反之身，始可以進于儒者。雖與世異趨，毋悔焉。在東可作，不識以吾言為然耶？否耶？

嘉慶二十有二年九月朔日，同里吴士模序。

---

① "禮"，當爲"禮堂"。下文"禮固以孝友著""禮卒"，同。

# 拜經堂文集目録

## 拜經堂文集第一[①]



## 拜經堂文集第二



---

① 漢陽葉氏寫本原作“卷第一”，現改同正文標題。下同。

② “仍舊貫解”，漢陽葉氏寫本正文該篇題作“仁舊貫解”。

③ “刻吕氏古易音訓序”，漢陽葉氏寫本正文該篇題後有“代”字。

④ “序”，漢陽葉氏寫本正文該篇題中作“敘”。

① “重彫宋本爾雅後”，漢陽葉氏寫本正文該篇題作“重雕宋本爾雅書後”。
② “段若膺”，漢陽葉氏寫本正文該篇題中作“段若膺明府”。
③ “刻華嚴經音義序”，漢陽葉氏寫本正文該篇題作“刻華嚴經音義録序”。
④ “書毛本艸木蟲魚疏後”，漢陽葉氏寫本正文該篇題作“書毛本草木蟲魚疏後”。

## 拜經堂文集第三



---

① 漢陽葉氏寫本原作“又”，今改同正文標目。下同。

② “修”，漢陽葉氏寫本正文中該篇題作“脩”。

③ 漢陽葉氏寫本、《皇清經解》本正文中該篇均題作“與郝蘭皋農部論挍山海經書”。

## 拜經堂文集第四

## 拜經堂文集弟五



① “抄”，漢陽葉氏寫本正文該篇題中作“鈔”。
② “禮”，漢陽葉氏寫本正文該篇題中作“礼”。
③ “汪君”，漢陽葉氏寫本正文該篇題中作“汪君德钺”。
④ “漢陽葉先生盧墓記”，漢陽葉氏寫本正文該篇題作“宗人主事葉君盧墓記”。
⑤ “股”，漢陽葉氏寫本正文該篇題中作“肱”。
⑥ “湾”，漢陽葉氏寫本正文該篇題中作“灣”。
⑦ “汪員外”，漢陽葉氏寫本正文該篇題中作“汪鋭齋員外”。

① “象”“戒”，漢陽葉氏寫本正文該篇題中作“像”“誡”。

# 拜經堂文集第一

## 克己復禮解　戊辰仲冬[①]

《左氏傳昭十二年》："楚子次於[②]乾谿。右尹子革讀祈招之詩。王揖而入，饋不食，寢不寐，數日，不能自克，以及于難。"杜《注》："克，勝也。"仲尼曰："古也有志：'克己復禮，仁也。'信善哉！楚靈王若能如是，豈其辱於乾谿?"《正義》曰："劉炫云：'克訓勝也，己謂身也。有嗜慾當以禮義齊之，嗜慾與禮義交戰，使禮義勝其嗜慾，身得歸復於禮，如是乃為仁也。復，反也。'"

《論語》："顏淵問仁，子曰：'克己復禮為仁。'"《集解》馬融曰："克己，約身也。"孔安國曰："復，反也。身能反禮，則為仁矣。"梁皇侃《義疏》云："言若能自約儉己身，返反於禮之中，則為仁也。於時為奢泰過禮，故云禮[③]也。"范甯云："克，責也。復禮，謂責克己失禮。非仁者則不能責己復禮，故能自責己復[④]，則為仁矣。"

庸按：《左氏》"克己復禮，仁也"，即《論語》"克己復禮為仁"。古志本有是語，孔子嘗稱之。《左氏》引以論楚子，《論語》引以答顏淵，注疏家各望文生義。《爾雅釋詁》"克，勝也"，又"勝，克也"，輾轉相訓。杜元凱本之。楚靈王誇功利，多嗜慾，不能修身自勝以歸於禮，故劉光伯《疏》有"嗜慾與禮義交戰"之説。此以釋《左氏》而非以釋《論語》也。馬季長以"克己"為"約身"者，能修己自勝、約儉其身，即

---

① "戊辰仲冬"，《皇清經解》本所録無時間標注。以下各篇同。

② "於"，《皇清經解》本作"于"。

③ "故云禮"，當爲"故云復禮"。《皇清經解》本誤同。

④ "復"，《皇清經解》本"復"下有"禮"字，漢陽葉氏寫本脱。

下文"非禮勿動"四者，是。范武子訓"克"為"責"，責已失禮而復之，與下文"四勿"義亦通。馬氏"約身"之訓，即《論語》"以約失之者，鮮矣"之"約"，約身則非禮勿視、聽、言、動，故"克己復禮"連文。《左傳》《論語》、馬、杜、范、劉等説，義本互通，惟劉光伯"嗜慾"之言，意主楚靈王，而邢叔明襲之以釋《論語》，遂開《集注》訓"己"為"私欲"之端，與全部《論語》"人""己"對舉之文，方員鑿枘[①]之不合矣。

## 仁舊貫解[②] 戊辰仲冬

魯人為長府。閔子騫曰："仍舊貫，如之何？何必改作？"子曰："夫人不言，言必有中。"《集解》引鄭康成《注》曰："長府，藏名也。藏財貨曰府。仍，因也。貫，事也。因舊事則可，何乃復更改作也？"《經典釋文》引鄭云："魯讀'仍'為'仁'，今從古。"元和惠氏棟《九經古義》云："楊雄《將作大匠箴》曰：'魯[③]作長府，而閔子不仁，是用《魯論語》也。'"按："子張問仁，子曰：'能行五者於天下，為仁矣。恭則不侮，寬則得衆，信則人任焉，敏則有功，惠則足以使人。'"又，"子曰：'道千乘之國：敬事而信，節用而愛人，使民以時。'"庸謂："恭則不侮""信則人任"者，"敬事而信"也，"恭""敬"，一也。"敏則有功""寬則得衆"者，"節用而愛人"也。《大學》所謂"生財有大道，生之者衆，食之者寡，為之者疾，用之者舒，則財恒足也。""敏""疾"，一也。寬則愛人，而得衆矣。"惠則足以使人"者，"使民以時"也，以時則為惠矣。孔子所言"道千乘之國"即為邦之道，與答子張問仁"能行五者於天下則為仁"事事印合。"道千乘國"章雖不言仁，究其旨，則言仁之尤也。"魯人為長府，而閔子不仁"者，不愛人，使民不以[④]時也。不愛人則非惠，不以時則不足以使人矣。不節用則傷財，安能"敏則有功"？故閔子言"仁"在"舊貫"。貫，事也。事舊而不改作也。改作更

① "枘"，《皇清經解》本作"柄"，蓋爲形誤。

② "仁舊貫解"，《皇清經解》本同，漢陽葉氏寫本目録中該篇題為"仍舊貫解"。

③ "魯"，陳鴻森校曰："惠氏《古義》引，'魯'字作'或'。"

④ "不以"，《皇清經解》本倒，誤，下文"不以時則不足以使人"正承此。

新，不節用、不愛人，則不仁矣。此與《中庸注》“相人偶”之說，及《論語》論仁諸章，義俱脗合。《魯論語》出“仁”字，較之《古論》作“仍”，義尤明切。此章專記魯事，固當從魯本為定，揚子雲、鄭康成之言極可據矣！

## 孟子言伯夷論 乙卯季夏

伯夷，聖之清者也。孔子稱其“求仁而得仁”，而孟子以為“隘”，過矣。子云：“吾未見好仁[①]，惡不仁者。惡不仁者，其為仁矣，不使不仁者加乎其身。”[②] 夫好仁之人，必深惡不仁。惡人不仁之甚者也，不立於惡人之朝，故非其君不事；不與惡人言，故非其友不友。伯夷求仁得仁，是真知“好仁，惡不仁”者；不事不友，所以全其惡之[③]之實，而不使稍加乎身。而肯立其朝、與之言，以盛服辱在泥塗哉？屈原曰：“人誰能以身之察察，受物之汶汶？又安能以皓皓之白，而蒙世之温[④]蠖乎？”[⑤] 孰謂屈原所不為而伯夷為之哉？“推惡惡之心，思與鄉人立，其冠不正，望望然去之，若將浼焉。”[⑥] 孟子推論之旨可謂微至。此可見伯夷惡惡真切，為之杜漸防微。冠不正即去，自無袒裼裸裎於我側者矣！柳下惠之不恭，由於[⑦]不屑去也。蓋人之以無禮加於[⑧]我也，必由其漸。始而冠不正，續而袒裼，終而裸裎，而我之失禮也。由於不恭，人之冠不正而不知，不急為之去，將習見焉，必有己之冠不正，而亦不知矣。君子正其衣冠，尊其瞻視，儼然人望而畏之，是之[⑨]謂“威而不猛”。我之冠非有不正，奚為與不正者偕哉？趙邠卿云：“伯夷不絜諸侯之行，故不忍就。見殷之末

---

① “仁”，據阮校，《漢石經》同，其餘各本“仁”下有“者”字。

② 此句出《論語里仁》，原文爲：“子曰：‘我未見好仁者，惡不仁者。好仁者，無以尚之。惡不仁者，其為仁矣，不使不仁者加乎其身。’”

③ “惡之”，疑當作“惡惡”，重文符號傳寫誤爲“之”字。

④ “温”，《皇清經解》本作“蝹”。

⑤ 漢陽葉氏寫本此處有眉批：嚴元照曰：“所用《楚詞》，如無所本，則宜用正文。”

⑥ 此句出《孟子公孫丑上》。

⑦ “於”，《皇清經解》本作“于”。

⑧ “於”，《皇清經解》本作“于”。

⑨ “之”，《皇清經解》本作“以”，疑非。

世諸侯多不義，後乃歸於西伯。”

夫論人之善惡，當核其實，而辭命為虛。諸侯①而不善其辭命，雖不善，可受、可就也；諸侯而不善其辭命，雖善，不可受、不可就也。文王伐密、伐崇，武王伐奄，滅國者五十，是商季諸侯之不善較著，受而就之，何異因魏罃之卑禮厚幣而往見之哉？此則伯夷之所不為也。伯夷以辟紂居北海濱，聞文王作而歸之。然則諸侯誠善，雖無辭命之招，且往就焉；而非然②者，宜伯夷之所不屑已。子云：“不降其志，不辱其身，伯夷、叔齊與！”使立於惡人之朝，與惡人言，偕冠不正者，立而就虛辭之諸侯，尚可謂之不降志、辱身歟③？又云：“伯夷、叔齊不念舊惡，怨是用希。”則伯夷雖惡惡而不念其舊，故被其惡者不之怨，此正寬容之德本諸躬而騐④諸人者，安得謂之“隘”哉？後之君子與其學柳下惠也，無寧學伯夷。

## 夫死適人及出妻論　乙卯季夏

作禮教以教天下後世者，聖人。聖人之於人，原之以情，斷之以法，行之無弊而可久。而非鰓鰓一節之末，遇變而潰決大敗焉者。周公，聖之集大成者。手定《喪服禮》，有“繼父”“出妻”之文。父者，子之天也。天可繼乎？然備繼父之道，從而繼父之明。夫死，妻得適人也。若夫死，妻稚子幼，又無大功之親，而不許其適人，必母子交斃矣。人生本乎天，故為“天民”。聖人不輕責人死，匹夫、匹婦無罪而禁之，窮餓以致殞滅，是謂夭天之民，聖人之心不若是之忍也。且夫婦之禮，唯及七十，同藏無間。妾雖老，年未滿五十，必與五日之御。改適者較之壹，與之齊。終身不改者，故不可以同年語。然無夫而有夫，藉以養廉恥之心，免飢寒之困，則猶合乎禮之變。後世庶民之家，改適者有之，士大夫之族以為恥而不行。究之年齒壯艾，衣食空乏，有反不如適人有夫之為愈矣。宋儒言“貧窮無託而再嫁，只是後世怕餓死之説。然餓死為極小，失節極

① “侯”，《皇清經解》本作“矦”。下同。

② “然”，《皇清經解》本作“善”。

③ “歟”，《皇清經解》本作“與”。

④ “騐”，《皇清經解》本作“驗”。

大。”不知《禮經》稱“繼父”，《檀弓》記公叔木、狄儀，皆有同母異父之昆弟，事非起於輓近。以餓死為極小，論亦過刻。安得以士君子守身之義，槩責之愚婦人？夫死，有嫁者即有娶者，而宋儒言“孀婦不可取。凡取，以配身。若取失節者配身，是己失節也。”然婦人化於人者也，非化人者也。己賢，取再醮之婦何傷？己不賢，取守義之女奚益？正己之君子，而斤斤於此末矣？余弟禮堂曰：“古聖人之意，貴男而賤女，故男子可以繼室，婦人不得再嫁。”《易》曰：“婦人從一而終。”夫子制義，其是之謂矣。[①] 孔子删《詩》，存《柏舟》篇以為婦人之常法，俾天下後世有表式焉。然苦節不可貞，聖人不强責人之所難，故於《禮》微著其文，而不明示以再嫁。再嫁之事古多有之，不聞以為深詬。後世節、義、廉、恥，事事不逮古人，而諱忌再嫁之失，乃獨過於古人。於是有名為守節，而實不守節者，其亦知聖人原人情之意，固不若是之刻，以致有病而不可救歟。嗚呼！信義之重，唯諾不變，矧夫婦一體邪？世有實心守義、生死不渝者，吾將與衛之共姜同致，其感泣欽慕，又何議焉？

夫婦為人倫之本，而《禮經》有“出妻”之文，何也？聖人有五不娶，慎之於先；三不去，防之於後；始有“七出”之條。故不順父母者，出。婦事舅姑如事父母，不順為逆德，勢必陷夫於不孝。人子可溺牀笫之私，致拂親心乎？《内則》曰：“子甚宜其妻，父母不說，出；子不宜其妻，父母曰：‘是善事我。’子行夫婦之禮焉，沒身不衰。”是妻之去留，固以父母之説否為準者。無子者，出。取妻為嗣續計，無子將有絶世之慘，不出更娶何待？孟子曰：“不孝有三，無後為大。”嘗見有不産之婦，而復禁夫納妾，遂至坐視其滅宗，故與嫉妬者同出也。淫僻，犯禮之大防，且有亂族之禍。古有“七出”，今止一出，知羞惡之心未嘗盡泯。惡疾者，出。謂不可同事宗廟、供粢盛也。《禮》：“主婦薦豆、設羹。”絶於天者棄於祖，祖考神靈之所在，俾天刑之，婦厠其旁，是為瀆祖褻宗。孝子、慈孫之心必有所大不忍者。心之不忍，則不為也。多口舌與竊盜，較之五者似輕。然離親間戚，兆端起舋，皆由於多口舌。歌曰：“彼婦之口，可以出走。”《詩》曰：“婦有長舌，雖[②]厲之階。”竊盜則反義敗常，漸至不齒人列。同心同德之謂何？而醜行若此，故俱不免於出已。葢一家

① 漢陽葉氏寫本此處有眉批：嚴元照曰：“在宋儒有不得不為之厲禁者，時不同也。”

② “雖”，《十三經注疏》本《毛詩大雅》作“維”。

之中，父子、兄弟，以天合者；夫婦，以人合者。以天合者，義無可分；以人合者，義合則合，義不合則分。故夫死不禁其適人，妻不賢而可出。出之，夫得復娶，妻亦可再嫁，明天與人之不同也。孔門禮法之宗，而伯魚之母出，子上之母出，曾无之母出。自末世視之，鮮不以為薄義不情者，而孔子、子思、曾子皆大聖賢，躬行不諱，亦獨何哉？誠以婦人義有三從，道無專制。施衿結縭，所丁寧告誡者，惟無違一言，而苟犯“七出”，必去勿疑。此陽剛、陰柔之理。庶婦人之心有所懼而不敢肆，雖悍妬者，莫不斂戢聽命焉。此法不行，陽為陰屈，夫制於妻，倫綱斁壞，不可究極。《書》曰：“牝雞無晨。牝雞之晨，惟家之索。”可勝慨歟！《内則》曰：“子放婦出，而不表禮焉。”蓋雖不順父母而出，尤不明言其不順，如曾子以蒸黎不熟為名是已。近世多割鼻、剪髮、苦節、烈志之婦，亦有不堪自問焉者。賢、不肖，蓋未可以等論。出妻，萬一有之，人不屑取，遂終為棄人，或飲恨而不得其死。知古道之難行也，去周公、孔子之世久矣。

## 為妾服緦議并釋　丙辰仲夏

議曰：考之《禮》，為妾服緦者有二文。一、《儀禮喪服緦麻三月章》云：“貴臣貴妾。”此公卿、大夫禮。但别妾之貴賤而定服，不問其有子否也。二、《禮記喪服小記》曰：“士妾有子而為之緦，無子則已。”此士禮。但論子之有無為準，無貴賤之足殊也。然則既非天子、諸侯[1]有南面之尊，降其臣妾，無服。而若王朝之公、若卿、若大夫、若士，固莫不為妾製緦服矣。《傳》曰：“夫尊於朝，妻貴於室。”姪娣者亞於妻，長於衆妾。故妻之貴因乎夫，而妾之貴因乎君及君妻。其輔佐陰教贊襄内子命婦之職，與有勞焉。《經》曰：“昔者明王之以孝治天下也，不敢失於臣妾。”於此見之非第從厚已也。不曰“有子之妾”，而曰“貴妾”，明既貴，雖無子猶為之服，非若士妾之必問其子也。《曲禮記》曰：“大夫不名世臣姪娣，士不名家相長妾。”是卿、大夫之貴妾猶士之長妾，故熊氏

① “侯”，《皇清經解》本作“矦”。下同。

以長妾[①]為娣。後世娣姪禮廢，當以齒長者為長妾，即以齒長有子者為貴妾。六部尚書，周之六卿，今制總督與尚書等，以公、卿、大夫禮考之，知夫人某氏適當貴妾之位，其應服緦。一也；《經》以士禮為定體，周道貴貴，大夫降於士。後世無貴、賤、輕、重之差，多從士禮為斷。慈母如母，有子則為之緦，以士禮定之。又，屬有子之妾，其應服緦[②]。二也。《儀禮》一《經》，周公手[③]定。唐韓愈苦其難讀，宋王安石廢罷之，不立學官，後以《小戴記》代之，習此經者益鮮。然《禮記》，《記》也，非《經》也。於所記喪禮又往往省闕，勿讀，殊失聖人"慎終"意。今旁證之《喪服小記》，而上考之周公本經，為貴妾有子者服緦無疑，時王之制與古聖之經並行不悖。所貴閎通博達之儒，為能引經斷事，臨事參定，不拘世俗所見，而各即乎天理、人心之安，庶達而在上，即可奏議，勒為常法，於風俗民心有厚無薄也。謹議并采摭舊文，為之釋。

《儀禮喪服》第十一"貴臣貴妾"《注》："此謂公、士、大夫之君也，殊其臣妾貴賤而為之服。貴臣，室老士也。貴妾，姪娣也。天子、諸侯降其臣妾，無服。士卑無臣，妾又賤，不足殊。有子則為之緦，無子則已。"《釋》曰："此謂'公、士、大夫之君也'者，若士則無臣，又不得簡妾貴賤，天子、諸侯又以此二者無服，則知為此服者，是公、卿、大夫之君，得'殊其臣妾貴賤而為之服'也。云'貴臣，室老士也'者，上《斬章》鄭已《注》云：'室老，家相也。士，邑宰也。'云'貴妾，姪娣也'者，案《曲禮》曰：'大夫不名家相、長妾。'[④]《士昏禮》云：'雖無娣，媵先。'是士姪娣不具，卿、大夫有姪娣為貴妾可知。故曰'貴妾，姪娣也'。云：'天子、諸侯降其臣妾，無服'者，以其絶朞[⑤]已下故也。云'士卑無臣'者，《孝經》以諸侯、天子、大夫皆云'爭臣'，'士有爭友'，是士無臣也。云'妾又賤，不足殊'者，以大夫已上身貴，妾亦有

① "妾"，《皇清經解》本脫。

② "緦"，《皇清經解》本"緦"下有"麻"字，衍。

③ "手"，《皇清經解》本作"所"。

④ "大夫不名家相、長妾"，陳鴻森校曰："此句當作'大夫不名世臣、姪娣'，阮刻《儀禮疏》亦誤，《校勘記》失校。"

⑤ "朞"，《皇清經解》本作"期"。

貴；士身賤，妾亦隨之賤者，故云‘妾又賤，不足殊’也。云‘有子則為之緦，無子則已’者，《喪服小記》文。”《傳》曰：“何以緦也，以其貴也。”《釋》曰：“發問者以臣與妾不應服，故發問之。”曰：“答曰‘以其貴①也’，以非南面，故簡貴者服之也。”《禮記喪服小記》第十五：“士妾有子而為之緦，無子則已。”《注》：“士卑，妾無男女則不服，不别貴賤。”《正義》曰：“大夫貴妾，雖無子猶服之，故《喪服》云‘大夫為貴妾緦’，是别貴賤也。士妾賤，士妾無子則不服，不殊别妾之貴賤。”《曲禮下》第二：“國君不名卿老世婦，大夫不名世臣姪娣，士不名家相長妾。”《注》：“雖貴於其國，家猶有所尊也。卿老，上卿也。世臣，父時老臣。”《正義》曰：“世婦謂兩媵也，次於夫人而貴於諸妾②也，大夫不得呼世臣及貴妾名。長妾，妾之有子者也。”熊氏云“世有一妻二妾”，言“長妾”者，當謂“娣”也。

## 昆弟兄弟釋異　庚午仲春

“昆弟”者，一體之親，故自同父同母，下至同族，均有是稱，一本之誼也。至“兄弟”，雖亦“昆弟”之通稱，對言之，則有親疎③之别。故自大功以上為“昆弟”，小功以下為“兄弟”。若推廣言之，不特同姓之親通謂之④“兄弟”，即父黨、母黨、妻黨均有“兄弟”之稱，又兼異姓言之矣。此二者不同之大致也。今各引《經》以證明之。

許氏《說文解字》云：“弟，韋束之次第也，以⑤古文之象。凡弟之屬皆从弟。”“𥈭，周人謂兄曰𥈭。从弟，从眔⑥。”臣鉉等曰：“眔，目相及也。兄弟親比之義。”《爾雅釋親》：“𥈭，兄也。”郭景純《注》云：

① “貴”，《皇清經解》本“貴”上有“章”字，疑爲衍字。

② “妾”，《皇清經解》本作“矦”，誤。

③ “疎”，《皇清經解》本作“疏”。

④ “謂之”，《皇清經解》本作“爲”。

⑤ “以”，《皇清經解》本作“从”，是。

⑥ “从弟，从眔”，《皇清經解》本作“从眔，从弟”。漢陽葉氏寫本下文亦言“以‘从眔，从弟’為正”。

“今江東人通言翜。”《毛詩葛藟》：“終遠兄弟，謂他人昆。”《傳》曰：“昆，兄也。”《儀禮喪服》“昆弟”鄭《注》云：“昆，兄也。”是“罤”字下从次弟之弟，上从罘，為目相及、親比之誼，乃周人名兄之定稱。《爾雅》《毛詩傳》同，鄭注《禮經》本之。其文以“从罘，从弟”為正。《爾雅》作“翜”者，“罤”之省變。《詩》《禮》作“昆”，直“罤”之同聲假借字耳。（《説文日部》：“昆，同也。从日，从比。”）

《説文》：“兄，長也。从儿，从口。凡兄之屬皆从兄。”《廣雅釋詁一》：“兄，大也。”《釋親》：“兄，況也。”《白虎通三綱六紀篇》：“兄者，況也，況父法也。”《釋名釋親屬》：“兄，荒也。荒，大也。故青、徐人谓‘兄’為‘荒’也。”《詩常棣》：“況也永嘆。”毛《傳》曰：“況，兹也。”《桑柔》：“倉兄填兮。”毛《傳》曰：“兄，滋也。”《召旻》：“職兄斯引。”毛《傳》曰：“兄，兹也。”是“兄”為長大之通稱，“滋”“兄”[1]之本義，故宗族、母、妻之黨及婚姻之親，均有“兄弟”之稱。《白虎通》《廣雅》以“兄”為“況”者，“兄”“況”同字。《釋名》以“兄”為“荒”者，取聲近者為訓。《常棣傳》以“況”為“茲”，《桑柔傳》以“兄”為“滋”，《召旻傳》以“兄”為“滋[2]”，韋昭《國語注[3]》以“況”為“益”，義並同。是“兄”字誼本“滋益”，故“兄弟”之稱，亦施之彌廣，不若“罤”為目及、親比，特施之一體之人而已。

《釋親》言宗族曰：“父之翜弟，先生為世父，後生為叔父。父之從父翜弟為從祖父，父之從祖翜弟為族父。族父之子相謂為族翜第，族翜弟之子相謂為親同姓。兄之子、弟之子相謂為從父翜弟。父之從父翜弟之母為從祖王母，父之從祖翜弟之母為族祖王母。父之從父翜弟之妻為從祖母，父之從祖翜弟之妻為族祖母。”母黨曰：“母之翜弟為舅，母之從母翜弟為從舅[4]。母之姊妹為從母，從母之男子為從母翜弟，其女子[5]為從母姊妹。”妻黨曰：“妻之翜弟為甥。女子謂翜弟之子為姪。”“翜弟”之

① “兄”，《皇清經解》本作“況”。據文意，作“況”者是。

② “滋”，《皇清經解》本作“茲”，漢陽葉氏寫本上引毛傳亦作“茲”，作“茲”者是。

③ “《國語注》”，《皇清經解》本作“注《國語》”。

④ “母之從母翜弟為從舅”，《皇清經解》本同，陳鴻森校曰：“‘從母’當作‘從父’”。

⑤ “女子”，當作“女子子”，《皇清經解》本亦誤。

文[1]凡十五見，皆一本之誼也。從母之男子亦有舅弟之稱者，父子為一體，母子亦一體，言父以該母也。昆弟為一體，姊妹亦一體，言昆弟以該姊妹也。故母與從母為一體，其所生男子亦從母而為昆弟矣。

宗族曰："男子先生為兄，後生為弟。"妻黨曰："女子謂兄之妻為嫂，弟之妻為婦。"婚姻曰："夫之兄為兄公，夫之弟為叔。"此"兄弟"並"昆弟"之通稱也。又婚姻曰："父之黨為宗族，母與妻之黨為兄弟。父之黨為婚兄弟，壻之黨為姻兄弟。"郭《注》云："古者皆謂婚姻為兄弟。"此"兄弟"又父[2]母黨、妻黨之通稱也。（郝懿行案：以母黨次父黨而言，故與妻黨同為兄弟耳。以母黨對父黨而言，仍與父黨同為昆弟矣。此親親之仁，亦親親之殺，禮之所生也。）

《儀禮喪服衰齊期[3]》："不杖，麻屨者，祖父母。"《傳》曰："何以期也？至尊也。""世父母、叔父母。"《傳》曰[4]："何以期也？與尊者一體也。""然則昆弟之子何以亦期也？旁尊也。不足以加尊焉，故報之也。父子一體也，夫妻一體也，昆弟一體也。故父子，首足也；夫妻，牉合也；昆弟，四體也。故昆弟之義無分，然而有分者，則辟子之私也。子不私其父，則不成其[5]子。故有東宮，有西宮，有南宮，有北宮。異居而同財，有餘則歸之宗，不足則資之宗。"《禮記雜記下》："父母之喪，將祭，而昆弟死，既殯而祭。如同宮，則雖臣妾，葬而后祭。"鄭《注》云："言若同宮，則是昆弟異宮也。古者昆弟異居同財，有父母之祭[6]，當在殯宮，而在異宮者[7]。"《喪服期章》："繼父同居者。"《傳》曰："何以期也？"《傳》曰："夫死，妻稚，子幼，子無大功之親，與之適人。而所適者，亦無大功之親。所適者以其貨財為之築宮廟，歲時使之祀[8]焉，妻不敢與焉。"《注》云："子無大功之親，謂同財者也。"案：古者大功以上，雖異居而同財，故《經》《記》言"昆弟"，《傳》言"大功之親"，說者

① "文"，《皇清經解》本作"女"，誤。

② "父"，當爲衍文，《皇清經解》本不誤。

③ "衰齊期"，《皇清經解》本作"齊衰期"，是。漢陽葉氏寫本下文亦作"齊衰期"。又"期"下疑有"章"字，與下文一致。

④ "曰"，《儀禮喪服》各本"曰"下有"世父、叔父"四字。

⑤ "成其"，《皇清經解》本同，誤。《儀禮喪服》各本作"成爲"。

⑥ "祭"，當作"喪"，《皇清經解》本誤同。

⑦ "而在異宮者"，不足句。據《禮記》鄭注，下脱"疾病或歸者"五字。

⑧ "祀"，《皇清經解》本作"祠"，非是。

俱指同財言之，明“昆弟”為大功以上之定稱也。《喪服齊衰期章》曰：“昆弟，昆弟之子，大夫之庶子，為適昆弟。女子子適人者，為其①昆弟之為父後者。夫之昆弟之子、大夫之子為世父母、叔父母、子、昆弟、昆弟之子。”《大功九月章》曰：“從父昆弟，為人後者，為其昆弟。女子子適人者，為衆昆弟。大夫為世父母、叔父母、子、昆弟、昆弟②之子為士者。公之庶昆弟、大夫之庶子為母、妻、昆弟。皆為其從父昆弟之為大夫者。為夫之昆弟之婦人子適人者。大夫、大夫之妻、大夫之子、公之昆弟，為姑、姊妹、女子子嫁於大夫者。”《小功澡麻帶絰③五月章》曰：“昆弟之下殤，大夫庶子為適昆弟之下殤④。為人後⑤，其為⑥其昆弟、從父昆弟之長殤⑦。昆弟之子、女子子、夫之昆弟之子、女子子之下殤。大夫、公之昆弟、大夫之子，為其昆弟、庶子、姑、姊妹、女子子之長殤。”《小功牡麻絰即葛五月章》曰：“從祖昆弟、公之昆弟⑧，為從父昆弟、庶孫、姑、姊妹、女子子適士者。”《緦麻三月章》曰：“族昆弟、從祖父、從祖昆弟之長殤。從父昆弟姪之下殤。從祖昆弟之子、從母昆弟、君母之昆弟、從父昆弟之子之長殤。昆弟之孫之長殤。為夫之從父昆弟之妻。”《記》：“公子為其母，曰大夫、公之昆弟⑨。”右“昆弟”之文凡三十有八⑩，皆一本之誼也。其服制之差，雖有緦、小功之不同，而莫不本大功以上“一體”之恩，故通謂之“昆弟”也。

又《齊衰三月章》：“曾祖父母。”《傳》曰：“何以齊衰三月也？小功者，兄弟之服也，不敢以兄弟之服服至尊也。”《記》：“大夫之子，於

---

① “其”，據《儀禮注疏》，下脱“父母”二字，《皇清經解》本亦脱。

② “昆弟、昆弟”，阮校：“《通典》不重‘昆弟’。”

③ “絰”，《皇清經解》本作“經”，誤。下文“小功牡麻絰”，《皇清經解》本亦誤作“經”。

④ “殤”，據《儀禮注疏》，下脱“爲姑、姊妹、女子子之下殤”。

⑤ “後”，《皇清經解》本下有“者”字，《儀禮注疏》本同，漢陽葉氏寫本脱。

⑥ “其為”，《皇清經解》本作“爲其”，《儀禮注疏》本同。作“爲其”者是。

⑦ “殤”，據《儀禮注疏》，下脱“爲夫之叔父之長殤”。

⑧ 據《儀禮注疏》，“從祖昆弟”與“公之昆弟”間多有省略。古人引書多簡略，下不一一。

⑨ “曰大夫、公之昆弟”，“曰”字疑衍，且文不足句，據《儀禮注疏》，下脱“大夫之子，於兄弟降一等”。

⑩ “八”，《皇清經解》本下有“見”字，是，與上文“舅弟之文凡十五見”例同。

兄弟降一等。為人後者，於[1]兄弟降一等，報。於所為後之兄弟之子，若子，兄弟皆在他邦，加一等。不及知父母與兄弟居，加一等。"《傳》曰："何如則可謂之兄弟?"《傳》曰："小功以下為兄弟。"鄭《注》云："於此發兄弟傳者，嫌大功已上又加也。大功已上，若皆在他國，則親自親矣。若不及知父母，則固同財矣。"《既夕禮》："兄弟出，主人拜送。"《注》云："兄弟，小功以下也。異門，大功亦可以歸。"此"兄弟"為小功以下之定稱，與"昆弟"為通大功以上言之，固不侔矣。

更證之以《禮記檀弓》，曰："曾子曰：'小功不稅，則是遠兄弟，終無服也，而可乎?'""公叔木有同母異父之昆弟死，問於子游。子游曰：'其大功乎?'"亦明以大功為"昆弟"，小功為"兄弟"也。又曰："有殯，聞遠兄弟之喪，雖緦必往。非兄弟，雖鄰不往。所識，其兄弟不同居者皆弔。"是皆舉小功以下言之也[2]。《檀弓下》："妻之昆弟為父後者死，哭之適室。非為父後者，哭諸異室。有殯，聞遠兄弟之喪，哭於側室。無側室，哭於門內之右。"《喪服小記》："生不及祖父母、諸父、昆弟，而父稅喪，已則否。降而在緦、小功者，則稅之。"《雜記下》："父母之喪，將祭，而昆弟死，既殯而祭。如同宮，則雖臣妾，葬而後祭。"《奔喪篇》："聞遠兄弟之喪，既除喪而後聞喪，免袒成踊。"是皆以期、大功為"昆弟"，緦、小功為"兄弟"，與《禮經》合。鄭注《檀弓》曰："日月已過，乃聞喪而服曰稅。大功以上然，小功輕，不稅[3]。"注《喪服小記》曰："謂正親在齊衰、大功者，親[4]緦、小功不稅矣。"注《奔喪》曰："小功、緦麻，不稅者也。雖不服，猶免袒。"與二《禮》相符證。至通言之"兄弟"之稱，有自大功以上者[5]，如《禮記雜記》"聞兄弟之喪，大功以上，見喪者之鄉而哭"，《奔喪篇》"凡喪，父在父為主。父沒，兄弟同居，各主其喪"者是也；有自大功以下言者，如《曾子問》："孔子曰：'天子、諸侯之喪祭也，不斬衰者不與祭。大夫齊衰者與祭。士祭不

---

① "於"，各本俱同，《要義》作"爲"。阮校："古'於''爲'二字通用。"

② "也"，《皇清經解》本無。

③ "稅"，當作"服"，《皇清經解》本誤同。

④ "親"，《皇清經解》本同。阮校："惠棟校宋本、宋監本、岳本、衛氏《集說》《考文》引古本、足利本，'親'上並有'正'字。"當據補。

⑤ "有自大功以上者"，"者"上當有"言"字，與下文"有自大功以下言者"對文，《皇清經解》本亦脱。

足，則取於兄弟大功以下者。'”又《雜記》：“有父母之喪，尚幼[1]衰，而附兄弟之殤，則練冠祔[2]。”《注》云：“此兄弟之殤，謂大功親以下之殤也。斬衰、齊衰之喪練，皆受以大功之衰，此謂之功衰。”是也。

更推廣言之，《詩葛藟》：“終遠兄弟。”《箋》云：“兄弟，猶言族親也。”《儀禮士冠禮》：“兄弟畢袗元[3]。”《注》云：“兄弟，主人親戚也。”《喪服記》：“大夫之子於兄弟降一等。”《注》云：“兄弟，猶言族親也。”“凡妾為私兄弟，如邦人。”《注》云：“私兄弟，目其族親也。”此“兄弟”並專指宗族言之也。

《詩正月》：“洽比其鄰，昏姻孔云。”《箋》云：“云猶友也。言尹氏富，與[4]兄弟相親友為朋黨也。”《周禮大司徒》：“以本俗六，安萬民。三曰聯兄弟。”《注》云：“兄弟，昏姻嫁娶也。”《儀禮士昏禮》：“見主婦。”《注》云：“見主婦者，兄弟之道，宜相親也。”《禮記》：“曾子問曰：‘昏禮既納幣，有吉日，女之父母死，則如之何？’孔子曰：‘壻使人弔。如壻之父母死，則女之家亦使人弔。壻已葬，壻之伯父致命女氏曰：某之子有父母之喪，不得嗣為兄弟，使某致命。'”《注》云：“必使人弔者，未成兄弟。”《公羊僖二十有五年》：“宋蕩伯姬來逆婦。其言來逆婦何？兄弟辭也。其稱婦何？有姑之辭也。”何邵公《注》云：“宋、魯之間，名結昏姻為兄弟。”又《三十有一年》：“冬，杞伯姬來求婦。其言來求婦何？兄弟辭也。其稱婦何？有姑之辭也。”《穀梁宣十年》：“春，公如齊。公至自齊。齊人歸我濟西田。公娶齊，齊繇[5]以為兄弟，友[6]之。”范武子《注》云：“齊由以婚姻[7]，故還魯田。”此“兄弟”並專指婚姻言之也。

《詩伐木》：“兄弟無遠。”《箋》云：“兄弟，父之黨，母之黨。”《儀

---

① “幼”，《皇清經解》本作“功”，漢陽葉氏寫本下文亦作“功”。作“功”者是，作“幼”者蓋形近而誤。

② “祔”，後脱“於殤”二字。陳鴻森校曰“‘祔’字衍文”。

③ “元”，本作“玄”，因避帝諱“玄燁”而改。

④ “與”，據阮校：“小字本、相臺本‘與’上有‘獨’字，《考文》引古本亦同。案有者是也。”宜據補。

⑤ “繇”，《皇清經解》本同。據阮校，毛本作“繇”，石經、閩、監本均作“由”。

⑥ “友”，《皇清經解》本同。據阮校，毛本作“友”，石經、閩、監本均作“反”。作“反”者是。

⑦ “姻”，《皇清經解》本同。《十三經注疏》本作“族”，是，當據改。

禮聘禮》："若兄弟之國，則問夫人。"《注》云："兄弟，謂同姓，若昏姻甥舅有親者。問猶遺也，謂獻也。非兄弟，獻不及夫人。"《既夕禮》："凡將禮，必請而後拜送。兄弟，賵、奠可也。所知，則賵而不奠。"《注》云："兄弟，有服親者，可且賵且奠，許其厚也。所知，通問相知也，降於兄弟。"《禮記奔喪》："與諸侯為兄弟，亦為位而哭。"《注》云："族親、婚姻在異國者。"《左氏襄三年》："晋使士匄告于齊曰：'寡君願與一二兄弟相見，以謀不協。'"《注》云："列國之君相謂兄弟。"此"兄弟"並兼宗族、母黨、妻黨、婚姻言之也。

今以《儀禮》《爾雅》為本，而參證之以羣《經》，詳釋"昆弟""兄弟"之異[①]如是。

説《經》之文，曲暢至矣，無復可加。郝懿行記。

## 弟婦釋　丙辰孟春

親屬相謂之别，《爾雅》辨之詳矣。妻黨曰："女子謂兄之妻為嫂，弟之妻為婦。"郭璞《注》云："猶今言新婦是也。"《儀禮喪服》傳："其夫屬乎父道者，妻皆母道也。其父屬乎子道者，妻皆婦道。謂弟之妻婦者，是嫂亦可為之母乎？"鄭《注》："道猶行也。謂弟之妻為婦者，卑遠之，故謂之婦。嫂者，尊嚴之稱。嫂，猶叟也；叟，老人稱也。是為序男女之别爾。若已以母婦之服服兄弟之妻，以[②]舅子之服服已，則是亂昭穆之序也。"案：《經》《傳》之文是為服制而言，非為名分而言也。蓋弟妻雖為婦，而實不服婦之服；兄妻雖為嫂，而實不服母之服。此所以明其等而殺其禮。若據"弟妻為婦"而遂以婦服服之，則嫂亦可以母服服之，是亂父子之序矣。葢弟妻推而遠之，故假以婦名，而實不服婦服，猶嫂之不服母服也。差同等之，人而使之不等，所以厚男女之别，而遠嫌疑之漸耳。據《爾雅》《儀禮》之文，則知兄妻稱嫂、弟妻稱婦，自三代以至漢、晋皆然。郭注《爾雅》"猶今言新婦是也"，葢晋時有是稱，今則為

① "異"，《皇清經解》本"異"下有"稱"字，當據補。
② "以"，上脱"兄弟之妻"四字。

弟新婦矣。孔子為政，必以正名為先。一家之中，名分攸關，不容稍紊。余有三弟，常俗稱謂頗俗，因釋“弟婦”以詒之。

## 魯惠公夫人子氏考　乙卯季夏

《春秋隐公二年》：“十有二月，乙卯，夫人子氏薨。”《左氏》以子氏為桓公母，《公羊》以為隐公母，《穀梁》以為隐公妻。按：《左傳》：惠公元妃孟子早卒，仲子生而有文在其手，曰為“魯夫人”，故仲子歸於我。生桓公而幼，是以隐攝立，而奉桓為太子。（從鄭仲師義）惠公之薨也，有宋師，太子又少，故葬[1]有闕。元年冬十月改葬惠公。隐弗敢為喪主，故不書。則桓為太子，子氏為夫人，《傳》有明文矣。故《經》元年不書公“即位”，明隐之不得為君也。魯君臣以仲子為夫人，生而[2]有夫人之瑞，嫁娶以夫人之禮，卒以夫人薨赴告於諸侯[3]。《經》之書“夫人子氏”不沒其實也。杜元凱云：“隐公，繼室之子，當嗣世。”夫聲子為孟子之姪娣，妾也。隐公，妾之子。桓公，夫人之子。是當嗣世者，桓也，非隐也。杜又云：“桓未為君，仲子不應稱夫人。”不知仲子於惠公之世本稱夫人，不係子之為君與否也。《經》：“元年，秋，七月，天王使宰咺來歸惠公、仲子之賵。”《傳》曰：“子氏未薨，預[4]凶事，非禮也。”可證子氏之為惠公夫人仲子，故天王豫賵之，不書葬，而[5]不袝姑也。五年九月考仲子之宫，是別為仲子立廟矣。禮無二嫡，仍夫人之名，以明當日之踰禮，因不袝於姑。不書葬，以示仲子不當稱夫人。此《經》之微而顯也。《公羊》以為隐母，不知隐母，妾也，非夫人也。隐攝立，不書即位。不為君，母惡得稱夫人[6]？《左氏經》：“三年夏，四月，辛卯，君

---

① “故葬”，二字誤倒，當乙正。《皇清經解》本亦誤。

② “而”，《皇清經解》本無。

③ “侯”，《皇清經解》本作“矦”。下同。

④ “預”，《皇清經解》本同。據阮校，毛本同作“預”，誤。其餘各本作“豫”。杜《注》曰：“仲子在而來贈，故曰‘豫凶事’。”

⑤ “而”，《皇清經解》本無。

⑥ “母惡得稱夫人”，《皇清經解》本作“母薨，不稱夫人”。

氏卒。"《傳》曰："聲子也。不赴於諸侯，不反哭於寢[1]，不祔於姑，故不曰薨。不稱夫人，故不言葬。不書姓，為公故，曰君氏。"則隐母之卒在三年也。《公羊》又以不書葬為成公之意，言子將不終為君，母亦不終為夫人。然已見為君，而豫屈其母不得為夫人，無益於讓，有損於孝。始為夫人，終不為夫人，嫡妾之辨，名分之等，竟可隨意進退，反以聖人為賢而成其意，不乖之甚乎！《穀梁》以為隐妻，夫[2]隐攝位將讓之桓，母不稱夫人，妻稱夫人乎？以不書葬為夫人之義從君。（范甯《注》："隐弒賊不討，故不書葬。"）然子氏之薨遠在隐公被弒之前，不當逆知不書，亦不當既書追削之也。《公》《穀》兩家頗失事實，核之《三傳》，《左氏》為長，今從之。

## 五岳[3]釋　庚申孟秋

《周禮》："職方氏掌天下之圖。東南曰揚州，其山鎮曰會稽。正南曰荊州，其山鎮曰衡山。河南曰豫州，其山鎮曰華山。正東曰青州，其山鎮曰沂山。河東曰兗州，其山鎮曰岱山。正西曰雍州，其山鎮曰嶽山。東北曰幽州，其山鎮曰醫無閭。河内曰冀州，其山鎮曰霍山。正北曰并州，其山鎮曰恒山。"《大司樂》："凡日、月食，四鎮五嶽[4]崩。"鄭康成《注》："四鎮，山之重大者，謂揚州之會稽，青州之沂山，幽州之醫無閭，冀州之霍山。五嶽[5]，岱在兗州，衡在荊州，華在豫州，嶽在雍州，恒在并州。"

案：《爾雅釋山》云[6]"河南華，河西嶽，河東岱，河北恒，江南衡"，與《周禮職方》合。《詩崧高正義[7]》引《雜問志》[8]云："周都

---

① "寢"，《皇清經解》本"寢"下有"所"字，當衍。

② "夫"，《皇清經解》本"夫"下有"人"字，當爲衍文。

③ "岳"，《皇清經解》本作"嶽"。

④ "嶽"，《皇清經解》本作"岳"。

⑤ "嶽"，《皇清經解》本作"岳"。

⑥ "云"，《皇清經解》本作"首言"。下文有"《釋山》後言"，《皇清經解》本作"首言"者爲長。

⑦ "《詩崧高正義》"，《皇清經解》本作"《詩正義崧高》"，下同。

⑧ "《雜問志》"，陳鴻森校："《雜問志》無聞，邵晉涵《爾雅正義》謂《鄭志》雜問也。"

豐、鎬，故以吳岳為西岳。”是《釋山》篇首所列為西周之定典，故鄭公注《大司樂》據之，與《周禮》本《經》合。邵二雲學士曰：“華山在成周境内，故首舉之。吳嶽在岐周境内，故次列[①]之。”《中庸》載華、嶽[②]而不重，舉華、嶽可該五岳。《左氏昭四年傳》：“司馬侯[③]曰：‘四岳、三塗、陽城、太室。’”别太室於四岳，明崧高不得稱岳是也。《釋山》後言“泰山為東嶽，華山為西嶽，霍山為南嶽，恒山為北嶽，嵩高為中嶽”[④]，與篇首文異。案：《史記封禪書》述《尚書》四嶽曰：“岱宗，泰山也。”“南嶽，恒山也。”“西嶽，華山也。”“北嶽，恒山也。”“中嶽，嵩高也。”又曰：“昔三代之君皆在河、洛之間[⑤]，故嵩高為中嶽[⑥]，而四嶽各如其方。四瀆咸在山東。至秦稱帝，都咸陽，則五嶽、四瀆皆并在東方。於是自殽以東名山五，曰太室、恒山、泰山、會稽、湘山；自華以西名山七，曰華山、薄山、岳山、岐山、吳岳、鴻冢、瀆山。”下言：“漢武巡南郡，至江陵而東，登禮灊之天柱山，號曰‘南岳’。”然則五嶽之位，唐、虞、三代皆同。周之文、武起自西岐，建都豐、鎬，故取吳岳為西岳，以華山為中岳。及平王東遷，仍用夏、商之制，以嵩高為中岳，華山為西岳。《爾雅》前所述者，為成王、周公之制，以存文、武舊典；後所述者，則夏、殷之禮，及平王東遷後事也。鄭公初無定説，故注《大宗伯》職用後義。秦制蓋與三代同，太史公稱秦都咸陽，五嶽皆在東。是秦以華山為西嶽，而不取吳岳[⑦]。《地理志》“衡在長沙湘南縣[⑧]”，故謂衡山為湘山也。《詩崧高正義》引[⑨]“郭璞《爾雅

① “列”，邵晉涵《正義》本作“及”。

② “嶽”，《皇清經解》本作“岳”。

③ “侯”，《皇清經解》本作“矦”。

④ 此句中“東嶽”“西嶽”“南嶽”“北嶽”“中嶽”之“嶽”，《皇清經解》本均作“岳”。

⑤ “昔三代之君皆在河、洛之間”，今本《封禪書》同此，惟據張守節《正義》，“君”字蓋“居”之誤。

⑥ “嶽”，《皇清經解》本作“岳”。“岳”與“嶽”，漢陽葉氏寫本與《皇清經解》本均常混用，下不一一。

⑦ “岳”，《皇清經解》本作“山”，疑誤。

⑧ “湘南縣”，《皇清經解》本作“湘南縣南”。按山在湘南縣東南。

⑨ “引”，《皇清經解》本作“曰”，是。漢陽葉氏寫本作“引”，則下文引述《正義》之言皆成郭注矣。

注》云："霍山，今在廬江灊縣西南，别名天柱山。漢武帝以衡山遼曠，移其神於此。今其土俗人皆呼之為南岳。"南岳本自以兩山為名，非從近也，而學者多以霍山不得為南岳。又言"從漢武帝始乃名之"。如此言，為武帝在《爾雅》前乎？斯不然矣。竊以璞言為然。何則孫炎以霍山為誤，當作衡[①]？案：《書傳》《虞、夏傳》及《白虎通》《風俗通》《廣雅》並云霍山為南岳，豈諸文皆誤？明是衡山一名霍[②]也。（以上出《詩正義》，今本《爾雅》郭《注》闕。）今[③]案：郭氏言漢武帝移衡山神於霍山，又述學者以漢武帝始名霍山為南岳，與《封禪書》所言正合。此以霍山為南岳，為出漢武帝以後事之明證。孫叔然注《爾雅》，以霍山當作衡山，精之至也。故毛公傳《詩崧高》曰："東岳岱，南岳衡，西岳華，北岳恒。"鄭公《大宗伯注》："五岳，東曰岱宗，南曰衡山，西曰華山，北曰恒山，中曰嵩高山。"皆用《爾雅》後説。[④] 又《詩崧高正義》引《孝經鉤命決》云："五岳：東岳岱，南岳衡，西岳華，北岳恒，中岳嵩高。"是五岳又數嵩高之文也。王肅之注《尚書》，服虔之注《左傳》，鄭氏之注《大宗伯》，皆作"衡"，不作"霍"，是可證"霍"字係後人誤改，非《爾雅》原文矣。乃郭氏好乖舊義，謂南岳本自以兩山為名，遂至合衡、霍為一。《詩正義》更據《大傳》《白虎通》《風俗通》《廣雅》等皆作"霍"字，謂不得諸文皆誤。不知《大傳》固非盡出伏生手，傳其學者多所附益。而班孟堅、應仲瑗皆東漢人，張稚讓，魏人，並在漢武之後，猶東晉廬江土人之呼霍山為南岳，輾轉譌襲，為足據乎？

---

① "衡"，《皇清經解》本作"衡山"。據文意，漢陽葉氏寫本脱"山"字。

② "霍"，《皇清經解》本作"霍山"。

③ "今"，《皇清經解》本無。

④ 此句以下文字（包括注文），漢陽葉氏寫本與《皇清經解》本有較大出入。爲便對勘，特此將《皇清經解》本文句録下：而作"衡"，不作"霍"，可證"霍"字爲後人誤改，非《爾雅》本經矣。（《詩正義崧高》曰：《孝經鉤命決》云："五岳：東岳岱，南岳衡，西岳華，北岳恒，中岳嵩高。"是五岳又數嵩高之文也。故王肅之注《尚書》，服虔之注《左傳》，於《大宗伯注》皆然，俱可證"霍"字爲誤。）乃郭氏好乖舊義，謂南岳本自以兩山爲名。斯不根之談，無足辨也。《詩正義》據《書大傳》《白虎通》《風俗通》《廣雅》等皆作"霍"字，不得謂諸文皆誤。不知《大傳》非盡伏生本書，傳其學者多所附益。而班孟堅、應仲瑗皆東漢人，張稚讓，魏人，並出漢武後，猶東晉廬江土人亦呼霍山爲南岳，皆承襲之譌，爲足據乎？

# 頌釋　己巳季春

## 一　釋頌為古文容字

《説文》："頁，頭也。從百，從儿[1]。古文䭫首如此。""頌，貌[2]也。從頁，公聲。額，籀文。"頌從容[3]，徐曰："此容儀字。歌頌者，美盛德之形容，故通作頌。後人因而亂之，以字為歌頌字。"（徐傳本《韻會》）

《詩序》："頌者，美盛德之形容，以其成功告於神明者也。"

《鄭譜》："頌之言容。天子之德，光被四表，格于上下，無不覆燾，無不持載，此之謂容。"

《周禮》："太師教六詩，曰雅，曰頌。"《注》："雅，正也。言今之正者，以為後世法。頌之言誦也，容也。誦今之德，廣以美之。"

《眂瞭》："擊頌磬、笙磬。"《注》："磬在東方曰笙。笙，生也。在西方曰頌。頌或作庸。庸，功也。"

《儀禮大射儀》："頌磬。"《注》："古文頌為庸。"（案：此"頌"字古音本讀如"容"。）

《禮記樂記正義》曰："劉向所校二十三篇，著於《别録》。今《樂記》所斷取十一篇，餘有十二篇，其名猶在。《招[4]本》第二十一，《昭[5]頌》第二十二。"（案："招""昭"皆與"韶"通。《招本》者，言其德；《昭頌》者，記其容。合之《漢書儒林傳》，可證古"禮容""樂容"，字皆作"頌"也。）

《漢書儒林傳》："魯徐生善為頌。"蘇林云："《漢舊儀》有二郎為此頌貌威儀事。不知《經》，但能盤辟為禮容。"

《管子牧民第一》："國頌。"尹《注》："頌，容也。謂陳為國之形容。"

---

① "几"，當作"儿"。

② "貌"，《説文》原作"皃"。

③ "頌从容"，此指"頌"之籀文字形"額"而言。

④ "招"，據阮校，閩本、惠棟校宋本同，《禮記訓纂》同，監、毛本、衛氏《集説》作"昭"。

⑤ "昭"，《禮記訓纂》同，阮刻本作"招"。

案：頭為容貌之首，故古容貌字從“頁”。頁，古文“首”字，籀文作“頟”①，即從今容貌字，尤足為證。凡字有本義，有引申之義。“容貌”為“頌”字之本義，引申為美盛之形容，以誦其成功，因為“歌頌”字。又通於“庸”，訓為“功”，皆“容貌”之引申也。世俗所謂“樣”字即“容”字之轉聲，“容”“永”“羕”“樣”皆聲相轉。“魯徐生善為頌者”，善為禮容之樣子也。（相案：《周禮》卿②大夫之職，“四曰和容”，杜子春讀“和庸”③為“和頌”，蓋足證“頌”為古“容”字。）

## 一　釋頌有琴瑟工歌

《禮記文王世子》：“始之養也。適東序，釋奠於先老。遂設三老、五更、羣老之席位焉。適饌省醴，養老之珍具，遂發咏焉。退修④之，以孝養也。反，登歌《清廟》。（席工於西階上，歌《清廟》以樂之。）既歌而語，以成之也。言父子、君臣、長幼之道，合德音之致，體之大者也。（既歌，謂樂正告正歌備也。）下管《象》，舞《大武》。”（《象》，周武王伐紂之樂也。以管播其聲，又為之舞，皆於堂下。）

《明堂位》：“季夏六月，以禘禮祀周公於太廟，升歌《清廟》，下管《象》。”（《清廟》，《周頌》也；《象》謂《周頌》《武》也，以管播之。）

《樂記》：“《清廟》之瑟，朱絃而疏越，壹倡而三歎，有遺音者矣。”（《清廟》，謂作樂歌《清廟》也。朱弦，練朱弦，練則聲濁。越，瑟底孔也，畫疏之，使聲遲也。倡，發歌句也。三歎，三人從嘆之也⑤。）

又，“子貢⑥見師乙而問焉，曰：‘賜聞樂⑦歌各有宜也，如賜者，宜何歌也？’師乙曰：‘寬而靜，柔而正者，宜歌《頌》；廣大而靜，疏達而信者，宜歌《大雅》；恭儉而好禮者，宜歌《小雅》；正直而靜，廉而謙

---

① “頁，古文‘首’字，籀文作‘頟’”，“頟”爲“頌”之籀文，非“頁”字。“籀文”二字上疑當補“頌”字。

② “卿”，當作“鄉”。

③ “和庸”，當作“和容”。

④ “修”，《禮記注疏》本作“脩”。

⑤ “也”，《禮記注疏》本作“耳”。

⑥ “貢”，據阮校，閩、監、毛本、岳本、嘉靖本同作“贛”，宋監本作“貢”。

⑦ “樂”，當作“聲”。

者，宜歌《風》；肆直而慈愛者，宜歌《商》；温良而能斷者，宜歌《齊》。夫歌者，直己而陳德也。動己而天地應焉，四時和焉，星辰理焉，萬物育焉。故《商》者，五帝之遺聲也，商人識之，故謂之《商》。《齊》者，三代之遺聲也，齊人識之，故謂之《齊》。明乎《商》之音者，臨事而屢斷；明乎《齊》之音者，見利而讓。臨事而屢斷，勇也；見利而讓，義也。有勇有義，非歌孰能保此？'"

《祭統》："夫大嘗禘，升歌《清廟》，下而管《象》。"（《清廟》，頌文王之詩也。管《象》，吹管而舞《武》《象》之樂也。）

《仲尼燕居》："子曰：'禮猶有九焉，大饗有四焉。苟知此矣，雖在畎畝之中，事之，聖人矣[①]。（大饗，謂饗諸侯來朝者也。四者，謂金再作，升歌《清廟》，下管《象》也。）兩君相見，揖讓而入門，入門而縣興，揖讓而升堂，升堂而樂闋，下管《象》《武》，《夏》《籥》序興，（下，謂堂下。《象》《武》，武舞也。《夏》《籥》，文舞也。序，更也。堂下吹管，舞文、武之樂，更起也。）陳其薦俎，序其禮樂，備其百官。如此，而后君子和[②]仁焉。行中規，還中矩，和鸞中《采齊》，客出以《雍》，徹以《振羽》，是故君子無物而不在禮矣。（《采齊》《雍》《振羽》皆樂章也。《振羽》《振鷺》及《雍》，舍[③]作。）入門而金作，示情也。升歌《清廟》，示德也。（相示以德也，《清廟》頌文王之德。）下而管《象》，示事也。（相示以事也。《象》《武》，武王之大事也。）是故，古之君子，不必親相與言也，以禮樂相示而已。"（《正義》曰："'下管《象》《武》'者，謂升歌《清廟》，是大饗之三也。堂下管中吹《象》《武》之曲，是大饗之四也。但此'下管《象》《武》'之上少'升歌《清廟》'一句，下文既詳，故於此略之。'《夏》籥序興'者，《夏》籥，謂大夏文舞之樂，以《象》《武》次序更遞而興。"）

《春秋左氏傳襄公二十九年》：吳公子札來聘，請觀於周樂。使工為之歌《頌》，曰："至矣哉，五聲和，八風平，節有度，守有序，盛德之所同也。"（頌有殷、魯，故曰"盛德之所同"。）

《虞書傳》云："古者帝王，升歌《清廟》之樂，大琴練弦。"

《漢書禮樂志》："高祖時，叔孫通因秦樂人制宗廟樂。乾豆[④]上，奏

---

① "矣"，《禮記注疏》本作"已"。

② "和"，當作"知"。

③ "舍"，當作"金"。

④ "乾豆"，上有省略，因屬古文之例，不特列出。師古曰："乾豆，脯羞之屬。"

《登歌》。獨上歌，不以筦弦亂人聲，欲在位者偏①聞之，猶古《清廟》之歌也。"

案：季札觀周樂，使工為之歌《頌》，而曰："盛德之所同"。故杜《注》謂："兼殷、魯言之。"師乙對子貢之問曰："寬而静，柔而正者，宜歌《頌》。"此亦當包殷、魯。或據鄭注"肆直而慈愛者宜歌《商》"云"《商》，宋詩也"，因疑《頌》止言周，不知師乙於《頌》外别言《商》，於《風》外别言《齊》，而以為五帝三代之遺聲，因商、齊人識之，故謂之《商》《齊》，則非《商頌》《齊風》矣。是三頌皆可歌，《周頌》無明文足證。如《清廟》，如《振鷺》，如《雍》，如《舞》②《武》，皆《經》《傳》所見。其琴瑟工歌，固與《國風》《小、大雅》同也。

## 一　釋頌有鐘鎛鼓磬

《周禮大司樂》："王出入，則令奏《王夏》。尸出入，則令奏《肆夏》。牲出入，則令奏《昭夏》。（三夏，皆樂章名。）大饗不入牲，其他皆如祭祀。（大饗，饗賓客也。不入牲，牲不入，亦不奏《昭夏》也。其他，謂王出入、賓客出入，亦奏《王夏》《肆夏》。）大射，王出入，令奏《王夏》。"（《釋》曰："案《禮器》'大饗其王事與?'又云'其出也《肆夏》而送之。'鄭《注》云：'肆夏，當為陔夏。'彼賓出入，奏《肆夏》，與此大饗賓出入③《肆夏》同。而破《肆夏》為《陔夏》者，彼鄭注'大饗'為'祫祭先王'，祭末有燕，而飲酒有賓醉之法，於《鄉飲酒》賓醉而出奏《陔夏》同，故破《肆夏》為《陔夏》。此大饗，饗諸侯來朝，則《左傳》云：饗以訓恭儉，'設凡而不倚，爵盈而不飲'，獻依命數，賓無醉理，故賓出入奏《肆夏》，與尸之出入同也。"）

《樂師》："教樂儀，行以《肆夏》，趨以《采薺》，車亦如之，環拜以鐘鼓為節。"（"《肆夏》《采薺》皆樂名，或曰皆逸詩。謂人君行步，以《肆夏》為節。趨疾以步，則以《采薺》為節。若今時行禮於太學，罷出，以《鼓陔》為

① "偏"，當作"徧"。

② "《舞》"，據前文，疑為《象》之誤。

③ "入"，下當有"奏"字。

節。”元①謂行者於②大寢之中，趨謂於朝廷。《爾雅》曰：“堂上謂之行，門外謂之趨。”)

《鐘師》：“掌金奏，凡樂事，以鐘鼓奏九夏：(按：此奏《頌》。)《王夏》《肆夏》《昭夏》《納夏》《昭夏》③《齊夏》《族夏》《裓夏》《驁夏》。(以鐘鼓者，先擊鐘，次擊鼓以奏九夏。夏，大也，樂之大歌有九。故書“納”作“内”，杜子春云：“内當為納，裓讀為陔鼓之陔。王出入奏《王夏》，尸出入奏《肆夏》，牲出入奏《昭夏》，四方賓來奏《納夏》，臣有功奏《章夏》，夏④夫人祭奏《齊夏》，族人侍奏《族夏》，客醉而出奏《陔夏》，公出入奏《驁夏》。《肆夏》，詩也。《國語》曰：‘金奏《肆夏》《繁遏》《渠》，天子所以享元侯。’《肆夏》《繁遏》《渠》，所謂《三夏》也。吕叔玉云：《肆夏》《繁遏》《渠》皆《周頌》也。《肆夏》，《時邁》也。《繁遏》，《執競⑤》也。《渠》，《思文》也。肆，遂也。夏，大也。言遂於大位，謂王位也，故《時邁》曰‘肆于時夏，允王保之’。繁，多也。遏，止也。言福禄止於周之多也，故《執兢》曰‘降福穰穰，降福簡簡，福禄來反’。渠，大也。言以后稷配天，王道之大也。故《思文》曰‘思文后稷，克配彼天’。故《國語》謂之曰‘皆昭令德以合好也’。”元⑥謂以《文王》《鹿鳴》言之，則九夏皆詩篇名，《頌》之族類也。此歌之大者，載在樂章，樂崩亦從而亡，是以《頌》不能具。)凡祭祀、饗食，奏燕樂。(案：此奏《雅》。)凡射，王奏《騶虞》，諸侯奏《貍首》，卿大夫奏《采蘋》，士奏《采蘩》。”(案：此奏《風》。)

《笙師》：“舂牘、應、雅，以教裓樂。(裓樂，《裓夏》之樂。牘、應、雅教其舂者，謂以築地。笙師教之，則三器在庭可知矣。賓醉而出，奏《裓夏》，以此三器築地，為之行節，明不失禮。)凡祭祀、饗射，共其鐘笙之樂，燕樂亦如之。”

《鎛師》：“掌金奏之鼓。凡祭祀，鼓其金奏之樂，饗食、賓射亦如之。”

《儀禮鄉飲酒禮》：“乃合樂，《周南》：《關雎》《葛覃⑦》《卷耳》，《召南》：《鵲巢》《采蘩》《采蘋》。”(鄉樂者，《風》也。《小雅》為諸侯之

① “元”，本作“玄”，避帝“玄燁”名諱而改。

② “於”，上脱“謂”字。

③ “昭夏”，與上文重，非是，應爲《章夏》。

④ “夏”，據《周禮注疏》，“夏”當爲衍字。

⑤ “競”，據阮校，閩、監、毛本同，余本、岳本作“倞”，嘉靖本作“倞”。《釋文》作“倞”，云：“《詩》作‘競’。”下同。

⑥ “元”，本作“玄”，避帝“玄燁”名諱而改。

⑦ “葛覃”，《五經文字》云“《詩葛覃》亦作蕈”，《九經字樣》云“葛覃，經典或作蕈”。

樂，《大雅》《頌》為天子之樂。《鄉飲酒》升歌《小雅》，禮盛者可以進取也。《燕》合鄉樂，禮輕者可以逮下也。《春秋傳》曰：《肆夏》《繁遏》《渠》，天子所以享元侯也。《文王》《大明》《緜》，兩君相見之樂也。然則諸侯相與燕，升歌《大雅》，合《小雅》。天子與次國、小國之君燕，亦如之，與大國之君燕，升歌《頌》，合《大雅》。其笙間之篇未聞。《釋》曰："納賓之樂，天子與五等諸侯同用《肆夏》。"是以《燕禮》納賓用《肆夏》。《禮記郊特牲》云："大夫之奏《肆夏》，由趙文子始也。"是大夫不得用之，其諸侯以上同用之也。）"賓出，奏《陔》。"（《陔》，《陔夏》也。陔之之[①]言戒也，終日燕飲，酒罷，以《陔》為節，明無失禮也。《周禮鐘師》"以鐘鼓奏九夏"，是奏《陔夏》則有鐘鼓矣。）

《燕禮》："賓醉，奏《陔》。"（《陔》，《陔夏》，樂章也。賓出，奏《陔夏》以為行節也。凡夏，以鐘鼓奏之。）《記》："若以樂納賓，則賓及庭，奏《肆夏》。賓拜酒，主人答拜而樂闋。公拜受爵而奏《肆夏》，公卒爵，主人升受爵以下而樂闋。"（《肆夏》，樂章也，今亡。以鐘鑮播之，鼓磬應之，所謂金奏也。記曰"入門而縣興"，"示易以敬也"。卿大夫有王事事[②]之勞，則奏此樂焉。）

《大射儀》："公升，即席。奏《肆夏》。"（《肆夏》，樂章名，今亡。吕叔玉云：《肆夏》，《時邁》也。《時邁》者，太平巡狩，祭山川之樂歌。奏此以延賓，其著宣王德，勸賢與?《周禮》曰："賓出入，奏《肆夏》。"）"賓醉，奏《陔》。"（《陔夏》，樂章也。其歌《頌》類也。以鐘鼓奏之，其篇今亡。）"賜鐘人于門內霤，遂出。"（必賜鐘人，鐘人以鐘鼓奏《陔夏》，賜之脯，明雖醉，志禮不忘樂。）"公入，《驁》。"（《驁夏》，亦樂章也。以鐘鼓奏之，其詩今亡。此公出而言入者，射宮在郊，以將還為入。燕不《驁》者，於路寢，無出入也。）

《禮記禮器》："大饗，其王事與?（盛其饌與貴[③]，謂祫祭先王。）各以其國之所有，其[④]出也，《肆夏》而送之，蓋重禮也。"（出，謂諸侯之賓也，禮畢而出，作樂以節之。《肆夏》當為《陔夏》。《正義》曰："《大司樂》之文，大饗諸侯，則諸侯出入奏《肆夏》。此《經》是助祭之後，無算爵，禮畢，客醉而出，宜奏《陔夏》，故《燕禮》大射賓出奏《陔夏》，明不失禮也。"）

《郊特牲》："賓入大門而奏《肆夏》，示易以敬也。（賓，朝聘者。易，和悅也。）卒爵而禮闋，孔子屢嘆之。庭燎之百，由齊桓公始也。（僭天子也。）大夫之奏《肆夏》也，由趙文子始也。（僭諸侯。趙文子，晉大夫，名

---

① "之之"，字誤重，當刪其一。

② "事事"，衍一"事"字，當刪。

③ "貴"，《禮記注疏》作"貢"，是，作"貴"蓋形似而誤。

④ "其"，據《禮記注疏》，"其"上有"則致遠物也"。

武。《正義》曰："《周禮》九夏，《王夏》者，天子所用。其餘八夏，諸侯皆得用之。其《陔夏》，卿大夫亦得用之。故《鄉飲》客醉而出，奏《陔夏》，但非堂上正樂所用也。"）

《玉藻》："古之君子必佩玉，右徵、角，左宫、羽，趨以《采齊》，行以《肆夏》。"（登堂之樂節。）

《仲尼燕居》："大饗有四焉。苟知此矣，雖在畎畝之中，事之，聖人也[①]。兩君相見，揖讓而入門，入門而懸興。揖讓而升堂，升堂而樂闋。（大饗，謂饗諸侯來朝者也。四者，謂金再作，升歌《清廟》，下管《象》也。懸興，金作也。金再作者，獻主君又作也。）入門而金作，示情也。（賓、主人各以情相示也。金性内明，象人情也。）升歌《清廟》，示德也。下而管《象》，示事也。是故古之君子，不必親相與言也，以禮樂相示而已。"

《左氏傳成公十一[②]年》："晋郤至如楚聘，再[③]涖盟。楚子享之，子反相，為地室縣焉。（縣鐘鼓也。）金奏作於下，（擊鐘而奏樂。）驚而走出。子反曰：'日云莫矣，寡君須矣，吾子其入也！'賓曰：'君不忘先君之好也，施及臣下[④]，貺之以大禮，重之以備樂。如天子之福，兩君相見，下[⑤]臣不敢。'（言此兩君相見之樂。）世之治也，諸侯間於天子之事，則相朝也。於是乎有享、宴之禮。享以訓共儉，宴以示慈惠。共儉以行禮，而慈惠以布政。政以禮成，民是以息。"

《襄公四年》："穆叔如晋，報知武子之聘也。晋侯享之，金奏《肆夏》之三，不拜。（《肆夏》，樂曲名。《周禮》以鐘鼓奏九夏，其二曰《肆夏》，一名《樊》；三曰《韶夏》，一名《遏》；四曰《納夏》，一名《渠》。蓋擊鐘而奏此三夏曲。）韓獻子使行人子員問之，對曰：'三夏，天子所以享元侯也。使臣弗敢與聞。'"

《國語魯語下》："叔孫穆子聘於晋，晋悼公饗之，樂及《鹿鳴》之三，而後拜樂三。晋侯使行人問焉，對曰：'寡君使豹來繼先君之好，君以諸侯之故，貺使臣以大禮。夫先樂金奏《肆夏》《繁[⑥]遏》《渠》，天子

① "也"，《仲尼燕居》作"已"。

② "十一"，誤，當作"十二"。

③ "再"，《十三經注疏》本作"且"，是。

④ "臣下"，《十三經注疏》本作"下臣"，當據乙正。

⑤ "下"，《十三經注疏》本"下"上有"何以代此?"。宜據補以足文意。

⑥ "繁"，《魯語》作"樊"。

所以享元侯也。(金奏,以金奏樂也。《肆夏》一名《樊》,《韶夏》一名《遏》,《納夏》一名《渠》,此三夏曲也。《禮》有九夏,《周禮鐘師》:“掌以鐘鼓,奏九夏。”元侯,牧伯也。鄭司農云:“九夏皆篇名,《頌》之類,載在樂章中,樂崩亦從而亡,是以《頌》不能具也。”)夫歌《文王》《大明》《緜》,則兩君相見之樂也,皆昭令德以合好也,皆非使臣之所敢聞也。臣以為肄業及之,故不敢拜。’”

《漢書禮樂志》:“皇帝入廟門,奏《永至》,以為行步之節,猶古之《采薺》《肆夏》也。”(劉德曰:“歌樂,在逸《詩》。”)

案:金奏《肆夏》《繁遏》《渠》,皆《頌》類,為天子樂。《春秋內、外傳》言:“三夏,天子所以享元侯。若兩君相見,則奏《文王》《大明》《緜》。”《大司樂》:“王出入,則奏《王夏》。尸出入,奏《肆夏》。牲出入,奏《昭夏》。”鄭《注》云:“三夏,皆樂章名。奏《肆夏》而統乎王,此其用樂之正也。”《禮器》:“大饗,其王事與?各以其國之所有。諸侯助祭者出,歌《肆夏》以送之。”此天子與諸侯用《肆夏》之明文,與《禮經》《春秋傳》並合。鄭《注》改為《陔夏》,非也。《燕禮》:“若與①樂納賓,則賓及庭,奏《肆夏》。賓拜酒,主人答拜而樂闋。公拜受爵而奏《肆夏》,公卒爵,主人升受爵以下而樂闋。”《注》謂:“卿大夫有王事之勞,則奏此樂。”明事繫乎天子也。至諸侯相朝,亦用《肆夏》,所謂“禮盛者以進取也”,故《郊特牲》:“賓入大門而奏《肆夏》。”《仲尼燕居》:“大饗有四,兩君相見,揖讓而入門,入門而縣興。揖讓而升堂,升堂而樂闋。”此皆據諸侯言之。《郊特牲》:“大夫之奏《肆夏》,由趙文子始。”《注》以為“僭諸侯”,明諸侯得用《肆夏》,大夫不得自用《肆夏》矣。郤至,晋大夫,楚子享之,而縣鐘鼓金奏作於地室,故驚而反走,辭以“備樂為兩君相見,下臣不敢”。諸侯相朝,則有享、宴之禮,可用此樂也。春秋時,卿大夫於《禮》經最熟,故言必有典,動與古合。

---

① “與”,當作“以”。

## 一　釋頌有羽籥干舞戚

《周禮地官舞師》："掌教兵舞，帥而舞山川之祭祀；教帗舞，帥而舞社稷之祭祀；教羽舞，帥而舞四方之祭祀；教皇舞，帥而舞旱暵之事。凡野舞，則皆教之。凡小祭祀，則不與舞。"

《春官韎師》："下士二人，府一人，舞者①十有六人，徒四十人。"

《旄人》："下士四人，舞者衆寡無數，府二人，史二人，胥二人，徒二十人。"（旄，旄牛尾。舞者所持以措麾。）

《籥師》："中士四人，府二人，史二人，胥二人，徒二十人。"（籥，舞者所吹。《春秋宣八年》："壬午，猶繹。萬入，去籥。"《傳》曰："去其有聲者，廢其無聲者。《詩》云：'左手執籥，右手秉翟。'"）

《大司樂》："以樂舞教國子：舞《雲門》《大卷》《大咸》《大磬②》《大夏》《大濩》《大武》。（此周所以③存六代之樂。黄帝曰《雲門》《大卷》。《大成④》《咸池》，堯樂也。《大磬》，舜樂也。《大夏》，禹樂也。《大濩》，湯樂也。《大武》，武王樂也。）以六律、六同、五聲、八音、六舞大合樂，以致鬼神示，以和邦國，以諧萬民，以安賓客，以說遠人，以作動物。（大合樂者，謂徧作六代之樂，以冬⑤至作之，致天神人鬼；以夏日至作之，致地祇物鬽。動物，羽臝之屬。《虞書》云："夔曰：戞擊鳴球，搏拊、琴瑟以詠，祖考來格，虞賓在位，羣后德讓，下管鼗鼓，合止柷敔，笙庸⑥以間，鳥獸牄牄，《簫韶》九成，鳳皇來儀。"夔又曰："於，擊⑦石拊石，百獸率舞，庶尹允諧。"此其於宗廟九奏應效⑧。）乃奏黃鐘，歌大吕，舞《雲門》，以祀天神。乃奏大簇⑨，歌應鐘，舞

---

① "舞者"，上宜有"史一人"三字。

② "磬"，《漢讀考》云："經典舜樂字皆作'韶'。《說文革部》：'鞀，或作鞉，或作鼗，籒文作磬，從殸召聲。'是則《周禮》爲古文假借字。"

③ "以"，衍。

④ "大成"，當作"大咸"。

⑤ "冬"，《十三經注疏》本"冬"下有"日"字。

⑥ "庸"，《漢讀考》同，《十三經注疏》本作"鏞"，是。阮校："按賈疏釋此注云：'庸，功也。西方物孰有成功，亦謂之頌。頌，亦是公其成也。'然則賈本、鄭注本作'庸'字。"

⑦ "擊"，據《十三經注疏》本，上脱"予"字。

⑧ "應效"，《十三經注疏》本作"效應"，當據乙正。

⑨ "簇"，據阮校，閩本、監本同，余本、嘉靖本、毛本作"蔟"。《釋文》作"蔟"，《唐石經》缺。《石經考文提要》云："宋纂圖互注本、宋附釋音本、余仁仲本皆作'蔟'。"

《咸池》，以祭地示。乃奏姑洗，歌南吕，舞《九磬①》，以祀四望。乃奏蕤賓，歌函鐘，舞《大夏》，以祀山川。乃奏夷則，歌小吕，舞《大濩》，以享先妣。乃奏無射，歌夾鐘，舞《大武》，以享先祖。（《九磬》，讀為《大韶》，字之誤也。）凡六樂者，文之以五聲，播之以八音。”“帥國子而舞。”（當用舞者帥以往。）“及射，令奏《騶虞》，詔諸侯以弓矢舞。”（舞，謂執弓挾矢揖讓進退之儀。《釋》曰：“此諸侯來朝將助祭，預天子大射之時，則司樂詔告諸侯射之舞節。”）

《樂師》：“掌國學之政，以教國子小舞。（謂以年幼少時教之舞。《内則》曰：“十三舞《勺》，成童舞《象》，二十舞《大夏》。”）凡舞，有帗舞，有羽舞，有皇舞，有旄舞，有干舞，有人舞。”（《釋》曰：云“十三舞《勺》”，《勺》即《周頌酌》。《序》云：“《酌》，告②大武也，言能酌先祖之道以養天下也。云“成童舞《象》”者，即《周頌序》云“維清，奏《象舞》”也。云“二十舞《大夏》”者，人年二十，加冠成人，而舞《大夏》。《大夏》，夏禹之舞。雖舉《大夏》，其實《雲門》已下六舞皆學。以其自夏已上揖讓而得天下，自夏以下征伐、征誅而得天下，夏為文武中，故特舉耳。）

《大胥》：“春，入學，舍采，合舞；秋，頒學，舍聲。以六樂之會正舞位，以序出入舞者。”

《小胥》：“巡舞列而撻其怠慢者。”

《韎師》：“掌教韎樂。祭祀則帥其屬而舞之。大饗亦如之。”

《旄人》：“掌教舞散樂，舞夷樂，凡四方之以舞仕者屬焉。凡祭祀、賓客，舞其燕樂。”

《籥師》：“掌教國子舞羽歈籥。祭祀則鼓羽籥之舞。賓客饗食，則亦如之。”

《司干》：“掌舞器。（舞器，羽籥之屬。）祭祀，舞者旣陳，則授舞器，旣舞則受之。（受取藏之。）賓饗亦如之。”

《儀禮燕禮》：“記：若舞，則《勺》。”（《勺》，《頌》篇，告成《大武》

---

① “九磬”，《釋文》：“九磬，依字‘九’音‘大’，諸書所引皆依字。”《因學紀聞》云：“《山海經》‘夏后開得《九辯》《九歌》以下，始歌《九招》於大穆之野’，《史記》‘禹乃興《九招》之樂’，《索隱》曰：即舜樂簫韶九成。《吕氏春秋》‘帝嚳命咸墨作爲舞聲，歌《九招》《六列》《六英》，帝舜令質修《九招》《六列》《六英》以明帝德’，然則《九招》作於帝嚳，舜修而用之。”

② “告”，據《十三經注疏》本，下脱“成”字，當據補。

之樂歌也。則①其詩曰："於鑠王師，遵養時晦。"又曰："實維爾公允師。"既合②以美王侯，勸有功也。《釋》曰：《宣八年公羊傳》云："壬午，猶繹。《萬》入，去籥。"《傳》曰："《萬》者何？干舞也。"謂秉干舞以奏《勺》詩也。）

《禮記文王世子》："春夏學干戈，秋冬學羽籥，皆於東序。"（干，盾也。戈，句孑戟也。干戈，萬舞，象舞③也，用動作之時學之。羽籥，籥舞，象文也，用安静之時學之。《詩》云："左手執籥，右手秉翟。"）小樂正學干，大胥贊之。籥師學戈，籥師丞贊之。

《郊特牲》："諸侯之宫縣，而祭以白牡，擊玉磬、朱干設鍚④，冕而舞《大武》，乘大路，諸侯之僭禮也。"（言此皆天子之禮也。干，盾也，鍚傅其背如龜也。《武》，萬舞也。）

《内則》："十有三年，學樂誦《詩》，舞《勺》。成童，舞《象》，學射御。（先學《勺》，後學《象》，文、武之次也。成童，十五以上。）二十而冠，始學禮，可以衣裘帛，舞《大夏》。"（《大夏》，樂之文、武備者也。）

《明堂位》："季夏六月，以禘禮祀周公於太廟，升歌《清廟》，下管《象》，朱干玉戚，冕而舞《大武》。皮弁素積，裼而舞《大夏》。（朱干，赤大盾也。戚，斧也。《大武》，周舞也。《大夏》，夏舞也。）《昧》，東夷之樂也。《任》，南蠻之樂也。納夷蠻之樂於太廟，言廣魯於天下也。"（《周詩⑤》："昧師掌教昧樂。"《詩》曰："以雅以南，以樂⑥不僭。"廣，大也。）

《樂記》："干戚、羽旄，謂之樂。"（干，盾也；戚，斧也，武舞所執也。羽，翟羽也；旄，旄牛尾也，文舞所執。《周禮》舞師、樂師掌教舞，有兵舞，有干舞，有羽舞，有旄舞。《詩》曰："左手執籥，右手秉翟。"）"故鐘鼓管磬、羽籥干戚，樂之器也。屈伸⑦俯仰，綴⑧兆舒疾，樂之文也。"（綴，謂酇，舞者之位也。兆，其外營域也。）"故聽其《雅》《頌》之聲，志意得廣焉；執其

① "則"，衍。

② "合"，據《十三經注疏》本，下脱"鄉樂，萬武而奏之，所"。

③ "舞"，據《十三經注疏》本，當作"武"，涉上"舞"字而誤。

④ "鍚"，當作"錫"，注同。

⑤ "周詩"，誤。據引文"昧師掌教昧樂"及《十三經注疏正字》卷五十九，當作"周禮"。

⑥ "樂"，當作"籥"。

⑦ "屈伸"，《史記》作"詘信"。阮校："按《説文》作'屈申'，段玉裁云：屈亦作詘，所謂隨體詰詘也。伸，古經傳皆作信，《周禮》'詘信相感而利生焉'，又'尺蠖之詘以求信也'。"

⑧ "綴"，《史記》作"級"，徐廣曰："級，今《禮》作綴。"

干戚，習其俯仰詘伸，容貌得莊焉；行其綴兆，要其節奏，行列得正焉，進退得齊焉。”（綴，表也，所以表行列也。《詩》云：“荷戈與綴。”兆，域也，舞者進退所至也。要，猶會也。）

《祭統》：“夫大嘗禘，升歌《清廟》，下而管《象》，朱干玉戚以舞《大武》，八佾以舞《大夏》，此天子之樂也。康周公所①以賜魯也。”（《清廟》，頌文王之詩也。管《象》，吹管而舞《武》《象》之樂也。朱干，赤盾。戚，斧也，此《武》《象》之舞所執也。佾，猶列也。《大夏》，禹樂，文舞也，執羽籥。文、武之舞皆八列，互言之耳。康，猶褒大也。）

《仲尼燕居》：“下管《象》《武》，《夏》《籥》序興，（下，謂堂下也。《象》《武》，武舞也。《夏》《籥》，文舞也。序，更也。堂下吹管，舞文、武之樂，更起也。）升歌《清廟》，示德也。下而管《象》，示事也。”（相示以事也，《象》《武》，武王之大事也。）

《春秋左氏傳襄公十年》：“宋公享晋侯於楚丘②，請以《桑林》。（《桑林》，殷天子之樂名。）荀罃辭。荀偃、士匄曰：‘諸侯宋、魯，於是觀禮。（宋，王者後，魯以周公故，皆用天子禮樂，故可觀。）魯有禘樂，賓、祭用之。（禘，三年大祭，則作四代之樂。别祭羣公，則用諸侯樂。）宋以《桑林》享君，不亦可乎？’（言具天子樂也。）舞師題以旌夏，（師，樂師③也。旌夏，大旌也。題，識也。以大旌表識其行列。）晉侯懼而退，入于房。（旌夏非常，卒見之，人心偶有所畏。）去旌，卒享而還。”（《正義》曰：“皇甫謐云：‘殷樂一名《桑林》。’以《桑林》為《大護》别名。”）

《襄公二十九年》：“吳公子札來聘。請觀於周樂，見舞《象箾》《南籥》者，（《象箾》，舞④所執；《南籥》，以籥舞也。皆文王之樂。）曰：‘美哉！猶有憾。’（美者，美其容也。文王恨不及己致太平。）見舞《大武》者，（武王樂。）曰：‘美哉！周之盛也，其若此乎！’見舞《韶⑤濩》者，（殷湯樂。）

① “所”，當作“故”。

② “丘”，本作“丘”，避孔子名諱而缺筆。下同。

③ “師”，阮校：宋本、淳熙本作“帥”，與《釋文》《正義》皆合。鄭注《周禮地官》云：“師之言帥也。”宜據改。

④ “舞”，足利本“舞”下有“者”字，李善注《文選長笛賦》引同。孫校：“疏述注亦有‘者’字。”

⑤ “韶”，諸本同，《釋文》云：“韶，本或作‘招’。”

曰：‘聖人之弘①也，而猶有慙德，聖人之難見②也。’見舞《大夏》者，(禹之樂。) 曰：‘美哉！勤而不德，非禹，其誰能修③之?’見舞《韶箾》者，(舜樂。) 曰：‘德至矣哉，大矣！如天之無不幬④也，如地之無不載也。雖甚盛德，其蔑以加於此矣。觀止矣！若有他樂，吾不敢請已。’”(魯用四代之樂，故及《韶箾》，而季子知其終也。《正義》曰：賈逵云：“《箾》，舞曲名。言天子樂削⑤去無道。”杜云“皆文王之樂”，則《象箾》與《南籥》各是一舞。《南籥》既是文舞，則《象箾》當是武舞也。《詩⑥》云：“《維清》，奏《象》舞。”則⑦此《象箾》之舞。劉炫云：“知是文王樂者，《詩》云‘維清緝熙，文王之典’，此《象》樂之所舞，故知是文王樂也。”)

《公羊傳隱公五年》：“九月，考仲子之宫。初獻六羽，何以書？譏始僭諸公也。天子八佾，諸公六，諸侯四。”(不言六佾者，言佾則干舞在其中，明婦人無武事，獨奏文樂。羽者，鴻羽也，所以象文德之風化疾也。)

《宣公八年》：“夏，六月，公子遂如齊，至黄乃復。辛巳，有事於太廟。仲遂卒于垂。壬午，猶繹。《萬》入，去籥。《萬》者何？干舞也。(干，謂楯也。能為人所⑧扞難而不使害人，故聖人⑨貴之，以為武樂。《萬》者，其篇名。武王以萬人服天下，民樂之，故名之云爾。) 籥者何？籥舞也。(籥所吹以節舞也。吹籥而舞，文樂之長。) 其言“《萬》入，去籥”何？去其有聲者，廢其無聲者。”

《昭公二十有五年》：“齊侯唁公于野井。子家駒曰：‘諸侯僭於天子，大夫僭於諸侯久矣。’‘設⑩兩觀，乘大路，朱干，玉戚，以舞《大夏》；八佾，以舞《大武》。此皆天子之禮也。’”(《大夏》，夏樂也。周所以舞夏樂

---

① “弘”，《十三經注疏》本作“弘”，蔡邕注《典引》引作“治”。

② “見”，《十三經注疏》本無此字，當爲衍文。

③ “修”，《十三經注疏》本作“脩”。

④ “如天之無不幬”，阮校：“案《後漢書宋穆傳》注引作‘如天之無不燾’。《史記》同。是二字古多通用。”

⑤ “削”，《十三經注疏》本作“箾”，段玉裁云：“‘箾’當作‘削’，此以‘削’訓‘箾’也。”

⑥ “詩”，浦鏜云：“‘詩’下脱‘序’字。”

⑦ “則”，浦鏜云：“‘則’疑‘即’字誤。”孫校：“‘則’‘即’通用，疏内習見，不必改。”

⑧ “所”，衍。

⑨ “人”，《十三經注疏》本作“王”，是。

⑩ “設”，據《十三經注疏》，上脱“昭公曰：‘吾何僭矣哉?’子家駒曰:”。

者，王者始起，未制作之時，取先王之樂與己同者，假以風化天下，天下大同，乃自作樂。取夏樂者，與①俱文也。王者舞六樂於宗廟之中。舞先王之樂，明有法也；舞己之樂，明有則②也；舞四夷之樂，大德廣及之也。）

《穀梁傳隱公五年》："九月，考仲子之宫。初獻六羽。穀梁子曰：'舞《夏》，天子八佾，諸公六佾，諸侯四佾。初獻六羽，始僭樂矣。'"（夏，大也。大謂大雉。大雉，翟雉。案：舞《夏》者，蓋謂舞《大夏》。注誤耳。）

《宣公八年》："《萬》入，去籥。以其為之變，譏之也。"（《萬》，舞名。籥，管也。内舞去籥，惡其聲聞，此為卿變為③常禮，是知其不可為而為之。）

案：大司樂所掌六代之樂，皆《頌》也。以周之《大武》知之，《大濩》亦《商頌》篇名。正考父校《商頌》十二篇，《大濩》當在其中，至孔子時已亡，而《桑林》之樂猶存於宋晉。荀偃、士匄許宋以《桑林》享晉君，晉侯驟見旌夏而懼，是《頌》有舞也。《周禮》："樂師（《左傳》"舞師題以旌夏"，杜《注》"師，樂師"，本《周禮》，則《傳》文"舞師""舞"字衍文也。）掌國學之政，以教國子小舞。有帗舞，有羽舞，有皇舞，有旄舞，有干舞，有人舞。"析羽為旌，《旌夏》，羽舞也。周備四代之樂，《大韶》之音，《大夏》之舞，春秋猶存。若《周頌》之舞，見於《經》《傳》者，則《維清》《武》《勺》三篇而已。《周禮大司樂》："及射，令奏《騶虞》，詔諸侯以弓矢舞。"此射奏《國風騶虞》之詩，舞弓矢為射節，非《頌》，故不用干戚也。

## 一　釋舞容有象

《詩序》："《維清》，奏《象舞》也。"（《象舞》，象用兵時刺伐之舞也，武王制焉。《正義》曰：服虔云："象，文王之樂舞《象》也。《箾》，舞曲名。言天下樂削去無道。"）"《武》，奏《大武》也。"（《大武》，周公作樂所為舞也。）"《酌》，告成《大武》也。言能酌先祖之道，以養天下也。"（周公居攝六

① "與"，下脱"周"字。
② "則"，阮校："鄂本'則'作'制'，當據正。"宜據改。
③ "為"，《十三經注疏》本作"於"，是。

年，制禮作樂，歸政成王，乃後祭於廟而奏之，其始告成①之而已。）

《禮記樂記樂象第六》："樂者，心之動也；聲者，樂之象也；文采節奏，聲之飾也。君子動其本，樂其象，然後治其節。是故，先鼓以警戒，三步以見方，再始以著往，復亂以飾②歸，奮疾而不拔，極幽而不隱，獨樂其志，不厭其道，備舉其道，不私其欲。（文采，樂之威儀也。先鼓，將奏樂，先擊鼓，以警戒衆也。三步，謂將舞，必先三舉足，以見其舞之漸也。再始以著往，武王除喪，至盟津之上，紂未可伐，還歸二年，乃遂伐之。武舞，再更始，以明伐時再往也。復亂以飭歸，謂鳴鐃而退，明以整歸也。奮疾，謂舞者也。極幽，謂歌者也。）是故，情見而義立，樂終而德尊。君子以好善，小人以聽過。故曰：'生民之道，樂為大焉。'"

《賓牟賈第九》："賓牟賈侍坐於孔子，孔子與之言。及樂，曰：'《武》③之備戒之已久，何也？'對曰：'病不得其衆也。'（《武》，謂周舞也。備戒，擊鼓警衆。病，猶憂也。以不得衆心為憂，憂其難也。）'咏歎之，淫液之，何也？'對曰：'恐不逮事也。'（咏嘆④、淫佚⑤，歌遲之也。逮，及也。事，戎⑥事也。）'發揚蹈厲之已早⑦，何也？'對曰：'及時事也。'（時至，武事當施也。）'《武》坐，致右憲左，何也？'對曰：'非《武》坐也。'（言《武》之事無坐也。至⑧，謂膝至地也。憲，讀為軒，聲之誤也。）'聲淫及《商》，何也？'對曰：'非《武》音也。'（言《武》歌在正其軍，不貪商也。時人或説其義為貪商也。）子曰：'若非《武》音，則何音也？'對曰：'有司失其傳也。若非有司失其傳，則武王之志荒矣。'（有司，典樂者也。）子曰：'唯。丘之聞諸萇弘，亦若吾子之言是也。'賓牟賈起，免席而請曰：'夫《武》之備戒之已久，則既聞命矣，敢問遲之遲而又久，何也？'（遲

---

① "告成"，二字當乙。

② "飾"，《十三經注疏》本作"飭"，下文注中亦作"飭"，作"飾"者蓋形近而誤，宜據改。

③ "《武》"，《十三經注疏》本"武"上有"夫"字。

④ "嘆"，《十三經注疏》本作"歎"。

⑤ "佚"，當作"液"。

⑥ "戎"，據阮校，閩、監、毛本、嘉靖本、衛氏《集説》同，岳本、《考文》引足利本作"伐"，《禮記訓纂》同。

⑦ "早"，《十三經注疏》本作"蚤"。

⑧ "至"，當作"致"。

之遲，謂久立于綴。）子曰：“居，我語汝[①]。夫樂者，象成者也。揔干而山立，武王之事也；發揚蹈厲，大[②]公之志也；《武》亂皆坐，周、召之治也。（成，謂已成之事也。發揚蹈厲，所以象威武時也。《武》舞，象戰鬬也。亂，謂失行列也。失行列則皆坐，象周公、召公以文止武也。）且夫《武》，始而北出，再成而滅商，三成而南，四成而南國是疆，五成而分[③]周公左、召公右，六成復綴以崇。（成，猶奏也。每奏《武》曲一終為一成。始奏，象觀兵盟[④]津時也。再奏，象克殷時也。三奏，象克殷有餘力而反也。四奏，象南方荆蠻之國侵畔者服也。五奏，象周公、召公分職而治也。六奏，象兵還振旅也。復綴，反位止也。崇，充也。凡六奏以充《武》樂也。）天子夾振之而駟伐，盛威於中國也。（“夾振之”者，王與大將夾舞者，振鐸以為節也。“駟”當作[⑤]“四”，聲之誤也。《武》舞，戰象也。每奏四伐，一擊一刺為一伐。《牧誓》曰：“今日之事，不過四伐五伐。”）分夾而進，事蚤濟也。（分，猶部曲也。事，猶為也。濟，成也。舞者各有部曲之列，又夾振之者，象用兵務於早成也。）久立於綴，以待諸侯之至也。”（象武王伐紂待諸侯也。）

《招本》第二十一、《昭頌》第二十二。（按：“頌”，古“容”字。）

案：魯備四代之樂，季札觀其舞，必曰：“美哉！大哉！德至矣哉！”杜元凱以為“美其容”是也。據《樂象篇》言《大武》曰：“先鼓以警戒，三步以見方，再始以著往，復亂以飾[⑥]歸”，又《賓牟賈篇》言“揔干山立”“發揚蹈厲”“《武》亂皆坐”及“六成”等象，知樂舞之容，所以形古帝王文德武功，逐科衍出，猶令[⑦]伶人演戲，口歌而手舞足蹈也。《詩序》“維清”《注》云“象用兵時刺伐

① “汝”，閩、監、毛本同，惠棟校宋本、石經、宋監本、岳本、嘉靖本、衛氏《集説》作“女”，《釋文》出“女”，云“音汝，下且女同”，阮校：“按下‘且女’此本及三本並作‘女’，則此處‘女’字不當岐出作‘汝’。”

② “大”，各本及石經同，《釋文》同，毛本作“太”。

③ “分”，各本及石經同，《考文》云古本“分”下有“陜”字，孫志祖云：“按《史記樂書》本《家語辨樂解》皆有‘陜’字。”孫校：“《大司樂》賈疏引亦有‘陜’字。”宜據補。

④ “盟”，閩、監、毛本、嘉靖本同，岳本、衛氏《集説》作“孟”。《釋文》出“孟津”，云“本亦作盟”。

⑤ “作”，《十三經注疏》本作“爲”。

⑥ “飾”，各本爲“飭”，蓋爲“飭”之形誤，宜據改。

⑦ “令”，當作“今”。

之舞"，《酌》《頌》等篇可類推。然則《大夏》之舞，必象禹敷文德之形；《大濩》之舞，必象湯以寬治民而除邪之容。舞必有象，於三《頌》可必也。

## 一 釋國風小大雅但有笙歌瑟管而無羽籥干戚

《儀禮鄉飲酒禮》："工四人，二瑟。"（四人，大夫制也。二瑟，二人鼓瑟，則二人歌也。）"工歌《鹿鳴》《四牡》《皇皇者華》。"（三者皆《小雅》篇也。）"笙入堂下，磬南，北面立。樂《南陔》《白華》《華黍》。"（笙，吹笙者也。以笙吹此詩以為樂也。《南陔》《白華》《華黍》，《小雅》篇也，今亡，其義未聞。昔周之興也，周公制禮作樂，采時世之詩以為樂歌，所以通情，相風切也。其有此篇明矣。後世衰微，幽、厲尤甚，禮樂之書，稍稍廢棄。孔子曰："吾自衞反魯，然後樂正，《雅》《頌》各得其所。"謂當時在者而復重雜亂者也，惡能存其亡者乎？且正考父校商之名頌十二篇于周太師，歸以祀其先王。至孔子二百年之間，五篇而已，此其信也。）"間歌《魚麗》，笙《由庚》；歌《南有嘉魚》，笙《崇丘》；歌《南山有臺》，笙《由儀》。（間，代也，謂一歌則一吹。六者皆《小雅》篇也。）乃合樂，《周南》：《關雎》《葛覃》《卷耳》，《召南》：《鵲巢》《采蘩》《采蘋》。"（合樂，謂歌樂與衆聲俱作。此六篇者，其教之原也。故國君與其臣下及四方之賓燕，用之合樂也。）"無筭樂。"（燕樂亦無數，或間或合，儘歡而止也。）

《鄉射禮》："工四人，二瑟，瑟先。乃合樂，《周南》：《關雎》《葛覃》《卷耳》，《召南》：《鵲巢》《采蘩》《采蘋》。"（不歌、不笙、不間，志在射，略於樂也。）

《燕禮》："工歌《鹿鳴》《四牡》《皇皇者華》。笙入，立於縣中，奏《南陔》《白華》《華黍》。乃間歌《魚麗》，笙《由庚》；歌《南有嘉魚》，笙《崇丘》；歌《南山有臺》，笙《由儀》。遂歌鄉樂，《周南》：《關雎》《葛覃》《卷耳》，《召南》：《鵲巢》《采蘩》《采蘋》。太師告[①]樂正曰：'正歌備。'"（正歌者，升歌及笙各三終。間歌三終，合樂三終，為一備。備，亦成也。）記：升歌《鹿鳴》，下管《新宮》。笙入，三成。（《新宮》，《小雅》逸篇也。）遂合鄉樂。（鄉樂，《周南》《召南》六篇。言遂者，不間也。）有房中之樂。"（弦歌《周南》《召南》之詩而不用鐘磬之節也。謂之房中者，后夫

---

① "告"，陳鴻森校曰："'告'下宜有'于'字。"

人之所諷誦以事其君子。）

《大射儀》："乃歌《鹿鳴》三終，（不歌《四牡》《皇華》。）乃管《新宮》三終。（管，謂吹簜以播《新宮》之樂。其篇亡，其義未聞。簜，笙簫之屬。）樂正命大師曰：'奏《貍首》，間若一。'"（《貍首》，逸詩，《射儀》所載[①]"曾孫侯氏"是也。間一若[②]者，調其聲之疏數重節。）

《禮記學記》："宵雅肄三，官其始也。"（宵之言小也。肄，習也。習《小雅》之三，謂《鹿鳴》《四牡》《皇皇者華》也。此皆君臣宴樂相勞苦之詩，為始學者習之，所以勸之以官，且取上下相和厚。）

《樂記》："子贛[③]見師乙而問焉，曰：'賜聞升[④]歌各有宜也。如賜者宜何歌也？'師乙曰：'乙，賤工也，何足以問所宜？請誦其所聞，而吾子自執焉。寬而靜，柔而正者，宜歌《頌》；廣大而靜，疏達而信者，宜歌《大雅》；恭儉而好禮者，宜歌《小雅》；正直而靜，廉而謙者，宜歌《風》；肆直而慈愛者，宜歌《商》；溫良而能斷者，宜歌《齊》。'"

《鄉飲酒義》："工入，升歌三終，主人獻之。笙入三終，主人獻之。間歌三終，合樂三終，工告樂備，遂出。"（工，謂樂正也。樂正既告備而降。言"遂出"者，自此至去不復升也。）

《春秋左氏傳襄公四年》："穆叔如晉，報知武子之聘也。晉侯享之，金奏《肆夏》之三，不拜。工歌《文王》之三，又不拜。歌《鹿鳴》之三，三拜。韓獻子使行人子員問之，對曰：'三夏，天子所以享元侯也。使臣弗敢與聞。《文王》，兩君相見之樂也，臣不敢及。《鹿鳴》，君所以嘉寡君也，敢不拜嘉？《四牡》，君所以勞使臣也，敢不重拜？《皇皇者華》，君教使臣曰：必諮於周。臣聞之，訪問於善為咨，咨親為詢，咨禮為度，咨事為諏，咨難為謀。臣獲五善，敢不重拜？'"

《襄公二十九》："吳公子札來聘。請觀於周樂。使工為之歌《周南》《召南》。為之歌《邶》《鄘》《衛》。為之歌《王》。為之歌《鄭》。為之歌《齊》。為之歌《豳》。為之歌《秦》。為之歌《魏》。為之歌《陳》。自《鄶》以下，無譏焉。為之歌《小雅》。為之歌《大雅》。為之歌《頌》。"

---

① "載"，下脱"《詩》曰"二字。

② "間一若"，據《十三經注疏》及前文應爲"間若一"，當乙正。

③ "贛"，據阮校，閩、監、毛本、岳本、嘉靖本同，宋監本作"貢"。前文亦引作"貢"。

④ "升"，陳鴻森校曰："'升'字當爲'聲'。"

《國語魯語》："叔孫穆子聘于晋，晋悼公饗之，樂及《鹿鳴》之三，而後拜樂三。晋侯使行人問焉，對曰：'寡君使豹來繼先君之好，君以諸侯之故，貺使臣以大禮。夫先樂金奏《肆夏》《繁遏》《渠》，天子所以饗元侯也。夫歌《文王》《大明》《緜》，則兩君相見之樂也。（《文王》《大明》《緜》，《大雅》之首，《文王》之三也。三篇皆美文王、武王有盛德，天所輔助①其徵應符驗著見於天，乃天命，非人力也。周公於昭先王之德於天下，故兩君相見得以為樂也。）皆昭令德以合好也，皆非使臣之所敢聞也。臣以為肄業及之，故不敢拜。今伶簫詠歌及《鹿鳴》之三，（伶人，樂官也。簫，樂器，編管為之。言樂人以簫作此三篇之聲，與歌者相應也。《詩》②："簫管備舉。"）君之所以貺使臣，臣敢不拜貺？夫《鹿鳴》，君之所以嘉先君之好也③。'"

《漢書禮樂志》："有《房中祠樂》，高祖唐山夫人所作也。（服虔曰："高帝姬也。"韋昭曰："唐山，姓也。"）周有《房中樂》，至秦名《壽人》。"

案：《國風》《小、大雅》詩樂，見《周禮》《儀禮》《禮記》及《春秋内、外傳》者，曰歌，曰奏，曰瑟，曰笙、曰管，曰工歌，曰伶簫，絕無言舞者，是可證舞之專屬三《頌》矣。此本儀徵阮伯元侍郎說，見《研④經室文集》。庸更詳考之《經》《傳》，為之釋如此。侍郎謂："《國風》、《小、大疋》，如今蘇州十番班子及彈南詞瞎子，但坐而歌也；《頌》必有舞，如今崑腔戲文必做出樣子。'頌''容''永''樣'，聲相轉也。"庸更詳考之經傳，為之釋如此。

---

① "助"，《國語集解》爲"祚"，當據改。

② "《詩》"，下宜有"云"字。

③ "也"，下脱"敢不拜嘉？"四字，當據補。

④ "研"，《文集》此字本作"揅"。

# 拜經堂文集弟二

## 子夏易傳序　丙寅孟春

《釋文序録》："《子夏易傳》，卜商，字子夏，孔子弟子。[1]《七略》云：'漢興，韓嬰傳。'《中經簿録》云：'丁寬所作。'張璠云：'或馯臂子弓所作，薛虞記。'虞不詳何人。"《唐會要》："開元七年，劉子元議曰：'《漢書藝文志》：《易》有十二家[2]，而無《子夏傳》。至梁阮氏《七録》，始有《子夏易》六卷。或云韓嬰作，或云丁寬作。然據《漢書藝文志》，《韓易》有十二篇[3]，《丁易》有八篇，求其符會，則事殊乖剌。'司馬貞《議》曰：'王儉《七志》引劉向《七略》云：《易傳》，子夏，韓氏嬰也。今題不稱韓氏，而載《薛虞記》。'今祕閣有《子夏傳薛虞記》。"

庸以"子夏"之為"韓嬰"，當以《七略》《七志》《七録》為據，漢、晋、六朝人所言不謬也。"嬰"為幼孩，"夏"為長大名，與字相反而相成。"《韓易》十二篇"者，上、下《經》並《十翼》也。今本《漢書》脱"十"字，當據劉《議》補之。"薛虞記"者，"虞"葢子夏弟

---

① 《經典釋文彙校》卷一《序録》云："《子夏易傳》三卷。卜商，字子夏，衛人。孔子弟子，魏文侯師。"

② "《易》有十二家"，中華書局校點本《漢書藝文志》載"凡《易》十三家，二百九十四篇"。《經義考》載《唐會要》所録劉《議》亦曰"按《漢志》，《易》有十三家"。宜據改。

③ "據《漢書藝文志》，《韓易》有十二篇"，各本《漢書藝文志》均言"韓氏二篇"，不云"十二篇"，《唐會要》所引有"十"字者，衍文耳。《漢志》所載周、服、楊、王諸家《易傳》均作二篇，蓋就上、下《經》解説之，不釋《十翼》，韓氏亦然。臧庸下文云："《韓易》十二篇者，上、下《經》並《十翼》也。今本《漢書》脱'十'字，當據劉《議》補之。"

子，或後儒箋解之。韓嬰《易傳》之有《薛虞記》，猶韓嬰《詩傳》之有《薛君章句》耳。陸氏《釋文》引薛虞説，孔氏《正義》引《薛虞記》，並舉與張璠、司馬貞所言合。庸留意此學幾二十年。甲子順天鄉試，策問首及，庸大言子夏非卜商，乃漢韓嬰，而考官深擯之。

乙丑季冬，承德孫鳳卿觀察以輯本見示。庸方悼哲弟云亡，又嘉同志之有人也。廢業三月，復理舊事，舉向所知者質之，漫記卷端云。

## 刻吕氏古易音訓序代[①] 壬戌季春

《文獻通考》："吕伯恭《古易音訓》共十四卷。"《宋史藝文志》："《古易音訓》二卷。"葢《古易》十二卷，合《音訓》二卷為十四。朱子孫子明取《音訓》附刊《本義》後。今原本不可得，惟散見元董季真《周易會通》中，而分并失次。讀《易》之暇，依吕氏篇第手自輯録，分上下《經》一卷，《十翼》一卷，而刊行之。吕氏本陸德明《釋文》、晁以道《古周易》著此書。《易》，《釋文》有明監板，及通志堂、雅雨堂、抱經堂諸本，惟此所載與葉石經[②]影宋本合。晁氏生當北宋，猶見《鄭易》四篇，及唐沙門一行、陰閎道、陸希聲等説。今嵩山之書夂亡，亦賴此以存其梗概。

《屯》"屯如亶如"，與葉鈔本及《漢書注》《集韻》合，知今本作"邅"之為肊改也。《蒙》"苞蒙"，《泰》"包[③]荒"，與葉鈔本及唐石經、《六經正誤》合，知今本作"包"，或"苞" "包"倒置之為竄改也。《泰》"苞荒"，晁氏曰："鄭讀為康，大也。"案《爾雅》某氏本、《詩召旻》箋皆云："荒，虚也。"《易晋》"康侯"，鄭云："康，尊也，廣也。廣，大，義同。"《爾雅釋器》"康瓠謂之甈"，李廵曰："康，謂大。瓠，瓢也。"知"康"有"大"義。"荒"即訓"虚"，不必讀"康"。而今本作"讀為康"，云"虚也"者，誤也。《復》"頻復"，鄭作"卑"。《説文》"顰蹙"字，从頻[④]卑聲。然則古經"顰"字借聲作"卑"，而今

① "代"，漢陽葉氏寫本目録中該篇文題無此字。

② "經"，《皇清經解》本作"君"，是。"石君"爲葉林宗弟葉萬之字。

③ "包"，《皇清經解》本作"苞"。漢陽葉氏寫本下文亦作"苞"。作"苞"是，當據改。

④ "頻"，《皇清經解》本作"顰"，誤。

本作“𩑛”之為妄加也。《離》“出涕沱𩑛”，與《集韻》所載古字合，今作“若”，則與陸氏自云“古文若皆如此”不相應矣。《明夷》“用承馬”，音“拯救”之“拯”，《艮》“不承其隨”，音“拯救”之“拯”[①]，正同，今《明夷》作“拯”，與《艮》乖異，且陸氏之音為贅矣。《睽》下引《説文》云“目不相聽[②]也”，與葉鈔本及今《説文》《集韻》合。盧學士云：“聽者，順從之意。”今作“視”乃妄人所改。或又據《玉篇》改作“耳不相聽”，而未料及《説文》無“聧”[③]字，則益失其真矣。《豐》“豐其沛”，子夏作“芾”，《傳》云“小也”。鄭干作“芾”，云“祭祀之蔽膝”，與葉鈔本及錢求赤影宋本《易疏》合。今作“鄭干作‘韋’”，以區別乎《子夏傳》，不知“沛”“旆”“芾”同一“巿”聲，作“韋”為失其義矣。《既濟》“繻有衣袽”，《説文》作“絮”[④]，與本書合。案《説文》：“絮，敝緜也。从糸如聲。”“絮，絜緼也。一曰敝絮[⑤]。从糸[⑥]奴聲。《易》‘需有衣絮[⑦]’。”今作“絮”[⑧]，則為“敝緜”字，而非“敝絮”字矣。《象下傳》：“其文蔚[⑨]也。”《廣雅》云：“蔚，數也。”與葉鈔本合。案《廣雅三釋詁》：“蔚、縟、awa、驟，數也。”《一切經音義》卷七云：“《廣雅》‘蔚，數也’，文彩繁數也。”今本作“敷也”，是不得其辭而妄改，與《廣雅》不合矣。《繫辭下》“成天下之亹亹者”，鄭云：“亹亹，沒沒也。”與葉鈔本合。案《爾雅釋詁》：“亹亹，蠠沒，勉也。”郭《注》：“蠠沒，猶黽勉。”鄭《注》本此。而今改作“汲汲”者，為失其義矣。玆故疏其足以訂正《釋文》者於簡端[⑩]。

嘗欲合刊吕氏《古易音訓》、宋氏《國語補音》、孫氏《孟子音義》、殷氏《列子釋文》、蕭氏《漢書音義》、何氏《晋書義釋》、元應《一切經音義》、慧苑《華嚴經音義》，為《續經典釋文》，力有未暇，今姑託端

① “拯”，《皇清經解》本作“救”，誤。
② “聽”，《皇清經解》本作“應”，誤。
③ “聧”，《皇清經解》本作“睽”，誤。
④ “絮”，《皇清經解》本作“絮”，誤。
⑤ “絮”，《皇清經解》本作“絮”，誤。段注本同，云：“敝絮，謂執緜也。”
⑥ “糸”，《皇清經解》本脱。
⑦ “絮”，《皇清經解》本作“絮”，誤。
⑧ “絮”，《皇清經解》本作“絮”，誤。
⑨ “蔚”，《皇清經解》本作“尉”，誤。
⑩ “端”下諸句，《皇清經解》本無。

於是焉。

## 刻詩經小學録序　己未季冬[①]

《詩經小學》，金壇段君玉裁所著。初，鏞堂從翰林學士盧紹弓遊，始知段君，以鄙論《尚書》古今文異同四事就正。段君致書盧先生云：“高足臧君，學識遠超孫、洪之上。”盧先生由是益敬異之。既而，段君自金壇過常州，攜《尚書撰異》來授之讀，且屬為校讐，則與鄙見有若重規而叠矩者。因為參補若干條。劉端臨訓導見之，謂段君曰：“錢少詹箋駁多非此書之旨，不若臧君箋記持論正合也。”而《詩經小學》全書數十篇，亦段君所授讀，鏞堂善之，為刪煩纂要，《國風》《小、大雅》《頌》，各録成一卷，以自省覽。後段君來，見之喜，曰：“精華盡在此矣，當即以此付梓。”時乾隆辛亥孟秋也。竊以讀此而六書假借之誼乃明，庶免穿鑿傅會之談。

段君所著《尚書撰異》《詩經小學》《儀禮漢讀考》，皆不自付梓，有代為開雕者，又不果。而此編出鏞堂手録，卷帙無多，復念十年知己之德，遂典裘以畀剞劂氏。此等事各存乎所好之篤不篤耳，原未可以力計也。書中每言十七部者，段君自用其《六書音均表》之説。

## 題蜀石經毛詩考證　丙寅季冬

余幼時讀官本《毛詩注疏考證》，輒引《蜀石經》，心頗惑之。後考其文字異同，往往增所不必增，刪所不當刪。如《谷風》“昔育恐育鞠”一句，兩“育”字而殊訓，見之毛《傳》、鄭《箋》、孔氏《正義》，俱有明證，《開成石經》亦同，乃蜀本獨無下“育”字。此類差謬，當由校勘粗麤[②]，一時誤脱耳。若謂有意刪之，恐不至誕妄若是。而好異之人不

---

① “己未季冬”，《詩經小學録》卷首載此《序》，文末署曰：“嘉慶丁巳季冬，武進臧鏞堂書於南海古藥洲之謏詁齋。”嘉慶丁巳季冬，臧庸尚在常州，《小學録》蓋爲誤記。

② “粗麤”，漢陽葉氏寫本原作“粗粗”，葉氏改下字作“麤”，《皇清經解》本作“麤疏”，皆非是，當作“麤粗”。詳盧文弨《鍾山札記》卷二。

知其誤，反以今本為衍，恐又為誤本之傭臺矣。學問之道，貴平心以求其是非，而無取乎苟焉好異。苟焉好異之人，固無與乎學問之事也，又烏足與辨是非、分黑白哉？

錢塘嚴君厚民取《蜀石經》殘本，據《傳》《箋》《正義》《釋文》《唐石經》、岳本，句訂而字正之。蜀本①不足信，一覽盡之矣。苟焉好異之人，其考諸此歟？②

## 刻蔡氏月令章句敘③　己未季冬

余讀《後漢書蔡邕傳》，而嘆中郎生不逢時，有匡濟之略不見用，有纂述之才不能成，且脅於權奸，死於牢獄，後世不諒其志，復加以黨惡之名，未嘗不為之太息痛恨、悲感交集也。

中郎母病，不解帶者三年，不寢寐者七旬。母卒，廬冢，馴兔擾室，木生連理，非至孝之感④乎？密詔稽問，直對無隱，首揭妖祥災變之原，歷指貪濁佞邪之輩，明知言出禍隨，而冒死不避，非致身之忠乎？去聖人久遠，經籍多謬，俗儒穿鑿，疑誤後進，奏求正定《六經》，而手自書碑，命工鐫刻，俾後生晚學咸知取正，則有功聖《經》也。史才之難，莫難於志。師資胡廣，得其舊事。起自布衣，歷於患難，積累思惟，以成十意。又作《靈帝紀》及《補傳》四十二篇，則有功漢史也。詎以姦仇譭譖，始議大不敬，棄市，後與家属髡鉗徙朔方。明年，宥還，又以閹黨銜怨而亡命江海，遯跡吳會，困阨至矣！

董卓一旦入朝，辟書先下，分明枉結，信宿三遷。匡導既申，狂僭屢革。（六語本《史論》）卓雖權奸，而上有獻帝，猶漢相也，可不謂知己之遇乎？且史言“董卓聞邕名高，辟之。稱疾不就。卓大怒，詈曰：“我力能族人。”又切敕州郡，舉邕詣府。是其迫脅之以不得不進也。既如彼，又言“卓多自很⑤用，邕恨其言少從，謂從弟谷曰：‘董公性剛而遂非，

① “本”，《皇清經解》本“本”下有“之”字。

② 《皇清經解》本文末有“嘉慶十一年冬十二月，武進臧庸題於廣陵城南之淮海樓”。

③ “敘”，漢陽葉氏寫本目録中該篇文題作“序”。

④ “感”，臧庸刻蔡氏書，此《序》“感”作“徵”。

⑤ “很”，蔡邕本傳作“佷”。

終難濟也。吾欲遯逃山東以待之，何如?’谷曰：‘君狀異恒人，每行，觀者盈集。以此自匿，不亦難乎?’邕乃止。”是其既進而不能退也，又如此。驟聞卓誅，動色而歎。意氣之感，孰能忘情？設無此一歎，其事君必不能忠，其事親必不能孝。乃遽執此指為同逆，不亦冤乎！且同時盧、鄭大賢，咸與中郎交好。史云：“邕死，搢紳諸儒莫不流涕。北海鄭元①聞而歎曰：‘漢世之事，誰與正之！’”然則先師得壹意研經而不治史者，以有中郎在也。又《盧植傳》曰：“卓將誅植，植素善邕。邕前徙朔方，植獨上書請之。邕時見親於卓，故往請植事，卓乃止。”然則卓之不殺子幹，中郎請救之力也。語云：“不知人②，視其友。”而范氏《史贊》與馬融並論，（《贊》云：“藉③梁懷董，名澆身毀顏誅④。”）擬人不倫矣。（《顏氏家訓文章篇》亦云：“馬季長佞媚獲誚，蔡伯喈同惡受誅。”）

史言邕收付廷尉，乞黥首刖足，續成《漢史》。太尉馬日磾馳謂王允⑤：“伯喈曠世逸才，多識漢事，當成⑥後史，為一代大典。”是中郎垂死，惓惓《漢記》，寧嬰金鐵、斷支體以成之。馬太尉深知力救弗得，不能如司馬子長之下蠶室而成《史記》也，為千古恨事矣。

中郎著《月令章句》，《本傳》失載。《集》言光和元年徙朔方，懼顛蹶隕墜，無以示後，遂於憂怖之中，成《月令》說。苟使學者以為可覽，則雖死而不朽。然則《章句》之作，在患難中，蓋深慮旦夕不測、草木同腐，將託是以表見，庶幾身毀名立也⑦。鏞堂敬其人，悲其志，惜其書之不成。其所成者，後世復散亡，因采輯羣書所引，并録《集》中《月令問荅》《明堂月令論》二首為二卷，以存中郎梗概焉。

鏞堂年二十始知治經，即刱端《月令》，據《吕氏春秋》以校《小戴記》。塾師鄭清如、鄉先生莊保琛⑧見而奬異之，遂欣然有志於學。後録成此本，十餘年於今矣。暇日重勘一過，擬付剞劂氏。學者讀其書，不可

---

① “元”，本作“玄”，避清帝名諱而改。

② “人”，臧庸刻此《序》作“其人”。

③ “藉”，據蔡邕本傳，當作“籍”。

④ “顏誅”，衍，當刪。

⑤ “王允”，臧庸刻此《序》下有“曰”字，當據補。

⑥ “成”，上宜有“續”字。

⑦ “也”，臧庸刻此《序》作“耳”。

⑧ “莊保琛”，當作“莊葆琛”，即莊述祖。

不知其人，竊為論及之。

茂美醇疋，一字不可易。非有真性情，不能操管也。孫星衍

後漢儒者之學，可与康成並驅者，中郎一人而已。身前死已極枉，而後之名又為庸腐者所污，得此昭雪，可為快事。阮元

范氏《論》中已極為中郎剖析，此更疏通證明之。非具非常之識，不能為古人如此吐气也。許宗彦

平允之論，非偏見也。嚴元照

先生可以論世知人矣！當与馮山公論柳子厚同讀。汪喜孫

## 題夏小正全書目録　戊午仲烋

按：《明堂陰陽》三十三篇，載《漢書藝文志》，所以發明《夏小正》之義也。鏞堂聞之莊葆琛先生説，以《夏時》為《明堂陰陽經》，《夏小正》為《傳》，《月令》《明堂位》《盛德》及諸子言陰陽、時令者為《記》。《漢志》所載雖逸，可考而復也。能精校彙編以補《漢志》之闕，更為《音義》《叙録》等，俾成完書，斯不朽之盛業矣。宋君咸熙於去年已撰輯《夏小正注》十二卷，今夏在西湖書局，復多補正，可謂勤已。兹先寫定十卷，以就正有道，續編如出，余將拭目讀之。

時嘉慶戊午十一月六日，武進臧鏞堂記於仁和塘棲宋氏之耡經閣。

## 書大學考異後　丁未仲冬

荆溪任氏啟運《禮記章句》曰："熊安所傳《大學》，'此謂知本'二句在'其本亂'節下，而'聽訟'節即次其下，以申'此謂知本'之義。'康誥'以下及'淇澳'二節皆在篇終。以三綱起，以三綱結。"鏞

堂案：《禮記正義序》云："傳①《禮》業者，江左尤盛。其為《義疏》者，南人有皇甫侃，北人有熊安②。熊則違背本經，多引外義。又欲釋經文，唯聚難義。皇氏雖章句詳正，微稍繁廣，又既遵鄭義③，乃時乖鄭義。然以熊比皇，皇氏勝矣。命④奉敕刪理，仍據皇氏以為本。"則孔仲達⑤所據者乃皇氏本。熊、皇並傳《禮》業，俱疏鄭《注》，意趣雖有不同，《章句》必無相異；即間有異者，亦必不至大相違反，如任氏所稱者。且自漢、魏以來，注者並無其說，即唐、宋儒者亦未嘗言及，任氏安得一旦自知有此本？蓋是誤記近人私定之書而加之熊氏也。恐學者有惑於任氏之説，故詳辨之，附識於《大學考異》之後。

又案：偽本"此謂知本"二句在"其本亂"節下，與舊本同，"聽訟"節即⑥其下，畧同。李氏見羅郁氏文，初意若以"康誥"以下及"淇澳"二節皆在篇終，則又仿佛偽石經，不知誰所私作。要之，非熊安本，則無疑也。

任氏有《四書約旨》一書，有于《論語》"有婦人焉"，偁石經作"殷人"，實無可據，其誕妄多如此。陳壽祺

## 阮雲臺侍講大學格物説跋　庚午孟冬

鄭康成注《禮記大學》曰："格，來也。物，猶事也。其知於善深，則來善物；其知於惡深，則來惡物。言事緣人所好來也。"鄭以"格"為"來"，本之《爾雅釋言》、揚子《方言》。考《爾雅》"來""格"並詁為"至"，則"來"與"至"義通。然以為善惡緣人所好，已啟宋儒心性之説矣。此以"格物"為"至事"，即本《經》之"知止"，與"明德

① "傳"，原《序》上有"其"字。臧庸此處引文多節略，下不另出校。

② "熊安"，下脱"生"字。據阮校，浦鏜從衛氏《集説》，"安"下補"生"字，是也。

③ "鄭義"，《十三經注疏本》所載《禮記正義序》作"鄭氏"，是。

④ "命"，《十三經注疏本》所載《禮記正義序》作"今"，是，當據改。

⑤ "仲達"，當作"沖遠"。孔穎達字沖遠，見王昶《金石萃編》卷四十七所收于志寧《碑》，兩《唐書》以來誤作"仲達"。

⑥ "即"，下當有"次"字。

親民，止於至善”為一事。不特破後儒逃空之見，勝漢《注》“緣好”之言，直探聖人立言本古，教人實踐之意矣。《易經萃、渙》兩卦“王假有廟”，《豐》卦“王假之”，《説文》引《書》“假于上下”，皆“格”之本字。《爾雅釋詁》：“格，至也。”《廣雅釋詁》：“假，至也。”曹憲音“格”，可證“格”為“假”字之同音相借。又據《禮經周官》《大、小戴記》所言“射物”，以證“物”為“身履之所”，尤為精確。《學》《庸》《論語》，道相表裹。

昔聞先生博學，“一貫”之説，心竊善之，今又下示“格物”之義，不勝悦服矣！爰敬讀數過而僭跋之如是。

## 録爾雅漢注序　已酉孟冬

余聞之先師鄭公曰：“《爾雅》者，孔子門人所作，以釋六藝之言。”揚子雲亦云：“孔子門徒游、夏之儔所記。”作《雅》之人，斯為定論矣。《隋志》録漢中散大夫樊光《注》三卷、魏秘書監孫炎《注》七卷[①]。又言梁有漢劉歆、揵為文學、中黄門李巡《爾雅》各三卷，亡。而《釋文序録》具有，是陸氏猶及見之。《春秋正義》引樊光《注》，《禮記正義》作某氏，《詩正義》則某氏、樊光兩引之，殆因沈旋疑非光《注》，或題為某氏耳。要皆漢儒之義，精通舊詁，深研雅訓，遠非東晋郭景純輩所能及。唐初，孔沖遠撰《五經正義》，引諸家證之，陸德明《釋文》則用郭本，古義益微。及唐季，而諸家之書盡亡矣。後有孫奭、高璉、邢昺三家著《爾雅正義》[②]，專主郭説，無足為怪。

鏞堂少習此經，兼考舊義，見郭氏精美之語多本先儒，支離之談皆由臆説，更或擅改《經》文，輕棄《注》義。如“委委佗佗”，諸儒本作“禕”，與《説文》合，而郭從《毛詩》作“委椮”，謂之“洿”。《爾雅》舊文並《毛詩傳》皆作“糝”，而郭從《小爾雅》改本[③]旁。“不榮

① “孫炎《注》七卷”，兩《唐志》著録孫炎《注》均作六卷，《隋志》作七卷，蓋合《爾雅音》一卷。

② “後有孫奭、高璉、邢昺三家著《爾雅正義》”，據邢昺《爾雅正義敘》，“孫奭”當作“孫炎”，但非孫叔然。

③ “本”，當作“木”。

而實者，謂之秀”，衆家無“不”字，而郭本有之，《音義》引“不榮之物”為證。又自歲陽至月名，及九州、九河之類，郭多不言其義，而不知古聖人創物定名各有取意，非無故漫為是稱者。爰采《釋文》《正義》及唐以前諸書所引舊《注》，録為三卷，以存漢學，俾讀是《經》者有考焉。昔梁沈旋嘗集衆家之《注》為十卷，見《釋文》及《隋、唐志》，惜唐以後亦亡。

夫治經必先通詁訓，故《爾雅》者，六藝之權輿也。治《爾雅》者，必根本漢學，而後參考之郭氏，則此書又《爾雅》之權輿也。學者其知所後先歟！

## 重雕宋本爾雅書後[①] 己未孟冬

戊午仲冬，鏞堂將有粤東之行，嚴君夂能貽我雪牕書院《爾雅》三卷。審其雕刻，定為南宋本[②]。深感良友所惠，不忍一己私祕之，將願人人得讀宋本也，因勉力重雕焉。[③]

鏞堂讀《雅》十餘年於今矣。初得明天啟丙寅郎奎金五雅本，據以校正注疏本之譌。己酉冬，得嘉靖十七年吳元恭單注本，較郎本為善，始知郎本尚多竄改。癸丑夏四月，得明陳深《十三經解詁》本，與吳本合，間有愈於吳本者。最後得此冊，又出郎、吳、陳三本之上。凡已據三本校正者，勿論。論其三本所失，而此得焉者。

① “重雕宋本爾雅書後”，《皇清經解》本同，漢陽葉氏寫本目録中該篇題爲“重彫宋本爾雅後”。此篇亦見諸臧氏拜經堂本《爾雅》卷末《重雕宋本爾雅書後》，文末署曰：“嘉慶己未孟冬下旬，武進臧鏞堂識於南海古藥洲。”

② 雪牕書院《爾雅》實爲無刻本，下《校宋槧板爾雅疏書後》文言“按元槧雪牕書院本注”云云，即其證，此“定爲南宋本”，誤。《皇清經解》本誤同。

③ 篇首此段文字，《皇清經解》本僅作：“雪牕書院《爾雅》三卷，爲南宋本，因勉力重雕焉。”

《釋詁》："疷[①]，病也。疷，音衹[②]。"邢《疏》引《詩白華》"俾我疷兮"。此作"疷"，病也。疷，音祈。按：《釋文》作"疷"，云"祈[③]支反，或丁禮反。本作'疧'"。《字書》云："疧，病也。"《聲類》猶以為"疷"字，又音支。《説文》及毛《傳》皆云："疷，病也。"今《詩》作"疷"，誤也。"愉，勞也"《注》："勞苦者多惰愉。今字或作'窳'[④]，同。"此"窳"作"窳"。按：《詩召旻》《釋文》《正義》皆引《説文》云："窳，嬾也。"《一切經音義》十四引《爾雅》："窳，勞也。"郭璞曰："勞苦者，多墮窳也。"承慶云："懶人不能自起，瓜瓠在地不能自立，故字從㼌。又懶人恒在室中，故從宀。"嘗見宋槧單疏《爾雅》引《注》亦作"窳，頫視也。"此作"覭"。按：《釋文》作"覭"。《説文見部》云："覭，視也。"《頁部》云："頫，低頭也。太史卜書，頫仰字如此。"

《釋言》："祺，祥也。"《注》："謂徵祥。""祺，吉也。"《注》："祥，吉之先見。"此作"谓吉之先見"，與上《注》合。又《釋言》："競、逐，彊[⑤]也。"《注》："皆自勉彊[⑥]。"《釋訓》："懋懋慔慔，勉也。"《注》："皆自勉强。"此前後俱作"皆自强勉"。《釋言》《釋文》作"强"，云"巨丈反"，《注》同，本或作"强"[⑦]。

---

① "疷"，注疏本同。阮校："《釋文》《唐石經》、單疏本、雪牕本皆作'疷'，當據以訂正。《釋文》：'疷，本作疧。'按'疷'與'疧'同字同音，或丁禮反，故誤作'疷'。《五經文字》：'疷，巨支反，病也，見《爾雅》。'雪牕本'疷'音'祈'，單疏本引《白華》'俾我疷兮'，《説文》、毛《傳》皆云'疷，病也'，今《詩》亦誤'疷'。"《爾雅義疏》作"疷"。

② "衹"，《皇清經解》本作"衹"。

③ "祈"，《皇清經解》本作"衹"。

④ "窳"，阮校："單疏本、雪牕本'窳'作'窳'，今《釋文》亦誤作'窳'，蓋因《説文》脱'窳'字，故諸書誤以'穴'部字當之。"宜據改。下疏所引同。

⑤ "彊"，《唐石經》、單疏本、雪牕本同。《釋文》："强，巨丈反，《注》同。本或作'彊'字，又其良反。"阮校："按此蓋《經》作'彊盛'字，《注》用'勉强'字。"

⑥ "勉彊"，單疏本、注疏本同，雪牕本作"强勉"。阮校："按'强勉'猶'彊勉'也。《漢書董仲舒傳》'事在彊勉而已矣'，師古曰：'彊音其兩反。'此當從雪牕本，古'彊''强'通。"

⑦ "强"，《皇清經解》本作"彊"。

《釋宫》："石杠，謂之徛。"《注》："聚石水中以為步渡彴[①]也。"《釋天》："奔星為彴約。"二文皆作"彴"。此《釋宫》作"彴"，《釋天》作"彴"。按：《説文人部》："仢，約也。從人，勺聲。"《玉篇人部》："仢，扶握切。《爾雅》曰：'奔星為仢彴。'"《彳部》："彴，之約切，徛渡也。"《廣韻十八藥》："彴，横木渡水。仢，仢約流星。"然則《釋宫》當作"彴"，《釋天》當作"仢"矣。

《釋樂》："所以鼓敔謂之籈。"《注》："刻以木，長尺，櫟之。"此作"擽之"。按：《釋天》："力的反。"《廣雅》云："櫟，擊也。"《漢書音義》云："櫟，梢也。""櫟"皆當作"擽"。《玉篇手部》："擽，郎的切，捎也，舒也。"《廣韻十八藥》："擽，《字統》云：擊也。"《三十三錫》："擽，捎也。"

《釋地》："西方有比肩獸焉，與邛邛岠虚比。"此作"邛邛"。按：今《釋文》亦作"邛邛"，而影宋本作"邛邛"。云本或作"蛩蛩"，巨凶反。《釋草》："藒，邛鉅。"此作"邛鉅"。按影宋《释文》亦作"邛"，然音渠恭反，知本作"邛"也。《釋木》："椶，柜柳。"此作"柜桏"。《釋文》："柳，郭音邛。"影宋本作"郭音桏"。按：《説文》："桏，椶椐木也。从木邛聲。"《玉篇木部》："桏，渠容切。桏，柜柳。"《廣韻三種》："桏，柜柳。痤椄慮李。"此作"椊椄"。按：《玉篇木部》："椊，才戈切。""慮李"亦作"椊"。《廣韻八戈》"椊"。《爾雅》云："座椄[②]慮李。"今麥李也。或從木。

《釋鳥》"輿[③]，鵛鶨"，此"輿"作"與"。按：《釋文》作"與"，云"音餘"。樊、孫本作"鸒"。

《釋畜》："四骹皆白驓，四蹢皆白首。"此作"四蹢皆白騚"。按：《玉篇馬部》："驓，才陵切。馬四骹皆白。見《爾雅》。""騚，才田切。馬四蹄白。"《廣韻一先》："騚，馬四蹄皆白也。""騋牝驪牡"，此作

---

① "彴"，單疏本、注疏本同，雪牕本作'仢'。《釋文》："彴，音斫。《廣雅》云'步橋也。'案今江東呼彴音約。沈徒的反。"《説文》："仢，約也。"無"彴"字。阮校："當從雪牕本。"

② "座椄"，《唐石經》、單疏本作"痤椄"，雪牕本作"椊椄"。正德本誤作"痤接"，閩、監、毛本作"座接"，誤。

③ "輿"，《唐石經》、注疏本同，雪牕本作"與"。《釋文》："與，音餘，樊、孫本作'鸒'。"

"騋牝驪牝"。按：玉林先生說鄭康成、孫叔然本作"騋牡驪牝"，元郭景純本作"騋牝驪牝"，《釋文》："騋牝，頻忍反，下同。"謂下"驪牝"之"牝"音同也。又"驪牝"云"孫《注》改上'騋牝'為'牡'，讀與郭異。"謂孫本上作"騋牡"，見此作"驪牝"，則孫、郭同。今《釋文》作"驪牡"，誤也。若《釋親》之目宗族、母黨、妻黨、婚姻皆在前。

《釋地》"牧外謂之野"，無"之"字；《釋水》"徒駭"作"徙駭"；《釋宮》"小閨謂之閤[1]"作"謂之閣"；《釋器》"米者謂之糪"，作"米生"；《釋草》"攫[2]，橐含"之作"櫻"；《釋木》"狄臧，槔"之作"藏"；《釋鳥》"鸉，白鷢"之分"楊鳥"；"鴽子，鶉"之作"駕"。此皆顯見其誤者。

今注疏本所載音切未詳其所本，明刻單注、葛鼒本與注疏同，吳、陳兩本無之，郎奎金、鍾人傑本別附於各卷後，大致皆同。及見此書，知諸本音切俱經刪改，惟此獨為完善，深可寶貴。凡切字皆作反，知其所由來者遠矣。王氏《玉海》著《爾雅音義》二卷，釋智騫撰，吳鉉駁其舛誤。天聖四年，國子監請摹印德明《音義》二卷頒行，而《郡齋讀書志》載蜀毋昭裔《音略》三卷，謂《爾雅》舊有釋智騫及陸德明《釋文》。昭裔以一字有兩音或三音，後生疑於呼說，今擇其文義最明者為定。此書每字一音，其即昭裔所著，為本於智騫乎。郭氏《注》中有音，《注》外別為一卷[3]，後人多所祖述。乃注疏本見音切與郭《注》同者，多刪《注》中之音以避複。郎、吳、陳三本《注》下不附音切，故郭《注》無刪。此書於《注》末連載音切，雖加匡為識，仍多混淆。今據三本以定郭《注》，凡三本所無，悉屬之音切，加圈以別之。

原本亦間有刪改者，如《釋詁》"諂[4]，疑也"，《注》末三本有"音紿[5]"，《釋文》"謟，郭音縚"可證。而此作"音叨"。《釋草》："蘼莣，

① "閤"，《唐石經》、注疏本同。雪牕本作"閣"。

② "攫"，《皇清經解》本、《釋文》《唐石經》同，《石經考文提要》引至善堂九經本亦同。雪牕本作"擭"，監本作"欆"，皆非。

③ "注外別為一卷"，臧刻原《序》爲"注外別為音一卷"，當據補

④ "諂"，《皇清經解》本、注疏本作"謟"，《注》引《左傳》曰："天命不謟。"作"諂"，誤。

⑤ "紿"，《皇清經解》本作"縚"。

芺苵。"《注》末有"音皆"，《釋文》亦云"薢，郭音皆"，故音切有"薢，音皆"。此因與《注》複，遂刪《注》中"音皆"。"苄，地黄"，《注》末有"音怙"，《釋文》既為《經》"苄，音戶"，又為《注》"怙，音户"，音切云"苄，音户"本《釋文》也。此據《釋文》改"怙"為"户"，遂覺音切為複而刪之。"其萌虇"，《注》"音繾綣"，邢《疏》有申釋之辭。《釋文》"虇，郭音綣，丘阮[①]反"，而竟作"音丘阮"。凡此悉仍其舊，不敢專輒改正。即顯係傳寫脱誤，或筆畫小有譌闕者，亦俱仍之。宋板間有模糊，則計字空缺，不依俗本補録，庶不失其舊。俾信而有徵，以還雪牕真面目，達者幸無誚焉[②]。取其長而舍其短，仍在善讀此書者矣。

凡諸經《義疏》與經《注》皆别行，南宋以來欲省兩讀，始合載之，名之曰《兼義》。然經《注》本與《義疏》往往不同，分之則兩全，合之則兩傷。近日讀經之士，多思重雕《十三部注疏》而未見有發軔者。蓋因資費浩繁，善本亦難一時具得。故鏞堂意以古人校刊書籍，必得善本，而勿參以己意，亦不取其兼備。試約同志於十三部中不拘經《注》《義疏》，得一宋本即為重雕，無則寧缺。庶得友朋分任，力既紓緩，而所刊之書，復無私智臆改之失。不數年間十三部之《注》若《疏》亦可漸備。奚必一人一時合而為之，始稱雄快哉？

吾友袁君又愷藏有宋雕單疏《爾雅》，希世之珍也。歸將慫恿付梓。吳中多研經之士，又多善本經書。鏞堂昔年所見，有單注《三禮》、單疏《儀禮》，皆宋槧善本。安得普大公無我之志者，為之次第刊行，以傳漢、唐一綫乎？則鏞堂雖貧儒，《爾雅》雖小經，其即以此為刻《十三經注》若《疏》之權輿也可。

## 校宋槧板爾雅疏書後　庚申仲秋

余癸丑寓吳門時，書賈持此袟索價二十四金。余一見，狂喜。以為唐人《九經義疏》真面目不可見，得此庶能覩其遺範，且價廉，急慫恿袁

① "阮"，《皇清經解》本作"阪"，誤。

② "達者幸無誚焉"，此句以下《皇清經解》本脱。"達"，《皇清經解》本作"閲"。

君又愷如數購之。今年秋，假諸又愷，細意校出，閱九日卒業。[1]

邢叔明《序》[2]云“凡一十卷”，《宋史藝文志》、王氏《玉海》並同，鄭樵《通志》載《爾雅兼義》十卷，即此書。因以經《注》本并合《義疏》，故名之曰《兼義》，（今汲古閣《周易注疏》題《周易兼義》，此其證。）猶仍十卷之舊，今本分十一卷，倒改邢《序》為“凡十一卷”，毛本又刪此四字，似皆明人所為也。

此本卷一《邢疏序》《郭注序》，《釋詁》“驚、務、昬、暋，强也”止，卷二分“卬[3]、吾、台、予”以下為《釋詁下》，卷三《釋言》，卷四《釋訓》《釋親》，卷五《釋宮》《釋器》《釋樂》，卷六《釋天》，卷七《釋地》《釋𠀉[4]》《釋山》《釋水》，卷八《釋草》，卷九《釋木》《釋蟲》《釋魚》，卷十《釋鳥》《釋獸》《釋畜》。每卷首署“翰林侍講學士朝請大夫守國子祭酒上柱國賜紫金魚袋臣邢昺等奉勑校定”，每頁上下各十五行，每行三十字，或多少一字。闕卷八之十一一頁，餘闕者多係名[5]人補刻，字體惡劣譌誤，出坊本下，難與原刻較短長也。

間有模糊不清處，書賈率臆描改。如《序》疏“若繭之抽緒”，改“緒”為“縮”；《釋詁》第一疏“則但指篇目而已”，改“目”為“自”；《釋詁》“那，於也”，疏“《左傳》曰‘棄甲則那’”，改“那”為“郡”。此類，讀者審其墨蹟，無為所惑。

凡標舉經《注》文簡者，出全句文煩者，書止注所未詳，疏亦無文。倣《周禮》《儀禮疏》，每條皆稱“《釋》曰”，猶《五經正義》每條必稱“《正義》曰”也。注疏本將“《釋》曰”二字盡行刪去，其餘割裂裁節者亦甚夥，不及一一舉正之。

其善者，如《釋詁》：“菿[6]，大也。”《疏》引《韓詩》云“菿彼圃田”，俗本“圃”作“甫”，《玉篇艸部》引《韓詩》同。按：《毛詩車攻》：“東有甫草。”《後漢書馬融傳》：“詩詠圃艸。”李賢《注》：“《韓

---

① 《皇清經解》本脱篇首此段文字。

② “《序》”，《皇清經解》本作“《爾雅疏序》”。

③ “卬”，注疏本作“印”。

④ “𠀉”，本作“丘”，避孔子名諱而缺筆。

⑤ “名”，當作“明”，《皇清經解》本不誤。

⑥ “菿”，元本、清郝懿行《爾雅義疏》同。《釋文》《唐石經》、單疏本、雪牕本、閩、監、毛本作“箌”。盧文弨曰：“字當從‘艸’，今《説文》《爾雅》皆有誤。”

詩》曰：‘東有圃艸。’”《文選東都賦》：“豐圃草以毓獸。”李善《注》：“《韓詩》曰：‘東有圃草。’”是《毛詩》“甫”字，《韓詩》多作“圃”也。“席[①]，大也。”《疏》：“《注》云‘緇衣之席兮’者，《鄭風緇衣》文。”俗本經《注》《疏》“席”皆从“艸”。按：《唐石經》、明刻宋板、吳元恭、種人傑、陳深單注本《爾雅》皆作“席”，不从“艸”。吳淑《事類賦服用部》引《詩》“緇衣之席兮”，經詁為“大”，是《爾雅》《毛詩》皆不當从“艸”也。“愉，勞也。”《疏》引郭云：“今字或作‘窳’，同。”俗本注疏皆作“窳”。按：元槧雪牕書院本《注》作“窳”，从穴。从宀，義不同，而窳勞字必从宀，取義於嬾人卧室下也。

《釋言》：“矜[②]，苦也。”《釋》曰：“郭云‘可矜[③]憐者亦辛苦’者，《小雅鴻雁》云：‘爰及矜人。’[④]”又《釋訓》云：“爰及矜人。”[⑤]又《釋訓》：“矜（此仍从今）憐，憮掩之也。”《釋》曰：“《小雅鴻雁》云‘爰及矜人’。”俗本經《注》《疏》“矜”皆作“矜”，今《毛詩》同。按：《華嚴經音義》引《毛詩傳》：“矜，憐也。”《説文》《字統》：“矜，憐也。”皆从矛、令。鈕匪石云：《漢隸字源二十八山》“矜”字《注》引《唐君頌》“不侮矜寡”，《詩序》[⑥]“至于矜寡”，《史記》“有矜在民間曰虞舜”，汪文盛本《後漢書史弼傳論》曰“仁以矜物”。今獲此證尤確，足明《毛詩》《爾雅》皆本从“令”也。《釋言》疏原頁錯定[⑦]訂卷一失考者，誤以為闕，因補刻一頁，凡“矜”字皆改為“矜”矣。

---

① “席”，《唐石經》、單疏本、陳本同，雪牕本、注疏本作“蓆”。《釋文》、清郝懿行《爾雅義疏》、周祖謨《爾雅校箋》本同。下“緇衣之席兮”，《詩》毛《傳》作“蓆”。

② “矜”，《皇清經解》本、單疏本同，《唐石經》、雪牕本、注疏本作“矜”。《釋文》：“齡，音矜，本又作‘矜’。”阮校：“按《廣雅釋詁一》：‘齡，哀也。’《玉篇鹵部》：‘齡，苦也。’皆本此《經》。蓋《經》作‘齡’，《注》作‘矜’，後人轉寫亂之。”

③ “矜”，注疏本作“矜”，《毛詩》《唐石經》、宋本同。阮校：“按《釋訓疏》引《詩鴻雁》，《華嚴經音義》卷上‘特乖矜念’下引《毛詩傳》‘矜，憐也’，又引《説文》《字統》‘矜，憐也’，皆從‘矛令’。鈕樹玉云：《漢隸字源》‘矜’字《注》引《唐君頌》‘不侮矜寡’、《詩序》‘至于矜寡’、《史記》‘有矜在民間曰虞舜’，字皆從矛令。”

④ “爰及矜人”，注疏本《釋》引《小雅鴻雁》云“爰及矜人”。

⑤ 《皇清經解》本無“又《釋訓》云：‘爰及矜人。’”句，疑漢陽葉氏寫本衍。

⑥ “《詩序》”，《皇清經解》本作“《詩》云”，誤。“至于矜寡”見《詩小雅鴻雁序》

⑦ “定”，《皇清經解》本無，疑漢陽葉氏寫本衍。

《釋天》："四氣[①]和謂之玉燭。"《疏》引《尸子》："四氣和為正光[②]，此之謂玉燭。"俗本作"四時和正光照"，《困學紀聞》作"四氣和正光照"。閻百詩校勘云："元板作'四氣和為正光。'"然則宋、元板同也。

《釋地》："西方有比肩獸，其名謂之蟨[③]。"《疏》標起至云："《注》'《呂氏》'至'音厥'。"俗本《疏》無此句，《注》亦無"音厥"字。按：雪牕書院及吳元恭、郎奎金、種人傑、陳深諸本《注》"俗名之為蟨鼠"下有"音厥"二字。《釋文》"蟨，郭音厥"可證。

《釋草》："蒹，薕。"《疏》引郭云："江東呼為薕藡。"[④] 俗本《疏》作"薕適"，《注》無"藡"字。按：陳本《注》作"江東呼為蒹藡"[⑤]，郎本《注》作"江東呼為薕適"。（譌通）《釋文》："藡，徒的反。"本今作"適"，（今考定當如是。）是《注》末本有"藡"字也。

《釋木》："樲，酸棗。"《䟽》云"《注》《孟子》曰：'養其樲棗。'"者，《釋》曰："《孟子》：'今有場師，舍其梧檟，養其樲棗，則為賤場師焉。'趙岐《注》云：'樲棗，小棗[⑥]，所謂酸棗。'是也。"俗本及《孟子》"棗"皆作"棘"。按：雪牕書院本、陳深本《注》皆作"養其樲棗"，《孟子盡心下》："曾晳嗜羊棗。"《正義》曰："其類則樲棗之屬也。"《玉篇木部》："樲，酸棗。《孟子》云'樲棗'是也。"

《釋蟲》"蟾蜩"，《疏》云："《注》'《夏小正》''音荑'。"[⑦] 俗本《䟽》無此句，《注》亦無"音荑"字。按：吳、鍾本《注》"江東[⑧]謂之蟾蝭"，下有"音荑"二字，（雪牕書院及郎、陳本作"音夷"，誤。）《釋文》："蝭，郭音荑，徒低反。"是也。"土蠭"，《疏》云："《注》'音憚'。"

---

① "氣"，《唐石經》、單疏本、雪牕本同。注疏本作"時"，非。

② "四氣和為正光"，元本作"四氣和正光照"。監本、毛本作"四時和正光照"，非。

③ "蟨"，《釋文》及《爾雅義疏》同。注疏本作"蹷"。

④ "江東呼為薕藡"，元本同。閩、監、毛本作"適"，誤。

⑤ "江東呼為薕藡"，阮校："《史記索隱司馬相如列傳》引此《注》作'江東人呼為蒹蔋，蔋音敵'，按藡、蔋同字，'人'字亦當有。"

⑥ "小棗"，注疏本脱。

⑦ "《注》'《夏小正》''音荑'"，《皇清經解》本作"《注》'《夏小正》'至'音荑'"，是。漢陽葉氏寫本脱"至"字。

⑧ "江東"，當作"江南"，《皇清經解》本亦誤。

《釋》曰：“嫌讀為蛩螬之螬[①]，故音之。”俗本作“螬”，讀為“蛩亶”之“亶”，故音之。《注》及《疏》皆無“音憚”字。按：雪牕書院等本《注》“今荆巴間呼為螬”，下有“音蟬”二字。“蟬”即“憚”之譌。《釋文》：“螬，音墠。又示延反。郭音憚，徒旦反。”是也。“果臝[②]，蒲盧”《疏》，《釋》曰：“《詩小宛》云‘螟蛉有子，蜾臝[③]負之。’果臝，一名蒲廬。陸機[④]云：‘蜾臝，土蠭也。’《法言》云：‘螟蛉之子，殪而逢蜾臝。’”俗本“蜾”皆作“果”，“臝”皆作“蠃”。按：《釋文》作“果臝”，云“本又作蜾”。《唐石經》、吴、郎、鍾、陳本皆作“臝”。《太元親次三》：“螟蛉不屬，蜾臝負之。”宋司馬君實引《詩》“蜾臝負之”，《博物志物性篇》：“《詩》云：‘螟蛉之子，蜾臝負之。’”

《釋魚》：“鮥，當魱。”《疏》云：“《注》‘海魚’至‘音胡’。”俗本《疏》無此句，《注》亦無“音胡”字。按：《釋文》：“魱，郭音胡。”雪牕書院及吴、郎、鍾、陳本《注》並有“音胡”二字。

《釋獸》：“魋如小熊。”《疏》引郭《注》“俗呼為赤熊”，下有“即魋也”[⑤]三字，俗本《疏》無。按雪牕書院等諸舊本《注》末皆有此三字。

《釋畜》：“小領，盜驪。”《疏》云：“‘穆天’至‘領頸’。”俗本《疏》無此句，《注》亦無“領頸”字。按：郭《注》“盜驪，千里馬也”下，雪牕書院、吴元恭、陳深三本有“領頸”二字[⑥]，《太平御覽》九百十三引郭《注》同有之。“狗四尺為獒”，《疏》云：“《注》‘《公羊》’至‘之獒’。”俗本《疏》無此句，《注》“之獒”下有“也”字。又有“《尚書孔氏傳》曰‘犬高四尺曰獒’，即此義”一十五字。段若膺明府謂“此非郭《注》，乃後人所益”，今據《疏》本無，其引郭《注》作“害狗”，亦與雪牕書院、吴、鍾、陳諸本《注》合。毛本、郎本作“善

---

① “嫌讀為蛩螬之螬”，注疏本“螬”誤“亶”，“讀”上增“螬”字。

② “臝”，《唐石經》、單疏本、正德本同，《石經考文提要》引至善堂九經本作“臝”，雪牕本、閩、監、毛本作“蠃”。

③ “蜾臝”，《皇清經解》本、《爾雅義疏》本同，《十三經注疏》本作“果臝”。

④ “陸機”，《皇清經解》本作“陸璣”。陳鴻森校曰“唐人已混陸機與陸璣爲一人”，臧庸援宋代刊本有作“機”者，難據爲確證。

⑤ “即魋也”，單疏本、雪牕本同，注疏本刪。

⑥ 《爾雅義疏》“馬”下亦有“領頸”二字，注疏本無。

狗”，出淺人私改也。

余校讀此書，粗為卒業，聊舉平日所知一一考證之，以見宋板之美不勝收也。[①] 既自欣幸得覯此善本，又慮心氣惏浮，未能專壹，目力不周，遺漏或多，爰命三弟禮堂覆勘之，以冀更有所得。海内有善讀、善校之士，其於此書獲益必有過於余者，余將褰裳以就正之。

## 書吴元恭本爾雅後 己酉

此本欸[②]式古雅，刊書者可依以為法。《釋言》：“華，皇也。”今本多倒，此獨與《釋文》及《唐石經》合。《釋草》：“出隧，蘧疏[③]。”《注》云：“音氈[④]氍毹。”以氍毹氈類，故連言之，須人易曉耳。後人輒改“氈”為“同”，獨不思《釋文》“氈，之延反，本亦作‘旃’”，正為“氈”字作音義，如本作“同”則音義無所附矣。《釋畜》末《唐石經》有“六畜”[⑤] 字，目上文也，今本多脱，此亦與《唐石經》合。

鏞堂嘗以明人郎奎金本勘正毛本之失，凡若干條，疑其原流宋刻，而此本更出其上，即此三事皆郎本所失也。然則此書雖翻刻於嘉靖，要本宋、元舊書無所[⑥]疑。吴元恭撰《後序》中不知其可貴，故未言耳。凡“匡”“恒”“桓”等字缺末筆，為太祖、真宗、欽宗諱，非仍南宋本之舊之徵乎？

同里莊葆琛先生家藏此本，得借讀相參校，綴數語於後以歸之。[⑦]

---

① 此句以下，《皇清經解》本無。

② “欸”，《皇清經解》本作“款”。

③ “疏”，注疏本作“蔬”，宜據改。

④ “氈”，單疏本、雪牕本同。注疏本作“同”，誤。《釋文》：“氈，之延反，本亦作‘旃’，同。”

⑤ “六畜”，雪牕本、《唐石經》、單疏本、注疏本皆無。《石經考文提要》云，至善堂九經本亦有此二字。阮校：“按《春秋桓六年正義》曰：《爾雅釋畜》於‘馬牛羊豕狗雞’之下題曰‘六畜’，又《昭二十五年正義》曰：《釋畜》之末别釋馬牛羊豕狗雞六者之名，其下題曰‘六畜’。然則唐初本《爾雅》舊有此題。特《開成石經》偶脱耳。”嚴元照《爾雅正義書後》曰：“《釋畜》篇末小題‘六畜’二字，石經無之，而云‘據石經補’，是於石經未嘗讀也。”

⑥ “所”，當爲衍文，《皇清經解》本不誤。

⑦ 《皇清經解》本無文末此句。

# 與段若膺明府[①]論校爾雅書　癸丑孟夏

尊校《爾雅》，以《釋訓》“徒御不驚，輦者也[②]”為當作“徒御不警。徒，輦者也”，以《黍苗正義》為據。鏞堂以作“徒御不警”者為《毛詩》，作“徒御不驚”者為《三家詩》。今《毛詩車攻》作“驚”[③]，而《七經孟子考文》載古本《經》《傳》皆作“警”。又《正義》釋《經》曰：“徒行輓輦者，與車上御馬者，豈不警戒乎？言以相警戒也。”此尤足為本作“不警”之證。自《唐石經》以下作“驚”者，譌也。《爾雅》今文本《三家詩》當作“不驚[④]”，自《唐石經》及宋、元本皆作“驚”，《車攻》《黍苗正義》引《釋訓》文莫不盡然，知《爾雅》無有作“警”者矣。《黍苗正義》曰：“《釋訓》云‘徒御不驚，以徒為輦者也。’”此釋《爾雅》之義以“徒”為“輦者”耳，非謂“輦者也”之上更有“徒”字也。猶“既伯既禱，馬祭也”，“馬祭也”上本無“伯”字，亦不當增。先生前舉“是刈是濩。濩，煑之也。”以“煑之也”上重“濩”字證“徒”字、“伯”字當重，不知《唐石經》《爾雅》皆作“是刈是穫。鑊，煑之也”[⑤]，上下兩“濩”字不同。《詩正義》釋之曰：“以煑之于鑊，故曰‘鑊，煑’，非訓‘濩’為‘煑’。”若如尊說，是訓“濩”為“煑”，又當作“是刈是穫。穫，鑊煑之也”[⑥]矣。

---

① “明府”，漢陽葉氏寫本目録該篇名中無此二字。

② “也”，《皇清經解》本脱。

③ “驚”，《唐石經》、小字本同。阮校：“案段玉裁云：經文作‘警’。《傳》《箋》《正義》皆甚明。《考文》古本作‘警’，采《正義》。”

④ “驚”，《皇清經解》本作“警”，非是。據上文“作‘徒御不警’者為《毛詩》，作‘徒御不驚’者為《三家詩》”，其誤顯然。

⑤ “《爾雅》皆作‘是刈是穫。鑊，煑之也’”，《皇清經解》本“《爾雅》”上有“宋本”二字，“穫”字誤，當作“濩”，《皇清經解》本亦誤。《釋文》：“是乂，音刈，本亦作刈。鑊，又作濩，同。户郭反。”《經義雜記》曰：“宋刻單疏本《爾雅》作‘是刈是濩，鑊，煑之也’。今考元本正如是。”

⑥ “是刈是穫。穫，鑊煑之也”，兩“穫”字均誤，當作“濩”，《皇清經解》本誤同。

《釋水》“九河”“徒駭”《注》云：“今在承平縣[①]，義所未聞。”“胡蘇”《注》云：“東莞[②]縣今有胡蘇亭，其義未詳。”葢漢人李廵。孫炎注[③]《爾雅》“徒駭”“胡蘇”皆有此[④]義，郭注“馬頰”“覆釜[⑤]”“簡”“絜”“鉤盤”“鬲津”莫[⑥]不言其義，今于“徒駭”“胡蘇”，但證其地之所在，而不言義，故曰“未聞”“未詳”。乃尊校刪去“今在成平縣”“今有胡蘇亭”二句，豈誤會“未聞”“未詳”之説，而疑此非郭《注》乎？

《釋獸》“䖘[⑦]，白虎”下，尊校引徐鍇曰：“曹憲作《爾雅音》，云‘音覔[⑧]’。”按：徐楚金《繫傳》惟《説文》本書為可信，餘所引《經》《史》《傳》《注》之文，多由臆説[⑨]誤舉，不可根究。曹憲祇作《廣雅音》而無《爾雅音》，《隋書經籍志》載“《廣雅音》四卷，秘書學士曹憲撰”是也。《唐書藝文志》誤作“曹憲《爾雅音義》二卷”，疏舛已極，不料與楚金暗合。朱錫鬯《經義考》誤采《唐志》。鏞堂撰《爾雅考》嘗訂正之。今《廣雅釋獸》無“䖘”字，曹憲亦無“覔”音，不知楚金何由致誤，而可引以為據乎？

惟《釋畜》“狗四尺為獒”，尊校斷《注》末“《尚書孔氏傳》”等十五字非郭《注》，謂出後人附益。鏞堂考之《疏》文，祇釋《公羊傳》，未釋《書孔傳》，又《疏》中標注“《公羊傳》曰”者，單疏宋板舉起至作“‘《公羊》’至‘之獒’”，然則邢叔明作《疏》時所據郭《注》本無“《尚書孔氏傳》”等十五字。此條校勘為最精。

凡尊校之是者，鏞堂既盡取之矣。其有似是而非者，不可以不辨也，希再定之。

---

① “承平縣”，注疏本作“成平縣”，下文亦曰“今在成平縣”，作“成平縣”是。《皇清經解》本誤同。

② “東莞”，《皇清經解》本同。阮校：“注疏本同，雪牕本作‘東筦’。《疏》云：‘胡蘇在東光，定本注作東筦，筦當作光，字之誤也。’”《爾雅義疏》作“東光”。

③ “注”，《皇清經解》本“注”下有“云”字，漢陽葉氏寫本刪。

④ “此”，疑衍，《皇清經解》本不誤。

⑤ “釜”，注疏本《經》作“鬴”，郭《注》作“釜”，《音注》作“鬴”。

⑥ “莫”，《皇清經解》本上有“亦”字。

⑦ “䖘”，《釋文》：“䖘，《字林》下甘反，又亡狄反。”

⑧ “覔”，原字不清，似“覔”，似“覓”。下文同。

⑨ “説”，《皇清經解》本作“記”。

# 小爾雅徵文　庚申孟秋

善乎，戴東原氏之論《小雅》也！曰："《小爾雅》一卷，大致後人皮傅掇拾而成，非古小學遺書。如云'鵠中者謂之正'，則'正''鵠'之分未考矣。'四尺謂之仞'，則築宮仞有三尺，不為一丈，而為及肩之牆矣。澮深二仞，無異洫深八尺矣。其解釋字義，不勝枚數以為之駁正。故漢世大儒不取以説《經》，獨王肅、杜預，及東晉枚賾奏上之《古文尚書孔傳》頗涉乎此。"

余初見戴氏之言，而嘆其識之偉、論之精。既考前人之徵引此書者，以為始於東晉郭景純。夫經學至魏晉改師法，如王肅、偽孔、何晏、杜預、孔晁、郭璞，皆喜新好異、不經師匠者也，故其言往往互相祖述。璞之注《爾雅釋器》"椮謂之涔也"曰："'椮'字，諸家本作'米'邊，《爾（當作"小"）雅》作'木'邊，積柴之義也。然則'椮'用'木'，不用'米'，當從'木'為正也。"（見《詩正義》"潛"，今《尔疋注》無。）又注《方言二》"秦、晉之間，凡愧而見上謂之赧"，引《小雅》曰："面赤（衍）愧曰赧。"注《方言六》"山之東西，自愧曰恧"，引《小爾（據卷二，當衍）雅》曰："心愧為恧。"注《方言九》"厲謂之帶"，引《小爾雅》曰："帶之垂者為厲。"則郭氏者，誠熟復《小雅》之書，而始為徵引者矣。

後考之有年，知郭璞之前，王肅實首引此書。余高祖玉林先生以《孔叢子》為王肅僞作，而《小雅》在《孔叢》篇第十一，又自王肅以前無有引《小雅》者。凡作僞之人，私撰一書，世之人未之知也，必作僞者先自引重，而後無識者從而羣然和之，世遂莫有知其僞者矣。然則《小雅》之為王肅私撰，而《孔叢》書之由肅僞作，皆確然無疑也。王肅之引《小雅》也，於何見之？曰：一徵之以《儀禮疏》，再徵之以《詩正義》。

《儀禮鄉射記》："杠長三仞。"先師《注》："七尺曰仞。"《疏》曰："鄭案：《書傳》云：'雉，長三丈，高一丈。'則牆高一丈。《禮記祭義》云：'築宮仞有三尺。'故知七尺曰仞。王肅則依《小爾雅》：'四尺曰仞。'"此王肅注《儀禮》用《小雅》以異鄭也。《詩賓之初筵》："發彼有的。”《傳》：“的，質也。”正義曰：“猗嗟，《傳》云：‘二尺曰正。’《周禮》鄭衆、馬融《注》皆云‘十尺曰侯，四尺曰鵠，二尺曰正，四寸曰質。’王肅亦云：‘二尺曰正，四寸曰質。’又引“《爾（當作“小”。下同。）雅》云：‘射張皮謂之侯，侯中者謂之鵠，鵠中者謂之正。正，方二尺也。正中謂之槷，方六寸也。槷則質也。’舊云‘方四寸’，今云‘方六寸’，《爾雅》説之明，宜從之。”此王肅之注《周禮》，引《小雅》“侯”“鵠”“正”“槷”之文，以破《射人注》“其外之廣，皆居侯中參分之一，中二尺。鵠大如正”之文也。王肅注《周官禮》十二卷，《儀禮》十七卷，見《隋書經籍志》。

《説文》引《尒疋》“䡇，薄也”，是《小尒疋》。孫星衍

## 刻通俗文序　己未孟秋

颜黄门謂《通俗文》世題河南服虔子慎造。《魏書》江式《表》，次此於《方言》《埤蒼》間。是北人悉以此為漢服虔子慎所著。然梁阮氏《七録》本言李虔造。徵之《初學記》，阮《録》為信。《唐志》稱李虔《續通俗文》，殆蹈北人之見，惑於[1]為有兩書，遂誤以李氏為續篇歟。

鏞堂核之，斷此非漢人之書。有三證焉：凡漢、魏古籍，悉登《晉志》。今《中經簿》及《七志》並無其目，此一證也。自孫叔然以前未解反切，而《通俗文》反音頗近時俗，此二證也。《敘》引蘇林、張揖，皆魏人。論世，在子慎之後，此三證也。既至阮氏始為著録，則此書當出自晉、宋間人。豈因北方學者咸尊服氏，遂以名同而易姓乎？梁劉昭注《續漢志》始見徵引，傳至唐季而亡。此係六朝以前小學家為《釋名》《廣雅》之流，先儒注《經》《史》多所援據，不第《通俗》而已。且古今土俗不同，名物互異，由古目之為俗者，由今目之為古矣。爰采《一切經音義》諸書，略次其先後，以存一家絕學。署曰“服虔”，仍其舊也。

稿始己酉仲夏，迄今十有一年，時有補正，卒無定本。己未秋，同甘

---

① “於”，當作“以”。

泉林君仲雲客南海。林君見斯編，喜之，欲取以付梓。因為校正若干條，足以補鏞堂所未逮，此書自是有定本矣。遂敘夙昔所聞及今之論定者於篇末，以詒之。

憶昔年嘗手録一篇，就正於吾友錢君廣伯，廣伯校勘精致，糾繩切當。於身後，鏞堂始及見之，今録定，多從之焉。廣伯有《小學庵遺稿》四卷，其弟子錢塘邵書稼欲為付梓，嘗乞學使少司農儀徵阮公作序。兹賴林君之力，《通俗文》得版行。而《小學庵遺稿》未審何時付梓，又不能起廣伯讀《通俗文》而覆校之也，不勝質亡之戚矣。鏞堂附記。

曹憲、李善等引《通俗文》皆首標服虔。余意《通俗文》必始于服，而後人如李虔等又坿益之也。鄙輯《通俗文》本于標明服虔者，皆别列之，如《廣疋注》及《文選長笛、洛神》等賦《注》皆可復校，庶漢人訓故不為後儒所淆亂耳。又余校《淮南王書》標出十數條，的係許尗重《注》而混入高《注》者，幸有《太平御覽》諸書，係北宋初年輯本，可以依據也。洪亮吉記。

## 刻漢書音義序　丁已閏月

蕭博士《漢書音義》十二卷，見《隋、唐志》，小司馬、章懷太子咸徵引之。其書葢亡於唐末北宋初。宋景文所據即不全之冊，故於《楊雄傳》《叙傳》引用頗夥，而他卷僅見。然宋景文本世不可得，不全者亦未由見之。鏞堂讀官板《漢書》，用宋本，載《音義》，稱舊《注》，如服虔、應劭、劉德、鄭氏、李奇、鄧展、蘇林、張晏、如淳、孟康、韋昭、晋灼、臣瓚、郭璞等，多《集注》所無者；引經部，如劉昌宗《周禮音》，又《尚書音》《儀禮音》《禮記音》；引小學，如《三蒼》《埤蒼》《字詁》《聲類》《韻集》《字林》《通俗文》，諸詮賦音；引群籍，如劉向《别録》《風俗通》《氏姓》《謚法》《春秋説》《五行書》，司馬彪注《莊子》，宋衷注《太元》，何承天《纂要》。皆後世已亡者，誠罕購[1]之琦珍

① “購”，陳鴻森校曰：“‘購’字誤，當作‘觀’。”

也。惜闕逸不完，存者多與宋氏及三劉之説相混，有稱“蕭該曰”而實為他説者，有稱“宋祁曰”而實為《音義》者，又或羼入顔《注》中。兹精加别白，都由研審得之，不濫不漏，差堪自信，録為三卷，以存蕭氏梗概。其正文從汲古閣毛本，與蕭書互有異同，則各仍其舊，不敢據此改彼，致兩失其真，並録《後漢書注》，補其闕遺，綴《隋書本傳》等溯其原委。巫山知縣段若膺見之欣賞，助為勘正謬誤。

鏞堂以此書世無傳本，而漢、魏微言往往存什一於千百，必不可以殘闕廢，思亟付剞劂，傳之同好焉。

小顔注《漢書》，其音義精者，皆係舊《注》，而攘為己有。賴有《史記集解、正義》等在，可以搜其根底。肰不知者猶以為班氏功臣，真譫説也。洪亮吉

## 録華嚴經音義序　癸丑仲冬

《大方廣佛華嚴經音義》四卷，唐京兆静法寺沙門慧苑撰。近同里孫淵如編修①輯《倉頡篇》，興化任幼植主事輯《字林》，徵引《一切經》《華嚴經音義》，而二書始見知於世。《唐志》載元應《衆經音義》二十五卷，而慧苑書未著録。余見而嗜之，手自纂録。凡屬梵言，悉從省節。有涉儒義，並列簡編，仍存其卷第、篇目，俾後人可考也。或謂慧苑學識不及元應之精，其書亦遠遜。時余方寫定《韓詩》，試以此書所引《韓詩傳》論之，以明其可貴焉。

有云“墠，猶坦②”，因知作“東門之壇”者為《毛詩》，作“東門之墠”者為《韓詩》。今《詩》作“墠”，因定本而誤。定本作“墠”，因《韓詩》而改。而《釋文》《正義》《開成石經》固皆作“壇”也。又云“遭，遇也”，此既“遭我乎猺之間兮”《傳》，毛氏無之。又云“烔，謂燒草”，《傳》“火焰盛也”。按：《毛詩》“蕴隆蟲蟲”，《釋文》謂“《韓詩》‘蟲’作‘烔’”，正合。此皆《釋文》《正義》《後漢書注》

① “修”，《皇清經解》本作“脩”。

② “坦”，《皇清經解》本作“壇”。漢陽葉氏寫本下文亦作“壇”。

《文選注》諸書所未引者。“叔在藪”，《釋文》引《韓詩》“禽獸居之曰藪”為節引，此引“澤中可禽獸居之曰藪”為原文。

嘉定錢莘楣少詹輯《風俗通逸文》，而此引云“天子治居之城曰都，舊都曰邑”。又“春秋之末，鄭有賢人，著書一篇，號鄭長者。謂年長德艾，事長於人，以之為長者故也。”皆錢本所無，至錢本有之而文或節略，轉不如此引為完善者尚多。

餘若引劉子珪《周易義疏》、王子雍《尚書傳》、劉坦《儀禮注》、蔡伯喈《月令章句》、服子慎《左氏解誼》、賈[①]景伯《國語解詁》、鄭氏《孝經注》、劉成國《孟子注》，皆今日已亡之經部也。若張揖《埤蒼》、李登《聲類》、楊承慶《字統》、葛洪《字苑》、服虔《通俗文》、李彤《字指》、阮孝緒《文字集略》《漢書音義》，皆今日已亡之小學家也。每稱《珠叢》《韻圃》。按：《唐書藝文志》載諸葛穎《桂苑珠叢》一百卷，《桂苑珠叢略要》三十卷。《儒林傳上》：“煬帝令曹憲與諸儒譔《桂苑珠叢》規正文字。”而《韻圃》無考。

餘引漢魏古籍尚夥，亦可以見此書之足貴矣。此定當與《一切經音義》並傳，又何可為之較短絜長哉？昔此本出鈔胥手，未及學士勘對，故脱誤甚衆。余正其可知者，而闕其不可知者。未審何日得藏本細校，并付梓以公海内也。

## 刻華嚴經音義録[②]序　己未季秋

鏞堂寓吳門時，故友王西林為畢秋帆宮保掌守經典，從之索借唐以前遺書。西林以《華嚴經音義》四卷寫本見示。蓋宮保撫陝右時所得《釋藏》本也。讀之如獲一海外奇珍，旬日間盡纂録之。鈕君匪石與余同好。每纂一卷成，匪石隨取披讀，並勘正其誤謬，援引據證，羅列上下方。時即[③]欲刊布而未能。後宮保撫山左，招鏞堂課孫。學使阮芸臺少司農一見，首問此書。以手録本呈閱。司農曰：“善，當卽以此本付梓。”并出

① “《左氏解誼》，賈”，《皇清經解》本作“《左氏解》，賈誼”，漢陽葉氏寫本乙正之。

② “録”，漢陽葉氏寫本目録中該篇名中無此字。

③ “即”，《皇清經解》本作“卽”，下同。

《北藏》板二卷，屬為校讐。始知《西藏》本為後人竄改，遠不及《北藏》板[1]之真，竊幸素願可酬。而宫保頗好佛、老家言，謂當以完書開雕，並許為刻先高祖《經義雜記》。既而，仍督兩湖，死於軍事，皆不果。今來粵東，為司農校刊《經籍纂詁》，始自決意為之。稽元應，貞觀間人，而慧苑無考。此書引李善《文選注》、歐陽詢《藝文類聚》，則在元應之後，蓋生唐之中葉者也。其論字體，往往與今異趣，一則慧苑所據唐籍與時本不同，二則秦、漢隸書既行，晉、宋、六朝多俗體，均未可以今本《説文》繩尺之。玆悉以《北藏》為正，惟顯係傳寫之譌者，甫敢改正，餘並闕疑，以俟能者通之。

噫！自慧苑譔述以來，千有餘年矣，沈霾《釋藏》，世無知者。幸本朝文運天開，有好學深思之人，旁搜二典，徵引此書，此書始見知於世。倘及今不為之傳布，一旦亡逸，深可惘矣。鏞堂衣食不遑恤，而孜孜於此，不敢視為不急之務也。有與我同志者，亦無隱焉。[2]

## 録唐釋湛然輔行記序　乙丑孟春

庸來京師，主王庶子引之以《字林考逸》屬校，刪《馬部》“馴”“性”“行”“調”“順”五字。庶子曰：“此唐釋湛然書也。君昔録慧苑書矣，盍踵為之，以益藝林?”手持《釋藏》至，大半蟲蠹鼠耗，泥委沙積，參他本始可讀。君山普門子敘題：“永泰首元興唐八葉之四載。”考《唐書》，代宗廣德二年甲辰，明年正月改元永泰為乙巳。又明年，大麻元年為丙午，則“永泰首元”乃“八葉之三載”，稱“四”者，誤也。

江陰君山因春申君名普門子，隣邑沙門，故序其書。所引羣籍，六藝外，經部如《尚書大傳》《洪範五行傳》《大戴禮記》《春秋後語》、賈逵《國語注》、鄭氏《孝經注》、李巡《爾雅注》；小學如《倉頡》《説文》《方言》《廣雅》《埤蒼》《釋名》《字林》《字統》《通俗文》《玉篇》《字書》；史部如《史記》《漢書》、諸史《列傳》《帝王世紀》《孝傳》、

---

① “板”，臧庸刻《音義録》及《皇清經解》本均作“本”。

② 此《序》文亦見諸《華嚴經音義》卷末臧庸《後序》。文末署“時嘉慶四年九月一日，鏞堂後序於南海古藥洲。”《皇清經解》本文末亦署有“時嘉慶四年九月一日，鏞堂後序於南海古藥洲。”漢陽葉氏寫本脱。

簫廣濟《孝子傳》、郭璞注《山海經》；子部如《老》《莊》《列》《管》《孟》《淮南》《尸子》《牟子》《劉子》《白虎通》《風俗通》《説苑》《顔氏家訓》《博物誌》《異物志》《大公六韜》《神農經》《本草》《七曜圖》《六壬式》及諸所言陰陽五行、天文星宿、醫脈[①]骨節；集部如《御覽》《要覽》《文選》《楚辭》。靡不博綜而詳證之，蓋有後世儒生不能舉其篇名者矣。

其足互訂者，如引《孝經注》釋"食廩曰祿"，可補《釋文》"祿"字之闕。今本作"稟為者廩曰之異為下于僞反"[②]，乃淺人所加，影宋鈔空缺，是也。引《爾雅》"東北隅謂之宧"，麻杲云："養，養萬物也。"按：《釋文》稱李云："東北者，陽氣始起，育養萬物，故曰宧。宧，養也。"可證當作"李巡云：'宧，養也，養萬物也。'"引《春秋後語》："今日不雨，明日不雨，必見蚌脯。今日不出，明日不出，必見死[③]鷸。""雨""脯"為韻，"出""鷸"為韻，可證《燕策》"即有死[④]蚌"為失韻。二"即有"皆"必見"之誤也。引《説文》"月名恒娥，亦名常娥。月初、月末常如娥眉[⑤]。"今《説文》無，可訂俗作"姮嫦[⑥]"為"恒常"之訛，《毛詩》"蛾眉"為"娥[⑦]眉"之訛也。

孫觀察星衍輯《蒼頡篇》，惠徵君棟、章孝廉宗源輯《尸子》，錢少詹大昕輯《風俗通》，及庸輯《爾雅注》等，皆未見此書，故所徵逸文闕而未載。惟任侍御大椿《字林》采此書。然勘"性""行""調""順"，語近時俗，非晉人解字之文，且本作"調馴"，任改為"順"。湛然三引《字書》，辭多淺薄。此引《字林》，蓋《字書》之譌。湛然又曰："曳，牽也。亦作拽。《字林》云：'臥引也。'"按：《説文手部》曰："捈，臥引也。""抴，捈也。""拽"即[⑧]"抴"之變，"臥引"之訓正本《説文》。此確為《字林》，任反失采。又言經、史、子、集，曰集謂古今賢

① "脈"，《皇清經解》本作"衇"。
② 此句難解，待核正。
③ "死"，《皇清經解》本作"歺"。
④ "死"，《皇清經解》本作"歺"。
⑤ "眉"，《皇清經解》本作"睂"，下同。
⑥ "姮嫦"，《皇清經解》本作"姮娥"。
⑦ "娥"，《皇清經解》本作"蛾"，誤。
⑧ "即"，《皇清經解》本作"卽"，下同。

良所抄，如《御覽》之流。此目北齊修文殿書為趙宋太平間纂修之所本，或據《太平御覽》謂宋初古籍尚存，又疑此語為宋人竄入，皆誤也。

《敘》言："宗虛無者，名教之道廢。遺文字者，述作之義乖。"可見彼教尚然，奚況吾道？故唐以前名釋多閎博之流。湛公為庸同邑之先覺，余嘉其志，掇録兩卷，浹旬而成。去取之例，視諸《華嚴》。稱《輔行記》者，依原《敘》也。

一時好事傳鈔，有承德孫觀察馮翼、仁和陳孝廉善、桐城孫茂才起藩、及門鑲藍旗覺羅生桂菖并書之，以徵同志云。去夏録成，王庶子屬余撰《序》，倉猝未應。惜今以母憂去官，不及就質之。①

## 周易注疏校纂序　辛亥仲春

余師廬紹弓學士撰《周易注疏輯正》九卷、《略例》一卷，以校正《易疏》之譌。受讀下，因録其切要可據者，為《周易注疏校纂》三卷。家藏明神廟十四年本，後附《易釋文》及《周易略例》，每卷首署"皇明朝列大夫國子監祭酒臣李長春奉勑重刊"。欵式與毛氏本同，即毛氏所依據者。而譌字校毛為少，往往與兩宋本相合，可貴也。今所纂從錢孫保影鈔本為多，有真②載其異同而不書所據者，皆錢本也。斯事惟勤而耐性者乃能之。工始庚戌季冬，終於辛亥仲春，其間每為他事所阻，不覺三閲月矣。

## 尚書注疏校纂序　庚戌孟春

此書條例，一依《毛詩校纂》。工起己酉十二月二十五日，成於庚戌正月二十六日。《虞夏書》一卷，《商書》一卷，《周書》一卷。足利古本與宋、元同者皆善，餘多有妄改者。《偽孔傳》於詁訓皆定主一義，雖不能如鄭學之閎通，猶勝於俗儒不知詁訓者。乃《傳》解"厥"為

① 此段文字，《皇清經解》本未録。

② "真"，當爲"直"字之訛。

“其”，而古本便改《經》“厥”字為“其”；《傳》解“艱”為“難”，而古本便改《經》“艱”字為“難”；《傳》解“庸”為“用”，而古本便改《經》“庸”字為“用”；《傳》解“時”為“是”，而古本便改《經》“時”字為“是”。此後人私作之迹其顯然者，則古本之偽也。宋、元本皆即《考文》所載，誤者甚少。監本係家藏明神廟十五年本，每卷首有“李長春、盛訥等奉勑校刊，吳士元、黃錦等奉勑重修”名銜，往往與宋、元板相合，亦出汲古閣毛氏之上。今首列《考文》所載古本宋板式備考，而以明監板式附之。

## 毛詩注疏校纂序　己酉仲冬

余師學士盧紹弓，以《七經孟子考文》及《十三經注疏正字》參定《毛詩》，命鏞堂校録之。爰不揣固陋從事，偶有所得，亦附其中，以俟裁擇。一字之審，或至數日。兩月以來，寢食屢廢，葢深懼心力有未盡也。稿成，分《國風》一卷、《小雅》一卷、《大雅》《頌》合一卷，因記諸本之異同於簡端云。

校書以復原本為最，若過求其精，是一己之私意也，故此役從舊本為多。孔沖遠撰《正義》時所據有定本、俗本、集注本。今考俗本乃世俗通行，未經改竄，為最善，孔氏多所從之。定本為唐貞觀間奉勑校定之官本，私改甚多，孔所不從。而每稱定本為是，斥俗本為非，葢因奉勑刪定，不便議官本之失耳。後人鮮察，反以定本改之，大非孔氏意矣。兹細加推考，期復孔《疏》之舊。偶有定本誠是，俗本誠非者，亦不敢拘執以從俗本也。集注與定本略同，間涉《魯》《韓》義，陸氏《釋文》大致據之。但《釋文》作於陳、隋間，無定本之稱耳。足利古本得失參半，每多六朝相沿之俗字，而往往與陸、孔所見本合。又“者”“也”語助，舊本多省，誠有如顏介所譏者，而古本備有，或為俗人私益，今擇其不可缺者補之。宋板誠足寶貴，凡《正義》文有古拙，意難驟通者，近本輒改為平易。然細審之，則古拙者是而平易者非也。去其一二小誤，餘多從之。明北監本源流宋刻，往往與宋板印合，遠非琴川毛本之可及，惜多斷缺，不如毛本完善。毛本刻竣，又經修改，是非錯出，其迹可尋，今亦微為酌定焉。

《正字》每以他書所引改易本文，抑知古人所易[1]之書未必盡同今本，且引用之際，或未檢尋，時有增損，義苟可通，俱難於據彼以攻此乎。其説是者，亦頗采之。又《考文》《正字》二書皆近今所出，其善者，既盡取之矣。而所棄者，皆違理者也。恐將來之人有惑於斯，故摘其似是而非者訂之。凡經校正頗有依據，疑則闕之以待異日。餘或人所易知，及雖有小疵，無傷大體者，每從省略。所校録其全句是者，大書誤者，注於右；其所從之本，即注於左。古本從者特多，凡不注所本者皆是。宋板注一“宋”字，監本注一“監”字，浦書注一“浦”字，以相識别焉。

今注疏本《經傳》與《正義》不同，乃《唐石經》、宋雕板相傳以來别有此本。雖不如孔本之純正，然未可據孔本以改之也。南宋以來，始以十三部《經注》連合《義疏》，故名之曰《兼義》，又合稱之曰《注疏》，非古也。其所從之本各不同，必不可以改而合并之。前校此書多以《正義》改注疏本，理雖是而文則非也。覆定時當正之。辛亥孟秋自記。

## 書宋槧左傳不全本後　庚申仲秌

歸安嚴君久能，盧學士私淑弟子也，詒余[2]宋槧不全《左傳》三册。上册題《襄五》第十八闕二十二、二十三兩頁；中册題《昭三》第二十二闕三至八六頁，又闕十三一頁及二十一、二十二兩頁，《昭四》第二十三闕一頁；下册題《昭五》第二十四闕二十二、二十三、二十四三頁。每卷末有《經》若干字，《注》若干字。

近出《七經孟子考文》載《昭二十年注》“皆未死[3]而賜謚及墓田”，《傳》終而言之，足利本無“未”字、“而”字，與此適合。《襄二十七年傳》“棠無咎與東郭偃相崔氏”，毛本、葛本皆爾，此作“无”，與唐《開成石經》、宋高宗《御書石經》合。“无咎”本《周易》作“无是”

① “易”，疑當作“引”。

② “歸安嚴君久能，盧學士私淑弟子也，詒余”，《皇清經解》本脱。

③ “死”，《皇清經解》本作“歺”，下同。

也，下文“无咎”字皆作“五獨”，此作“無為”，錯出。《昭八年傳》“怨讟並作，莫保[①]其性”，此作“莫信其性”，與《漢書五行志上》引《左氏傳》正同。師古曰：“‘信’猶‘保’也。”玉林先生云：“今本作‘保’，是以詁訓代《經》也。一讀‘信’為‘伸’，非是。”《昭十二年注》：“杞世，所謂枸杞也，此作狗杞。”按《釋文》：“‘枸’本又作‘狗’。”《詩》“南山有杞”，《釋文》引《草木疏》云“一名狗骨”，是作“狗”，義通也。《昭十三年傳》朝吳曰：“二三子若能死亡，則如違之，以待所濟。”《注》云“言若能為靈王死亡，則可違蔡公之命，以待成敗，如何[②]”，此作“以待成敗所在”，與《傳》文“所”字正針對。今本作“如何”，或作“何如”，為未定之辭，非也。又《傳》“盟以底信”，《注》：“底，致也。”此“底”作“厎”，與《唐石經》及《爾雅釋言》合。《昭十四年傳》：“國人弗順，欲立著⿰丘[③]公之弟庚與[④]，蒲餘侯惡公子意恢，而善於庚與。”《注》：“庚與，莒共公。”此“與”皆作“輿”。按：《釋文》：“庚與音餘，本亦作輿。”考《唐石經》，此文闕，下文“我出君而納庚與”及“公子鐸逆庚與於齊”皆同，此作“庚輿”，知《唐石經》所闕者，亦必作“庚輿”也。《昭十六年注》：“取其洵美且都。”此“洵”作“詢”。按《太平御覽》卷三百八十引《詩》作“詢美且都”。《昭十七年注》“大皞，伏犧[⑤]氏”，俗本“犧”字皆从牛旁，此作“伏羲”。《昭十八年傳》“乃毀於而鄉[⑥]”，此《傳》《注》皆作“向”。按：《釋文》“而鄉本亦作‘向’”，《注》同。又《昭八年傳》“哀公有廢[⑦]疾”，《昭十四年傳》“偽廢疾”，此皆作“癈疾”，與《唐石

① “保”，石經此處缺。宋本、宋殘本“保”作“信”。阮校：“案《漢書五行志》引同，師古曰‘信猶保也’。一說‘信’讀為‘申’。”

② “如何”，據阮校，岳本、纂圖本、閩、監、毛本同。

③ “⿰丘”，《皇清經解》本同，本作“丘”，避孔子名諱而缺筆。

④ “與”，《皇清經解》本同。阮校：“宋本、宋殘本、淳熙本、纂圖本、閩本、監本、足利本‘與’作‘輿’，下及《注》同。石經此處殘缺，下文皆作‘輿’。北宋刻《釋文》同，云‘本亦作與’。此本作‘與’，乃《釋文》亦作之字。案《漢書古今人表》正作‘輿’，是也。”

⑤ “犧”，宋本、宋殘本作“羲”。阮校：“案賈公彥《周禮正義序》引《注》亦作‘羲’。”

⑥ “鄉”，據阮校，石經、宋本、宋殘本、小字宋本、淳熙本、纂圖本、足利本作“向”。《釋文》：“本亦作‘向’。”阮校：“案‘向’俗字；‘鄉’，古‘向’字。”

⑦ “廢”，《皇清經解》本作“癈”。

經》合。《説文疒部》："癈，固疾也。"① 與"廢興"字从广者不同，俗書多混然無别，嘗見宋槧板俱殊異也。又《襄二十八年》及《昭十九年注》"滎陽"，字从水。此皆从火，作"熒"，與古合。《昭二十年傳》"析朱鉏宵從竇出"，此"宵"作"霄"。岳氏《經傳沿革例》謂《注》"霄，從公，故當作宵。宵，夜也"，與《傳》上文合，今本於《注》作"霄"，誤也，亦不敢改是。岳氏所據本《傳》作"宵"，《注》作"霄"，與此異。嚴久能按："《張猛龍碑》'宵'作'霄'，葢字形小誤。宋板文體多本唐人碑刻，故作'霄'，而譌'霄'。"是也。

余既以近本細校，因歷舉宋板之善者著於篇。此吾師盧學士所謂宋本之可貴者，葢不止一端已也。

考核極細致，能如翻刻雪囱《尒疋》之例刻此不全本，則大妙。嚴元照

## 校影宋經典釋文書後　癸丑孟冬

癸丑十月九日，臨校畢。巫山知縣段若膺曰："寫本詳勘名銜在《毛詩》後，最是。葢此編係南宋本，故《尚書》《孝經》等音義竄改甚多，全非陸氏之舊。而《毛詩》或本之北宋，有乾德、開寶間勘官名銜，因仍之。如徐、盧二家刊本，移於卷終，似全書皆本之北宋矣。"余是其論斷之精，遂識以為校勘之跋。内《周官》《儀禮》最善，餘亦多佳者，不暇詳論云。段君校訂處，别以墨筆，帀月而卒業。

武進臧庸堂②。時寓金閶袁氏拜經閣。

此書舊藏吴縣朱文游家，學士盧召弓師曾借校，今刊行抱經堂本是也。近歸同邑周漪塘。金壇段若膺明府往假是編，委余細校，因復自臨一部。馮、葉二跋，舊鈔有之，更有陸稼書、盧學士題，未録。

---

① "癈"，今《説文疒部》："癈，固病也。從疒發聲。"

② "臧庸堂"，當作"臧鏞堂"。臧氏原名"鏞堂"，嘉慶九至十年間更名爲"庸"。漢陽葉氏寫本"鏞""庸"常混而不别，今明於此，下不一一出校。

盧學士所校，不無遺漏處，兹復詳為補勘。葢斯事固非一人一時之所能盡也。凡涉鏞堂考訂語，用墨筆識之。同日又記。（許瀚案：此《跋》載《釋文》後，本至“未録”而止，“盧學士所校”以下，盖編入《文集》時之所增也。）

## 書左氏音義之六校本後　癸丑季秋

此卷借明經元和顧安道所藏汲古閣宋板，細校，鈔本為葉林宗假絳雲樓本影寫。絳雲一炬，原本不可得，今通志堂徐氏從影寫本出，故得見影寫本，已為幸矣。毛子晉所藏當與錢氏本同。全書未知散失何所，僅存此卷，取以勘葉鈔。著其異者以黄筆識之，明乎紅筆之為毛、葉同也。既撰《跋》一首附宋槧板後，歸之顧氏，而識其略於此卷末。有戳記云“國子監崇文閣官書”八大字，兩行，為上排。又云“借讀者必須愛護，損壞闕失，典掌者不許收受”十八小字，分三行，為下排，印於紙背。葢宋時裝訂用蝴蝶式，故反正皆可披讀，不若今之穿眼線訂也。今摸録[①]其記，俾後人可想見宋監藏書之欵識云。

九月二十八日亥刻。鏞堂。

## 書毛本草木蟲魚疏後[②]　己丑閏月

《釋文序録》：“陸機[③]《毛詩草木鳥獸蟲魚疏》二卷。字元恪，吳郡人，吳太子中庶子、烏程令。”是元恪，三國時人，其《疏》“中谷有蓷”引魏博士濟陰周元明，係稱述同時人之言，故姓氏之外兼詳爵里。北魏賈思勰著《齊民要術》屢徵此書，而此本題“唐吳郡陸機撰”，誤也。元恪之名本從木旁，嘗見影宋鈔《釋文》及宋槧板《爾雅疏》皆作“陸機”，而陳振孫《書録解題》謂其名從玉，固非晉之士衡。然機之為名本取

① “摸録”，即“摹録”。

② 該篇在漢陽葉氏寫本目録中題爲“書毛本艸木蟲魚疏後”。

③ “陸機”，《經典釋文彙校》卷一《序録》作“陸璣”，校曰：“葉鈔‘璣’作‘機’，《隋志》同。《崇文總目》云：世或以‘璣’爲‘機’，非也。機本不治《詩》，今應以璣爲正。”

《尚書》"旋機"之義，玉傍俗作古今人名，同者甚夥，不當以晉之陸機為嫌，致相殊異也。陳氏又謂其書引郭璞注《爾雅》，則當在郭之後，未必為吳時人。

鏞堂嘗别纂陸氏之書，試稽元恪所引《京房易傳》一，《京房占》一，《韓詩》及《三蒼説》一，《大戴禮夏小正傳》一，《禮王度記》一，《月令》二，《郊特牲》一，《内則》一。又《禮記》二，《禮》一，《春秋傳》二，《外傳》一，《爾雅》十，《三蒼》二，《淮南子》一，《楚辭》一，司馬相如賦二，揚雄、張衡賦各一，賈誼所[①]賦一。其引兩漢儒，毛公、鄭氏外，揚雄、許慎一，又揚雄二，許慎十一，蔡邕二，張奂一。引説《爾雅》者，犍為文學舍人二，樊光二，劉歆一，而無郭璞。又引説者二，舊説三，或云二，里語六，鄉語一，俗語二，語云一，齊人諺一，林慮山下人語一，上黨人口[②]一。

考其所引羣言，皆在兩漢以前、吳魏之際，則元恪之為吳人又何疑乎？蓋漢、魏者古籍，唐季盡亾，陳氏所見亦非原書，即同今本之出，後人綴輯者而誤采郭璞之言，故疑之耳。又陸氏既本《毛詩》作《疏》，則此書之次當依毛氏之《經》。今乃"草""木""蟲""魚"各自為類，而第一章"參差荇菜"又落在"方秉簡[③]兮"之後，則益無條理，明出後之所好古者所雜録矣。善讀者節取之而不全據之，可也。

余師學士廬紹弓以此本賜讀，為書其後如此。

## 列女傳補注序　辛未孟秋

歲庚午，庸再遊學京師，一時師友之盛。日以經史古義相研究，樂此不疲，兀坐成疾，不以為困也。時有父子著述，一家兩先生者，王石渠觀察暨令嗣曼卿學士也；有夫婦著述，一家兩先生者，郝蘭皋户部暨德配王婉佺安人也。庸寓吳鑑菴通政家，距石渠先生之居僅數廛，因得朝夕請益。慕安人之學之名特至，嘗以《孝節録》從户部乞言于安人。撰《讀

---

① "所"，疑衍。

② "口"，疑當作"語"。

③ "簡"，當作"蕑"。注疏本作"蕑"。《釋文》曰："蕑，古顏反，字從艸。……若從竹下是簡策之字耳。"

孝節録》一首以應。性情真摯，文辭高曠，得六朝文法，書法亦遒勁，唐人歐、褚遺範也。

既而，户部以安人所著《列女傳補注》八卷、《敘録》一卷，屬庸校定，并索《序言》。時庸久病，束裝南歸有日矣。凡京師名卿大夫與庸交好者，無不詔庸以讀書為戒，謂當心如槁木死灰，以資静養。雖庸亦以為然，然感户部相待之雅，安人諈諉之意，又不能辭也。力疾開卷，一再勘之。詮釋名理，詞簡義洽；校正文字，精確不磨；貫串《經》《傳》，尤多心得。不覺肅然起敬，以為當代女師，一人而已矣。

是書先有曹大姑、綦母邃、虞貞節三家《注》，《補注》以曹為主而兼采綦母、貞節之義，故名。其注《有虞二妃頌》"元始二妃"曰："元，大也。始，初也。夫婦為人之大始。劉氏又於此託始也。"注《姜嫄傳》"姜嫄之性，清静專一"曰："荀子云：'好稼者衆矣。'而后稷獨傳者壹也，是后稷之性專壹，亦母教使[1]然。"注《簡狄傳》"簡狄性好人事之治"曰："人事謂五教之属，契明人倫本之母教。"注《衛寡[2]夫人傳》"遂入，持三年之喪"曰："遂入，非禮也，喪又不應三年也。"《曾子問》："取女有吉日，而女死，壻齊衰而弔。既葬，除之。夫死亦如之。"鄭《注》："未有期三年之恩也。"齊女情過乎禮，未為中道。斯並微言善解《禮》義。

劉氏世傳《魯詩》，《漢志》言三家，《魯》最為近之，故熹平立石亦本《魯》學。鄭康成箋《毛》用《魯》義尤多。《范史》特言："從張恭祖受《韓詩》者，疏漏之談耳。"《補注》考之《經》《傳》，核之《毛》《韓》，其文之不同、義之有異者，每定為《魯詩》。斯亦近儒所罕聞，經生之絶業也。如《湯妃有㜪傳》曰："《詩》云：'窈窕淑女，君子好逑。'言賢女能為君子和好衆妾。"《補注》曰："此[3]《魯詩》説也，與毛氏異義，為鄭《箋》之所本，而淺者未考，遂議鄭《箋》為改《毛》矣。"《衛姑定姜傳》曰："《詩》云：'先君之思，以畜寡人。'君子謂定姜為慈姑。"《補注》曰："畜，孝也。言婦能孝於姑。此《魯詩》説。《毛詩》'畜'作'勖'，義異。"按：鄭注《禮記坊記》以"畜"

① "使"，《補注》下有"之"字。

② "寡"，當作"宣"。

③ "此"，《補注》下有"蓋"字。

為“孝”。《釋文》云：是《魯詩》，《鄭志》以為盧子幹，義同。《晉弓工妻傳》曰：“君聞昔者公劉之行乎？牛羊踐葭葦，惻然為民痛之，恩及草木。”《補注》曰：“此[1]以為公劉事，蓋《魯詩》說。”按：《後漢冦榮傳》曰：“公劉敦行葦，世稱其仁。”《潛夫論德化篇》引《行葦》及《旱麓詩》云：“公劉厚德，恩及草木。羊牛六畜[2]。”《文選班叔皮北征賦》曰：“慕公劉之遺德，及行葦之不傷。”皆本《魯詩》說也。《陳國辯女傳》：“乃為之歌曰：‘墓門有梅，有鴞萃止。’”《補注》曰：“‘梅’當作‘棘’。《楚辭注》云：解居父聘吳，過陳之墓門，見婦人，欲與之淫泆，婦人引《詩》刺之曰：‘墓門有棘，有鴞萃止。’”蓋皆《魯》說也。庸著《拜經日記》，考王叔師《楚辭章句》徵《詩》與《毛》《韓》不同，定為《魯》義，與《補注》正合。其他人所習知，及文字小異者，不具著，亦足證立説之精矣。

竊以三代治亂之原多本女德，士大夫興衰之兆亦由婦人。考之於古，驗之於今，昭然若黑白之分兮。中壘斯《傳》為垂世立教之大經，士人既多所不習，女子又鮮能通此，古道之不興，蓋由是矣。幸得如安人者，為之疏通疑義，詮補舊説，而大旨瞭然。宜家置一編，為人倫之始，王化之端，海內之治，將駸駸日上。庸，經生也，不敢為大言，姑摭微文末義、平日所誦習者，應安人之屬，并以質之户部云爾。

嘉慶十六年秋七月戊子日，武進臧庸序。

## 書劉端臨先生遺書目録後[3] 戊辰季夏

庸于己酉、庚戌間，從故翰林學士盧召弓遊，始知端臨先生。時學士校《禮經》，嘗就正焉。先生亦於友朋間見庸説《經》之文，相與讀而善之。初見於江寧，後往來鎮江，靡不摳衣請益。試質以心得，則為之擊節嘆賞。或有不合，必反覆引喻，明其義而後已。且恤其窮途，賙其困境，飲食教誨，十七年如一日也。甲寅秋，庸將往武昌，先生曰：“畢制府已

① “此”，《補注》下有“引”字。

② “羊牛六畜”，後脱“且猶感德”四字。

③ 此文亦見諸《劉端臨先生遺書》，《寶應劉氏集》，文末有“時嘉慶十三年，歲次戊辰六月朔，後學武進臧庸書於浙江督學使院之補竹軒。”

巡撫山東矣，子行，或先後不相值。詹事府學使阮公，吾鄉人且學友也，子其謁之。”庸之辱知於雲臺先生，自先生之書介紹始。甲子三月，庸應順天鄉試，舟過寶應。先生居繼母鍾太安人憂，謂曰：“糧舩催趲，上流諸截，至濟寧，舟益難行，貽書河道王懷祖先生，為子謀車馬，甫可達。”因餽以贐，偕弟建臨虞部步送河干，距先生家五里許，意若甚惜此行者，再拜而後分袂。孰知此行竟成永訣乎！乙丑冬，都[1]中得段若膺先生書，驚聞先生忽下世，哭之哀。葢庸先一日猶寓書先生，以亡弟和貴之孝行、學業乞言於先生也。庸纂輯漢儒《經注》若干種，先生尤善《鄭氏論語》，謂“精覈過宋王伯厚”[2]，許為撰《序》，久而未成。先生告庸，欲作《儀禮補疏》。今《遺書》中言《儀礼》者不盈卷，必未成之書。虞部言，當先生時已燬於火。豈無別本？抑又中失耶？今雲臺先生續得先生《經傳小記》《文集》，編定《遺書》，凡八卷[3]，屬庸校字。庸自都中歸已三年，客夏又喪母，雖受知於先生最深，且久有不能已於一言者，而亦未暇成，負疚孰甚焉！虞部言，先生事繼母至孝。嘗客他所，忽心痛，驟歸，而母病危甚，迺悉心奉湯藥，病旋愈。其誠感無間所生如是。今讀《文集》中《蓼野先生行狀》，知先生之德盛禮恭，夫固稟受於所生也。嗚呼，至矣！因綴敘獲益之由於目録後。

## 跋經義雜記敘録後　己未孟冬

維我高祖玉林公，著書未刊，四傳至先考，不絕如縷。先考鐍藏遺稿甚固，教不孝等讀書，粗有知識，始啟篋校録，欲擇其要者付梓。由是，當世學者甫知有玉林先生其人。阮司農為著先考《傳》[4]，論先考能守先緒、啟後學。恭録此《傳》以見我高祖之書之得傳也。

今《經義雜記》三十卷汗青斯竟，而不能起先考於九原，一覩之而

---

① “都”，《劉端臨先生遺書》載此文作“郡”，非是。乙丑冬，臧庸在京，“都”字是。

② “宋王伯厚”，《劉端臨先生遺書》，《寶應劉氏集》中作“王尚書伯厚”。

③ “凡八卷”，《劉端臨先生遺書》，《寶應劉氏集》作“凡四卷”，見《販書偶記》卷十六。

④ “為著先考《傳》”，《經義雜記》卷末此文作“為先考著《傳》”。

色喜①也，痛何如矣！②

## 經籍籑詁後序③ 戊午季秋

少宗伯儀徵阮公視學浙江，以經術倡迪士子。思治經必先通詁訓，庶免鑿空逃虚之病，而倚古以來，未有彙輯成書者，因遴拔經生若干人，分籍籑訓，依韻歸字，授之《凡例》，示以《指南》。期年分纂成，更選其尤者十人，每二人彙編一聲。知鏞堂留心經詁，精力差勝，嘉慶三年春，移書來常州，屬以總編之役。鏞堂不辭譾陋，謹遵宗伯原例，申明而整齊之，以告諸君子。復延舍弟禮堂相佐，請諸宗伯，檄仁和廩生宋咸熙，來司收掌對讀。乃鍵户謝人事，暑夜汗流蚊積，猶校閲不置。書吏十數輩執筆候寫，雖極繁劇匆猝，不敢以草率了事。與同籑諸君往復辨難。國子監生嚴杰、仁和附生趙坦，頗不以鏞堂為悠謬。其所編書，亦精審不苟，皆學行交篤士也。自孟夏始，至仲秋告竣，凡五閲月，共成書一百一十六卷④。所謂⑤經典之統宗，詁訓之淵藪，取之不竭，用之無窮者矣。

蓋非宗伯精心卓識、雄才大力，不足以興刱造之功，而非諸君子分籑之勤，亦不能彙其成也。卷袟繁重，限於時日，未盡覆檢原書。而《易》《書》《詩》《三禮》《蒼頡》《字林》《釋文》《楚辭》等籑稿，每科為之審正經子，有失載正文，并補録之。校閲之下，更隨筆改訂，刪繁鉤要，分并歸合，而條次其先後，俾秩然有章。論其大端，實足為有功經學之書。倘不知者指其小舛，支支節節而議之，是欲擿泰山之片石，問河海於

---

① “色喜”，《經義雜記》卷末此文作“生喜色”。

② 此《序》文亦見諸《經義雜記》卷末臧庸《跋》。文末署曰：“嘉慶四年，歲次己未，冬十月朔，孤子鏞堂泣識於《傳》後。時在南海古藥洲。”

③ 此《後序》亦見載於阮氏瑯嬛仙館刻本之《經籍籑詁》卷首，中華書局 1982 年據以影印。

④ “一百一十六卷”，錢大昕《經籍籑詁序》作“一百十六卷”，王引之《經籍籑詁序》作“一百一十六卷”，見《經籍籑詁》卷首，中華書局 1982 年版。而中華書局 1982 年據阮氏瑯嬛仙館原刻本影印之《經籍籑詁》,，與上海古籍出版社 1989 年版皆實有一百六卷。原書《凡例》亦稱“卷次謹遵《佩文韻府》，一韻爲一卷”，當作“一百六卷”，未審臧、錢、王三人《序》中何以皆稱“一百十六卷”。

⑤ “所謂”，《經籍籑詁》（中華書局 1982 年）卷首此《後序》作“可謂”，當從。

斷潢矣。又烏足與語學問之事哉？書既成，宗伯將授之剞劂，以嘉惠來學。鏞堂因識其顛末，以告海内治經之士。

時嘉慶戊午秋九月三日，武進臧鏞堂識於浙學使院之譔詁齋。

## 纂十三經集解凡例 庚午季夏代

一《集解》以現行頒立國學本為據。如《易》用王弼、韓伯①，《書》用孔《傳》，《詩》用毛、鄭，《三禮》用康成，《春秋左傳》用杜氏，《公羊》用何休，《穀梁》用范甯，《孝經》用唐明皇《注》，《論語》用何晏，《爾雅》用郭璞，《孟子》用趙岐。所以謹遵功②功令，俾《經》《注》完善，無抱殘守闕之虞，且必具列本義而後附録古《注》，甫可考其同異，訂其是非，否則仍無異乎專守一家之學矣。

一《集解》以别行舊本為據。如陸氏《經典釋文》，吕氏《古易音訓》，李鼎祚《集解》，史徵《口訣義》，皇侃《論語義疏》，趙岐《孟子章指》，孫奭《孟子音義》，既為漢、唐舊籍，故搜輯古義，咸依采焉。

一《集解》參考新舊輯本。古《經》亡逸，嗜學之士甄采羣籍，會稡成編，為今《集解》之嚆矢。如宋王伯厚之《鄭氏周易》《詩考》，國朝余布衣蕭客之《古經解鉤沈》，孔常博廣林之《鄭學》，孫觀察星衍之《周易集解》，王光禄鳴盛之《尚書後案》，臧文學庸之《毛詩馬王微》《韓詩遺説》《陸機草木蟲魚疏》《周禮賈馬注》《儀禮喪服馬王注》《禮記盧氏解詁》《王肅注》《蔡氏月令章句》《孝經鄭注》《論語鄭注》《爾雅漢注》，嚴上舍蔚之《春秋内傳古注輯存》，宋孝廉翔鳳之《孟子劉熙注》，皆玉海珠船也。兹珍祕單詞隻意，口口口研求，會其大成以解焉。

一《儀禮》《公》《穀》素號孤《經》，先儒《傳》《箋》復尠遺典。何氏有《公羊》，墨守《左氏》膏肓、《穀梁》廢疾；鄭君則起膏肓、發墨守、箴廢疾。雖體製稍殊，咸為漢學，兹並采焉。賈公彦《儀禮疏序》述舊二家：一齊之黄慶，一隋之李孟悊。既皆六朝之儒，今徵以補其闕。

① “韓伯”，即韓康伯。古人於表德兩字或不全舉，如稱酈道元爲“酈元”，酈食其爲“酈其”。臧庸蓋用此例。

② “功”，誤重，當删。

故此《解》以隋為斷，不録唐人之言。

一 許叔重《五經異義》羅列古今家説，鄭君稱名以駁正之。《説文解字》於本義之下兼引羣《經》為證。近臧處士禮堂著《説文經考》十三卷，上列本《經》，下列《説文》，翁鴻臚方綱稱為自來作《説文經考》者所未有，今據此采入。《鄭志》為鄭君孫小同所撰。近人分《經》彙纂，既是許、鄭《經解》，今並集之。

一《集解》兼用子、史舊《注》。如《史記》《漢書》徵引《詩》《易》，服虔、應劭義異本《經》，《吕覽》《淮南》並有《月令》，高誘、許慎説殊。《禮注》既皆漢儒，誼當兩引。

一 離經斷句既以現行本為據。乃有輔嗣安國所未解，而馬、鄭、荀、虞言之頗悉；景純、元凱所不了，而李、樊、賈、服釋之更精。况兼上下異屬、句讀不同，則參用儒先，附麗《經》下。其有本《注》已具者，仍次於本《注》之後。

一《易》《書》二《經》，《釋文》《正義》往往舉季長、康成説之不同者而并言之，曰"馬、鄭云云"。《詩正義》"言采其莫"曰："王肅、孫毓皆以為大夫'采菜'。"《周禮考工記》"棗臬十有二列"，《疏》曰："賈、馬以此十二列比《聘禮》'醯醢夾碑百罋，十為列'。"又"以胷鳴者"，《釋文》曰："賈馬作'胃'。"既已義同，無煩分列。今悉如本書，兼舉不失舊觀。若或彼此不同，繁簡有異，仍兩列之，庶無混并之嫌。

一《韓詩外傳》《春秋繁露》《石渠禮論》及杜氏《通典》所載晉、宋、六朝議《禮》之文，分《經》附録《集解》之後。班氏《白虎通》存兩漢經師古今之異説，與《石渠禮論》《五經異意》同軌，亦分《經》采入。

一《集解》《經》文頂格，本《注》雙行小字即附《經》下，本《注》之後次以《釋文》大書，夾《注》一如原式，次以《正義》單行小字，又次以他經《釋文》《正義》，又次以諸史《注》，又次以諸子、類書，又次以《文選注》，皆提行低一格，大字。所注篇名、卷數仍用小字。

## 四庫全書通俗文字跋　己未季秋

文字之行，要在不悖乎古而通於今，俗人"已""巳"莫别，"段"

“叚”不分，無論矣。泥古者往往墨守《説文》，以篆書、隸體為漢、魏、唐、宋以來絕無之作，寓目驚人，通經學古者不免焉。如“神衹”字，偏旁作“示”，“縠良”字所以从作“皀”，此惟《説文》篆體為然，若論隸書，則自蔡中郎《石經》已改“示”為“示”，改“皀”為“艮”。試考魏、晉以後碑帖、《五經文字》《開成石經》及《王①篇》《廣韻》宋槧諸本，無不盡然，可證泥古者之無本矣。

某嘗有志褒②輯以正俗書而通泥古之失，懼無所稟程，蹈於不知而作之愆，未敢也。兹於友人所得《四庫全書辨正通俗文字》一冊，校勘細致，為武英殿原本。恭譯斯編，凡鄙俚太甚，沿襲多譌者，辨疑正失極為精確，既足以訂世俗之謬，而筆畫簡當，無繁重穿鑿之病，而悉遵夫漢、唐遺蹟，又足以通泥古之過。如“禪”“祫”“禕”“祼”等皆从“示”，不作“示”，“鄉”“卿”“既”“即”等皆从“艮”不作“皀”。舉一可以例餘，簡括得其體要，洵足為同文之圭臬、正字之模範矣。年來此書流傳漸少，熟見者或未之貴，因悉仍原本，敬為重刊。庶家置一編，俾童蒙習之，耄而知守，成人有德者亦不能越是焉。

時嘉慶四年秋九月。

---

① “王”，當作“玉”。

② “褒”，當作“裒”。

# 拜經堂文集弟三

## 上王德甫少司冦書　甲寅仲夏

去秋摳謁，蒙奨借過實，飲食教誨，載德彌深。臘月，承手書薦達。今春到楚，制府欵居署齋，欲玉成其學，有真讀書人之目，意甚厚也。閣下予告歸里，實出異數。汲古若渴之懷，至是大慰。平生譔述，禮堂刋定，此其時矣。士類聞之，莫不欣喜。

前蒙面教，《周禮》封建與《孟子》不合，《王制》與《孟子》合。鄭康成以《王制》為殷法者，葢《周禮》為成王、周公致太平之書，其作最後。伊時四夷向化，海宇遼濶，故侯國之制特廣；而武王初得天下，草創未定，襲用殷制。後至戰國，七雄吞併，地皆千里以上，又大踰成王、周公之制矣。諸侯惡其妨已不得自肆，因滅去舊典，而周初襲用之殷制反存。故《孟子》舉以荅北宫錡之問，與《王制》差合也。此説能參考《周官》《王制》《孟子》、鄭氏，而融會貫通之，精心卓識，遠非章句小儒所能及，不勝欽佩。

近讀《戴東原集鄭學齋記》，知海内尊崇古學，尤推尊鄭氏者，有閣下為之倡。鏞堂夙夕服膺最深。舊作《鄭公神坐記》一首，别録呈正。自愧筆弱，不及東原，倘因同好而削政之，幸甚。

## 上王鳳喈光禄書　壬子仲冬

鏞堂聞海内有博學、通經大儒三人：一餘姚盧學士，一嘉定錢少詹，其一為閣下。企仰數年，未得趨謁。戊申，學士來常，主龍城書院講席，遂得執經受業，且因此得識少詹。獨於閣下未獲見，而願見之心倍切。何也？蓋自束髮受書以來，亦沉溺於俗學而無以自振。讀《尚書後案》，初駭其博辨，心怦怦然有動，後反復推考，始識其精確，心焉愛之。知研究經學必以漢儒為宗，漢儒之中，尤必折中於鄭氏。試操此以參考諸家之言，遇鄭氏與諸家異者，畢竟鄭氏勝之。八年以來，微有所知，以殊異于俗學者，皆閣下教也。其敢忘所自哉？閣下尚有目疾，而近日重明。此天開文運，俾完名山之業，以紹鄭氏之統緒也。學者聞之，曷勝欣幸！尊作《後案》極精，惟《虞書正義》所述夏侯等書，與鄭氏異者四事，皆倒置之。此千慮之一失。鏞堂嘗撰《虞書正義釋》一篇，以補閣下所未逮，事事皆有確證。金壇段若膺明府見而嘆賞，謂與彼見印合。惜頃為友人所取去，異日當呈正也。

## 與江叔雲[①]處士書　壬子仲冬

尊著《尚書集注音疏》已成。末學不堅深，無以成家，貪多務博，浮泛不專，此學人之通病。如先生篤信好古，墨守漢儒家法者，蓋僅見也。鏞堂亦好漢人《傳》《注》，搜輯遺亡，計得十種。昔與友人書云："為學之道有二端：一曰勤，二曰細心。"此一得之愚，未審有當否。

偶讀尊著，于《堯典》"克明俊德"下引蔡氏《辨名記》，此沿襲舊文之誤也。按：《月令正義》云："蔡氏《辨名記》曰：'十人曰選，倍選曰俊，萬人曰傑。'"《辨名記》者，《大戴禮記辨名篇》也，今本闕，《詩汾沮洳》《禮記禮運》《春秋宣十五年正義》皆引之。《白虎通聖人篇》作《别名記》，"辨""别"義同，古每通用。"蔡氏"者，蔡伯喈《月令章句》也。蓋蔡氏説《月令》引《辨名記》以證之，"蔡氏"下當脱一"引"字，未可以《辨名記》屬之蔡氏矣。朱錫鬯《經義考》亦承《疏》文之誤。

---

① "雲"，當作"澐"。江聲字叔澐，見孫星衍《平津館文稿》卷下《江聲傳》、江藩《漢學師承記》卷二《本傳》。

## 荅翁覃溪先生毛詩下武解　辛未孟春

昨承下詢："《詩》'下武'主何解?"按:《經》曰:"下武維周，世有哲王。"毛《傳》:"武，繼也。"《箋》云:"下，猶後也。後人能繼先祖者，惟[①]周家最大，世世[②]有明知之王，謂太王、王季、文王也。"故下文"三后在天"，毛《傳》曰:"三后，太王、王季、文王也。"《爾雅釋詁》:"繼，武也。"[③] 郭《注》:"《詩》曰:'下武維周。'"毛《傳》用《爾雅》，而鄭《箋》從之，景純又從毛、鄭也。且《序》云:"下武，繼文也。"是以"武"為"繼"又本之《小序》。又[④]云:"武王有盛[⑤]德，復受天命，能昭先人之功焉。"此通解"下武"二字之義，"先"字即針對"下"字。《箋》云"下，猶後也"，亦本之《序》說。上者為先，故下為後。五章曰:"繩其祖武。"毛《傳》:"繩，戒。武，迹也。"《箋》云:"戒慎其祖考所履踐之迹，美其終成之。"按:《生民》:"履帝武敏歆。"毛《傳》曰:"武，迹也。"《爾雅釋訓》:"履帝武敏。武，迹也。"毛《傳》本此，與《釋詁》"繼也"一解義通，"繼"，美先人猶行者之足迹相續也。是"下武"之為"後繼"，於本《經》及《生民篇》具有明文，《爾雅釋詁、釋訓》兩存其義，《小序》開毛、鄭之先，郭《注》步《傳》《箋》之後，詁訓確鑿，安敢捨此横生别解?且《序》云"武王有聖德"，《經》云"三后在天"，明是言武玉[⑥]續太王、王季、文王之緒。不知以"下武"為言"文武"起自何人，至以"下武"為當作"大武"，實属非辭。庸幼師抱經學士，於《經》旨未敢穿鑿傅會。竊本舊説請正，未識然否?貴通家辛君既精熟諸《經》，愛拙刻《蔡令》，可即以此册為贈，再奉上一册撿入。

庸頓首。

---

① "惟"，注疏本作"維有"。

② "世世"，注疏本下有"益"字。

③ 《爾雅釋詁》:"紹、胤、嗣、續、纂、緌、績、武、係，繼也。"

④ "又"，《皇清經解》本"又"上有"序"字，當據補。

⑤ "盛"，《皇清經解》本作"聖"。漢陽葉氏寫本下文復引此亦作"聖"。

⑥ "玉"，《皇清經解》本作"王"。作"王"，是。

翁鴻臚荅書附

承示尊著《下武解》，此沿於舊説也。舊説誤讀《序》“繼文也”之義。（此與《文王有聲序》“繼，伐也”相對為文。）《序》“繼文也”，周之有天下，其實上文而不上武，此方是“繼文也”之義。嚴氏《詩緝》、戴氏《績[1]讀詩記》皆言“世脩文德，以武為下”，此定説也。王融《三月三日曲水詩序》：“體膺上聖，運鍾下武。”此在爾時，豈可云“武迹”乎？庾信《華林園馬射賦》：“以上聖之姿，膺下武之運。”此豈可云“武迹”？《魏書肅宗紀》亦以“文思”對“下武”。至北宋真宗《封泰山文》云：“尊賢尚德，下武緩刑。”此即“偃武”，義尤明白，斷無“武”字訓“迹”之理。後人作“文武”固不可，豈舊説必可乎？毛、鄭有必不應從者，此須平心酌之。段君《漢讀考》過泥鄭説太多，愚亦有數行説之。

庸按：李善注《文選王元長曲水詩序》“皇帝體膺上聖，運鍾下武”，引蕭子顯《齊書紀》曰：“世祖武皇帝，諱賾，字宣遠，以太子即位。”《毛詩序》曰：“下武，嗣文也。”然則王《序》所云“下武”者，正本毛、鄭之義，言世祖繼迹高祖，不謂以“武”為“下”也。李善解是。

## 上侍讀學士盧召弓言齊論書　己酉仲春

《漢志》：“《古論語》二十一篇，《齊》二十二篇，《魯》二十篇。”一《論語》也，有《古》《齊》《論[2]》之不同，何也？《漢志》謂《古論語》出孔子壁中。《釋文序録》引鄭康成云：“其始書之也，倉卒無其字，或以音類比方假借為之，趣于近之而已。受之非一邦之人，人用其鄉同言異字、同字異言，于兹遂生矣。”此《古》《齊》《魯》所以不同也。（《論語音義》曰：“鄭校周之本，以《齊》《古》讀正，凡五十事。”觀《釋文》所載，如“傳不習乎”，《魯》讀“傳”為“專”；“可使治其賦也”，《魯論》作

---

① “績”，漢陽葉氏寫本原作“續”，改作“績”，非是。“續”字不誤，此指宋戴溪《續吕氏讀詩記》。

② “論”，據上下文意，“論”當為“魯”之誤。

“傅”；“崔子弑其君”，《魯》讀“崔”為“高”；“誨人不倦”，《魯》讀為“悔”字；“五十以學易”，《魯》讀“易”為“亦”。是三家雖有異同，不過一二字之殊，餘俱假借、通用、同音之文，非大相懸絶、各自一書也。）一《論語》也，有二十篇、二十一篇、二十二篇之不同，何也？《漢志注》引如淳曰：“分《堯曰篇》‘子張問，如何可以從政？’已下為篇名，曰《從政》。”梁皇侃《義疏敘》云：“《古論》以《鄉黨》為第二、《雍也》為第三。”然則《古論》之異於《魯》，特以篇次分析及先後不同耳，非于章句之文有異也。《漢志》謂：“《齊論》多《問王》《知道》。”按：古文“玉”作“王”。《説文》引《逸論語》曰：“玉粲之瑳兮，其瑮猛也。”又曰：“如玉之瑩。”又引孔子曰：“美哉璵璠[①]。遠而望之，奂若也；近而視之，瑟若也。一則理勝，一則孚勝。”蓋即《問玉篇》文。則《齊論》於二十篇外增多二篇，其二十篇之文必與《古》《魯》同。故雖有二十、二十一、二十二之不同，而究無異也。

自朱子《集注》于《季氏篇》采洪氏説，謂此篇或以為《齊論》，於是後人疑《齊》《魯》逈然不同，若各為一書。而《大全》載吳氏説云，疑為《齊論》，以皆稱“孔子曰”，且“三友”“三樂”“九思”等條，例與上下篇不同，然亦無他佐證。此論足破洪之臆説矣。《鐘[②]山札記》載顧氏憲成、袁氏枚之言，以《憲問篇》子路、子貢問管仲事為出《齊論》，大致本於洪也。《論語讖》稱子夏六十四人共撰仲尼微言，理實可信。是《論語》為七十子各記所聞，集以成書。其間質有高下，學有淺深，故傳師言，語氣有不同。然俱受業門牆，親聆聖訓，當不至失孔子本意。荀卿、吳起之儕未足以語此也。至管仲之仁、不仁，自當以孔子之言為定。尊周室、攘夷狄、一匡天下之功，誠未易卑視。嘗聞鄭清如師云：春秋時，惟子產、管仲足相匹，然子產之才不及管仲。使春秋無管仲，則如孔子所言“微管仲”云云者，事未可知。聖人之稱人，豈有過其實者哉？器小之説，所以深惜之。匹夫、匹婦不必定指召忽也。程正叔稱孔明有王佐材，而孔明每自比管仲、樂毅，則管仲固有不可及者。知管仲者，孔子，下諸葛君，是已。孟子尊王賤霸，故每易管仲。此即孔子器小之説，又當別論，不與荅子路、子貢之問同。閒嘗讀管子書，竊嘆管氏

---

① “美哉璵璠”，《説文》引作“美哉璠與”。

② “鐘”，當作“鍾”。

之學，求之三代，未可多得。學者於六藝外，可取信者莫過《論語》，似未可輕議之也。

## 上侍讀學士盧召弓書 庚戌孟夏

讀尊刋《風俗通》，得質數十則。後授顧明閱者，鏞堂亦細讀一過。今皆在顧所，不日即奉繳也。鏞堂于此書用工①不深，平日間有考訂處，如《祀典篇》“魯郊祀常以丹雞祝”一條，當據《說文》正之，與嘉定錢少詹所校合。餘如《聲音篇》：“《詩》曰‘鶴鳴九皋’。”凡漢、唐人引《詩》皆無“于”字，此正同。今《詩》有者，係衍文。《禮樂記》：“管，漆竹長一尺，六孔。”《漢書律歷②志注》孟康引此作《禮樂器記》，《正義》載《樂記》二十三篇，目有《樂器》，即此，《白虎通》亦引之。《籟》：“三孔籥也。大者謂之產，其中謂之仲，小者謂之箹。”按：《說文竹部》云：“籟，三孔籥也。大者謂之笙，其中謂之籟，小者謂之箹。”“產”字當從《說文》作“笙”，因形近譌。李善注《文選潘安仁笙賦》引《爾雅》亦作“大籥謂之笙”。據《說文》“仲”當作“籟”，上目題“籟”字，而正文無之，可見“仲”字為後人依《爾雅》改也。《窮通篇》：“伐木有鳥鳴之刺。”此三家說，蔡伯喈《正交論》亦有此語，與毛氏異義。“褉者，潔也。”《續漢禮儀志上注》《文選顏延年三月三日曲水詩序注》引《風俗通》皆作“褉者，潔③也”。按：“絜”為古“潔”字，當從之。《山澤篇》：“江漢陶陶。”《毛詩》作“江漢浮浮”，此與下“武夫滔滔”亦韻，當是《魯》《韓》舊《經》，王伯厚《詩考》失載，宜注明之。

## 上侍讀學士盧召弓書 庚戌季春

去冬，流覽《郡志》，見《藝文》不録書目，衹集詩、賦、雜文，心

---

① “工”，疑當作“功”。
② “歷”，當作“曆”。
③ “潔”，當作“絜”。

竊非之，慨然有補輯之意。昨進謁，知已創此例，且命相助成之，但未請體製何若。有録無書者，亦當載否？已采者何書？未采者何書？幸復示之，庶有所遵循，以竭其心力也。《仙釋志》虚誣空幻，不可為訓，徒足啟人異端之惑耳，不如删之，一歸純正。昔《北魏書》有此《志》，前人已譏之矣。師見以為然否？

## 荅洪稚存太史書　己酉季冬

鏞堂頓首稚存先生閣下：拙輯《論語鄭注》，承校勘數則，已如教改正。惟“束脩説”，鄙見不以為然，今謹陳之。

《後漢書延篤傳》：“且吾自束脩以來。”李賢《注》云：“束脩為束帶脩飾。”鄭元[①]注《論語》曰：“謂年十五已上也。”玩李《注》，是“十五已上”即《經》文“束脩”之誼。若鄭氏於“脩”字本訓為“脯”，又云“謂年十五已上”，始可謂鄭意：古者十五入大學，始執脩脯禮。然鄭果如此，則李賢但云“束脩為束帶脩飾”，其義已明，鄭注《論語》與《延篤傳》異義，何庸漫引而删改之乎？若謂鄭《注》止有“謂年十五已上”一句，隐括其義，言“十五始執脩脯”，李賢不通義訓，妄為之説。然聖人既言“自行束脩以上”，是止論贄之重輕，未計年之長幼。而鄭氏不為正解，祇拘拘入學之年，核之于《經》，無當矣，恐鄭氏不應若此也。同學友顧明徧考《經》《傳》，無男子用脩脯為贄事。鄭氏精于《禮》者，故此《注》不同俗説。若從李賢“束帶脩飾”之言，“行”字不嫌虚設也？前晤趙億孫舍人，云“《注》中‘已上’即《經》文‘以上’”，此語誠細審鄭義者。

尊書云：“賢注《伏湛傳》，即云‘自行束脩，謂年十五已上。’葢以訓‘脩’為‘飾’，則下‘毀玷’句為贅，且‘自行束帶脩飾’亦不成語，故不同于《篤注》。”按：“自行束脩，訖無毀玷”者，謂自行束帶脩飾之年以來，無毀玷之行也，語相連及而非贅。“謂年十五以上”句，即用《論語注》。因《延篤傳》已標明鄭義，故此略其所本，其義則與《延篤傳》同。余師盧召弓，説亦如閣下。但反覆鄭義，不能無疑。若謂欲

① “鄭元”，即鄭玄，避清帝諱而改“玄”爲“元”，下同。

破古義，鋭于立異，則鏞堂豈敢？倘不以為是而更有以教之，幸甚。

## 上錢曉徵少詹書　丁巳季春

鏞堂自新春來浙，寓阮學使署中，晤令弟可廬先生，質疑問難。獲讀《詩古訓》《漢表》《廣雅》等書，得未曾有。阮學使作書，薦之敝同鄉孫淵如觀察處。屢為浙士所留，此間古學駸駸日起。近讀《周易》，康成傳費氏學，而《本傳》云“始通《京氏易》”。今考《康成傳》，注《三禮》《毛詩》，而晚年注《易》。（據鄭君《自序》）注《詩》《禮》引用之《易》，與《易注》不同，蓋費、京之異。如《媒氏注》引《易》“參天兩地而奇數焉”，（蜀才亦作“奇”）而《易注》云：“倚託大衍之數，五十也。”仍作“倚”字。“車人之事”《注》引《易巽》為“宣髪”，（虞翻亦作“宣”。）而《易注》云：“寡髪，取四月靡草死，髪在人體，猶靡草在地。”仍作“寡”字。此本之不同也。《白駒》“賁然來思”，《箋》云：“《易》：‘山下有火，賁。’賁，黄白色也。”（《易釋文》引王肅云：“黄白色。”正取今文家説，以異鄭。）而《易注》云：“賁，文飾之貌。”①《檀弓》“戎事乘翰，白色馬也”，引《易》：“白馬翰如。”而《易注》云：“翰，猶幹也。見六四，適初未定，欲幹而有之。”此義之不同也。

舍弟禮堂，頗細心讀書，言行不苟。去春新婚，容秋先人棄世，哀毁骨立，至今寢于外室。斯能三年不入内者，質尚可造。當今之品學交粹者，鏞堂心折閣下一人，欲令其受業門牆，伏祈大君收録教悔之。幸甚！

又閣下吐詞為經，撰賜《布衣臧君墓誌銘》，不容增損一字。寄來原稿云：“嘗訪友長沙，兩舟並行。”刻石忽添“渡江”二字於“訪友長沙”下。竊以至長沙須江行，夫人而知之，下云“兩舟並行”，足明之矣。異日重刻此文，當依原稿，無“渡江”字。

庸此附及，餘不悉。

① 《十三經注疏》本此《注》作“賁，飾也。”

# 上錢曉徵少詹書　乙卯孟冬

近讀《史記孔子世家》，以定公十四年，孔子年五十六，攝相事。齊來歸女樂，孔子行。此後人竄改之失也。《年表》及《魯世家》俱作“十二年”，當從之。《世家》上言：“定公十二年[①]夏，孔子言於定公，將墮三都。至十二月，公圍成，弗克。”此序“墮三都”本末。下云：“定公十二年，孔子年五十四，由大司寇攝行[②]相事。”此序“孔子聞政去魯”本末，故覆提年紀。淺人怪其重出，因改下“十二年”為“十四年”。孔沖遠《禮記正義》、小司馬《史記索隱》、朱子《論語序説》所據皆同，則唐、宋以來本已如此。又孔子以定十二年冬去魯適衛，主顏讎由，居十月，去之，則在定十三年。未幾反衛，主蘧伯玉，當在定十四年。至定十五年，衛終不用孔子，遂去衛適陳，是居衛已三年矣。故喟然嘆曰：“苟有用我者，三年有成。”其中有“過匡，過蒲，將適晉”及“遇曹，過宋”等事，皆在去衛反衛之間、適陳之前。適陳，主司城貞子。至哀三年夏，魯桓僖宮災，時孔子猶在陳，居陳已三歲，故有“歸與”之嘆。明年遂去陳。而衛靈之卒在哀二年，正孔子在陳時也。及厄陳、蔡，自楚反衛，則在哀六年。衛出公輒四年至哀十一年冬，自衛反魯，時孔子年已六十八矣。故太史公于末總結之云：“孔子之去魯，凡十四歲，而反乎魯。”（自定十二年冬至哀十一年冬，適十四歲。若以定十四年去魯首尾計之，亦止十三歲，與此不合矣。）太史公因居衛、陳時久事多，説亦互異，故並載覆述之，遂至三叙其事，然細繹之有秩然不可紊者。後人不諳文法，誤讀《世家》，《檀弓正義》及《論語序説》皆于自楚反衛之前，已有“三適衛、三反衛”“三適陳、三去陳”事，遂以“居陳三歲而反乎衛”為亦在靈公時，誤甚矣。孔子以靈公世居衛三年，在魯定十三、四、五年間，而《年表》以十四年至陳，誤也。以滑公世居陳三年，在魯哀元、二、三年間，而《年表》以哀三年過宋，誤也。《孟子》云：“微服而過宋，主司城貞子。”則過宋在適陳前。《宋世家》：“元公二十五年，孔子過宋。”

① “十二年”，《史記孔子世家》作“十三年”。

② “攝行”，《史記孔子世家》原文作“行攝”。

“五”當為“三”之誤。宋元公二十三年為魯哀公元年，過宋遂適陳也。此類考之《孔子世家》本合。試質之閣下，以為然否？

臨海洪百里震煊云：“孔子于郊後去魯，不脱冕而行。魯郊以孟春，是孔子去魯在定十三年春，以為定十二年冬者，誤也。”按：《禮記明堂位》：“魯君孟春乘大路，載弧韣，旂十有二旒，日月之章，祀帝于郊。”《注》云：“孟春建子之月。”又《雜記》：“正月日至，可以有事于上帝。”《注》云：“魯以周公之故，得以正月日至之後①郊天。”是魯郊在夏正十一月，孔子于定十二年冬十一月郊後去魯，無疑。舉此可正“十三年②去魯”之説。

戊午夏，記。

## 上錢曉徵少詹書　癸丑仲秋

七月廿九日，袁又③兄自院歸，述閣下“《公羊》嚴顏”之論與鄙説同。先十八日，自記一則，懼啟異同之習，秘不以示人。今聞高論，始録出呈正。

向讀《後漢書齊武王傳》，“塾”字，《東觀記》《續漢書》並作“埻”。因思《説文》無“塾”，古當以“埻”字為之。讀江氏《尚書補誼》載閣下説亦然，私幸多暗合也。然疑《齊武王傳》“塾”字仍當從“射臬”本義，蕭該引《字林》“門側堂”之訓，實所未協。天下鄉亭不必盡有門夾堂，伯升之像特畫于射的，故每旦起射之耳。《石經爾雅考異》近獲數證，容録正。

《經典釋文》所據皆南學，偶載北方學者説，則稱“北”以别異之。如《天官醢人》“茆”下云：“音卯，北人音柳。”“箈”下云：“音迨，當徒來反。沈云：‘北人音秃改反。’”《宗伯瞽矇》“怵惿”下云：“勅律反，北本作‘休’。”《考工玉人》“鹿車縪”下云：“劉，府結反。沈音

① “後”，《皇清經解》本作“從”，誤。

② “年”，《皇清經解》本下有“春”字，是。

③ “袁又”，即“袁又愷”。臧庸蓋用古人於表德兩字或不全舉之例，如《纂十三經集解凡例》韓康伯爲“韓伯”。

畢，云：‘劉音非也。’”案：北俗今猶有此語，音如劉音，蓋古語乎？劉音未失。考《説文》：“柳”，“丣”聲。而“丣”從“卯”，是“卯”“柳”同聲。北人音“卯”為“柳”，此古音也。鄭仲師引《國語》有“怵惺”字。按：《楚語》叔時曰：“教之《春秋》，而為之聳善而抑惡焉，以勸戒其心；教之《世》，而為之昭明德而廢幽昏焉，以休懼其動。”韋昭《注》：“休，嘉也。動，行也。”蓋聳善所以勸之，抑惡所以戒之，昭明德所以休嘉之，廢幽昏所以恐懼之。鄭、韋所據《國語》正同。陸德明、賈公彦作“怵”者，直形近之譌，惜未知定從北本也。陸引此[①]俗語以證劉音未失，劉昌宗其本北音乎？蓋陸氏于北學實未深究，故無明據，所以述北人“落”[②] 字之音，必援沈重之言也。閣下謂“《釋文》所載皆南學，玆因偶及北學而考之”，益足徵斯言之有當矣。

## 謝錢曉徵少詹書　丙辰仲冬

前蒙寄到尊撰《誌銘》一首，泣誦哀感。竊以世之為先人乞《銘》者，非尊爵顯貴，大都厚資有力之人；作者與其人亦勢相倚藉，或得重幣為潤筆計，雖漢、唐大儒，如蔡伯喈、韓退之不免焉；未有以一介寒畯，輒得名公卿傳信之文，誌其先人之墓，如鏞堂於閣下者也。閣下之文章不易得，於《誌銘》尤不肯輕作。故顯考一布衣得顯達者銘之，尚非所難，難在如閣下之實事求是，不輕許可，畜道德，能文章，負天下後世重望，為數百年間所勿易覯者耳。且乞之者鏞堂，許之者閣下，有如求之而不得，無如閣下，何也？乃蒙特允，上表其祖先，下奬其孫子，銘止一人，德徧三世。將信其後人所輯《事狀》無虚誣之失，先考之言行，果足為當世法而取之耶？抑憫其祖學將絶，先考守四世之傳無失，庶今以後，其道大昌，流傳益遠，為之慶幸而賜之耶？其足以信今傳後，允無疑矣。百世子孫感且不朽。謹謝！

---

① “此”，疑當作“北”。

② “落”，當作“箈”。

# 與段若膺明府書　庚戌孟春

鏞堂受業盧召弓學士，始聞先生名，講求聲音、詁訓之學，為海内第一，心竊慕之。去年來龍城書院，未及走見，悵悵。今者令弟鶴臺先生過舍，因以書達，幸教之。拙纂《月令雜説》有駁鄭《注》一條，聞盧學士舉以告先生，而不以為然，或未詳其説，今再陳之。《月令》孟冬"乘元路①"，《注》："今《月令》曰：'乘軫路'，似當為'袗'字之誤也。"《疏》云："軫是車之後材②，路皆有軫。此字當衣旁著㐱，袗是元色，以此《經》云'乘元路'，元、軫義同。"③ 鏞堂按：《毛詩》"鬒髮如雲"，《説文㐱部》引作"㐱髮如雲"，又著"鬒"字云"或從髟，真聲"，是"㐱""鬒"一字。《毛詩》謂"鬒為黑髮"，則"㐱"之本義為"黑"，故㐱从衣為黑衣，㐱从車為元路。今《月令》"軫"字非誤，不當以車後不④為嫌，"袗"字非其義矣。聞尊説以《説文》訓"㐱"為"稠髮"而非"黑"義，此據《説文》以駁毛《傳》也。鏞堂以毛、許之説本通，且必相兼而義始備。蓋髮之黑者必稠，且因稠而益形其黑，故"㐱"之本字从"㐱"⑤，而許以為稠。《昭廿八年左傳》曰："昔有仍氏⑥生女，黰⑦黑。""黰"既與"黑"連文，故毛以為黑。杜預云："美髮為黰。"《春秋疏》引賈逵同，《詩疏》及《釋文》引服虔云："髮美為鬒。"是髮

---

① "元路"，本作"玄路"，避帝名諱而改"玄"作"元"。下同。

② "材"，《皇清經解》本作"横"，誤。

③ 此段《疏》文，注疏本作"軫是車之後材，路皆有軫。何得云'乘軫路'，此'軫'字當衣旁著㐱？袗是玄色，故以今《月令》'軫'字似當為'袗'字，誤以車旁爲之。必知'袗'字爲色者，以此《經》云'乘玄路'，玄、袗義同。""軫"當作"袗"，《皇清經解》本不誤。

④ "不"，當作"材"，《皇清經解》本脱。

⑤ "故'㐱'之本字從'㐱'"，上"㐱"字當作"鬒"。《皇清經解》本此句作"故'㐱'之本字從'彡'"，未得其意而妄改。

⑥ "仍氏"，漢陽葉氏寫本其下本有"黰"字，葉氏校刪，《皇清經解》本沿舊誤，且其下有"緊"字。《漢書古今人表》"仍"作"扔"，師古曰："扔音仍。"

⑦ "黰"，《皇清經解》本作"黰"。下同。《釋文》云："黰，之忍反，美髮也。"《説文》作"㐱"，又作"鬒"，云"稠髮也"。

以稠窘[①]為美，其稠窘而美者，色必黑。《左傳》、毛《傳》及賈、許、服、杜之義無不同也，未識先生以為然否？

新作《慮[②]書正義釋》一篇附正，伏願皆有以教之。幸甚。

## 與段若膺明府論説文忕字𢉖字書　癸丑仲夏

歲辛亥，以《説文質疑》承惠手教，時為友人持去。今細讀，始知"忕字从犬"之説為謬。前盧召弓師亦言"忕，當从大"，而語未明析[③]。使吏[④]世無先生，竟無有正其誤者矣。據元應[⑤]書，"忕"又作"㑥"，張揖音"忕"為"曳"，是"忕"即"㑥"之異文。昔撰《"忕"字考證》亦有此説，録入《拜經日記》，與《荅書》暗合。《玉篇心部》："㑥，習也，明也。（"明"疑作"狃"。）余世切。"《廣韻十三祭》："㑥，明也。一曰習也。餘制切。"而元應引《字林》"㑥，習也"，引《蒼頡篇》"㑥，明也"。此即《篇》《韻》之所本据。毛公、太史公、鄭康成、孫炎、韋昭、張揖、孔鮒、杜預、郭璞等，皆用"忕"字，則"忕""㑥"雖同出周人，知秦、漢、魏、晉以來，用"忕"獨多，許叔重必本作"忕"矣，是當從陸、孔所引者為定。《荅書》謂："唐季用《字林》改之，全書中時有此。"鏞堂深信不疑也。《荅書》又云："或許君並存兩字而脱其一。"《拜經日記》云："疑'㑥'字即《説文》'忕'字之重文。"此皆兩歧之説，似不然矣。《毛詩四月傳》："廢，忕也。"言"廢"為"忕"之假借。作大者，正是王肅義，或三家初有是訓，而王肅本之以難鄭。郭注《爾雅》，用三家為多。尊著《詩經小學》以《説文》為未察，誤也。《説文》"櫓"下引《書》曰："竹箭如櫓。"按：《夏本紀》載《禹貢》："維箘簬楛。"徐廣曰："一作箭足杆，杆即楛也。箭足者，矢鏃也。或以箭足訓釋箘簬乎？"（上皆徐語。）先高祖玉林著《尚書集解》，謂"史公本

① "窘"，《皇清經解》本作"密"，下同。

② "慮"，《皇清經解》本同，當爲"虞"字之誤。臧庸曾作《虞書正義釋》一文，見漢陽葉氏寫本《拜經堂文集》卷三《上王鳳喈光禄書》。

③ "明析"，當作"明晰"。

④ "吏"，當爲衍文。

⑤ "元應"，即"玄應"。因避帝名諱而改"玄"爲"元"。下同。

作‘維箭足杆’，訓‘箘簵’為‘箭足’，訓‘楛’為‘杆’，後人依《尚書》改之。”鏞堂疑許君所云“竹箭”，即史公所云“箭足”，皆本周、秦人《尚書》舊訓。故太史公用以解《經》，許叔重偁謂《書》説也，未審足備一義否？

今《説文穴①部》無“窳”字，而《毛詩召旻》“臯臯訿訿”，《傳》曰“訿訿，窳不供事也”，《釋文》《正義》皆引《説文》“窳，嬾也”。据此知《説文》本有“窳”字，因撰《説文窳字考證》。其見之《經》者，《毛詩傳》外，又載於《爾雅釋詁》，曰：“窳，勞也。”郭《注》：“勞苦者多惰窳也。今或作‘愉’，同。”《爾雅經》作“愉”。《注》云：“或作‘窳’。”而元應書凡七引《爾雅》此條，《經》皆作“窳”，《注》皆作“愉”②，可證今本之出後人互易矣。先生謂：“《説文》有‘窳’無‘窳’，楊承慶《字統》則有‘窳’，恐是《詩正義》誤引，江處士説亦然。”按：陸、孔同引《説文》，不應皆誤。且德明止引“窳，嬾也”三字，仲達于“窳，嬾也”下有“草木皆自豎立，唯瓜瓠之属卧而不起，似若懶人常卧室，故字从宀”二十六字，或謂孔氏申説之詞，而“窳，嬾也”三字則為許君本文，無疑。不當引下文之言適與承慶同，而疑上句亦誤引也。元應書引“草木皆自豎立”云③，凡三見，惟卷十四偁承慶，卷九、卷十七俱不著所本。漢以後字書，雖各自名家，要互相祖述，《字統》之義，葢即本《説文》。尤可證者，《貨殖列傳》《地里志下》《鹽鐵論通有》皆云“呰窳偷生”，而《説文此部》云“呰，窳也”，此《宀部》本有“窳”字之明證。猶《心部》雖脱“忕”字，而《犬部》“狃”下猶存“忕”字矣。《玉篇此部》“呰”下引《史記》“呰窳偷生”，《廣韻四紙》“呰，窳也”，必本《説文》，今俱誤从“穴”，惟司馬君實撰《類篇》始收“窳”字，而《玉篇》《廣韻》俱無，葢《説文》自唐季已脱之故也。鄙作《窳字考證》極詳博，如愚言不謬，試取閱之，載入大著《説文解字讀》，俾垂名簡末，幸甚。

---

① “穴”，當作“宀”。

② “經皆作‘窳’，注皆作‘愉’”，今檢《玄應音義》七引《爾雅》之文皆作“窳”，字從“穴”，注同。

③ “云”，疑衍。

附段明府荅書①

弟病體委頓，夙②寒勞鹿，兼而有之，欬瘷③尚未愈也。《論忲字、㝫④字書》詞義甚美，而云《説文》脱從“宀”之“㝫”，甚確。弟本擬從尊處索《㝫字攷證》一條抄録而未暇也。光陰竟⑤為人事所分，如何？如何！綬階希轉致，戴定《水經》不必抄，想彼已有其所刋《水經注》也。《經義日記》尚有幾本在案頭否？乞借來補抄。

家信候日⑥安，不一。

在東大兄，玉裁頓首。

《禮記》承代校，精工可愛，子孫寶之，謝謝⑦！拙《序》尚未成，罪罪。

## 荅錢曉徵少詹書　乙卯季春

張子元來楚，接讀手書，藉悉道體健安，並承虛懷下質顧氏言“古音‘地’如‘沱’”。按：“地”，从“也”聲；“沱”，从“它”聲。《説文》異部，晝然有别。《説文》：“沱，江别流也。”徐鉉謂：“沱，沼之沱，通用。此字别作‘池’，非。”考《毛詩東門之池》“沱”與“麻”“歌”韻，《無羊》“沱”與“阿”“歌”韻，《皇矣》“沱”與“阿”韻。《楚辭大司命》“沱”與“阿”“歌”韻。知“沱”非从“也”聲。試以段氏《六書音均表》言之，則閣下所舉《易繫辭》“地”與“卑”韻為本音，在第十六部。（《莊子》《接輿歌》“地”“與”“避”韻，亦本音。）《毛詩斯干》：“乃生女子，載寢之地，載衣之裼。”江氏謂“地”“裼”一韻，

① 此書又見載於劉盼遂輯校《經韻樓文集補編》卷下，題作“答臧在東論説文忲字㝫字書”。

② “夙”，疑當作“風”。

③ “瘷”，鍾敬華校點《經韻樓文集補編》卷下此字作“嗽”。

④ “㝫”，鍾敬華校點《經韻樓文集補編》卷下此字作“窊”，下同。

⑤ “竟”，鍾敬華校點《經韻樓文集補編》卷下此字脱。

⑥ “日”，鍾敬華校點《經韻樓文集補編》卷下此字脱。

⑦ “謝謝”，鍾敬華校點《經韻樓文集補編》卷下作“泐謝”。

"瓦""儀""議""罹"一韻，是也。"子"在第一部，猶《易明夷上六》"地"與"晦"韻，《繫辭》"地"與"時"韻，為第一部、第十六部合韻之證。行笈中無《楚辭》，不及深考，已足斷"古音'地'如'沱'"之説為謬，而顧①氏沿襲顧書，隸"地"於十七部，以"裼"為合韻，反議江氏為非，誠所未審。是否有當，伏乞正之。

《天問》："啟棘賓商，《九辨》《九歌》。何勤子屠母，而死分竟墬。""墬"，一作"地"。王逸《注》云："言禹腷剥母背而生，其母之生②分散竟墬。"然則"歌"與"墬"韻，作"地"，非也。"墬"在十五部，"歌"在十七部。《楚辭》十五、十七兩部每合韻，如《東君》："駕龍輈兮乘雷，載雲旗兮委蛇。長太息兮將上，心低佪兮顧懷。羌色聲兮娛人，觀者憺兮忘歸。"《遠遊》："祝融戒而蹕御兮，騰告鸞鳥迎宓妃。張樂《咸池》奏《承雲》兮，二女御《九韶》歌。使湘靈鼓瑟兮，令海若舞馮夷。元螭蟲象並出進兮，形蟉虯而逶迤。雌蜺便蜎目增撓兮，鸞鳥軒翥而翔飛。音樂博衍無終極兮，焉乃逝以徘徊。"皆與《天問》例同。段氏謂"歌，讀如幾"是也。《橘頌》："閉心自慎，終不失過兮。秉德無私，參天地兮。"朱子本作"終不過失兮"，云"一作'失過'，一無'失'字"，皆非。按：王逸《注》云"終不敢有過失也"，與朱子本合，則"地"與"失"韻。段氏謂"地字，周、秦人亦入第十六部，皆讀如狄"是也。然則，謂"天地"(《橘頌》)"音如沱"者，未審也。

段云："地"，"也"聲。在十七部。《詩斯干》一見，屈賦《天問》與"歌"韻，《橘頌》與"過"韻，《上林賦》與"河""駞"韻，讀如"沱"，今入至。按：《上林賦》云："其獸則㺍旄貘犛，沈牛麈麋，赤首圜題，窮奇象犀。其北則盛夏含凍裂地，涉冰揭河。其獸則麒麟角端，騊駼橐駞。"上四句用韻，"犛""麋""題""犀"皆韻也。下四句間句用韻，"河""駞"為韻，"地""端"無韻也。然則謂《上林賦》"地，讀如沱"，亦未審也。

曲阜孔撝仲《詩聲分例》曰"地，古音墬"，引《九章》《天

① "顧"，當作"段"。

② "生"，四庫全書《楚辭章句》為"身"。

問》及《羽獵賦》"逢之則碎，近之則破。鳥不及飛，獸不得過。軍驚師駭，刮野掃地"為證。《楚辭》"地"不韻"它"，辨已見上。按：《文選羽獵賦》："於是天清日晏，逢蒙列眥，羿氏控弦。皇車幽輵，光純天地。望舒彌轡，翼乎徐至於上闌①。移圍徒②陣，浸淫蹵部。曲隊堅重，各按行五③。壁壘天旋，神抶電擊。逢之則碎，近之則破。鳥不及飛，獸不得過。軍驚師駭，刮野掃地。"此"地"與"眥""轡"為韻，"部""伍"為韻，"破""過"為韻，"皇車幽輵"與上"藹""綴""外""內"隔韻，"神抶電擊"與下"刮野掃地"隔韻。如《上林賦》④："雷動猋至，星流電⑤擊。弓不虛發，中必決眥。洞胸達掖，絕乎心繫。獲若而⑥獸，揜草蔽地。"亦以"地"韻"至""眥""擊""繫"等字，與《羽獵賦》正同。"擊"讀若"計"。然則孔氏謂"地，音如墜"，引《羽獵賦》以證者，未之審也。《上林賦》"河江為阹，泰山為櫓。車騎雷起，殷天動地"，此"阹""櫓"為韻，"起""地"為韻。以《六書音均表》言之，"起"在一部，"地"在第十六部，為合韻，猶《詩斯干》以"載寢之地"韻"乃生女子"，《易繫辭》以"變通配四時"韻"廣大配天地"也。(庚申秋七月，自記。)

附錢少詹書

前接手教，知去冬抵沛南，尚書邀為郎君授讀，禮遇有加，深為慰藉。館課之暇，研精經述，定多心得也。昨偶讀顧氏《音樂⑦五書》，言"古音'地'如'沱'"，引《楚辭天問、橘頌》為證，固然，謂《詩》《易》亦如"沱"音，恐未必爾。籀文"地"本作"墬"，非从"也"聲。《明夷上六》"地"與"晦"韻，《繫辭》"廣大配天地，變通配四時""知崇禮卑，崇效天，卑法地"，似皆韻

① "闌"，當作"蘭"。
② "徒"，今本作"徙"，是。
③ "五"，今本作"伍"，下文亦作"伍"，是。
④ "《上林賦》"，當爲"《子虛賦》"之訛。
⑤ "電"，今本作"霆"。
⑥ "而"，當爲"雨"字之誤。
⑦ "樂"，當爲"學"字之誤。

語也，安見其必音“沱”乎？試質足下，以為何如？

段懋堂傷足，至今未出。抱經先生聞精力尚健，餘不多及。

在東大兄，弟大昕頓首。

## 荅陳恭甫編修論冠昏辭韻書　乙丑孟秋

手書示之詳而辨之力。古人論學，不肯為苟同之論。如其相合，則信之不疑，斯真三代直道之風，足以辨黑白而定是非者。感甚，感甚！特庸尚有所疑，敢敬質之。

《冠禮字辭》本七句，伯申庶子斥“宜之于假，永受保之”為末二句無韻，則以[①]“曰伯某甫”以下十一字為記者之詞，故下“曰”字以著更端。若以“曰伯某甫”句為《字辭》，則“甫”之韻“假”，前人言之已詳，伯申豈有不知？誠以尋常章法而論，實終于“永受保之”也。來示謂止于“曰伯某甫”，恐并非伯申意，於上下文亦未免割裂牽强之虞。葢十一字文義相承，如生鐵所鑄，不可離而二之。即如舊説，“假”“甫”為韻，“備”“字”為韻，“嘉”“宜”為韻，則“永受保之”“之”字與上目《字辭》二字，及“備”與“字”同為“之”類，何以斷其非韻？

又“令月吉日”句，舊不以為有韻。鄙説“令月吉日”一句，二韻自相協。孔《書》“月”“日”二字同類，較段《表》[②]為密。《冠禮始加祝》曰[③]“令月吉日”，《邶風日月篇》四言“日居月諸”，皆一字四句[④]兩間韻也。《冠禮字辭》外有韻之文云：“曰伯某甫仲叔季，唯其所當。”《昏禮醮辭》外有韻之文云：“子曰：‘諾。唯恐弗堪，不敢忘命。’”《醮辭》以五句為斷，《字辭》以七句為斷。篇法、章法，一為醮字[⑤]之辭，一為記事之詞，畫然有起訖，而用韻則草蛇灰線，藕斷絲連，密藏於不覺也。善夫！

先達孔氏之《例》曰：“《詩》之有章也，析之則節解句斷，通之原

① “以”，《皇清經解》本作“已”。漢陽葉氏寫本原作“已”，後改作“以”。

② “《表》”，《皇清經解》本作“《音均表》”。

③ “曰”，《皇清經解》本“曰”上有“亦”字，衍。

④ “一字四句”，當作“一句四字”，《皇清經解》本亦誤。

⑤ “字”，《皇清經解》本作“事”，作“事”者是。

自一篇。每有意盡於此，而聲絶于彼者。分章則從乎其意盡，韻則從乎其聲。故後章之首句，可以合前章之尾。《急就篇》有出句在上章之尾，韻句在下章之首者。”偉哉斯言！試以所言，合之此《辭》。如曰“支子則稱其宗，弟則稱其兄”，記前章《命辭》終矣，而乃續之曰“若不親迎，則婦入三月，然後壻見”。此章别記壻見舅姑之事，而章首“若不親迎”句，屬前章“弟則稱其兄”下，“兄”“迎”為韻。此與《字辭》外之“當”韻“永”，《醮辭》外之“諾”韻“若”何異乎？皆《辭》止而韻未終，故“忽上忽下，忽此忽彼，横截句讀，惝怳不可定者”（來書云爾。）時一有之，細尋其脉，本有條理。此謂章法、韻法中之極變者，未可以常例拘之。

如《冠禮》，《始加祝》《再加》《三加》《醴》《醮》《辭》六章，皆章六句，而《三加》及《字辭》皆章七句，《昏醮》又章五句，非章句之變乎？《始加》《再加》每章六句，三用韻，皆同部同字，（二服、二德、二福。）韻在第二、第四、第六句。至《三加》，則首二句“以歲之正，以月之令”，字字自協。末二句“黄耇無疆，受天之慶”變韻。中三句“咸加爾服，兄弟俱在，以成厥德”，“服”“德”二字仍用《始、再加》之韻。而中間以“兄弟具①在”一句雖與“服”“德”同為“之”類，然章句字韻實三變矣。且《再加》之“永受胡福”，《三加》之“兄弟具在”，“胡”“具”“無”皆韻上“之”字，隔章隔句為韻。而“黄耇無疆，受天之慶”，“黄”“疆”“慶”三字亦句首句末韻。與“永受保之”，“唯其所當”例同，非不諧句末之字，而轉加句首之字也。

至“字字有韻”之説求之《三百篇》，如《匏有苦葉》第二章②“有瀰”與“有鷕”韻，而“有”與“有”亦韻也。“雉鳴”“雉鳴”，“濟盈”“濟盈”，兩“鳴”兩“盈”韻，而兩“濟”兩“雉”亦韻也。“不濡軌”，“求其牡”，“軌”韻“牡”，“求”與“牡”又一句中首尾韻，而“不”與“其”獨非韻乎？（“濡”韻第三章“卬須我友”。“濡”③“須”皆“候”④類。）向在山左，阮伯元詹事述王懷祖觀察説《卷阿》“鳴”韻

① “具”，《皇清經解》本作“俱”，非是。《冠禮》作“具”，漢陽葉氏寫本上文作“俱”，此處改爲“具”。下文《皇清經解》本和漢陽葉氏寫本均作“具”。

② “章”，漢陽葉氏寫本原作“句”，葉氏訂正，《皇清經解》本則承舊誤。

③ “濡”，漢陽葉氏寫本原在“類”後，葉氏訂正，《皇清經解》本則承舊誤。

④ “候”，當作“侯”。

"生"，"罔"韻"陽"，"高"韻"朝"，外"矣"韻"矣"，"于"韻"于"，"彼"韻"彼"，"菶菶"韻"雍雍"，"萋萋"韻"喈喈"，"鳳皇"與"罔陽"韻，"梧桐"與"菶雍"韻。隨舉二則，可為《三百篇》字字用韻之證。

孔氏之言《鴟鴞》曰："三章四章連句用韻，而'拮据''將荼'，'卒瘏''室家'韻，上字亦有韻。'譙譙''翛翛''翹翹''漂搖''嘵嘵'又皆用雙聲，故首章可以三句無韻。然'恩'與'勤'實句中自相協，而下與'閔'韻。"庸按：首句[①]"鴟鴞鴟鴞"，"鴟"與"鴟""鴞"與"鴞"即韻，"室"字"至"聲，與"既""毀"韻，（嚴氏可均《説文聲類》"至"聲在"脂"類，段氏《音均表》"至"聲在"真"類。）"取"與"無"協，"我"與"我"韻，二"子"一"之"韻，三"斯"與二"鴟"則"支""脂"通協，亦[②]可謂字字有韻。而"鴟"與"斯"又句首句末遥韻，特中間有韻不盡同《禮辭》。《禮詞[③]》復有首、末與中韻者，如"黃耇""疆""慶"與"往迎""相"是也。大抵有韻之文，便乎歌、誦，隨在通協，例非一端，亦非例之所能盡。孔氏《詩聲分例》，於前人特為創作，然聖經之神化不測，究難以悉舉。如以《鴟鴞》首三句為無韻，即未確也。

庸讀《禮辭》，如"某不敏"，"以歲之正，以月之令"，"令月吉日"，（二句。）"唯恐弗堪"，（二句。）"儷皮束帛"，（《冠禮》"束帛儷皮"。）"使某將請承命，某固敬具以須，戒之敬之，夙夜毋[④]違命"，"勉之敬之，毋違[⑤]，夙夜毋違宮事[⑥]"，"申之以父母之命，命之[⑦]，敬恭聽宗爾父母之言，夙夜無愆，視諸衿鞶"，"姆辭，支子則稱其宗，弟則稱其兄"之類，靡字非韻，咸有條理，而絶無矯揉博[⑧]會之端。矢口出音，自成天籟，不必細檢後世韻書，而自無不合。

---

① "句"，《皇清經解》本同，當作"章"。

② "亦"，漢陽葉氏寫本"亦"上原有"我"字，葉氏已點去，《皇清經解》本沿舊誤。

③ "詞"，當作"辭"，《皇清經解》本誤同。

④ "毋"，《皇清經解》本作"無"，下同。

⑤ "毋違"，衍文。

⑥ "事"，《皇清經解》本作"氏"，非是。漢陽葉氏寫本原作"氏"，葉氏改作"事"，是。

⑦ "之"，下宜有"曰"字，《皇清經解》本亦闕。

⑧ "博"，當作"傅"，《皇清經解》本誤同。

竊可於前人所舉外，微矜創獲，而煩亂破碎之譏，或亦不免。前書所謂“似太瑣屑”是也。微閣下，不能規正其失，而其灼然可見者，不盡為無據。後世辭人狡獪技倆，雖先聖所不為，而至文之巧變，固已無所不該，正非曲徇古人也。閣下向善鄙《集》中論韻之文，此所言較前更密，故再悉心獻疑，以呈審定。如以為可采，幸甚，幸甚！

七月廿九日①。

## 再荅陳恭甫編脩②論韻書　乙丑孟秋

頃再接來示，謂《三百篇》皆句首與句首韻，中、末與中、末協。此仍是以常法言之耳。若論其變，則法不能拘，亦非例之所能盡。試以《皇矣》第六章論之。如：“無矢我陵，我陵我阿。無飲我泉，我池③。”學者莫不知“阿”與“池”為④韻，不⑤知“我陵”“我陵”，“我泉”“我泉”，句句字字韻也。此皆以上半⑥句之下半句與下句之上半句韻，而非首與首、末與末、中與中也。又“無飲我泉”韻“無矢我陵”，以下句上半句之“飲”韻上句下半句之“陵”。第⑦三句之“陟我高崗”，“我”字與“我陵”“我陵”“我阿”“我泉”“我泉”“我池”六“我”一“阿”一“池”韻。而第八句之“度其鮮原”，“鮮原”⑧與“原”二字又自疊韻，與第二句“侵自阮疆”之“阮”遙相協。“鮮”“原”疊韻，而“阮”則韻上字也。且“侵自”之“侵”韻下“陵”“飲”二字，“自”韻“無矢”之“矢”，“無”韻“無飲”之“無”“度其”之“度”。字字確鑿可據，安得以例拘之？此皆孔氏所未言者。孔氏且不知

① “七月廿九日”，《皇清經解》本無此記日之文。

② “荅”，《皇清經解》本作“答”。“脩”，《皇清經解》本及漢陽葉氏寫本目録中該篇題中作“修”。前篇亦作“修”。

③ “我池”，《皇清經解》本及《詩經》各本均作“我泉我池”，漢陽葉氏寫本前脱“我泉”二字。

④ “為”，《皇清經解》本作“爲”，下同。

⑤ “不”，《皇清經解》本“不”上有“而”字，宜據補。

⑥ “半”，衍，當删。《皇清經解》本不誤。

⑦ “第”，《皇清經解》本“第”上有“又”字，宜據補。

⑧ “原”，漢陽葉氏寫本原衍，葉氏已校删，《皇清經解》本沿舊誤。

“阿”“池”與“鮮”“原”顯分二類，而誤援《東門之枌》二章例，以為“歌”“麻”“元”“寒”之通協矣。

來示稱孔氏《詩韻例》[①] “有瀰濟盈，有鷕雉鳴”，及“鴥彼晨風，鬱彼北林”以下五例，“葛藟縈[②]之，福履綏之”以下五例，為變化無端，而實整齊不紊。按：《匏有苦葉》韻説見前書，孔《例》有所未盡。《晨風》首章兩“彼”為句中韻，二、三章兩“山有”、兩“隰有”為句中韻。首章上二句兩“彼”與三章下二[③]句之“如何如何，忘我實多”句中、句末皆韻也。至《樛木》三章，乃“葛藟”與“葛藟”，“福履”與“福履”全篇通[④]韻，上下六“之”字全篇通韻。唯“纍” “綏”與“荒”“將”“瞀”[⑤] “成”，每章二字各自為韻。孔氏以“葛藟”與“福履”為隔韻，尚失乎自然之致。“藟”“纍”皆從畾聲[⑥]，不當區而二之。蓋首章“藟纍”二字，為下兩章之關紐，合之成篇。《三百篇》此類極多矣。

來示以鄙説“永受保之”，“之”與“備”字為韻較為諦當。然則“宜之于假”，“假”與“甫”韻自確，特“曰伯某甫”句不入《字辭》。雖為記者之言，亦與《字辭》韻也。

來示以“令月吉日”為單句，無韻，《詩經》極多此例。按[⑦]：向以為無韻者，顧氏讀之有韻矣；顧以為無韻者，段氏讀之有韻矣；段以為無韻者，孔氏讀之有韻矣；孔以為無韻者，庸讀之有韻矣。《詩經》蓋少無韻之句。如以為以“日”諧“月”未見佐證，則庸舉《冠禮》及《毛

① “孔氏《詩韻例》”，當即孔廣森《詩聲分例》。是書承繼江永《詩韻舉例》而作，詳盡論述了《詩經》用韻位置情況，列通例十門、别例十三門、雜例四門。可與《詩聲類》所論觀點相互發明，對研究《詩經》韻讀、探求韻律規律亦有幫助。此書有《顨軒孔氏所著書》原刻本，1983 年中華書局據此本影印。收入《皇清經解續編》、《音韻學叢書》。

② “縈”，當作“纍”，《皇清經解》本不誤。

③ “二”，《皇清經解》本誤作“章”。

④ “通”，《皇清經解》本誤作“也”，漢陽葉氏寫本原作“也”，葉氏校改作“通”。

⑤ “瞀”，當作“縈”，《詩經》各本均作“縈”。《皇清經解》本誤同。

⑥ “‘藟’‘纍’皆從畾聲”，漢陽葉氏寫本原同《皇清經解》本，作“‘藟’‘纍’皆以葛畾聲”，葉氏校改作“‘藟’‘纍’皆從畾聲”。校改者爲是。

⑦ “按”，《皇清經解》本作“接”，誤。漢陽葉氏寫本此字有校改，但字跡無法識别，疑應作“按”。

經[①]》共二十一佐證，詳拙著《日記》中。孔氏《詩聲類》、嚴氏《説文聲類》，皆以五“質”（日）十“月”（月）合為一部，是也。惟段氏《音均表》“日”在第十二，“月”在第十五，恐非。

來示又舉鄙説《鴟鴞》首章字字有韻，則“子”字必應協韻，何以反無？不得已而取章末句中之助字以為協，恐不足以示後。“恩”“勤”“閔”三字既協矣，又以助字三“斯”遙協章首二“鴟”，而其協又出於異部合韻，為割裂牽强之病。按：《鴟鴞》首章“既取我子”與“鬻子之閔斯”，二“子”一“之”為本韻。至二“鴟”三“斯”相韻，為“支”“脂”通協。如欲分之，則二“鴟”三“斯”各自為韻，亦無不可。又二章之“或敢侮予”與三章之“予手拮据”，句末、句首兩“予”字亦蟬聯相協，不識閣下以為然否？

來示又為[②]《昏禮記》“弟則稱其兄”“兄”字與上句“支子則稱其宗”“宗”字，止可援合韻之説，傅會協之。按：“宗子無父”與“支子則稱其宗”，二“宗”字為本韻，句首、句末遙協。“兄”與下文“若不親迎”，“兄”“迎”二字為本部連句相協。皆非合韻也。“宗子無父”至“支子則稱其宗”，此文未終而韻終也。續以“弟則稱其兄”“若不親迎”二句，上句為文終而韻未終也，下句為文始開端而韻已終。總之，難以章句常法繩之。

來示疑“若不親迎”以下為無韻，謂求其韻而不得，恐未可以章分韻合之説，强附孔氏之《例》。按：“若不親迎”下云“則婦入三月，然後壻見”，“是以未敢見”，“某將走見”，“請終賜見”。又曰“某得以為外婚姻之數”[③]，“今吾子辱”，“不足以辱命”。又“某之子未得濯溉於祭祀”，“不敢固辭”。又“對曰：某以非他故”，“對曰：某得以外[④]為婚

① “經”，當作“詩”。

② “為”，當作“謂”，《皇清經解》本不誤。

③ “又曰‘某得以為外婚姻之數’”，《皇清經解》本作“又曰：‘某得以爲外昏姻，請覿。’主人對曰：‘某以得爲外昏姻之數’”。據《儀禮士昏禮》原文及《皇清經解》本，漢陽葉氏寫本恐有脱。

④ “外”，衍，當删，《皇清經解》本亦衍。

姻①之故”。又“請吾子之就宫②”，“敢不從”。③ 又“主人出門，左，西面。壻入門，東面。奠摯，再拜，出。擯者以摯出，請受。壻禮辭，許，受摯，入。主人再拜受，壻再拜送，出。見主婦，主婦闔扉，立於其内。壻立於④門外，東面。主婦一拜，壻答再拜。主婦又拜，壻出。主人請醴，及揖讓入。醴以一獻之禮。主婦薦，奠酬，無幣。壻出，主人送，再拜。”舉其全文，靡句靡字非韻也，又不必徒執孔《例》矣。

來示又謂《昏禮命辭》既以為字字皆韻矣，而“母施衿結帨”句，“庶母及門内施鞶”句，又何以獨闕焉不詳？按：“母”韻“庶母”，“施衿”“施鞶”二“施”自韻。“衿”韻下“視諸衿鞶”，與“宫”“宗”二字亦相協。（“夙夜無違宫事”，“敬恭聽宗”。）“結帨”二字與“門内”二字韻，“門”字又韻下“申之以父母之命”“申”字、“命”字。“庶門⑤”之“庶”，則韻上下文之“夜”字、“母”字。諸字亦字字有韻，非闕也。

不揆檮昧，率憑《禮》《詩》二《經》復⑥來教。倘不以為不足誨而匡正之，幸甚。

庸再拜。七月晦日。

## 與汪漢郊書　己巳仲冬

漢郊足下：不見者八年，近即音問亦不通。昨得快覩見所纂⑦《意林

① “婚姻”，《皇清經解》本及《儀禮士昏禮》作“昏姻”。

② “之就宫”，漢陽葉氏寫本原同《皇清經解》本，作“就之宫”，葉氏校改作“之就宫”，是。

③ “若不親迎”至“敢不從”，《儀禮士昏禮》原文爲：若不親迎，則婦入三月，然後婿見，曰：“某以得爲外昏姻，請覿。”主人對曰：“某以得爲外昏姻之數，某之子未得濯漑於祭祀，是以未敢見。今吾子辱，請吾子之就宫，某將走見。”對曰：“某以非他故，不足以辱命，請終賜見。”對曰：“某得以為昏姻之故，不敢固辭，敢不從！”

④ “於”，《皇清經解》本作“于”。

⑤ “門”，當作“母”，《皇清經解》本亦誤。

⑥ “復”，《皇清經解》本“復”上有“以”字。

⑦ “纂”，《皇清經解》本作“著”，漢陽葉氏寫本原同，後批改作“纂”。

翼》，並自著古文，㦒[1]甚！㦒甚！古文才筆，足達其所見。葢斯事不以寒儉為[2]工。試觀唐之韓、柳，文辭爛然，可知所尚矣。再進而求之，日誦太史公、班孟堅書，所作必駸駸入于[3]兩漢。惜庸鹿鹿無能也。

拙《記》四卷，都中舊作，所愜心者，在言韻一卷。王伯申學士、陳恭甫編修皆詒書[4]争之，惟王懷祖先生頗以鄙説為然。然當世多未信斯[5]説，而復嘵嘵好辨，以求申其是，君子不為也。抑語曰："狂夫之言，聖人擇焉。"葢雖上智，必有所遺；下愚，亦有所得。聖人之經，非一二人之所能盡。試舉鄙説，私質之足下，足下平心而察之，固不可曲循[6]庸之臆見，亦不必遽執前人之成説以相詰難。是否有當，幸告我，足以决之矣。

許周生駕部謂，自古有韻之文，與無韻者必有異。若如鄙説，則古人更無無韻之文與[7]。《論語》開卷一章，三"不亦"字，三"乎"字，亦皆是韻。此説恐不可通。庸以《六經》言之，《三百篇》無論矣。如《周易》《尚書》《儀禮》《禮記》《春秋左氏傳》，皆所為[8]古人之文也，而有韻之文，幾半於無韻之文。且即求之秦、漢以前，子、史、傳、記，亦多韻語。《論語》開卷三"不亦""乎"不為韻者，以其文本無韻，故無取乎語助辭耳。若"學而時習之"等句本有韻，則三"不亦""乎"何獨非韻乎？楚狂接輿之歌，懷祖觀察取二"鳳"字為韻，庸以為二"兮"字亦韻也。觀察取二"已"一"殆"為韻，庸以為上句二"而"下句一"而"亦韻也。《毛詩》開卷"左右流之"，"寤寐求之"，"流""求"固韻矣，二"之"獨非韻乎？觀察取"悠哉悠哉"二"悠"為韻，庸謂二"哉"亦韻，與二"之"語助相協矣。此其證也。觀察取王孫賈"與其媚於奥，寧媚於竈"，荷蓧丈人"四體不勤，五穀不分"為韻，庸以孔子言"獲罪，無所禱"[9]，記者書"植其杖而芸"，皆韻也。是非《儀禮字、醮

① "㦒"，《皇清經解》本作"慰"。

② "為"，《皇清經解》本作"爲"，下同。

③ "于"，《皇清經解》本作"於"。

④ "書"，《皇清經解》本誤作"事"，漢陽葉氏寫本原同，葉氏校改作"書"，是。

⑤ "期"，《皇清經解》本作"此"，漢陽葉氏寫本原同，葉氏校改作"斯"。

⑥ "循"，《皇清經解》本作"徇"。

⑦ "與"，《皇清經解》無此字。

⑧ "為"，當作"謂"，《皇清經解》不誤。

⑨ "獲罪，無所禱"，《論語八佾》原文作"獲罪于天，無所禱也。"

辭》與《記》文為韻之證乎？如以為《辭》外不當有韻，則孔子之“禱”，何必儷王孫之“奧”“竈”？仲氏之“芸”，亦無合丈人之“勤”“分”矣！又“唐棣之華，偏其反而。豈不爾思？室是遠而。”此“反”“遠”為韻，“華”與二“而”相協。説《詩》者以四句一章，第三句多無韻。然“子曰：‘未之思也，夫何遠之有？’”實合《詩辭》，“思”與“思”韻，“遠”與“遠”韻矣。“子之武城，聞絃歌之聲，夫子莞爾而笑曰：‘割雞焉用牛刀！’”此“城”“聲”一類，“笑”“刀”一類，而“夫子莞爾而笑”，實就“割雞焉用牛刀”為韻矣，何嘗區别《詩辭》與聖言并記者之文乎？《儀禮》“曰伯某甫”韻“宜之于假”者，此一合《字辭》與記者之《辭》也。“仲叔季，惟其所當”以上韻“永”者，此[1]再合《字辭》與記者之《辭》也。“子曰諾”韻“若則有常”者，此一合《醮字[2]》與記者之《辭》也。（《毛詩》“莫敢不諾，魯侯是若”，用韻同此。）“不敢忘命”韻“勖帥以敬”者，此再合《醮辭》與記者之《辭》也。若“永受保之”，“之”與“備”字韻，“若則有常”與“往迎爾相”韻，皆《字、醮辭》本文，其韻尤顯明可據。而精審如王學士，尚[3]斥《字辭》末二句、《醮辭》末一句，皆不入韻。宜乎，《辭》外之文，庸以為有韻，駭人聽聞矣！乃古人隸韻，必如是之反覆申明，彼此印證者，蓋非特結購[4]文字，恐其散漫無紀，亦慮後人讀之不能遽[5]得，故不厭重言以明之乎。

又如《毛詩車攻》五章：“決拾既佽，弓矢既調。射夫既同，助我舉柴。”中二句“調”字，乃與四章“駕彼四牡，四牡奕奕”兩“牡”字為韻。“同”字乃與首章“我馬既同”、四章“會同有繹”兩“同”字為韻。隔章相協，《三百篇》極多，詎説《詩》[6]者必以“調”“同”二字為韻，引《離騷》以證？辨見《日記》。

又段氏引東方朔《七諫》，孔氏引《韓非子揚權篇》，為諧聲合韻之

---

① “此”，《皇清經解》本脱。

② “字”，疑當作“辭”。

③ “尚”，《皇清經解》本作“尚書”。漢陽葉氏寫本删“書”字，是。

④ “結購”，《皇清經解》本作“結構”，是。

⑤ “遽”，《皇清經解》本作“驟”，義同。

⑥ “《詩》”，《皇清經解》本無。

據。庸按：《韓非子》云："道無雙，曰故一[①]。是故明君貴獨道之容。君臣不同道，下以名禱。君操其名，臣效其形，形名參同，上下和調。"此"同"與"雙""容"為韻，"調"與"道""禱"為韻。《七諫》"恐矩矱之不同"與下文"正法弧而不公"為韻，"恐操行之不調"與上文"固時俗之工巧兮"為韻。讀之[②]，莫不各有條理；混合之，遂承訛襲謬，展轉相因，并以茲誣古人矣。古《經》文韻深奥，讀者難以遽通其旨，思而適得，並承妙諦，豈容執前人之成見，而一概抹摋耶？是非所望於高賢也[③]。足下讀書能通大義，不拘拘株守一家之學，此庸所心焉竊慕者。知我有素諒，不斥為好辯也。

《盧氏禮記六藝論補遺》奉上，希荃察並問文祉，不既。

庸頓首。

## 與莊葆琛明府書　己巳仲冬

周生駕部取《論語》三"不亦""乎"字以諷庸之言韻。庸《與汪漢郊書》既以上文無韻釋之矣。既而，思之"習"从白聲，與"悅"為韻。嚴氏《説文聲類》"習"在脂類，謂："从習得聲者，始轉入談類"，與《魯論》開卷正合。"有朋自逺方來"，"人不知而不愠"，皆單句首尾自為韻。"有"與"來"，之類也；"人"與"愠"，真類也。"不亦君子乎"，"子"與"子"韻。"不亦樂乎"，"樂"與"學"為幽、宵通協。則三"不亦"字，三"乎"字，實句句韻也。古人文韻必由深思得之，學者童而習之，口頭滑過，遂相沿而不覺耳。本以啁嘲，適成典據。以庸所見，《經》《傳》之文，此類極多，皆出自然而非穿鑿，可以信之而無疑者。不識先生以為然否？

昔金壇段氏受業於戴吉士，而與東原言韻書云："抽繹遺經雅記，差可自信其非妄。不敢為苟用[④]之論，惟求研審音韻之真而已。"庸之于先

① "道無雙，曰故一"，《皇清經解》本同。今中華書局校本《韓非子集解》作"道無雙，故曰一"，當據乙正。

② "讀之"，《皇清經解》本作"分讀之"。觀上下文意與句式，宜補"分"字。

③ "也"，《皇清經解》本無。

④ "用"，當作"同"。

生，亦由[1]是也。如“同”“調”非韻，“日”“月”為韻，及“地”不讀“它”之類，與今人所言或不同，於《經》《傳》之文實印合，亦求一研審之。又學問之道，貴在虛已受益，亦貴獨斷不疑。庸之言韻往往與嘉定錢詹士[2]、高郵王觀察暗合，而精密實過于二家。若云有意于從王、從段也，則非所敢聞矣。先生之誨庸讀書也，庸方弱冠，知之最深且久，故不覺一吐狂言，幸恕其罔[3]。

順問道安，不一。

庸再拜，十一月廿七日。

## 荅張伯雅書　庚申孟秋

頃接來札，殷然以古韻為問，雖所言未能盡是，然知究心於此，將必求其是而後已。弟雖不深於音學，其敢不舉所知以告乎？

足下引《易》“日昃之離，不鼓缶而歌”以證“支”與“離”有確然可通者，發想最妙，然尚似是而非也。何以言之？“離”字古讀如“羅”，與歌韻為本音而非通協。“歌”今讀如“哥”，亦本音，讀“居支切”者，後世之音。猶自《廣韻》以下以“離”入支韻，皆非古三代之音也。三代之音當以《毛詩》《周易》為準的。如《詩東山》：“親結其縭，九十其儀（俄）。其新孔嘉，其舊如之何？”《湛露》：“其桐其椅，其實離離。豈弟君子，莫不令儀。”《江有汜》：“江有沱，之子歸，不我過。不我過，其嘯也歌。”《考槃》：“考槃在阿，碩人之薖。獨寐寤歌，永矢弗過。”《卷阿》首章“有卷者阿”韻“來遊來歌”，末章“君于之車，既庶且多。君子之馬，既閑且馳。矢詩不多，維以遂歌。”《易離》：“九三，日昃之離，不鼓缶而歌，則大耋之嗟。”“嗟”古讀如“磋”，與“離”“歌”皆本韻本音。“六五，出涕沱若，戚嗟若。”“沱”與“嗟”韻可證。《中孚》：“六三，得敵，或鼓或罷（婆），或泣或歌。”《小過》：“上六，弗遇過之，飛鳥離之。”試三復《詩》《易》二《經》，可信今人

---

① “由”，當作“猶”。

② “詹士”，當作“詹事”。

③ “罔”，疑當作“妄”。

讀“歌”為古本音，讀“離”非古本音，確然無疑矣。《楚詞》：“二女御《九韶》歌。使湘靈鼓瑟兮，令海若舞馮夷。”此讀“居支切”，與“夷”韻為協音，而非本音也。明乎此而知“歌”與“支”之於古不通矣。“墜”與“墬”是兩字，“墬”為古“地”字，“墜”非地[①]，“墜”非“地”字也。班孟堅《賓戲》“天墜之方”，本作“天墬”，作“墜”係俗本誤耳。故讀古書尤必先正譌文也。

鄙文已楷寫，今遵命送閱，統希察入是荷。

## 與阮芸臺侍講論古韻書 庚午孟秋

庸前自長安城來，懷祖先生教之曰：《毛詩漢廣》一篇，字字皆韻。“不可休息”，“不可求思”，“休”“求”固韻，“息”與“思”皆韻也。“南有喬木”，“漢有游女”，“喬”“木”“游”“女”，亦幽、宵、魚、侯之通協也。下四句“廣”“永”“泳”“方”皆本韻，虛字“有”“之”“不”“可”，亦字字相對。如“山有扶蘇，隰有荷華”，“扶”“蘇”“荷”“華”，四字四韻。讀“荷”如“胡”，蓋古方音。二章“山有喬松，隰有游龍”，“松”與“龍”韻，“喬”與“游”協，猶《漢廣》之“喬”“木”“游”“女”也。蓋詩人之例，句末之韻，必用其本類，韻上之字，乃用其通協。

庸案：《草蟲》首二句“喓喓草蟲，趯趯阜螽”，“要”聲“翟”聲，皆宵類也；“草”與“阜”，幽類也；“蟲”與“螽”，冬類也。却一字不相通假。又《虞書》之歌，説者皆取“喜、熙、起”“明、良、康”“脞、惰、墮”三韻，而不知上文“帝庸作歌，曰：‘勑天之命，惟時惟幾’”為有韻也。蓋“勑天之命”，“天”與“命”韻；“惟時惟幾”，“時”與“幾”韻。《毛詩假樂》一章，“人”“天”“命”“申”為韻，《卷阿》八章“天”“人”“命”“人”為韻。此“天”與“命”韻之證也。《春秋昭三年左氏傳》叔向稱《讒鼎銘》曰“昧旦丕顯，後世猶怠”，《詩桑柔》三章“資”“疑”“維”“幾”為韻，皆之、脂通用。此“時”與“幾”韻之證。而“帝歌”之二句四用韻，與《銘辭》之“旦”

① “‘墜’非地”，誤重，當刪。

“顯”為一類，“世”“怠”為一類正同。昔錢少詹事以《銘辭》八言，字字皆韻，庸謂“帝歌”亦然。上句“勑”與“之”皆之類，二“惟”字脂類，而言韻者不取此。夫帝首作歌，《經》有明文，何以反獨無韻？孔《傳》曰：“用庶尹允諧之政，故作歌以戒，安不忘危。”是晉出《書傳》，未始不以此為歌也。至孔仲達，乃有“將歌而先為言，既為此言，乃歌曰股肱之臣”云云等謬說。則至《正義》，始不以此為歌《辭》。竊舉新得奉質，希有以教之。

## 與王懷祖觀察論挍小學鉤沈書　辛未仲夏

凡《一切經音義》所云“字體作某”者，謂字之形體如此，或言正體當如此，非别有《字體》之書也。故卷九《大智度論》三十三曰：“磓磔”《字體》宜作“磫礭”二形，言“宜作”則非本有此書，尤為明證。《鉤沈》采《音義》所引《字體》五十則，其《敘録》亦言“《史志》及書目俱不載”，似不當承訛襲謬，擬盡刪之。

又《華嚴經音義》每引《珠叢》《韻圃》二書，《鉤沈》有《韻圃》而無《珠叢》。其實《唐書藝文志》《儒林傳》皆有《桂苑珠叢》，《玉篇》及《太平御覽》引《桂苑》，《晉書音義》引《珠叢》，《華嚴經》卷上引《珠叢》三十四則，卷下引十八則，皆即此書，擬補其闕。

又《隋志》有《説文音隐》，《唐志》但偁為《音隐》。《經訓堂叢書》有《説文舊音》一卷，殊嫌疎略。乃《鉤沈》載《音隐》，僅《一切經》卷四一，則將刪之。抑仍其舊，或博考羣藉以補之？

以上三事，均祈示奪。粗挍一過，恐舛漏百出，貽誤後人；若逐條細勘，又未能倉猝了事。庸篤學不倦，但精力不如前耳。

王石渠先生荅書

接讀來示，考訂精詳，佩服之至。《字體》可刪，《珠叢》可補，其《説文音隐》，若博考羣書以補之，實有功於許氏。此書不知亡於何時，《繫傳》所稱“此反切皆後人所加”者，疑即是也。乃小徐易以新音，而大徐則專用唐韻，於是《説文》之舊反切遂亡。今采羣書補之，實一快事也。

專此羽覆，不一。

念孫頓首用中先生執事。

## 與王伯申學士論挍小學鉤沈書　辛未季春

承詢《鉤沈》事，原約月杪可竣，庸於此事，刻不敢忘者也。去臘天寒日短，且事冗，新正甫挍起。然《中州文献考》寫者三人，俟看出發抄，又為汪禮部編挍《遺書》并著《行狀》，從事小學三分之一。後汪禮部事竣，寫者或為他事，故邇日寢食不遑，謝絶人事，唯《鉤沈》之是務也。特此書每條不過數字，而所引有二、三書以上者，即一書又有兩三偁以上者。取其相勘，勢必逐條、逐卷、字字讐對，庶可自信，以信於後。再以侍御原稿煩蕪，或本末倒置，有偁此卷而實在他卷者；有偁是書而錯在彼書者；更有通部細撿而卒未得者。即如開卷《雜字解詁》："格，閣也。"《注》："出《漢書竇太后傳》。"通撿《漢書》無《竇太后傳》，覆撿《史記外戚世家竇太后篇》及《漢書外戚列傳孝文竇皇后篇》，并《後漢竇皇后紀》，皆無，最後得《史記梁孝王世家》有"竇太后義格"之文，知稿本"竇太后"三字因此致誤。且裴駰無《注》[①]，小司馬《索隱》標"義格"二字曰："張晏云'格，止也'。服虔曰[②]'格謂格閣不行'。蘇林音'閣'。周成《雜字》'豉閣也'。《通俗文》云：'高置立豉棚曰[③]豉閣'。《字林》音'紀'，又音'詭'也。"庸按："格""閣"字皆從各聲，故周成訓"格"為"閣"。《史記三家注》載服虔説作"格閣不行"者是也，單本《索隱》作"謂格鬪"，《漢書文三王傳注》作"音格鬪"，皆誤。顏引蘇林亦音"格"[④]，可證周氏義本服、蘇，故以"格"為"閣"。小司馬更引《通俗文》以申"格，止"之義，今本引周成作"豉"，涉下文而誤，引《通俗文》"棚"上有"豉"，亦涉下衍也。《雜字》正文當仍作"豉"，下著按語，明當為"格"，今竟改為"格，閣也"，又復出"豉閣也"。兩注其所出，而所出又轉展譌舛至此。不苦心

① 中華書局校點本有《集解》："如淳曰：'豉閣不得下。'"

② "曰"，中華書局校點本作"云"。

③ "曰"，中華書局校點本作"云"。

④ "格"，當作"閣"，上文引蘇林音正作"閣"。

考得之，其敢輕刪乎？故此事本瑣碎煩重，加以素性不肯草率，遂似時日有稽，其實刻刻為此，未嘗稍間。深悉其原委，别無簡便之法。且代人挍勘，往往曲意相就，較之自著尤難。閣下體此，則為飛行絶迹矣。原稿二冊送覽，凡經勘覆，皆有點識及刪補字樣，紅黑筆隨意用之。大㫖以唐為斷，宋、元人所稱，不盡可據，擬不録。其次序多不可解，即此已得十之六七，較之原稿差足為善。如欲盡之，亦非所難，但當少從容，且更有他事及應酬，又恐時日稽遲。此等事細言之，終身不能盡也。至録清付梓，恐非鈔胥所能。尊處有明小學者，為謄録，甚善；否，則仍付來，給以紙筆，庸為手寫，何如？每謂此等皆學者公事，不當分彼此。承委無不盡心，特終不敢苟簡從事、聊草[①]塞責，當為喬梓兩先生覽之也。

## 與孫淵如觀察書　庚午季夏

途次謁王懷祖先生，誨之甚殷，書函中希道及感謝之忱。前在安德，承論五帝為五行生旺之氣，先王祀典不可輕廢，□□□有東嶽火德開廟釋氏[②]，北極之尊，禮為五帝，復祀之明徵，配合適當，并論文、宣王之不襲封，則五王祠上無所啟，衍聖公下無所繼，説極精善。庸謂太史公作《孔子世家》亦後王褒崇之意。此等議論，須著文以發明其㫖，俾可考而行之。《尚書義疏》發明古今文之學，有前人所未言者。聞將續著《堯典》《微子》等篇。此事固非一人之能盡，然必先盡夫我力之所能為，餘俟後人補之，不可一意委之來學，致彼此蹉跎也。汪君家禧，為門下[③]詁經精舍高足弟子，所業精進，實兩浙諸生中第一。阮侍郎、戴金溪、陳恭甫、許周生諸君並以為然，非庸一人私言。且誼篤師友，歷夂不渝，遠非浮薄譁囂輩所可同年而語。夙承獎借，銘感尤深。庸來時修書敬候，意欲得大集并所刊書伏讀奮興，先生宜惠然荅書，並賜近刻數種以酬其意，庶使真讀書人亦稍有起色。閣下本樂善不倦，庸尤樂道人之善，聒聒不已，諒不嫌其瀆。

---

① “聊草”，疑當作“潦草”。

② 因前有缺字，文句難以識斷。

③ “門下”，當作“足下”。

附去先考《誌銘》《家傳》勒石文各一首，以備尊撰《愛日居遺文序》有所采擇。

## 與孫淵如觀察論校管子書　庚午仲夏

《管子》多三代遺文，然錯誤難讀，僅成絕學。懷祖先生所校，頗析窔奧，深中竅要，悦服之至。餘校亦多善者。庸夊欲為此，未果，今既在此竚候旌節，因取手校原書，句櫛字比。宋本之善者，既為一一補注，其似是而非者，兼訂正之。更有心得者，如《版法篇》“悦在施有，衆在廢私”，尹《注》四字為句，誤也。考《版法解》引此文曰：“四説在愛施，有衆在廢私。”“施”與“私”韻，五字一句。本篇上句脱“四”字、“愛”字，遂誤讀下句“有”字屬上，《後解》俗本又脱“四”字，幸宋本有之。《解》云：“愛施俱行，則説君臣，説朋友，説兄弟，説父子。”此“四説”之明證矣。

《幼官篇》“若因夜虚守靜”，注者、校者俱為謬説。按：《後解》作“處虚守靜”，“虚”“靜”對文，“處”“守”字亦相對。《心術上篇》云“天曰虚，地曰靜”，“處”字正寫作“処”，便與“夜”形近，而斷非“風清月白夜窓虚”之游談也。

“十二小卯、十二始卯、十二中卯、十二下卯”，《春秋》並有此文。今謂“卯”“酉”二字，《説文》所載古文形相近。“丣[①]，冒也。二月，萬物冒地而出。象開門之形。”“酉，就也。丣，古文酉。从卯。卯為春門，萬物已出。酉為秋門，萬物已入。一，閉門象[②]。”氣節之名，春當言“卯”，秋當言“酉”。如《四時篇》：“春月以甲乙之日發政，夏月以丙丁之日發政，秋月以庚辛之日發政，冬日以壬癸之日發政。”干支配合，可證秋當言十二小酉、十二始酉、十二中酉、十二下酉。此篇的係先秦舊書，故古文“酉”誤為“卯”。先生素精篆籀之學，當能知此也。

校勘此書將已卒業，約簽記六七百則。如得付梓，與《晏子音義》並傳，甚善，甚善。内亦有後人淺俗之言，非《管子》本文者，擬分内、

① “丣”，《説文》原文作“卯”。

② “象”，《説文》原文“象”後有“也”字。

外篇目以區別之。

庸不召不敢至，暑氣漸逼，入都之念頗切。盼望榮旋後即起身，而猶縷縷於《管子》者，庸雖處困阨，不敢廢業耳。

## 與郝蘭皐農部論挍山海經書[①] 庚午季秌

《山海經西山經》“浮山多盼木”，郭《傳》：“音‘美目盼兮’之‘盼’。”凡二見。《箋疏》曰：“郭既音‘盼’，知《經》文必不作‘盼’，未審何字之訛。”庸簽[②]云：“‘盼’字不妨有兩讀。”手示以經典內凡加音者，必係異字；若同字，不須加音。鄙見以經典內加音有異字者，多同部及聲相近之字也。有同一字而其讀不同者，乃高下、疾徐之別，猶後世一字有四聲，而其義亦因之而異也。

《顔氏家訓音辭篇》云：“鄭元[③]注《六經》，高誘注《吕覽》《淮南》，許慎造《説文》，劉熹製《釋名》，始有譬況假借以證音字。”而古語與今殊別，其間輕重、清濁猶未可曉，加以外言、内言、急言、徐言、讀若之類，益使人疑。又如《公羊傳》一“伐”字而有長言、短言二讀，《釋名》一“天”字而有舌腹、舌頭兩言，一“風”字而有横口合脣言之、踧口開脣推氣言之之别，皆同字異讀之證也。

又《禮記樂記、祭義》皆有“易直子諒之心”句，鄭讀俱云：“子，讀如不子之子。”《儀禮鄉飲酒禮》：“賓西階上疑立。”《注》云：“疑，讀為‘疑然後[④]從於趙盾’之疑。疑，正立自定之皃。”[⑤]《周禮冢宰之職》：“六曰主以利得民。”鄭康成云：“利，讀如‘上思利民’之利，謂以政教利之。”“外府掌邦布之入出[⑥]。”《注》云：“布，泉也。布，讀如‘宣布’之布。其藏曰‘泉’，其行曰‘布’，取名於水泉，其流行無不

---

① “與郝蘭皐農部論挍山海經書”，《皇清經解》本文題同此，漢陽葉氏寫本目録中該篇題作“與郝蘭皐論挍山海經書”。

② “簽”，《皇清經解》本作“籖”。

③ “鄭元”，即“鄭玄”，避帝諱而改。下同。

④ “後”，衍文，當刪，《皇清經解》本不誤。

⑤ 今《十三經注疏》本無此《注》。

⑥ “入出”，《皇清經解》本作“出入”。

徧。”是皆同字加音之明證。其所以異者，“不子”之“子”與“父子”音異，“疑立”之“疑”與“疑慮”音異，“利民”之“利”與“財利”音異，“宣布”之“布”與“布帛”音異，故“疑然”今本《公羊傳》作“仡然”，而“不子”當從徐仙民“將吏反”，陸德明“如字”，非也。（《樂記、祭義釋文》同）

手示云：“‘盼’字从‘分’聲，即使有兩讀，似不得以‘盼’音‘盼’。”庸案：“盼”從“分”聲，一語已了然。字从“分”，而讀亦从之者。如《詩碩人》：“巧笑倩兮，美目盼兮。”“倩”从“青”聲，“盼”从“分”聲，為真、清合韻，詩人必不讀“盼”“敷莧反”也。又如王褒《九懷》：“進瞵盼兮上丘[①]墟。”此讀“盼”如“彬”，又讀“瞵盼”如“瞵矉”，聲雖小變，猶為“盼”之本音，古讀原近是也。然《詩》“美目盼兮”，徐仙民“敷諫反”，吕忱《字林》“匹簡反”，又“匹莧反”，陸氏《毛詩音義》“敷莧反’，《論語音義》“普莧反”，音切皆轉入元類，與“分”聲之本音真文類已不同，故郭必加音。猶《禮記》“子諒”，恐人讀為“父子”，故鄭亦加音矣。

《釋名釋天》曰：“豫、司、兗、冀以舌腹言天。天，顯也，在上高顯也。青、徐以舌頭言天。天，垣[②]也，垣然高而遠也。”夫《三百篇》“天”字古音在真類，而“顯”“垣”二釋，取音相近者，已轉入元類，故知郭《傳》“盼”音亦轉入元類。景純、仙民皆東晉人，而非《三百篇》之“盼”與“倩”韻也。《釋名釋天》之由真轉元，亦同斯例。《山海經》內，郭音似此者，皆非誤也。聲音之道，當於今人之異者會其同，又當於古人之同者求其異。庸雖能言之，而未能盡之。

《北次山[③]經》：“繡山，其[④]中有鳠、黽。”郭《傳》：“鼀黽似蝦蟇，小而青。”《箋疏》曰：“鼀當為‘耿’字之譌。耿黽見《秋官》‘蟈’字《注》，亦見《爾雅》。”馬元伯曰：“《爾雅》郭《注》‘耿黽似青蛙，鼀䵶似蝦蟇’。此云“似蝦蟇”，則不得以“鼀黽”為“耿黽”。“秋”“酋”古同聲，“鼀”疑即“䵶”之或體。“䵶”，《説文》讀如“戚”。“䵶”之變為“鼀”，猶“䵶”之音為“秋”也。“秋”“戚”亦一聲之轉。”手示

① “丘”，本作“丘”，避孔子名諱而缺筆。《皇清經解》本作“邱”。
② “垣”，據《釋名》，當爲“坦”，概形近而誤。下“垣然”之“垣”亦當作“坦”。
③ “山”，當作“三”。
④ “其”，《皇清經解》本誤作“巾”。

云："郭'鼃黽似蝦蟇，小而青'一句，兼包《爾雅》二物。若但云'似蝦蟇'，則是'鼀鱦'。又云'小而青'，則兼'耿黽'矣。《爾雅》言'在水者黽'，此《經》曰'黽'，皆水族也。"

庸以尊説與馬君説皆是，而分析未清。何則？《爾雅》上文"鼀鱦、蟾諸"，郭《注》云："似蝦蟇，居陸地。《淮南》謂之去蚥。"此一物也。下文"在水者黽"，郭《注》云："耿黽也，似青蛙，大腹。一名土鴨。"此又一物也。蓋同類異種。《山海經注》實兼《爾雅》二物言之。尊説融會二《經注》，最善。然以"黽"為兼有"鼃黽""耿黽"義則可，以"鼃"即"耿"字之譌則不可。馬君詮發"鼃"字之義至精，能心知其意，確不可易。特謂此《注》言"似蝦蟇"，則不得以"鼃黽"為"耿黽"，似失之太拘。但不得以"鼃"為"耿"之譌，何可妨以"黽"為"耿黽"？是於郭氏兼包並舉之旨，有未察耳。

庸請申言馬君"鼃"字之義，曰《説文黽部》"鼁"下云："䱱鼁，詹諸也。《詩》曰：'得此䱱鼁'（今《毛詩》作"得此戚施"。）言其行鼁鼁。"又"鼀"下云："鼀鼁，（舊作"圥鼀"，訛。）詹諸也。其鳴詹諸，其皮鼀鼀，其行鼁鼁。（此即《孟子》"施施從外來"之"施施"也。舊作"圥圥"，今改正。）从黽，从圥，圥亦聲。""䱱"下云："鼀，或从酋。"然則"鼀""䱱"實一字也。今《爾雅》作"鼀鱦，蟾諸"者，"鼀"即"鼀"之訛。《釋文》字从"去"，起據反，則陸所見本已誤。"鱦"即'鼀'字，不當重出。以《説文》挍之，則"鱦"當為"䱱"。《釋文》音"秋"，則陸本已譌。今《通志堂》本作"齱"，从"齒"，更誤中誤矣。然即可證展轉相乖之致。

書此奉復。鄙説如有可采，或附之《訂訛》，并以質之馬君[1]。

蘭皋先生荅書曰：漢儒不言音，故多譬況、假借之詞；晉人始言音，故多取字異聲同之字，以定本文之音。如《山海經》《穆天子傳》《方言》之類，皆郭氏注，其所作音大氐[2]取用異字，間有同字者，必與正文相涉而譌。

① "馬君"，《皇清經解》本作"虞部"，漢陽葉氏寫本原作"虞部"，葉氏批校改作"馬君"。

② "氐"，《皇清經解》本作"祇"。

承示"鼁䵶，詹諸"一條，讀書精細，當采入拙著《爾雅古音義疏》中。舊引《説文虫部》"蝌鼁，詹諸"之文，以證《爾雅》"鼁䵶""鼁"字之譌，自以為得之矣，今以先生及馬元伯之論，剖精當勝於鄙見遠甚。又馬虞部引《夏小正》"鳴蜮"，《傳》曰"屈造之屬也"。《淮南説林訓》"鼓造避兵"，高誘注"鼓造"亦"蝦蟇造"。"鼁""戚"古音同，"去""屈""蝌"音相近，"屈造""鼓造""鼁䵶""蝌鼁"皆一聲之轉。郭注《爾雅》云：《淮南》謂之"去父"，《廣雅》"去蚥，蝦蟇也。""鼁"字非譌。

庸按：《西山經》"浮山多盼木"，郭《注[①]》："音'美目盼兮'之'盼'。"又"黄山盼水出焉"，郭《傳》："音'美目盼兮'之'盼'。"又"皐塗之山有獸，名曰玃如"，郭《傳》；"音'猳嬰'之'嬰'。"(《箋疏》曰[②]"當為'玃'"，《注》"當為'玃'。"按：'玃''玃'實一字，凡犬旁、犭旁之字皆互通矣。)《北山經》："單張之山有獸，名曰諸犍。"郭《傳》："音如'犍牛'之'犍'。""神囷之山"，郭《傳》："音如'倉囷'之'囷'。"《東山經》："番條之山，減水出焉。"郭《傳》："音同'減損'之'減'。"《海内東經》"肄[③]水出臨晉西南"，郭《傳》："音如'肄習'之'肄'。"(《箋疏》曰："《水經注》本引作'肆水'，故郭音'肄習'以别之。"按："肆"亦古"肄習"字，鄭注《玉藻》云："肆，讀為肄。"此《經》如作"肄水"，《傳》當云："音如'肆習'之'肆'"。)《大荒南經》"有山名曰去痓"，郭《傳》："音如'風痓'之'痓'。""有小人名曰菌人"，郭《傳》："音如'朝菌'之'菌'。"《海内經》"有菌山"，郭《傳》："音'芝菌'之'菌'。"凡郭音，《經》《傳》同文者十見，皆一字有異讀之明證，可決非相涉之譌，并無藉取徵於他書矣。

至《説文》"蝌"字與"鼁""䵶""鼀"皆一聲之轉，"蝌""鼁"之不得連文，猶"鼁""䵶"之不得連文也。《説文虫[④]部》之"䵹"誤為"鼁"，猶《爾雅釋魚》之"䵹"誤為"䵶"也。"去"

① "注"，當作"傳"，以與上下文例同，《皇清經解》本不誤。

② "曰"，《皇清經解》本"曰"下有"《經》"字，是。此文《經》《注》對舉，宜據補"《經》"字。

③ "肄"，《皇清經解》本作"疑"，誤。

④ "蟲"，當作"黽"。

聲古在魚類，與幽類異。"竈"之為"竈"，實形之訛。許書所載皆三代古文，與《爾雅》相表裏，正以"竈""䵷"本一字，故《爾雅》"竈""䵷"當從《説文》作"竈""䵷"，不得援《廣雅》"去蚥"、《爾雅注》"去父"，遽執《爾雅》从"去"為不誤。"鼓"與"去"皆魚類，"屈"則遠在脂類，"蝌"則仍與"竈""酋""秋""戚"為一類，未可强[①]合。鄙見雖然，恐啟黨同伐異之習，故不復論難，附識於此。王懷祖先生見前書云："尊説據《説文》以訂《爾雅》之訛，是也。"

十月五日識。

## 與陳扶雅論大典本易林書　辛未閏月

承示《永樂大典》本《焦氏易林注》一冊，此希世之珍也。《注》義淺薄，如《蒙之乾》引《書》"江漢朝宗于海"，《注》云："猶諸侯朝宗於王也。"此《蔡氏集傳》。《小畜之睽》引《詩》"左手執籥"四句，《傳》云："籥如笛而六孔，或曰三孔。翟，雉羽也。公言錫爵，即《儀禮》燕飲而獻工之禮也。"此《朱子集傳》。則此葢宋末人所作。

然如《蒙之師》："小孤渡水，污濡其尾。"《注》曰："'孤'當作'狐'。《易》：'小狐汔濟，濡其尾。'"雖明曉其誤，猶不輕改，知此本正文極可據也，今新舊諸本俱改作"狐"矣。"頤重譯賀芝。"《注》曰："漢武帝元封元年，甘泉宫産芝，九莖連葉，乃作芝房之歌以薦郊廟。"張本作"賀之"，何本作"置之"，毛本作"買芝"，皆訛。

《需之訟》："二牛生狗，以戌為母。"《注》曰："'二牛'，一作'三年'。"一作"三馬生駒"，見《否之姤》。宋本、張本正文如此，《注》見《坤之震》。何本作"三年生狗，以戌其母。"其字誤注。《坤之震》《否之姤》，合二始得之。此本《坤》《否》皆在所問中，宋本《坤》與此同，《否》又作"三牛生駒"也。

《泰》："楚靈暴虐，罷極民力。禍起乾谿，棄疾作毒。扶伏奔逃，死申亥室。"《注》曰："楚靈王成章華之臺，狩于州來，次于乾谿。公子比

① "强"，《皇清經解》本作"彊"。

作亂，遂縊于芋尹申亥氏。”見《左氏昭十三年傳》。宋本以下俱誤為“扶仗奔逃，身死亥室”。按：“扶伏”聲借為“匍匐”。《詩》：“凡民有丧，匍匐救之。”《家語論禮篇》引作“扶伏”。靈王聞羣公子死，自投於車下，沿漢欲入鄢，芋尹求王，遇諸棘圍以歸。非所謂匍匐奔逃乎？

《恒》：“蝙蠳生子。”《注》曰：“‘蝙蠳’，即‘蝙蝠’也。”張本作“蝙螺”，何本作“蝠螺”，皆訛。按：《爾雅》：“蝙蝠，服翼。”郭《注》：“齊人呼為‘蟙蠳’。”《正義》引《方言》曰：“北燕謂之‘蟙蠳’。”《釋文》：“蠳，亡北反。”

《小過》：“憂心怞怞。”《注》：“怞，竹律切。”諸本皆依《毛詩》改“惙惙”。按：《玉篇心部》：“怞，竹律切，憂心也。又丑律切。”當本此。焦氏葢據《魯詩》，是皆諸本有訛，藉《注》以考見正文者也。

《蒙之乾》諸本删“蒙之”二字，則為卦首不見，《小畜之乾》以下準此。《比》“君失其國”，諸本皆作“君失其邦”，張本云：宋校本作“國”，此正合。《泰》“西鄰孤嫗”，諸本作“孤媪”，非。《豫》“戰於瀟湘”，“瀟湘”，水名，張本訛“蕭相”，何本改“戰於城南”，與上“强”“鄉”不韵矣。《遁》諸本改“遯”。按：陸氏《釋文》曰：“‘遯’字又作‘囗’，又作‘遁’，同。”《萃》“黿龔芬薌”，“薌”，古“香”字；《困》“卒離悔憂”，“離”，古“罹”字，諸本皆改“香”、改“罹”。

《井》：“三人為旅，俱歸北海。”《坎》為水，故言“北海”，諸本屬《鼎》。《革》：“愆淫旱疾，傷害稼稼[①]。丧制病來，農人無食。”此改革之象，諸本屬《震》。《鼎》：“攫飯把肉，以就口食。所[②]（作方訛）往必得，無有虚之。”此烹飪有實之象，諸本屬《艮》。《震》：“夏姬親附，心聽悦喜。利以搏取，無言不許。”此笑言啞啞之象，諸本屬《井》。《艮》：“南山昊天，刺政閔身。疾病[③]無辜，背憎為仇。”此《艮》為山，取《詩》“節比[④]南山，維石巖巖”意，諸本屬《革》。皆倒誤之甚者也。

《未濟》“非人所處”與下“使我心苦”為韵，何本作“兆人所往”，

---

① “稼稼”，《四部叢刊》本作“稼穡”，宜據改。

② “所”，《四部叢刊》本作“萬”。

③ “病”，《四部叢刊》本作“悲”，宜據改，以與下文“背憎”相對爲文。

④ “比”，當作“彼”。

宋本作“非人所往”，皆失之。《需之巽》：“逃匿膏盲①，和不能愈。”與宋本合，何本作：“逃匿盲上，伏於膏下，和不能愈。”誤衍也。略舉其端，亦可證此本之精矣。

特就《需卦》觀之，止存二十有七，脱落過半。又《小畜》以下無《注》者并不録，正文此類恐出之抄胥憚煩所竄删，不知正文可寶，較《注》為尤也。希囑書農太史細意挍勘，焦氏真面目或由此得傳乎。

愛古者足下，識古者固庸也，必全録無疑。

原書暫繳，借讀勿爽約。

庸頓首。

## 上畢纕蘅制府書　乙卯季春

前閲邸抄，見閣下塗次奏剿逆苗事，意主撫綏，不勝歎服，始信仁人長者之用心，固大異於貪功好殺者。所属苗民夂託仁宇，安服向化，特因與漢人貿易或失公平，遂至作釁。然蠢頑無知，恉②極可憫，復多無辜迫於脅從，倘殲其渠魁而招諭餘黨，勢自瓦散，庶不致蔓延他省，夂益難治。此吾鄉楊文定公綏定苗疆之略，今日仍用之於閣下，與文定後先輝映，誠仁至義盡之策也。

公孫進塾以來，溫經習字，選讀唐、宋古文之靈動者，日講經書，兼及古義，聲音、詁訓，漸有所知。口授之下，俾其執筆記録，名《拜經書塾講授》。所可喜者，悟性已啟，衹因夙習童心未除，故不患其識之不明，苐慮其學之不勤且篤耳。每感閣下相待殷拳，自當盡心啟迪，以報所知，不敢聽其自暇、自逸、為苟且伴讀計，此事可無掛念。

附畢宫保手書六通，以誌知己之感。嘉慶庚申秋七月十一日，檢録《拜經堂集》。鏞堂自記。

昨接省信，知文旆早經抵鄂，邇日想下榻衙齋矣。小孫妨工已

① “盲”，當作“肓”。

② “恉”，當作“情”。

从，希在兄勤加教訓，照去冬課程講解經義，温習舊書，勿使因循過去，足紉關愛。再，僕舊有《毛詩詁》一本，稿已失去，意欲在兄成此書，但各種應采之書，須開單至蘇取出也。

此致，即候近祉，不一。

弟沅手啟。

頃接手書，具紉雅注，比維文祺迪吉，著作日新，可勝欣佩。小孫資質遲鈍，得蒙時雨之化，循循善誘。目前所最要者，惟令潛心經義，兼習訓詁，俾之識解漸開，不失為通經之士，並不望其專習舉業，為下闈計也。附去銀四十兩，祈照入。來弁鄧學海差往蘇州，令其送至府上，甚便。

此致，即候近佳，不一。

學弟沅手啟。

日昨兩接手書，並寄到小孫經解二篇，稟函一紙，具紉教法嚴明，循循善誘。小孫姿質①本遲鈍，又从疎于開導，兹叨時雨之化，知識既開，正應努力用功，日圖進取。其託故不出，殊欠喜懷，前已諄諄訓飭，屬于清晨到館，傍晚後進内，天暑免其夜課。倘有妨工之處，尚祈嚴察。及之近來，崇尚實學，但求循序漸進，不失為通經之士。至制義一道，與經義是一是二，原可貫通也。

堂上氣體違和，想已喜占勿藥。昨日遣小价回省，附去人參三錢。此間因所存無幾，後再寄。又銀三十兩以為調劑之需，二十前當可送到。从病應服溫補之劑，理陰煎附子、理中湯俱可用也。

此復，即候文祉，不一。

同學弟畢沅手啟。

頃接手書，知前函已達青覽。小孫姿質遲鈍，得承時雨之化。兩月來，寄來經解，知識漸開，而文意亦覺通順。叨承啟迪，殷懷無任感佩。且近來崇尚實學，果能貫通經義，較之詞章一道更為上乘矣。南來之信尚存，村學究之見不足為準，幸勿介懷為望。

① “姿質”，當作“資質”。

特此布達，即候文祉，不一。

弟沅手啟。

屢閱小孫來稟，道及文祉綏佳、起居多吉為慰。小孫寄來課藝，日有進益，具見循循善誘。俾得有成，良深心感。惟渠現因堂上四十初度，又有微嗽見紅，急欲回南，已定于十三日令其起身。所望吾兄挈領同歸，沿途得蒙教誨，可免妨工。薀台旆由齊之楚，業已年餘，藉以歸省椿萱，亦可慰倚閭之望。計期到家，當嘉平中浣，或于歲底，或在開春。務望即至吳門，下榻小齋，俾小孫長侍左右，漸沾時雨之化，實感栽植雅誼于無既也。附去銀五十兩，並希照入。

特此布達，順候近祉，不一。

同學弟畢沅頓首。

頃奉手書，具徵樂育，殷懷拳拳勿替。小孫得承教誨，知識日開，屢閱經解，漸有進境。誠如來翰所云，秉此機會，正學業可成之日。玆已嚴切諭其逐日到館，無得託故妨工。課藝按期寄閱，以驗勤怠。另承并悉尊公貴恙已痊，深為可喜。至吾兄學優品粹，得諸庭訓者居多，尤深欽佩也。

此復，即候文祉，不一。

同學弟沅頓首。

抱經學士寄候一函，希照入。

弇山尚書子未及見，讀與在東書札，知其待士之厚，難得！難得！嚴元照記。

## 上蔣祭酒書　庚午仲秋

庸再拜祭酒先生門下，前面論首《藝》[①] 筆似《史記》，庸何足以當

① 《藝》，當即鄭玄撰，臧玉林先生原輯，臧庸補輯之《六藝論》。刊本有三：一，嘉慶辛酉仁和陳氏刊本；二，光緒庚子南陵徐氏《鄦齋叢書》本；三，臺北藝文印書館民國五十九年影印《拜經堂叢書》本。

之？然七月中日讀司馬子長書，極愛《伯夷列傳》，用筆縱横跌宕，不可端倪。而細尋其脉，則一線貫串，絲毫不紊，文律之謹嚴，後世鮮能及之。説者謂漢、魏人法疏，唐、宋人法密，非知言也。

此篇言載籍極博，必考信於六藝，六藝之文必折衷於孔子。故堯、舜、禹相讓可信，而由、光不可信。伯夷無怨，當以孔子序列之言為信。軼詩有“吁嗟命衰”① 之嘆，為鄰於怨，不可信也。此史公謹慎之至，所以辨正舊文，而更為《列傳》之意。後舉顔淵、盜跖以證，夷、齊見天道於善惡，不在報施一時，而在立名後世。而立名之士，必得聖賢為依歸，所以收盡通篇而嘆世無孔子，己之不遇也。此《傳》千古創格，推尊孔氏至矣、盡矣。先黄老後《六經》之論，胡為乎來哉？

最喜孔子曰：“伯夷、叔齊不念舊惡，怨是用希。”下接“求仁得仁，又何怨乎？”又子曰：“道不同，不相為謀。”下接“亦各從其志也”。又故曰“富貴如可求，雖執鞭之士，吾亦為之。如不可求，從吾所好”。下接以“歲寒，然後知松柏之後凋。”按：“亦各從其志也”者，即曾晳曰：“夫三子者之言何如？”子曰：“亦各從其志也已矣。”史公據古文作“從”字，運用《魯經》直如己出，隨手拈來，咸成妙諦，真乃神化之筆。鄙《藝》“故顔淵亦喟然而歎”數語合之本題，渾然無迹，竊學此焉。

《禮記曾子問》“吉、凶、軍、賓、嘉”之變，此言《小戴禮記》也。又廣以天圓律數之學，此言《大戴禮記》也。《曾子問》本《禮記》篇名，“禮記曾子問”五字，字字皆實；文用此五字，則字字凌空，謂禮家記載曾子所問“吉凶軍賓嘉”五者變禮也。開講，故黨人歎孔子之“大，博學無所成名”者。達巷黨人曰：“大哉孔子！博學而無所成名。”猶子曰：“大哉堯之為君！蕩蕩乎，民無能名也。”故宰我曰：“夫子賢於堯、舜遠矣。”本有美，無惜黨人歎孔子博學，孔子自言“約禮”也。下文“吾何執？執御乎？執射乎？吾執御矣。”“執”即“約之”之謂。射、御雖藝，亦禮也。用此正合魯國秉周公之禮，伏下《禮經》十七篇及夏、殷禮必折衷於孔子。折衷内藏“約”字，“教學”二字亦一線

① “軼詩有‘吁嗟命衰’”，“軼”，原字不清，暫定爲“軼”。清人沈德潛編《古詩源》卷一“古逸”詩之《采薇歌》有：“吁嗟徂兮，命之衰矣！”《采薇歌》相傳爲伯夷所作。見《史記伯夷列傳》。《史記》本文“吁”作“于”。

到底。

《論語》開卷“學而時習之，不亦説乎?”此言“博文”也。“人不知而不愠，不亦君子乎?”此言約禮也。何以證之?證之以終篇孔子曰：“不知命，無以為君子也；不知禮，無以立也；不知言，無以知人也。”再證之以子曰：“不怨天，不尤人，下學而上達，知我者其天乎!”本題“君子”與起結兩“君子”俱是一人，皆孔子託以立教、“約禮”之至馴。至知天、知人、不愠、不怨，即“下學上達”工夫，所謂“一以貫之”也。更推以弟子孝悌、謹信、愛衆、親仁，此“約禮”事也；“行有餘力，則以學文”，此“博文”事也；賢賢易色，事父母、事君、信友，此“約禮”事；“雖曰未學”，言“博文”事。此二章言初學即以“約禮”為本。子曰：“可與共學，未可與適道。”此言“博文”事。“可與適道，未可與立。”此言“約禮”事。立者何?立於《禮》也。故子曰：“興於《詩》，立於《禮》，成於《樂》。”又曰；“不學《詩》，無以言；不學《禮》，無以立。”庸之自記謂不如此解，不足以貫通全《經》，先生評語亦云“古人立言無不相貫通”，不謀而暗合，印證之深至此也。

《毛詩》“江之永矣”，《文選登樓賦注》引《韓詩》作“江之漾矣”，《説文永部》引《詩》作“江之羕矣”。又《水部》：“漾，水。字[1]，古文从養，作瀁。”然則永、羕、漾、瀁、養五字皆通。孟《藝》用“漢之廣矣”者，詮題“至大至剛也”，廣，大也。用“江之漾矣”者，詮題“直養無害也”，漾，養也。宋芷灣、陳恭甫兩太史謂“羕之於養，究多一轉折，不如用易語‘蒙以養正’等句為本字，尤切。”因仿其意易之，其氣勢不及原本之濶大，而用意精密似過之，希定其從違。

聞更有累幅長批拙《藝》，重送上并附鄙説求正，伏惟匡所不逮。幸甚，幸甚!

## 與秦小峴少司寇書　庚午季冬

走候未得見，目已愈否?念念。

閣下古道照人，接引後進，海内之士將望風奔走，况一同郡之人耶?

① “字”，衍。

知先生非拒客者，庸亦無所干相見。則所談者不過學問文章之事，非先輩之於後進相需甚殷者，昌黎已言之矣。庸雖布衣，頗自愛重。自入都以來，同鄉先達足跡所到者，惟閣下之門及吴玉松侍御所而已。然亦下①敢數數輕詣，若吾邑先進，固未嘗一造其門、一投名刺也。更有某學士者，平居頗砥礪自好，甞慕庸之為人，并愛其文，託郝蘭皐農部導意，延往一見，至今未去。蓋既已知慕，不妨先顧，而必欲令趨勢乎？昨蒙執事惠然枉顧，此非庸之所敢望者也。近為吳鑑菴通政使纂《中州文獻考》，踰月未出，每夜必至漏三四下，饑寒不恤，孜孜於此，殆天性然也。雖其事甚煩且重，將來能成與否皆不可必，而現在之勤篤，性命以之。

拙纂《蔡中郎章句》已刊成，謹奉献一册。

乙丑撰賜亡弟《傳》文，已付梓人矣。垂鑒不宣。

## 荅秦小峴少司冦書　庚午季冬

庸再拜司冦：閣下惠書，詞古甚美，教獎甚至，感感。夂擬申所欲言，因考唐韓文公，昌黎人，葬河陽。徧撿北魏、《新、舊唐書》《世表》《地志》《列傳》，及李翺、皇甫湜所撰公之《行狀》《誌銘》《神道碑》，并公之遺文，粗具其稿，因是遲遲。

先聞閣下已請告，色喜。一則遂閣下之素志，二則庸可奉教於左右。趨候知為閽人所誤。王石渠觀察之待庸也，開庸名授門者曰："客來則謝以疾，惟臧某至則延之進。"其嗣伯申學士與庸為學問之交，數數來寓中。所居僅一壥之隔，庸奪於他事，反不能常過從。閣下達尊，庸為同郡後進，所當師事者。若同邑之人，固未嘗輕造其門。一則恐為不知者所輕，二則庸固有以自重。先生固知庸且待之厚者，如亦以常人相待，則深負之矣。

憶自乙丑冬將出都，始見閣下。寓齋懸姚秋農宮允聯句云："東山夂繫蒼生望，白首深懷報國心。"秋農非妄言者，己心敬之。既而閣下枉顧，且遂其所請，為亡弟作《傳》。今年來，温然相待如故。乍見時，執孫觀察詩箑，先生誦其句云："一縷名香雨行燭，使君舟過路人知。"謂

① "下"，當爲"不"字之誤。

何必擺欸。庸聳然聽之，始知道義之尊，既薦之於金犬。司寇又招之飲，許為鄙文作《序》，并示所刻文稿《先賢節孝》等事，所以誨之者甚詳，謂當奉贈一帙。庸雖溺志於詁訓考訂，未嘗不有意於文章，願讀先生之文，庶知立言之道也。

閣下又持程君同文所撰《壽言》，指告歸事以見意，曰："余思請告已數年於兹矣，尚未能去。"因吁嗟再三，庸始洒然異之，今信先生之不我欺，非賢而勇者不克也。

輓近軟罷廢弛，一切偷且苟簡，聊以度日，所見所聞，莫不盡然，不知伊於胡底。此正人君子所刻不能忍者。大抵根於人心之不古，雖孔、孟復生，恐亦難措手。庸有志於古，惜鹿鹿謀衣食，志氣銷沮，不克遂其素守，可傷矣。

漢季董卓禮召名流，不屈以全高者，惟鄭康成一人。然時勢不同，逼迫有輕重，未可概論"伯喈祇欠一死"。鄙論以"上有献帝不遽責以死"，所見當終遜一籌。至伯喈之惓惓《漢記》，與司馬子長下蠶室而著《史記》同。危素本元大臣，師入投井，乃為僧誤，然不死以成《元史》，其失猶小。至入明仕翰林，為御史王著等論謫而死，則辱之至矣。豈可與伯喈並論乎？

明東林起，無錫士大夫以志操氣節相矜重。先生生其後，被其流風遺教，故出處進退，素有定見，知人論世以道義相責難，此誠今之古人也。接引後進，不為一時盛衰之態，夂而不變。庸於閣下亦不敢如世俗之相待，但敬之於心，歷六載如一日，或夂之而後親，此必有所見而然也。今私心所惓惓者，思盡讀先生之文，以竟其説。

及鄙《集》序文之[1]望踐前約耳。

秦小峴少司寇原書附

日前奉書，鹿鹿未報，而枉臨又為閽人所誤，悵悵。弟以衰病乞休，蒙恩僅准告病。僕於進退之義，自審有素，客日當面談也。李習之有言："近代以來，為學者以鈔集為科第之資，入仕者以容和為貴富之路。"足下布衣短褐，躬學古知道，其人其文，俱以古人為師，宜不屑趨謁達官。然今之所謂達官者，不特無道德可重，亦并無勢利

① "序文之"，疑倒，似應作"之序文"。

可趨。足下尚不免重視今之達官耳。

拜讀尊著《蔡氏月令章句敘》，為中郎辨冤，甚善，甚善。惟中郎被辟，稱疾，時卓必欲致中郎，進退之際，宜以死殉才，是不降、不辱。卓為漢賊，聞其誅而歎，雖非同逆，亦過矣。中郎之惓惓於《漢紀》，危素之惓惓於《元史》，史可不作，而身固不可辱也。

《中州文獻考》是著述之大者，僕嘗聞吾鄉顧祭酒復初先生所纂《河南通志》最為善本，吳通政有是書否？淵如聞弟告歸之舉，心稱善也。

此復，并候文履，不宣。

弟功奏瀛頓首。

## 荅秦小峴司寇論韓昌黎書　庚午季冬

十八日手書，蠅頭小字，知目疾已愈。高年嚴寒，勤篤至此，後生可不力學耶？承示韓文公自稱“昌黎”，為郡望，如韓麒麟、顯宗，史明言其昌黎人。然考《新唐書宰相世系表》，漢弓高侯穨當，裔孫尋，世居潁川，生司空稜，其後徙安定武安（今彰德府之縣也）。後魏武安成侯耆，徙居九門（今正定府之縣）。生茂，封安定桓王，二子備、均。均，安定康公，生晙。晙生仁泰，即公之曾祖，其別支避王莽亂，居赭陽者。後有河東太守純，四世孫安之，晉員外郎。子恬，恬子偃，偃子潁，潁子播，徙昌黎棘城。則公之望為潁川、為安定、為九門，而非昌黎，審矣。

唐李白《武昌宰韓君去思碑》曰：“七代祖茂，後魏尚書令，安定桓王。五代祖鈞，曾祖晙，祖泰。”皇甫湜撰公《墓誌銘》言：“公為安定桓王六代孫。”公撰《虢州司戶韓府君墓誌銘》亦曰：“安定桓王五世孫叡素，為桂州長史，即公之祖也。”再考之《魏書列傳》第三十：“韓秀，昌黎人也。”第四十八：“韓麒麟，昌黎棘城人也。”“元興[①]，安定武安人也”，進爵九門侯。安定公卒，贈安定王，謚桓。子備襲爵安定公，備弟均，早卒。均弟天生，襲爵。此真公之郡望，與公所自言，并李白、李翱、皇甫湜等文無不脗合，即《宰相表》之所本。其昌黎之韓，有韓秀，

① “元興”，韩茂之字。事見《魏書列傳》第三十九。

祖宰，父昞，子務；有韓麒麟，出漢大司馬增後，父瑚，子興宗、顯宗，弟素懷；興宗子子熙、仲穆；顯宗子伯華、武華。諸人與潁川、安定、九門之派毫無系涉，即使公稱郡望，固不當舍“安定”而舉“昌黎”矣。

公撰《司徒兼侍中中書令贈太尉許國公神道碑銘》曰：“韓，姬姓，以國氏，其先有自潁川徙陽夏者，其地於今為陳之太康。太康之韓，其稱蓋久，然自公始大云云。”公於同姓別支，猶詳舉而分別之，如此，豈自昧其所本乎？況昌黎之韓，雖贈五等之爵，未加王號之封，亦不能著於安定也。

示又云：昌黎棘城非今直隸之昌黎。按：《一統志表》：“今昌黎為漢之絫縣，前漢屬遼西郡，後漢省入臨渝。”考《班志》：“遼西郡領縣十四，其交黎、臨渝二縣，並渝水所受。”應劭注“交黎”曰“今昌黎”。然則東漢本有昌黎縣，即西京之交黎，而非臨渝、絫二邑省并也。《續漢書郡國志》屬幽州，《晉書地理志上》為平州有昌黎郡。昌黎縣，言魏置東夷校尉，居襄平，而分遼東、昌黎、元菟、帶方、樂浪五郡為平州，蓋已兼遼東、西之地矣。《魏書地形志》營州昌黎郡，特言晉分遼東，置未清晰，其領縣三：龍城、廣興、定荒。真君八年，并柳城、昌黎、棘城皆屬龍城。然則棘城縣舊屬昌黎郡，故《魏史傳》《唐書表》皆曰“昌黎棘城”，自《宋書州郡志》以下無考。《唐志》：“平州盧龍縣有温溝、白望等十二戍，昌黎其一也。”金大定二十九年，始改廣寧縣為昌黎，實因乎古。是昌黎之縣本著於漢、晉、東魏，而湮晦於北齊、後周、隋、唐、五代、遼、宋之間，國朝則承金、元舊名。其地即今之直隸永平府昌黎縣，非有二也。

至明季孟縣所出《韓昶墓誌》石，其文膚淺，恐係贋作。先生深於古文理法，當能辨之。庸一見其文，即未之信。數日，王伯申學士來寓，所言不謀而合，并云伊有石搨本，書法亦未佳。故公葬河陽雖有明文，而里居未審。公為他人《傳》《誌》《碑》《銘》，皆實著其邑，或并詳其先世所居及子孫遷徙之所，何獨自言空舉郡望，而郡望又轉展推考，膠轕不合如是之甚乎？希更有以教之。

是篇援据精深，不能增減一字。郝懿行記。

# 荅翁覃谿鴻臚卿書　庚午季冬

蘇齋老人閣下：前接手示，知冬至後尊體不適，許静定數日，有以見教。近已愈否？念念。長至前數日，甞趨謁，未得見。庸為盧抱經學士弟子，神交已乆，甲子在都，相待甚厚。海内大儒，如大興朱文正、嘉定錢詹事、青浦王司冦等，皆漸次凋謝，惟存先生，彼此所願亟見而不可得者。現為吴鑑菴通政纂輯《中州文獻考》，此絶大著作，以一人揔之，本猝猝無暇。而所與往還講論、書問不絶者，惟吾鄉秦少司冦、高郵王觀察父子、儀徵阮侍郎、棲霞郝農部數人，皆古君子，非特學問優也。閣下亦不朽人物，於諸君中當屈一指，故願請見。若在他人，有延之而不往者矣。王石渠觀察之待庸也，謂門者曰："客來則謝以疾，惟臧某至，延之進。"[①] 因心感之。葢此輩不知我等學問、道義之交，未免以貴賤為軒輊，且不知庸於先生有知己之感，乆未見，欲一吐其中懷也。

手示云："前接讀大刻，所以未覆者，一則無所説，不便空覆，憶場後至今，二呈拙刻；一則託汪少詹事轉寄《蔡中郎月令章句》也；一則遣僕賫呈《試藝偶存》也。"阮公之評《月令章句序》也，曰："後漢儒者之學，可與康成媲美者，中郎一人而已。身前死已極枉，後之名又為庸腐者所污，得此昭雪，可為快事。"昨小峴先生書來，又曰："《敘》為中郎辨冤，甚善。惟中郎被辟稱疾時，卓必欲致，中郎進退之際，宜以死殉才，是不降、不辱。卓為漢賊，聞其誅而歎，雖非同逆，亦過矣。"[②] 所見之不同若是，何以無説？《試藝》有朱文正、秦司冦、阮司農、蔣祭酒諸君之評論，并庸自記《書跋》，皆誌知感，明經義，頗可觀覽。閣下將善其抒寫，夙學不規規於墨腔試調，為有所取耶？抑以其不類場屋文字，當見擯於有司，而别有以教之耶？呈政之意，正欲其有説耳。段君《周禮漢讀考》大致精善，間有一二過於自信處，然非深於學者不能道。未識閣下所欲辨正者何事。是非黑白，自有定見，後生小子安敢輕啟辨難之

---

① 此句亦見於漢陽葉氏寫本《拜經堂文集》卷三《荅秦小峴少司冦書》，作"客來則謝以疾，惟臧某至則延之進。"

② 此句亦見於漢陽葉氏寫本《拜經堂文集》卷三《荅秦小峴少司冦書》後所附秦小峴少司冦原書。

端？殷殷請誨之心，竚企以待覽。此可識鄙人之於先生，形跡雖疎，仰懷實至，有暇且當召以見之。私以為即有蘇文忠當世，亦宜願與之交，如朱文正、錢詹事、王觀察、阮司農諸公，較之古人，有過無不及也，知己者定不以為狂言。

庸頓首。

## 與葉保堂書　己酉季冬

在金陵不克盡談，悵悵。秋試偶不遇，諒不動于中也。弟僻嗜漢儒之説，溺于文字章句之末，恐為有道所棄，惴惴焉以不克聞過為憾。前蒙箴規之言，今銘心不敢忘。伏思足下上之程、朱潛心之學，辨義理，究天人，析豪芒；次之上下古今，熟于理亂安危之際，賢奸得失，沿革分明，若燭照數計。非特弟之畏友，直足為弟師，未審何日得盡弃所學而學之也。日者太守李公纂脩《郡志》，盧召弓師總裁之。前命弟留心典故以俟采擇，所愧素未經心，無所知識。足下能博聞强記，於儒林、理學、文章、節烈、鄉賢、名宦[1]之類尤多熟悉，貴邑採訪必舉足下。但七邑之事素所知者，亦不得聽其遺佚，試於數十年來典故，詳稽、博考而要于實。前《志》之誤者正之，遺者補之，勒一書以裨當事酌取。發潛德之幽光，成桑梓之信史，不亦可乎？書成，或自呈于《郡志》局，或交弟轉獻總裁。雖使不克盡從，要之必多補益。百年曠典，躬逢其盛，不可失也。

## 與趙味辛舍人書　辛亥孟春

李君所修《甲科》，祗將《陳志》録一過，綴以《縣志》及《科第考》兩書，即《唐志》亦未之及。《陳志》至康熙甲戌止，李亦至康熙甲戌止，其他可知矣。鏞堂本無意為官書，重違總裁盧學士命，移研經之功一月，力為此事，於舊《府志》、各《縣志》《省志》《登科録》《題名録》及宋、元《文集》外，復參閲全史而後定，中間考正數百十事。總

① “宧”，當作“宦”。

裁手書獎之曰："不料賢之作事精細乃爾，深可嘉尚。"又曰："勞精竭神，正不少受。"此言未嘗有少愧。宋、元、明不必論，試以唐以前言之：據正史考正舊《志》者八人；舊《志》不載，據正史補者八人；舊《志》所有，據正史刪者三人。皆可取以覆證，非虛言也。惟國朝猶未全備，以俟熟悉《世家》者補之，後總裁加審正。内有"余中"，（舊在宜興，亦愚新考入武進者。）私以宜從俗，作"佘中"。今邑有佘宅，即佘殿撰故居，而總裁据《文獻通考》作"余中"，則《甲科》一門，庶稱無憾。因素性不肯草率一字，故為之不憚煩如此，未嘗計脩脯有無也。乃聞高論，以為譌謬尚多，竊所不解，恐未深察，故敢以區區私説進。嗟乎！百年曠典，為之數載，廢于一朝，心焉痛之。誰之咎乎？常郡文獻之地，《志》書終不能久闕勿修，此時總裁與纂修者均得人，尚至半途而廢，他日為之必倍難矣。縉紳先生宜創義舉，為士民表率，事之當為無有過此者。先生，紳士之翹秀也，起而倡為之，必有應焉者，忍坐觀其成敗乎？《傳》曰："惟善人能受盡言。"幸不以狂直為罪，起而采納之。

## 與顧子明書 己酉仲冬

"盧抱經學士，天下第一讀書人也。"鏞堂語。足下從之遊久矣，足下至此方信所謂"有志者事竟成"也。莊葆琛先生顔其書塾曰"辨志"，此二字仍①學者頂門一針。足下欲從師，當先辨志。志在讀書乎？志在科名乎？讀書當先通詁訓，始能治經。尊信兩漢大儒説，如君師之命，弗敢違。非信漢儒也，以三代下，漢最近古，其説皆有所受。故欲求聖人之言，舍此無所歸。為學之道約有二端：一曰勤，二曰細心。鏞堂從事于此三載矣，偶有一得，可信而敢告足下者，此耳。此可必之于己，得之足以自樂，有功于先哲，有造于來學，願足下為之無倦。若夫富貴，乃偶然之遇，其為之也勞心費神，窮年累世，遇者少，不遇者多，一旦僥倖得之，亦可以誇耀世俗。然品誼不修，學業不講，常為有識者所鄙。不幸而畢生帖括，以兔園册子于自終，《十三經注疏》至不能舉其名目、姓氏，其時文即高出于王、歸、金、陳之上，究之，此物有何足用？此鏞堂所不願足

① "仍"，當作"乃"。

下為者也。足下不取時人為師，而必欲師盧先生，是足下之志必大有所在矣。敢先以區區之私慮進。

## 與丁道乆書　庚戌仲春

足下之聰明才識，吾黨所僅見者，豈特鏞堂勿如己哉？但鄙念属望於足下者，非特恃聰明以肆力詞章而已，即足下自命，當亦不徒在此也。蓋吾儒之事業，以聖人為歸。孔子，聖之至也。《六經》者，孔子所手定以惠萬世學者，而亦羣聖精神之所寄也，故有志正學者皆當求之《六經》。治經之法，必先通聲音詁訓，此足下所知者。然非研精極神，忘寢廢食，盡心力為之，則不能有成。足下非不好此，但為之不勤。或一時發鋭進之心，未旬月已退；或方從事於此，忽念及於彼，遂輟此為彼。若是輾轉，虚靡歲月。足下又多憂、多病，則并此無益之功，亦不可得矣。鏞堂以為，窮達，命也，非人所能必。所可必者，學問之事耳。使吾黨移研經之力，肆力詞章，词章即工，或不能得一第、為顯揚之資，終属無用，而又坐廢不朽之業，是兩失也。至酬應無益之舉，尤足荒功逸志，即肆力詞章者所當屏絶，況有志正學者哉？

鏞堂上有白髮之親，貨殖為衣食計。又無伯、叔、長兄助，雖有三弟，長者初習制藝，幼者不識句讀。鏞堂即不自為計，安得不為親計？似宜憂之熟矣，乃念及之，或憂念不及之，則不憂。何也？亦以窮達有命，營營無益，遂安以俟之。竊以謂能長保數十卷書，終不陷於小人，以貽父母羞，足矣，他非所敢計及也。足下上有三兄，能承先人後而恢大之；有田所入，以養老母，可無憂矣。天之生我，必不使我窮餓而死，則我皆可讀書而無他慮，若有餘財，徒足為累而已。又人有妻子，則不免妻子之累。今足下尚未娶，此不可多得之候也。内有賢主人，外有名師，皆藏書數千卷以供足下考索，乃不乘此專勤學業，以為吾有所憂，時或發為淒涼、慘絶之音，所未解也。若以世事有足關吾慮者，則更誤矣。士君子既處其位，不得不憂之，且非時[1]憂之而已，必思所以去吾慮者。若未處其位，而我為之憂，非特無所補益，徒耗損心血焉。此病所由起也。能不為

① “時”，疑當作“特”。

無益之憂，而日以經籍灌溉其心，病何由生哉？

竊以為吾之學也，猶人之飲食也。吾不可一日不飲食，吾不可一日不學；吾不可一日之中間一飲食，吾不可一日之中間一學。若徒飲食而不學，其不深負此飲食乎？鏞堂嘗以此自銘，亦惟敢告足下也。足下亦願有以教我，庶不失孔子“争友”之謂與。

附丁道从荅書

孤子丁履恒覆在東大兄：同門講席，友復惠書，深感深愧。鄙陋之意，未可遽言，在家中復不得暇，闕然从弗報，今至館塾始得略陳。

履恒賦分魯下，幼不肯勤誦讀，務為强記，亦尠外好，性喜博鑒古人之書。時出己意為詩文，見者或獎許之，即亦不自知其非也。後莊先生褒濟教之，以為為學貴先讀書，始稍稍欲致力焉，而未竟。今從吾師游，譾陋之識，自愧多矣。足下賁然不以為不足教，而貽之以書，使從事於經義。詞旨高遠，誨勉勤拳，誠古人之用心，而期我者意甚厚也。然履恒所為[①]有甚難，是不能不一言夫學事之本末，其故可得而詳也。

三代之時，以力行為先，學文為後；西漢大儒專業《六經》，而文章即附以行；至東漢，經生以章句名家，則有通經義而文章或不傳者矣；下迨唐、宋，多載道之言，而經學或弗深講；自是以降，或皓首窮經而其言不著，或采擷詞華而實學鮮究。蓋文章之與經術分也，其所從來舊矣，非至今日也。矧今之所為文章者何如哉？恒意苟肆力於文章，則必玩索經文，得其大體，為讀書明理之文，下亦漱六藝之芳潤，以為高文典則，而浮薄譁鄙所宜深屏也。若研究乎聲音、詁訓，以蕲明白乎經之義理，則將期之白首，而應制舉之文及詩賦詞章遂舍棄弗務，然後用志不紛，而所得者深也。以恒之所處，固有不能爾者。

恒之先人脩身力學，坎坎不獲志，至於客游以歿。此恒之所椎心泣血，未嘗一日以忘者也。今為孤兒，家貧不足以自活。足下所云“有田所入，可以養老母”者，或非相知之深也。老母日夜辛勤，望

① “為”，疑當作“處”。

恒兄弟以成立。恒雖有三兄，然顯揚奉養，固未可自解委也。使恒諸兄已得甲第仕宧①，可以榮吾先人而養吾老母，則恒雖布衣，著述所甚甘也。而今固未能。且自家之父兄以至吾師、吾友，所期望於恒者，咸以科名為蝪，而恒亦未敢忘文學置身之念。此足為達人之所鄙耳。

昔昌黎文公困厄，悲愁無可告語，遂得究窮於《經傳》《史記》、百家之說，沉潛於訓義，反覆於句讀，磨礱於事業而奮發乎文章，雖貧不害為學。恒之鄙鈍，誠萬有所不能，愧前賢多矣。然恒亦未敢厚自暴棄也，猶將自修其身，以求免於過差。舉業幸少有成，得一第以為先人通籍，有升斗可以奉老母；或終不可得而反求吾願學，乃得專精經訓，雖不能成一家之言，猶冀寸有所獲，以資作者見聞，則生平之素心，而足下所勸勉，或不虛也。

足下托蔭庇之下，無家食之累，坐擁數千卷書；嗜欲鮮寡，無交游往來之擾；好學深思，潛精著述，不朽盛事終當有歸，幸尚勉之。從識小以識大，斯古儒者之業也。足下謂恒為學或作或輟，此誠診恒之痼疾，而下之藥石者也。歲月易識②，輾轉虛靡，真人生之大悲。非愛我之深者，易③足以語及此？恒謹當懸足下之言於坐右，以自警省，毋敢忘良友箴規也。至於恒之憂思怨苦，為淒涼、慘絶之音，則性情天所付與，有不自知者，而境復傷之，非有所為而然也。然自今亦將捐除之，以從事於所當為者矣。

足下之惠恒者實大且多，而恒尤④不能盡從，此豈可言耶？要之，異日必有所立，但當各努力耳。草率數紙，語無倫緒，幸足下宥其不莊也。

履恒稽顙。

① “宧”，當作“宦”。

② “識”，疑當作“逝”。

③ “易”，當爲“曷”字之誤。

④ “尤”，當作“猶”。

## 與姚姬傳郎中書　庚午仲夏

自辛酉鄉試拒謁，迄今十載矣。己丑在都，遭舍弟之變，惠書垂問，撰賜《墓表》。肅函致謝，未審達否？每晤江寧友朋，詢知精力尚健，慰慰。

文教日昌，諸先正提倡於前，後起之士精詣獨到者，間有其人。而浮薄之徒逞其臆説，輕詆前輩，入室操戈。更有剽竊、膚淺之流，亦肆口雌黄，嫚罵一切，甚至訶朱子為不值幾文錢者。掩耳弗忍聞。此等風氣，開自近日，不知伊於胡底。二、三十年前，講學者雖不及今日之盛，而澆薄之風亦不至是。殆盛極必衰，不可不為人心、世道憂也。

耆儒碩學漸次凋謝，今東南大老負海内重望者，惟先生及若膺大令、易田徵君數人而已。而畜道德，能文章，清風亮節，被拂海内幾四、五十年者，於先生為最也。庸有志於學，處境困阨，舊業將落，不克時領誨言。昨於友人處見大集刊成，中論《左傳》一條，尤為精絶，以未讀全書為憾。今年應順天鄉試，道出德州，小住逾月，與高足管君異之昕夕聚首，持論頗合。其學識超邁流輩，所交門下士，如鮑學士、陳編修、郭頻伽諸君，皆所不及。擴以見聞，寬以歲月，必成通儒，決為先生傳道之徒，竊欣幸焉。

管君南還鄉試，肅書致候。

庸再拜。

## 與王懷祖觀察書　庚午季夏

庸私心敬仰已二十餘年，一旦獲親承提命，幸何如之！且獎所已能，勉其未至，飲食教誨，感何可言？先生清德著於海内，承論學問、人品、政事，三者同條共貫，尤為至論。即先聖微言，不外乎是。先生蓋真能以實學、實心而行實政者，雖不合乎流俗，而至誠所感，動契主知，蓋以此。庸當終身佩之。於學問一塗，粗涉津涯，或能黽勉萬一。至舉業荒落，科名或有辜雅望也。拙著二册呈政，《古韻臆説》未全，俟録出再寄上。昔劉端臨訓導知庸最深，待庸至厚，每述先生篤於友朋之誼，接待後學，始終如一。謁見之下，信而有徵矣。所有庸激仰之忱，肅函致謝。阮侍講如留都，寄書可達也。

## 上阮芸臺侍講書　辛未季春

接諭，知欲覽孫夏峰、湯文正書，謹奉上《洛學編》《潛菴遺稿》二種。

聞先生近人已録張臯文矣，如盧學士、王光禄、錢少詹事、江叔澐、錢學源、劉端臨、凌次仲、汪容夫諸君，亦得著録否？庸未得見。邵學士、任侍御、孔檢討，其學，孔為最。

今為侍御挍《小學鉤沉》九卷將竣，懷祖先生欲為付梓。

微末之人，學識謭陋，固不足以語及此，而故老典型時形心目，亦不知何故也。

## 上阮雲①臺侍講書　辛未季春

前承惠書指正，狀稿已改政，其上文正書有礙處，亦裁節過半。非大人愛庸之至，孰肯盡言至此？庸當銘諸心版，俾立言、制行不至顛越詒羞，皆先生所教誨、成全者，其為激仰當何如耶？至議邱氏之非左邱明後，雖孫觀察亦無間言。康成事則禮部《文集》《日記》中皆無之，詢其後人，以紀、孫手書呈覽，云：係文達定稿時增入，本飭東省覈實覆請，而外間遂中止也。閣下又言："左氏議已確鑿到九分，或有一分未的，不可因伊于孫之緣飾，盡疑其本真，若以此斷獄，則失之枉。"此善善從長、表微闡幽之至意，亦仁人君子之用心也。

又，先高祖當入《國史儒林傳》，此陳編修充纂修官時自言之，有手書可據。《尚書集解案》亦編修由舍間索取，郎君為郵寄，意欲采其精者入《列傳》，不幸《傳》未成而編脩遭大故。猶幸大人續為揔纂，其相知

① "雲"，上篇及漢陽葉氏寫本《拜經堂文集》目録該篇作"芸"。

之深，有過之無不及也。

乃客冬忽述外人“子孫潤色”之言，閣下豈為之惑耶？夫此書在當時，有閻徵君序，丁教授輯録遺文，并見徵君手稿，在康熙丁丑。盧學士脩《常州府志》，采入《儒林傳》。及挍勘《經典釋文》，撰入《考證》，在乾隆己酉、庚戌間。時庸年二十有三，亡弟年始十四、五，誰能為潤色？且此書先為學者流傳已夂矣。此必有嫉怨之士，誣以不根之談。

雖小學詁訓在今日為極盛，然國初諸老已啟其端。如閻氏《古文尚書疏證》[①]《四書釋地》等，有言小學者。再前則顧氏《音學五書》《金石文字記》中亦有之。且定宇之前，已有天牧，祖孫著述，刊布海内，亦豈後人之潤色耶？庸至不肖，馬齒四十有五，困於布衣，學、行無一可稱，以光大前人之業，覼顔宇内，死有餘憾。尚幸不誣之攘竊先人之書，掩為已有，以獲罪於天地祖宗。此閣下猶可平心原恕也。

然如閻、惠二徵君，盧學士、錢詹事、段大令，並海内耆德，當世通儒，皆尊信此書。又閣下手撰先考《家傳》《定香亭筆談》《經義雜記題辭》，均有獎勵之言。即辱知於庸，未始非因其儒者之後，故與之晉接，夂而不衰。今一旦過聽細人之言，而致疑之，將前輩之尊信，先生之愛重，數十年來均為所欺。今摻[②]著作之柄，欲以明正學、黜偽儒，遽改其從前之所見耶？是其子孫之不肖，遏絶前人，轉因稍知讀書之故，而其祖宗之不幸見疑於當代，亦因有讀書之子孫。假使其子孫為農工、為商賈，目不識丁，固不以此疑之矣。

鄙性善揚儒林節孝，自家之中如吾父、吾弟、吾叔母，及同里莊少宗伯、蘇先生，他邑如盧學士師、汪禮部、汪氏雙節母，俱撰著《事略》《傳》《狀》，載之《拜經堂文集》。復惓惓師友之誼，雖一言之教、一飯之恩，皆終身弗忘，死生不易，似不應遭此譴阨也。閣下仁人君子也，孝子慈孫也，愛庸而重其先人者也。庸之事先生，終始不欺者也。抑此固千古之公論也。先生秉筆當為一代信史，邱氏九分已虚，猶恐有一分之實。先人之書刊於子孫，即間有一二刪訂，亦校字者之責也，可因此疑其全體乎？

《尚書集解案》如無所用之，希發還。尊處需《經義雜記》，示知呈

① “《古文尚書疏證》”，當作“《尚書古文疏證》”，閻若璩著。

② “摻”，疑當作“操”。

上。自去冬聞命，寢食不寧，趨謁又未敢面請，臨啟不勝激切慚悚。

庸再拜。

國初，諸老講經學者甚少，玉林先生故當時不顯于世，其後荐舉經學亦未被徵。然古今潛德闇修、不博時名者極多，不可以此疑其書。先生此文不可少。孫星衍記。

此孝子慈孫之文，亦千古之公論也。胡秉虔記。

## 與孫香泉書　乙卯孟秋

史赤霞，才人之有品者。素未相識，到楚始謀面。嗜好不同，職司復異，交亦落落。然熟觀其人，外雖詆諧談笑，内實有守不移。嚴氣正性，時露圭角，或不合於庸俗，而詩賦、填詞、駢散體文皆兼長，於詩尤卓然可傳。窮而在下之士，殆鮮有過之。幕府負斗岳之望於海内，賴此文、品兼優之士，資酬荅，樹羽儀。嘗見其覆安南王書，詞旨温雅，有典誥遺風，尤非他手可及。

其自歷下至鄂城也，於新野聞苗匪事，即約同人廌襄陽，俟制府到以定行止。曰："東家有事之秋，正需人辦理，我輩豈得安坐署中?"即此數言可見其誠篤，奚嘗有歸志乎？及某之中變，當事者殷於楊而疎於史，伊復儒行為重，不肯自媒而還顧室家，未知事平何日，不免作久儲糧食計。時制府已啟行，無所告語，更加以邪激之談，遂無可如何而歸耳。雖散者三人，或囊資素充，夙懷歸意，或流廌遷延，赴人舊約。當時之旅況蕭條，稱貸於二、三友人，始給行費。真窮而後歸者，惟一史君。凡此行踪，身所目擊，但因一歸或未深諒，而鏞堂則不敢昧其所知，人云亦云也。聞其歸即抱恙，今稍愈，囊本如洗，家益不支，思暫遊浙，亦無定所。

竊嘗重其人，愛其才，感其奮激圖報之心，傷其欲行未遂之志，而更念其目前之空乏，欲為制府言之未暇也。足下與史君同事有年，交情應篤，且夙為貴師器重，能建言復招赤霞乎？幕府多一正人甚有益。

附伊舊作三首。此去冬手録者，讀之恍如舊交之覿面也。

## 與王伯申學士書　庚午仲冬

子明在蓮幕二年，書來必及閣下相待之雅，水乳之融，庸讀之心感。前晤郎君，述及新春偶因小故辭去，閣下惓惓故人之誼，固留之不已。此子明之迂拘，不達世故。如閣下之學問文章，當世罕匹，庸所企望焉，而不可及者。乃因小節不顧多年師友之義，此子明之失之大焉者也。特庸與子明俱為盧抱經學士弟子，交二十餘年，其性情之坦白無欺，固終身如一。日所深信不疑者，閣下當亦相同。弱冠好學，深造有得，後困於境，不得竟為之。其父遠游川省，久無音耗。丁卯母卒，不能殮。庸同遭先妣之喪，里居賻以十千。子明初受之，至去年，仍令其家歸之。夫婦之廉介如此。今兄弟析居鄉間，母喪未葬，妻寓外家，并乏姻戚之助，困之至矣。昨接手示，云"居停候補典史"，則子明已同賦閒，相思之切幾至失聲。此固子明之自致，於閣下無咎。然先生於子明交亦二十年，此次自里中至汴，實由手書招之。當此嚴寒暮歲，萬一流離失所，於先生厚待窮交之意，招延來汴之本心，必有所不安。或亦原其一時小失，本衷無他，究無不可以對人之處，而始終善待之。即作一切實之書，託姚秋農宮允聘入學幕，或別為推薦。處則得賢主人，歸則有行李資，務俾得所而後已乎。此不特子明聞之心感無已，且抱慙之不暇，庸亦禱祀而求，無異身受者也。

外附秋農學使書一函，即寄是荷。

## 荅陳恭甫太史書　辛未孟夏

別後兩次啟候，並呈拙刻，已廛[①]青鑒否？頃接手翰，往復展誦，同病之憐，嗚咽累日。蒙惠臨陋室，賜見犬子，賞慰有加，何以克當？此先生廉介絕俗，體恤後進之盛懷，區區之忱，終無以達，抱愧奚言？先妣在日，頗以冢婦為能，常欲率庸別居，以避諸婦。賫志而沒，含恨終天。庸

① "廛"，當作"塵"。

不得已，葬後讓宅諸弟。回顧孤寡，朝夕惴惴，惟恐以手足異居，致人誚讓。而舊屋半為仲弟典鬻償逋，力不能贖，無地自容。每耻失業，雖置巨室，終不如能守先人敝廬之為善也。季弟猶知愛兄，冬底春初，屢詒書問。接誦一紙，抵獲萬金，寄音荅候，兼分館穀。愛弟之心，初無二致，猶冀節衣縮食，圖復舊業。生死一室，骨肉同居，以全先人令名，而免友朋責議。迂拘之見，未識何時得如所願。先生愛我有素，每有失言過行，必諄諄訓誨，期改正而後已。其所匡救不亦多乎？張中丞既能禮賢閣下，獲近侍養，甚善。特踪跡更遠，郵書多稽，不勝悵然耳。鋭齊有子，能守儒業，兹寄《狀》乞言，得先生之文，庶足以傳禮部，而鄙製亦得就正於有道，所甚願也。

謹候孝履，臨潁神溯。

## 與陳雪香少司空書　辛未孟春

場前競傳先顧李尚之。近日士習，善奔走貴介，輕謝客，二者交失。如閣下之趨士，有古大臣風。或以為既物色李生矣，則李生當捷。此又以私意測之也。葢趨賢愛士，閣下之盛懷也。試卷先由房考推薦，此科場之定例也。遇，不遇，有命存焉，二者固當分以觀之。客臘枉顧，不罪其妄刻闈藝，且許其文筆高古。又言即棘闈未取，揭曉方悟，亦無害為相知。此真堪為知己者道。庸亦以場外知己畢竟勝於場中。葢場中祇就一時之見，祇憑一日短長，未足為定。不若場外能悉其人之平生，参以衆人之公論，核以一己之定評，而賢否始無遁。然則庸之見知於閣下，不較之所舉多士，更有深焉者乎？然此種議論，止可一二人共喻，固難與俗人道也。俗人以得失為工拙，并以得失為榮辱。一聞此言，必有顧視而竊笑者矣，他何計焉？

承索拙著古文，歸録近作數首呈覽。

率筆書此，不足以言文也。

# 拜經堂文集第四

## 漢太尉南閤[1]祭酒考　庚申季夏

《漢官舊儀上》："丞相設四科之辟：第一曰德行高妙，志節清白；二曰學通行修，經中博士；三曰明曉法令，足以決疑，能案章覆問，文中御史；四曰剛毅多略，遭事不惑，明足以照姦，勇足以決斷，才任三輔。令第一補西曹南閤祭酒，二補議曹，三補四辭入奏，四補賊、決。"（據聚珍板）

按：《續漢百官志》："太尉長史一人，千石，椽[2]史屬二十四人。"本《注》曰："《漢舊注》：'東、西曹椽比四百石，餘椽比三百石，属比二百石。西曹主府史署用，東曹主二千石長吏遷除及軍吏。'"然則東、西曹同秩，而西曹長矣。又曰："奏曹主奏議事，辭曹主辭訟事。"此即《舊儀》所謂"議曹"及"四辭入奏"也。又曰："賊曹主盜賊事，決曹主罪法事。"此則[3]即《舊儀》所謂"補賊、決"也，皆《志》所謂"餘掾比三百石"者。是《志》云："每縣、邑、道，大者置令一人，千石；其次置長，四百石；小者置長，三百石；萬戶以上為令，不滿為長。"

《後漢儒林傳下周澤》："建武末，辟大司馬府，署議曹祭酒。數月，徵試博士。中元元年，遷黽池令。"此亦太尉祭酒也，但非西曹南閤耳，即《舊儀》所謂第二科"補議曹，學通行修，經中博士"也。即《志》所謂"餘掾比三百石"也。澤由議曹祭酒三百石補博士六百石，復由博

---

① "閤"，當作"閣"。段玉裁《説文解字注》卷十五有曰："古書'閤'之誤'閣'者多矣，閤為閨閤小門，閣為庋閣之處。太尉南閤祭酒，謂太尉府掾出入南閤者之首領也。"

② "椽"，當作"掾"，蓋形近而誤。下同。

③ "則"，疑衍。

士再遷黽池令，千石也。《陳元傳》："元以才高著名，辟司空李通府。李通罷，元後復辟司徒歐陽歙府。"而《释文序録》稱："陳元字長孫，司空南閣祭酒，傳《左氏春秋》。"《馬援傳》："兄子嚴能《左氏春秋》。"《注》引《東觀記》曰："從司徒祭酒陳元受之。"然則長孫先辟司空南閣祭酒，後辟司徒祭酒也。又《蔡邕傳》："建寧三年，辟司徒橋元府，元甚敬待之，出補河平長。中平六年，靈帝崩，董卓為司空，聞邕名高，辟之。署祭酒，甚見敬重。舉高第，補侍御史。"伯喈蓋先辟司徒祭酒，後辟司空南閣祭酒，由西曹掾四百石補侍御史六百石也。

按《百官志》："司徒掾属三十一人，司空掾属二十九人。"蓋三府曹掾之長者並有祭酒之稱，可互證矣。(《唐六典》："親王府有東閣祭酒、西閣祭酒各一人，從七品上。晉初從公以上，並署東閣、西閣祭酒；宋、齊、梁、陳、後魏、北齊皆因之，亦倣漢制耳。")

漢安帝建光元年，許沖上書云："臣父故太尉南閣祭酒慎，作《説文解字》。"下云"今慎已病，遣臣齎詣闕。"《儒林傳下》："許慎為郡功曹，舉孝廉，再遷除洨長。卒于家。"今合攷之，知叔重辟太尉南閣祭酒，後遷洨長，以篤疾未行，遂卒於家。所以許沖據實言"故"，"故"乃舊官之謂，時叔重猶未亡也。蓋南閣祭酒為太尉府曹高第，非素有德行志節者不得充是選，故東漢辟是職者咸名儒。(劉昭引《漢官儀》曰："明帝更司馬、司空府，欲更太尉府。時公趙熹也。西曹掾安衆鄭均，素好名節，以為①府本館陶公主第舍，員職既少，自足相容②，熹表陳之，即聽許。"按西曹掾即南閣祭酒也。)東、西曹秩皆四百石，與縣長正同，非有尊卑高下之殊。《説文》每卷署"漢太尉祭酒許慎記"，蓋叔重原文。(《隋志論語類》："《五經異義》十卷，後漢太尉祭酒許慎撰。"道藏本《淮南子》每卷題"太尉祭酒許慎記"。)史但言"再遷除洨上③"，而不及辟太尉府，少疎舛矣。今為許君立神位，宜據許沖所稱及《説文》本書題"漢故太尉南閣祭酒汝南許君"為是。

嘉慶庚申夏六月二日，武進臧庸堂考定於拜經家塾。

畢秋帆官保《説文解字舊音敘》曰："漢許君慎作《説文解字》

---

① 據《漢官儀》，"以爲"下脱"朝廷新造北宫，整飭官寺，旱魃爲虐，民不堪命，曾無殷湯六事，周宣雲漢之辭。今"。

② "容"，《後漢書注》引作"受"。

③ "上"，當作"長"。

十四卷成，其子召陵萬歲里公乘冲，以安帝建光元年上書獻之，且云‘臣父故太尉南閣祭酒慎’。”考《後漢書》許君《本傳》，但云：“為郡功曹，舉孝廉，再遷洨長[①]，卒于家。”不及“太尉祭酒”者，缺也。《漢舊儀》曰：“丞相設四科之辟，第一科曰德行高妙，志節清白，補西曹南閣祭酒，又曰太尉。東、西曹掾比四百石，餘掾比三百石。”然則，南閣祭酒為太尉西曹掾史也。《百官志》曰：“太尉掾史屬二十四人。”《漢書》稱周澤為太尉議曹祭酒，所謂“比三百石”者是歟。《玉海》曰：“後漢太尉六十四人。”許君自言其書成于永元困頓之年，為和帝永元十有二年。是時，則張酺為太尉也。沖又云：“先帝詔侍中騎都尉賈逵修理舊文。”慎本從逵受古學。逵《本傳》：“逵以章帝建初元年承詔入講北宫白虎、南宫云臺。”《本紀》載其事于四年，合《儒林傳敘》云“建初中”，則四年為是。《百官志》：“太常卿屬博士祭酒一人，六百石，本僕射。中興轉為祭酒博士十四人，比六百石。少府卿屬侍中，比二千石。”《漢官》秩曰“千石”，本注曰“無員”。本有僕射一人，中興轉為祭酒，或置或否。然則博士祭酒即侍中僕射所轉也，故又有侍中祭酒之稱，此與公府之祭酒迥異。鏞堂附記。

## 先師漢大司農北海鄭公神坐記[②]　癸丑季春

《禮文王世子記》：“釋奠於其先師。”鄭《注》引《周禮》曰：“凡有道者、有德者使教焉，死則以為樂祖，祭於瞽宗。”此之謂先師之類。若漢《禮》有高堂生，《樂》有制氏，《詩》有毛公，《書》有伏生，億可以為之也。是先儒精通一《經》，足垂世立教者，後儒奉為先師。公生東漢末，集先秦、兩漢諸儒大成，偏[③]通《六經》《傳》《記》之文，一一為之箋注。其功在周公、孔子，非伏生、毛公輩一《經》可擬也。所著書或不盡存，而《毛詩箋》《三禮注》如故。其逸者時散見於他説，學

① “再遷洨長”，《後漢書》許慎《本傳》作“再遷除洨長”。

② 又見載於阮元《小滄浪筆談》卷四。文止於“他日於《六經》之道，或粗有證明乎。”

③ “偏”，當作“徧”。阮氏所録正作“徧”。

者綴緝之，尤足補六藝之闕。矧所稱有道、有德，尤足為百世師哉。然則以公為先師，允矣。

鏞堂年十九，見光禄卿王鳳喈《尚書後案》，好之。退讀高祖玉林公《經義雜記》等書，始恍然有悟，知推考六籍，必以公為宗。遂盡棄俗學，而專習公學，九年於今矣。習之已久，信之益篤，竊以擬之尼父之門，游、夏之徒，功遠過焉。孟子云："以德服人者，中心悅而誠服也，如七十子之服孔子也。"鏞堂於公之謂矣。宋王伯厚輯公《周易注》，鏞堂述公《論語注》，區區願學之忱，專在於是。故奉為先師，供其神坐於家塾，以為師範。自今以往，公之神靈時在左右，啟牖小子。俾小子心源日濬，學術日茂，而小子者亦庶幾夢寐通之，無異一堂之上親授受焉。他日於《六經》之道，或粗有證明乎，是不能無望於公在天之靈也。

炅閣本《文王世子記》也曰"漢大司農"者，《本傳》云"徵為大司農"，後人多稱"鄭司農"，故因之。唐劉子元《孝經注議》云"趙商作鄭先生碑銘"，又云"宋均於《詩緯序》云'我先師北海鄭司農'"。葢趙氏為公受業弟子，故稱先生；宋氏公之傳業門人，故稱先師，兼言爵里矣。曰"北海"者，從其著稱也。漢北海郡高密縣，今北海青州府高密縣，隸萊州府，而史傳多云"北海鄭某"，故從其著稱也。曰"鄭公"者，漢孔融云："鄭君好學，實懷明德。"公者，仁德之正號，不必三事大夫也。今鄭君鄉宜曰"鄭公鄉"，故稱"鄭公"。曰"神坐"者，坐，位也，不敢立主，但設神之坐位云耳。宋黄長睿《東觀餘論》云："得漢世石刻有云'園公神坐''綺里季神坐''角里先生神坐'。"趙明誠《金石録》言："在惠帝陵旁，驗其字畫，葢東漢時書。"是漢有神坐，故云也。神坐身長一尺二寸，象十二辰；厚五分，象五行；博三寸，象三才。趺方四寸，象四方；長二寸四分，從十二分而倍之。首負兩旁殺五分，象德之員通；色朱不雜，象德之純正。木以栢栢之，為言廹也，後學對之，廹促不自安，生敬謹之心也。

乾隆癸丑三月，記於拜經堂書塾。

## 題凌次仲教授挍禮圖　戊辰仲冬

庸聞次仲教授之名久矣，戊辰冬始見於浙撫署齋。其容睟穆，與談學問，則娓娓不倦。不鄙庸為媕鄙不足道也，示《校禮堂文稿》，并屬題《挍禮圖》。啟卷則余師盧召弓學士為《圖引》，又撰《文稿序》，庸更何以益君？嘗反覆君書《復禮》三篇，而知為粹然傑出之儒也。

其言曰："自天子至庶人，壹是皆以脩身為本。"而《中庸》言："齋明盛服，非禮不動，所以脩身也。"《論語》顏淵問仁，孔子荅以"克己復禮為仁。一日克己復禮，天下歸仁。"其因曰："非禮勿視，非禮勿聽，非禮勿言，非禮勿動。"《中庸》言："修身以道，修道以仁。仁者，人也，親親為大；義者，宜也，尊賢為大。親親之殺，尊賢之等，皆禮所生。""禮儀三百，威儀三千，待其人而後行。""故君子尊德性而道問學，致廣大而盡精微，極高明而道中庸，温故而知新，敦厚以崇禮。""子所雅言，《詩》《書》、執《禮》。"顏子言："夫子循循然善誘人，博我以文，約我以禮。如有所立卓爾"，"立即立於《禮》也"。故曰"不知《禮》，無以立"。"威儀三千"，為《曲禮》，今《儀禮》十七篇是也。

然則姬公制《禮》，孔子定《禮》，自周初迄春秋末，《大學》《中庸》《論語》之微旨，孔子、七十子之大義，均不外此。《經》十七篇，古《禮》之僅存者。然舍是無以見姬、孔之心，立聖賢之極。後之儒者，棄禮而言理，遂滑入於二氏之室，而有違於姬、孔之教矣。君之鄉先達戴東原氏，著《原善》《孟子字義疏證》等，大聲疾呼，以言理義之學。庸魯鈍，不通其意，而于教授之文，則攸然有當也。舉此見君精意卓識，能貫通全《經》之旨，而未始不由挍讐文字間漸入其閫奧。是《圖》之作，所係豈淺鮮哉？

武進臧庸拜題，時長至前一日。

## 跋宋虞廷會試卷後　辛未季春

《說文》："用，可施行也。从卜，从中。"衛宏說："庸，用也。从用，从庚。庚，更事也。"賤名庸，字用中，本此。鄭康成《三禮目録》曰："名曰'中庸'者，以其記中和之為用也。庸，用也。孔子之孫子思①作之以明聖祖之德。"此文大意本此，餘詳眉批及旁批。鄭注《禮記

① "思"，《三禮目録》"思"下有"伋"字。

中庸篇》“君子中庸”曰：“庸，用也。（今本改‘常也’，非。）用中為常道也。”此據《説文解字》，以“庸”為“用”，乃本義也。注“庸德之行，庸言之謹”曰：“庸，猶常也。言德常行也，言常謹也。”此轉訓也。鄭君望文生義，不敢輒訓為“常”，故加以比例之詞，曰“猶常”，則非“常”可知矣。《爾雅》所以解釋《六經》，不定為本義，故《釋詁》以“庸”為“常”。許君之書務説字之本義，故必曰“用”。鄭所以亦同許義者，因記曰：“喜怒哀樂之未發謂之中，發而皆中節謂之和。”則“和”字仍由“中”字内透出，故以“中”為天下之大本，“和”為天下之達道。君子中庸，即君子用中也；小人反中庸，謂小人反用中之道也。下文言舜，直曰“用其中於民”。孔子之解尤明白曉暢。《注》言“用中為常道”者，以常道申言用中之義，而非以“庸”為“常”。淺人不解“庸，用也”與“庸，猶常也”二義迥别，又惑於“用中為常道”之言，因改“庸，用也”為“庸，常也”，而未計及與《禮目》“庸，用也”為一書一訓，不容鄭氏一人之言前後乖舛也。考《正義》曰：“君子之人用中以為常，小人則不用中為常。”是孔氏所據鄭《注》當是“用”字。至《論語集解》曰：“庸，常也。中和可常行之德。”或平叔本用鄭義，而後人誤改為“常”；抑平叔已混於訓解之例，直解“庸”為“常”，皆不可知矣。（據何氏“中”“和”之解，合乎本經，葢即本鄭以“常行”釋“用”也。）而此文之根據《説文》《禮記注》《三禮目録》為合乎本經，而不依隨今日之《集解》《集注》。則非究心經學，詁訓之深者不能辨。無論售否，終恐當世鮮能心知此文所以精妙之故，因為跋其尾如是。虞廷無以得失為欣戚也。

辛未閏月一日，庸敬識。

## 昌字子美全字子純説　甲子季夏

覺羅香東侍讀以弟桂昌①、桂全字為請。按：《説文解字日部》云：“昌，美言也。从日，从曰。”《入部》云：“仝，完也。从入，从工。”

① “桂昌”，當作“桂菖”。漢陽葉氏寫本《拜經堂文集》卷二《録唐釋湛然輔行記序》云：“及門鑲藍旗覺羅生桂菖”，即其人。

又云："全，篆文仝，从玉。純玉曰全。"因字昌曰"子美"，全曰"子玉"。核之《春秋》，衛蘧瑗、齊陈瓘之名，則字玉為本義也。侍讀以楚得臣字"子玉"，而《傳》云"子玉剛而無禮"為嫌。如克己復禮，如玉無玷，由己而已。古聖愚同名，忠佞同字，考之史册比比然矣。且楚有觀從亦字"子玉"，而勸殺棄疾以免禍，智也。不忍子干之見殺，乃行，仁且義也。棄疾召之，唯其所欲而從先臣，使為卜尹，孝且讓也。不亦五德備乎？然重違侍講意，請易字曰"子純"。《考工記》："玉人之事，天子用全。"鄭司農云："全，純色也。"鄭康成云："全，純玉也。"合之許君説，是"全"為"純"，同"完""具"，而"純玉"之為本訓。許君、後鄭並同，於《記》文尤洽矣。昌乎！汝思不喪其美。全乎！汝思克保其純。庶乃兄定字之意歟。

## 嚴景高字伯修説 戊辰孟春

《禮經士冠》："主人戒賓，賓禮辭。前期三日，筮賓，乃宿賓。賓許，主人再拜，賓荅拜。既冠者立於西階東，南面，賓字之。主人送於廟門外，請醴賓，賓辭。《字辭》曰：'令月吉日，昭告爾字。爰字孔嘉，髦士攸宜。宜之于假，永壽[①]保之。曰伯某甫，仲、叔、季惟其所當。'"成人之禮，重之於始。古有吉事，樂與賢者勸成之。賓對不敏，恐不能共事，以取病。主人則願賔之終教之，所以重成人之禮而不敢苟於始也。

吾友錢塘嚴君厚民，為三嚴先生之後，名其子曰"景高"。歲丁卯，同客廣陵，戒[②]余字之，余禮辭。既而，厚民歸里，余來杭州，見其子，又復[③]厚民書，復申前説，乃勿敢辭。余來杭州，徵之《詩》《禮》《孝經》，作説以貽之。《大雅文王之詩》曰："無念爾祖，聿脩厥德。"景高者，念祖之意也。《孝經開宗明義章》句[④]曰："身體髮膚，受之父母，不敢毀傷，孝之始也。立身行道，揚名於後世，以顯父母，孝之終也。夫

① "壽"，當作"受"。

② "戒"，義不可通，陳鴻森校曰："當作'丐'，音之誤也。"

③ "復"，疑當作"獲"。

④ "句"，衍，當删。

孝，始於事親，終[1]於事君，終於立身。”《大雅》云：“無念爾祖，聿脩厥德。”然則孝子、孝孫之要，在立身行道，揚名顯親。所謂“孝有終始”者，此也；所謂“終於立身”者，此也；所謂“聿脩厥德”者，亦此也。敢字景高曰“伯脩甫”，亦厚民終數之旨歟？

嘉慶十三年上元後三日，武進臧庸書。

## 宋學均字師鄭説　己巳孟秋

今年春三月，庸自杭還里，舟過塘棲，晤宋德輝訓導，見其從子學均。訓導曰：“學均年及冠矣，請字，且為之説以教之。”庸友訓導十餘年，并辱交於訓導尊甫茗香先生，今訓導有命，敢不從？

謹按：《唐會要》載宋均《詩緯論序》云：“我先生[2]北海鄭司農，《春秋》《孝經》，唯有評論。”又載宋均《孝經緯注》引鄭《六藝論》敘《孝經》云：“元[3]又為之注”，“司農論如是，而均無聞焉。有義無辭，令余昏惑。”舉此見均為君家遠祖，生漢、魏間，實北海鄭康成氏之傳業弟子，故一則曰“我先師北海鄭司農”，再則曰“司農論如是，而均無聞焉。”稱鄭氏為先師，稱邑、稱官，而自稱名，此其證也。子名之曰“學均”，非特邁乎祖德，兼以師於鄭氏。“學均”之道無他，亦仍以北海鄭司農為先師云爾。請字“學均”曰“師鄭”，而并詔之。

日庸嘗辱交爾祖茗香先生矣，見取道藏手挍唐釋元應《一切經音義敘録》、宋陸佃《爾雅新義》而刊行之，從父訓導又纂輯《古易音訓箋補》《夏小正經傳》。夫由章句、讐挍、詁訓、聲音，以蘄通乎三代之文者，鄭康成氏之學也。君之祖父胥業於是，而紹之以君，然則以鄭氏為師者，固君家之世業，君能發明而昌大之，庶不失命名之義，亦所以繩其祖父也歟。

庸往來塘棲，稔君恂恂有矩矱，敦行孝弟，詩文清雅，知君祖父績學厚德，將於君享其直也。書此為左券，并以質之訓導云。

---

① “終”，據《孝經》原文，當作“中”，以與前後文之“始”、“終”相對應。

② “先生”，當作“先師”。

③ “元”，原作“玄”，避康熙帝名諱而改。下同。

嘉慶十四年秋七月，書於杭州城北之板橋。

## 漁隱小圃文飲記　庚中[①]孟春

昔顧子明吳門還，告余有其宗千里者，高明績學士也，恨勿能見。後鈕君匪石過尚志齋，子明招余訂交焉。袁又愷向與吾師抱經為姻好，亡友王西林介為寓主人，遂得與匪石、千里往還，以求從事於實學，乃漸與鏡濤、玉衡、尚之交。丁巳冬，鏞堂過吳門，又愷招鈕、顧諸君會飲漁隱小圃，而屬為記。余鹿鹿未有以報命。兹游粵東，又愷五千里外貽書促之，不敢以不文辭，於歸途清遠峽舟次追記時事焉。

吳縣鈕匪石，年三十八，隱於賈，内介而外和，敦氣誼，嗜金石，邃“六書”之學，好為詩歌。余遊楚，匪石為理料行資。吳縣袁又愷，年三十六，性孝友，博雅通達，深研經、史、小學，交遊皆海内名流。自西林之卒也，與余益善。震澤費玉衡，年三十四，通《易》學，宗師法，所著秘不以示人。元和顧千里，年三十二，氣骨崚然，所覽靡不精究，余畏友也。武進臧在東，年三十一，有志於學，未成。元和李尚之，年三十，精步算，闡悉微奥，識者以為梅定九復出。余於數不能通九九，無由問津。嘉定瞿鏡濤，年二十九，從其外舅竹汀先生遊，日久，所業日進。余昔之楚，鏡濤贈詩六章以壯其行，後以挍勘石經《儀禮》寄示，皆深思好學士也。

又愷以杯酒間集天下賢豪，較古人劉伶輩七友，有過之無不及，後世當有能辨之者。願真誠相與，坦率以待，為心交勿為面交，過相規而善相勸，砥厲廉隅。切磋問學，毋懷才以相嫉，毋循利而忘義。出則有濟當時，處則有益後世。庶君子之交久而有成，上不愧古人，次亦無負我又愷一旦會飲之勝舉乎。

時嘉慶二年冬，十月二十有三日，同飲者為金壇段若膺明府。

越四年庚申正月二十八日，鏞堂記。

伏望在東，謙和寬恕，克己自反，嚴以律己，恕以待友，以期此

---

① “中”，當作“申”。

會之長不散也。嚴元照記。

讀此，而《西園疋集記》直錚錚細響耳。大疋可作，如不以不中役使，棄為之洗犖，所欣慕焉。有拜經此作，此會已千古矣，又何散之有？讀者勿過慮，可也。許瀚記。

## 雙桂小圃記　庚申仲秋

吾好寢室之西有雙扉，啟扉有室三楹，庭頗寬厰[1]，種雜草卉，有鳳仙、山藥、海棠、茉莉、玫瑰、菊花、滴滴金等。夏秋間，衆色争妍，五采相宣。或清曉露濃，涼夕月皎，行坐其間，顧而樂之。有風徐來，暗香競發，以捐遺塵擾，洗濯襟懷者矣。吾母手植雙桂於亭，森然揵植。去年一花一不，今秋兩樹皆英蕊累累，枝葉益暢茂，花較昔時為盛。余之以疾辭浙撫阮公而歸也，朝夕憩於斯，移所好經籍置其中，坐一兒一女於側，自課之，數月不一出。葢定省密邇，既可終日侍親，去外室，遠客來，雖至戚亦可謝。外事不擾於心，而無足以動其中也，雖終身不出，可也。三弟和貴能篆文，為余書“雙桂小圃”額，藉以不忘吾母之手澤，俾百世子孫保此室，益當知愛此樹焉。是為記。

時嘉慶庚申中秋前三日，正雙桂盈盛開也。

## 題江井叔讀書圖　丁巳仲春

儀徵江君井叔向與余友顧子明交，知鏞堂名，隨所至訪之，後先不相值。今年春，喜晤浙西學使院中，出《讀書圖》索題。余好讀書而質魯，不逮井叔之明敏，邇又奔走衣食，歲月空擲，觀斯圖有慚色焉。井叔貫通六書，精研雅訓，著《四書解誼》，以《論語》“學而時習之”“而”為“如”，《中庸》“優優大哉”“哉”為“始”，於前儒注釋外獨闢一解，與本文上下吻合，而絕非支離傅會之談。舉此可信其為善讀書者。昔鏞堂以

---

① “厰”，當作“敞”。

讀書要占三字告子明，曰“勤”，曰“細心”。此愚者之一得，或為高明所不屑。然以井叔之英敏，而復能從事於三字，則千秋絕業，操券可得，較之鈍根人，事半功倍不啻矣。而自古負聰明絶俗之姿，其所學或無聞於後者，亦多受不勤、不細心之病。他日持此圖質之子明，以為然否？

## 題林仲雲望雲圖　戊午仲秋

古孝子行役之詩，陟岵望父，陟屺望母，其心不良苦哉？後賢登高而望，見雲聚處，曰：“我親其在下。”蓋憑雲物以寄遠思，較古人徒望為不虛矣。然雲在天，可望不可即，且飄忽無定，散合不常，孝子寄思於此，仍虛迹耳。矧親在，雲猶在也；脱親不在，雲已空矣。抑知孝子之心，終古不變；依戀之忱，存歿無間。天有雲而子有親也。天無盡，雲無盡，親亦無盡。庭闈之近，無人有雲，親在也；山川之遠，無人有雲，親在也。天無時無雲，心無時無親。心即天，天即雲，雲即親。古聖人終身孺慕，其望雲之思乎？甘泉林君仲雲永感，後寫《望雲圖》，属為序引，因題以詒之。

嘉慶三年秋八月，武進臧鏞堂書於浙學使院之譔詁齋。

## 題慈竹居圖　辛酉仲冬

余幼讀李虔《陳情表》，至“臣無祖母，無以至今日；祖母無臣，無以終天年”，未嘗不涕泣隨之，歎幼孤之人，恃祖母成立者，其交相倚賴如是。吾友椒堂孝廉，令祖药房先生以被累繫蜀，垂四十年廼放歸。當其時，先生令嗣薌圃君甫八齡，祖母高太夫人實教養課學，俾至成立。成，命入蜀省覲。既歸，旋卒，遺孤六人，太夫人復教養課學，俾皆有成立，一如撫薌圃君時。蓋三世恩勤，祖孫撫字，大母之劬勞甚矣。椒堂天性篤孝，事祖母如母。今年應禮部試，忽心動，亟馳歸，而太夫人已長逝不可見。哀痛之餘，深自追悔為一第遽失大母，未克視含斂。以夙昔所寫《慈竹居圖》乞言，述之泫然。慈竹居，為椒堂侍養之所，手植修竹於庭，以況大母貞苦之節，而不忘慈愛之恩也。去年夏，余與椒堂同寓武林節署，即持圖乞言，未有以應。今復申前説，誼不可辭，因書其交相倚重之端，與報劉不盡之意，於徵言述略後，以歸之。

嘉慶辛酉長至後三日，武進臧庸題於西湖詁經精舍。

## 題孫蓮水詩鈔[1] 庚申孟冬

吾黨之相交也以文學，而定交也必以操行。有能遇患難而相濟，歷死生而不變者，可以為友矣。否則[2]王、楊、盧、駱，詩如温、李、積，學如馬融、王肅，而行或不逮焉。其交也，非市則諂，不足友也。上元孫君九成，詩人之有行者也。向與余友王西林交好，西林死，孫君集其遺稿，評選而訂正之，將鐫諸黎棗，是可謂生死不相背負者矣。余讀孫君詩，温柔敦厚，而一秉醇正之氣，無震蕩險怪之音，為適如其人心焉，重之。《集》中友朋投贈之作，寄懷西林詩尤多。環回諷誦，不忍釋手。今夏晤諸武林節署，各出近作相商榷，不以余為不知詩也。玆阮中丞善其辭，欲為板行之，君以鏞堂為西林之故友也，屬余題其端。西林詩梓成，君其惠我一編乎？

## 題汪孝嬰北湖訪焦君圖 丙寅孟夏

庸心質魯鈍，不能通九九。吾友元和李尚之極精斯學，後獲交江都焦君里堂，竊幸談天三友已得其二，尤恨不得一見歙縣汪孝嬰也。今年三月來揚，寓阮雲臺侍郎家。焦君枉顧，匆遽欲出叩之。曰：“汪孝嬰在外。”庸聞而心喜，亟出見之，並約異日偕里堂相訪。踰月，庸造焦君，焦君已在孝嬰學舍矣。念欲過從，焦君適遣使來迓，至則晤焦君、汪君。

汪君以《衡齋算學》見詒，并出《北湖訪焦君圖》，屬題。披圖見孝嬰臺笠乘馬，童僕隨身後，則歎孝嬰之嗜學而篤于友朋之切也。歸而挑鐙讀其書六卷，卷有《自序》，筆致高遠閑曠，如晉人小品。于友朋聚散之

---

① “鈔”，漢陽葉氏寫本目録該篇題中作“抄”。

② “則”，下宜有“文如”二字，以與下文“詩如”“學如”相對應。

迹、欣戚之端尤惓惓焉。庸不能通其數，未嘗不嗜其文也。

焦君之言曰："兩漢經生守一家之言，通人鄙其固焉。鄭康成氏注《禮經》，雖子夏之言猶駁之，葢非深入其室者不能難。古人立言，固樂夫人之深入而難我，不樂人之略觀大意而諂附我也。"焦君出入秦、李之書會，觀孝嬰、尚之之論，而所言如此，乃治經之要，不特為疇人子弟痛下針砭而已。

是以古人之書，言乎其所不得不言，辨乎其所不得不辨，將以明道而袪①惑，非以炫長而矜能。故其義研之彌永，其言乆而益章。若病己之疎而務掩護之，嫉人之密而務攻擊之，附會舊師之言，馮藉近儒之説，以求伸其見，必欲人之出我下而後已，無論其言，不能傳之乆遠。平旦自思，當亦恧然於公私之異軌，勿謂天下後世竟莫有知之者也。談天三友硜硜辯論，葢必有是者。姑申里堂之言，以應孝嬰之命，而并質之。恂恂好學，詩筆清雅，刊其師説，以語同志是能②。

嘉慶十一年夏四月，武進臧庸堂題於揚州淮海樓。

## 送姚文溪大令還濟南序　甲子孟春

儀徵阮公撫浙之明年，校勘《十三經》，招鏞堂與其事。越三載壬戌九月，鏞堂分校者先竣，因請歸。歸而上侍老母，下撫羣季，慨然念家事之敗也，棄儒就賈。經理之一載，不可為，仍棄去，復理故業。甲子春，應京兆試，來杭謀行李之資，不可得，大困，悵然欲歸，遇先生于西湖孤山之麓。先生慷慨自任，好推獎氣類，應人緩急。縱談天下義理，明達若燭照數計而龜卜。其自庶吉士改知崑山縣事也，崑山士民父母愛戴之。雖有不肖，不敢作奸犯科。時督學使者平公按試蘇州，先生為提調官。前平公按試蘇州，蘇之人釀事；後按徐州，徐人復釀事。至是涖崑山，學使者憂士習民風之不端也，竊竊然慮之。見先生，属之曰："藉君鎮理之矣。"先生曰："諾。某在，學使者可無恐。某之宰崑山半載耳，然清夜自思，

① "袪"，當作"祛"。

② "恂恂好學，詩筆清雅，刊其師説，以語同志是能"，陳鴻森校曰：此十八字"與上下文俱不連屬，當刪去。揆其文意，'質之'下當有'尚之'二字。"

一言一行無不可以對崑山之士民而無愧怍者，崑山之士民無不洞曉此情者。試事為國家大典，非僅學使者與某之職也。如有不端之士、奇觚之民敢譁譟者，請以律治。”既而士民寂然，雖小小攘竊，不敢間發。學使者亦倚重之。吁！即此可見先生平日之自守矣。近之為吏者，清矯絕俗，弋譽干名，雖有益人世之事，可以為而不為，兢兢然慮人之議其後，而試核其平日之所為，未必事事皆可以質衾影而對大廷者。聞先生之風，亦可少愧矣。鏞堂於先生邂逅交耳，知鏞堂欲遊學京師而困於資也，許作書於其親，為謀旅食計。心感其德，不能默而已。

先生以母憂去官，將還濟南，鏞堂頌其所知者為贈。

## 別鈕匪石序　癸丑季冬

君壬子春過常，造顧子述，子述來告曰：“有錢少詹高弟子吳縣鈕匪石至，足下願見其人乎？”余欣然就尚志齋相晤，然未識君為何如人也。踰時來余室，與縱論今之名儒。余首以金壇段明府為問。今年三月望日，君又過常造余。未幾，余至吳門訪段明府，未值。因王光禄、王西林而寓於袁氏主人又愷，敦倫好古士也，以《十三經》挍勘見委。余初於《易》《書》《詩》《爾雅》，粗有所訂，餘《經》奪他事未暇，至是以挍《三禮》《三傳》《經典釋文》《羣經音辨》等。明府歸，或録其副。雖因人成事，猝爾未有定本，余懷亦稍慰矣。利薄功溥之事，固儒者所樂為也。君之廛，與袁氏止一水之間，因得晨夕過從，始悉君之學行而訂交焉。君研求聲音詁訓，寄身商賈間，朴厚明質，務實不務名，是余所雅敬者。聞今海内有通儒二人：一嘉定錢少詹，一金壇段明府，近皆為吳人所得。君故從游少詹，獲交明府者也。以二人為師，顧千里為友，更加三字之功，（一曰“勤”，二曰“細心”。）君之學必卓然有成。

玆於遊楚北，君詠詩十二韻以贈，余勿能詩，因序與君兩載之交情為別。

## 別郭頻伽序　戊午季秋

自史官《列傳》分《儒林》《文苑》，經生、才子旨趣不同，往往互相短長，猜嫌日積，有相忌而無相愛也，而東漢鄭司農、蔡中郎則相契特深。余今年寓湖上，耳熟頻伽郭君才名，見所為《餞春詩序》，有六朝遺響，頗心善之。然頻伽屢來湖上，過同舍友人，余奪於他事，不暇欵接。頻伽亦有以自重，不必詣余也。一日偕譔詁齋主人來，余出晤，則彼此不相識，錯愕問姓名。既而常常見之，始知頻伽與余同歲生。其為人磊落多情，於友誼極篤，不特才人韻致，可愛、可親已也。然頻伽氣骨崚然，俯視一切，庸衆人目之曰“狂”，深嫉、大怪之，而與余如舊相識。見拙輯《漢書音義》，頗珍惜之，既工書法，復手自繕録，為挍勘一二，皆當。而惓惓然欲得余言，以致[①]一時情好，余於頻伽亦不能釋然。

余今遠別在邇，未稔覿面何日，遂題數言於《漢書音義》，以識鄭、蔡之交云。

## 書張子厚訂頑後　丙辰仲夏

朱子云：“橫渠嘗於學堂雙牖左書‘砭愚’，右書‘訂頑’。伊川先生曰：‘是啟爭端。’改曰‘東銘’‘西銘’。”[②] 按：此篇合天地萬物為一體，以發明仁道，或區別天地萬物，與己不相屬。是頑鈍無靈，謂之不仁，此言仁以訂其失，故曰“訂頑”。其所謂“砭愚”者，有云“不知戒其出汝者，歸咎其不出汝者，長傲遂非，不智孰甚焉”[③]，因針砭其愚惑，故曰“砭愚”。命題允協。試核之程正叔所改“東”“西”兩字，寥廓無著，舍雙牖無以立稱，且古箴、銘之辭皆有韻之文，今二篇無韻，安得謂之“銘”邪？若言“啟争端”，則孟子嘗言“我欲正人心，息邪説，距跛[④]行，放淫辭”，言惟其當，不聞有議其“啟争端”也。宜復原題“訂頑”為是。不施勞而底豫，舜其功也。四事，雖虞舜、曾子、申生、伯奇並舉，然辭氣抑揚，其大小、得失自見。故以父母之慈而猶有亂命，以天地之大而猶有所憾。事親、事天，一也，為子者可不知所從事歟？朱子解等例齊觀，殆失之。玆删訂舊《注》，以詒質美者云。

---

① “致”，疑當作“誌”。

② 語出宋朱熹《近思録》卷二。

③ 語出宋張載《正蒙乾稱》，原文“長傲”與“遂非”間有“且”字。

④ “跛”，疑當作“诐”。

時嘉慶元年夏五月甲子，鏞堂識於武昌制署之經訓書塾。

## 書銀河棹校本後　丁巳孟夏

丁巳四月，得之江吳秀峯秋屾本，挍於西湖冢泉。吳本《六壬》，有《正集》《附集》。此在《正集》中，而多所删改，非張仙槎本書。其壬學亦甚劣，如：《銀河棹》首重“遁干”，而吳本附《注》云：“‘伏干’之説，頭緒太多，可以不用。”則全不識作者苦心矣。又《陰陽二貴圖》本先、後天八卦，見壬學源於《易象》，非術數小家可擬，而辨“月將”法亦本《河圖》，生成之數為最真，乃一切删去，則仍同俗學，而非《銀河棹》矣。可為痛惜。“干旺為五行自旺之氣”，吳本作“十干自旺之氣”，《注》云“原本作‘五行’”。此足徵鏞堂手録者為原本，而吳書為改竄。即“刑”“冲”二字亦不解，故書中謬以“冲”為“刑”，其貽誤於人不淺。然張本文字譌脱處，吳本往往不誤，節取以挍正文字，斯為棄瑕取瑜之法。

時嘉慶二年四月十一日，武進臧鏞堂識。

## 跋長興臧氏宗譜　丙寅季夏

嘉慶丙寅夏六月，庸來長興訪吾宗伯辰明經。以手輯《譜》稿見示。簡核有法斷，自明嘉靖贈工部郎中益齋公為始，而追本於前五世仲和公。謂以上不可考，所以傳信也。《述原始》第一，《考獻》第二，《系表》第三，《系表下》第四，《科第考》第五，《家傳》第六，《藝文志》第七。又深辨舊《譜》以劉宋諱質、字含文者，改名曰“謨”，為第二世，當南宋寶祐間；以南齊諱榮緒者改為字，而創其名曰“綸”，為始祖，當南宋嘉定間。乃緣字生文，的係偽撰，必當削去。自來為《誌》《銘》《傳》《表》者，皆承襲其誤。庸深韙其言，舉此見譜牒家詭託遠冑名宗為始祖者，概未可信，適成其自誣而已。吾武進臧氏，明季始可考，始祖省三公諱肇元，生萬曆間，七傳而至庸。舊《譜》既燬於江陰，相傳為自東莞遷吳興，自吳興遷毘陵。然無名字、世次可考，則仍信以傳信，疑以傳疑矣。今反復長興之《譜》，亦無以證其分合之端也。同懷弟和貴，好學而性至孝，嘗偕庸訂纂《家譜》。客歲來長興，與伯辰交，假其《譜》讀之。求武進宗派之所自，庶能昌吾宗者，詎年僅三十而卒。今追踪芳躅，識其交遊，手澤如新，墓有宿草，歸而祥祭，良深悲悼。已[①]嘉伯辰氏之善述而不誣其先也，識數語以歸之。

## 跋桑閑居士傳　丙寅季夏

杭州陸君封五出示《桑閑居士傳》，乃陳眉公撰文、董香光所書君高祖環溪先生之懿行也。先生天性孝友，少涉憂患，幾無以自存，幸至誠感神，終能振拔，既饒於財。伯子以明經貢成均，叔仲以文藝補諸生。訖君之子若孫，均以文學世其家，則先生之紹緒遠矣。撫兄遺孤二人，俾成立，護之如頭目，課之如己子。二子之言曰："吾讀蔡中郎書，邕早喪二親，年踰三十，鬌髮二色。叔父視之，親若幼童，車則對坐，食則比肩。馬伏波一情不易，鄧伯道更踰所生，其我叔父之謂乎？"觀二子之言而先生可知矣。君出此卷，属題，庸適有懷亡弟和貴，遂書此以歸之。

丙寅夏六月，武進臧庸題於長興館舍。

## 刻庚午落卷跋　庚午孟冬

歲庚午，順天榜發，吳美存師為余領落卷，已被人攫去。二、三場率筆直書，不復記憶，未能全刊。榜將發，友人為拈文昌籤云："著書盈帙鬌毛斑，憑向溪頭買一山。臨水自傷流落夂，暮年詩賦動江關。"流落之夂，神其鑒之，豈非命哉？或云"君著述自足不朽，不藉科第為重"，此無聊慰藉，余豈足當之？且國家以制義取士，而文不合格，屢擯有司，亦己之過也。憶甲子寓桂香東侍郎家，朱文正公索閱藝[②]，許前列，為占壬課，大書"魁"字，《注》云"詩不為害時"。因詩有小疵，文正深慮。

① "已"，疑當作"余"。

② "藝"，詩文，文學。清姚瑩《復楊君論詩文書》："詩文者，藝也。"

故云“今年闈内即録頭場文，見者許列前茅”。乃至落卷亦不可得，是必余之罪戾叢積，天降之罰，俾諸君子有知言之識者，決科不驗，深可愧已。

然余文雖不足惜，而諸君子之評騭，則非具非常之識者不能道。不忍聽其飄散零落，深沒閱者苦心，因為過而存之。自今思之，猶幸不售，得以著其姓氏，大書深刻，懸之國門。萬一諸君子之言而驗也，必不能如今之所為矣。豈非幸哉？豈非幸哉？

十月五日，拜經主人自跋。

## 丁小雅教授六十序　丁巳季春

鏞堂從故學士盧召弓遊，即知小雅先生。讀學士所録《鄭易》，極詳審精密，以未獲見手定本為憾。今年春遊浙，相見恨晚。知鏞堂之篤志先師鄭氏學也，款居西湖精舍，執《鄭易》來授之讀，且属為挍讐。遂據私定本參之，更檢勘《十三經義疏》，歷旬日成，覆挍數十條。先是，曲阜孔叢伯讀此書，亦有挍語。鏞堂氣性粗直，有駁正過當處。先生惠書曰：“備見心細如髪，不留遺憾。駁正孔氏各條，詞氣稍直，將來略為改易，付彼一觀。”然後知先生之善與人同，大公無我，而辭氣温雅，循循善誘，益為心重其人。又告我去年書院逐淫僧事，復足徵見義敢為，去惡務盡，清士習，端民風，為有造於浙土者非淺。鏞堂前寓精舍，失去經籍不計，本半出手挍祕册。癖嗜難割，寢食遂廢。先生為牒諸城隍司神，且徧召其門下士，蹤跡之。有方君嘉黁、胡君理晉出其力，大索十日，獲書二十四冊，歸我。此可見先生平日教化之神，恩信之感，故言甫出而人人樂為之用，雖異方末學，深被其惠於無窮也。又恐研經好古之人士，或被竊書之名，為表白掩飾者甚力，此復見先生忠厚待人，浙士所當深感勿忘矣。夫學術堅固，品詣篤實，皆壽徵也。

先生命記失書事本末，未暇，適遇先生六旬生辰，遂書此以為先生壽。

時嘉慶二年丁巳季春月吉。

# 孫太恭人六十序　丙寅孟秋

庸與鳳卿觀察合志同方，情好若兄弟。嘉慶九年，應順天鄉試，訪觀察涿州館舍，款留信宿。論質經史，夜以繼日，而持躬謙約，不異寒素。手出令先尊葆年中丞遺照，屬題。庸悚然起敬，謂“微文末義，不足闡揚先德，恐重負所託”，辭不獲命，遂手書於幅。在都二年，往來書問無間，既心識觀察之賢，久而知出生母太恭人之教為多云。

十年十二月，庸得家書，知老母念庸甚切，即欲歸省。適觀察以車來迓，遂出都過涿。而觀察久意延庸訂纂經史，兼課令嗣，至是遂欲留之，約以異日。則述太恭人命曰：“子所以急歸者，省母耳。今為遣使常州問母安否，何如？安則留此，否即送子歸。二旬報命。”庸固執不可。太恭人元旦率孫進塾，獻摯而拜曰：“幼孫必得先生為師者，蒙養之義，所以端本重始也。”庸以子姪禮謁之。見太恭人容儀端好，年約四十許，已徵福壽靡疆之兆矣。

届行，觀察曰：“明年三月三日為家慈六十生辰，親朋侑觴以祝，乞子一言，幸早成之，擬先期製軸，以垂不朽。”庸聞而自恧，恐微文末義，不足以頌揚母德。而太恭人之教子若孫，必端其本，觀察遂為國家令器、當世聞人。又發不匱之思，而廣錫類之仁，其緜緜不已之祥，固根乎天性，無俟庸之贅言者。而庸深感其德，又能已於一言乎？遂齋沐，撰文，郵寄以為壽。恨道遠，不克捲韝鞠跽登堂以拜也。太恭人聞庸之言，欣欣然有喜色，而進一卮乎？

嘉慶十一年，歲次丙寅，秋七月吉旦，年家眷愚姪武進臧庸率子相頓首拜祝。

# 拜經堂文集弟五

## 礼[1]部侍郎莊公小傳　庚申仲冬

公姓莊氏，名存與，字方耕，江蘇武進人。乾隆乙丑榜眼，官禮部左侍郎。五歲，就塾讀書，日數行下。年十二，京師地震，屋傾壓重墻下，掘土五六尺許，始得。耳目閉塞，良夂方出聲。力探經史、性理、百家，從舅氏錢公某講肄，平生學業始基此。戊午，下第，歸。研究算學，忘寢食，因得眩暈疾。戊辰，散館列二等，仍留教習。奉諭旨云："閉户讀書，留心經學。"一時驚為儒臣。異日，數出典浙江試，兩典湖北試，督學順天、河南。壬申，會試同考官；辛卯，副総裁；甲辰，知貢舉；壬辰，教習庶吉士，查察鎗手、傳遞、頂冒諸弊極嚴密，所按次第肅清，覬覦者望風歛戢，士心益勵。奉旨清釐順天士籍，有寄托者，改歸原籍，逾限除名。奏請暫停南北歲科，據本生自首姓名，一咨禮部，一行文各布政司，轉行各州縣，親族里鄰切結，由司轉覆到後始准咨回本省學政，奉旨准行。訓士子，告語諄懇，必以敦本業、崇實行為蕞。在上書房行走，卯入申出，寒暑無間，皇子時親講説，愛敬日深。任禮部，講求會典舊章，遇祭祀、朝會、宴享諸大事，敬謹襄贊勿懈，數十年如一日。治家嚴而有法，不苟言笑，于世俗聲華、玩好之属，澹然無所嗜。性清介，嚴取予，謹然諾，飲食衣服，刻苦自持。奉差使所過，食用必自治，并戒僕從，不勤館人，故所涖下車輿頌翕然。教子孫持家範，勿令稍染時趨，接物中正平易，人亦無敢干以私者。家居，宇舍精潔，器物整齊，書籍時親檢點，勿使稍有參錯。幼禀庭訓，習朱子《小學》《近思録》，長益沉潛經義，

---

① "礼"，漢陽葉氏寫本目録中作"禮"。

誦《詩》讀《書》，惟以知人論世為準。故所造洪博深邃，莫測其涯涘。若天文、輿地、河渠、水利、律吕、算數之學，莫不覃思殫究，口吟手披，率至夜分始就寢。謂學以養其良心，益其神智，須旁廣而中深，始能囊括羣言，發其精蘊。又云："讀書之法，指之必有其處，持之必有其故，力争乎毫釐之差，深明乎疑似之介。"嘗自署齋聯云："玩經文，存大體，理義悦心；若已問，作耳聞，聖賢在坐。"其平生得力語也。所著有《八卦觀象篇》《彖象論》《彖傳論》《繫辭傳論》《序卦傳論》《卦氣解》《尚書既見》《毛詩説》《春秋正辭》《周官記》《律譜六樂解》《九律解》《聲應生變解》《成律合聲論》《審一定和解》《天位人聲地律論》《合樂解》《定黄鐘之聲及其徑論》《律書解》《琴律解》《瑟音論》《筭法約言》等書，藏于家。《易》主朱子本①，《詩》宗《小序》、毛《傳》，《尚書》則兼治古、今文，《春秋》宗《公》《穀》義例，《三禮》采鄭《注》，而參酌諸家。病中猶時時背誦經書不置。乾隆五十三年卒，年七十歲。

子三人：逢原，乙酉舉人，山陽縣學訓導；通敏，壬辰翰林，詹事府左春坊左中允；選辰，戊戌進士，甲辰召試，授内閣中書，先卒。孫六人。

贊曰：庸堂少從公之從子葆琛進士問學，嘗一見公，自慚譾陋，未敢有所質也。後讀公《尚書既見》，嘆其精通浩博，深于大義，章句小儒未由問津矣。近者，孫伯淵觀察撰輯《經學淵源録》，屬庸堂徵采事狀，因從公子孫索《誌》《銘》《家傳》等，勿得，得其家《行述》，於是撰掇其學行大略，著《小傳》，以俟觀察裁録焉。公之學行，近世葢僅見。安得盡讀公之遺書為快乎！

時嘉慶五年十一月長至前三日，同里後學臧庸堂拜撰。

## 皇清日講官起居注前翰林院侍讀學士盧先生行狀　庚申仲冬

曾祖承芳，明署建平縣知縣，妣某氏，生妣朱氏。

---

① "本"，據上下文意應爲"《本義》"。原文脱"義"字，文句難通，宜補。

祖之翰，妣支氏、楊氏。

父存心，皇[①]錢塘歲貢生，應試博學鴻詞科，妣馮氏、張氏。

浙江杭州府仁和縣東里人，餘姚縣籍，盧文弨，年七十九。

狀

先生姓盧氏，字紹弓，顏其堂曰“抱經”，學者稱“抱經先生”。父徵士公，與同里桑主事調元交最善。母馮太宜人故雅敬之，生先生五歲，得瘵疾，將卒，聞主事來，啟中門，再拜，曰：“以兒子為託。”主事感其誠，遂以女字先生，招至京師，授以業。由是學日益進。乾隆戊午，舉順天鄉試。壬戌，考授内閣中書，會試中式，廷對剴切，暢所欲言，以一甲第三人成進士。甲戌，散館。上命取詩片進閱，曰：“你就是盧文弨麼?”欽定一等一名，授日講官起居注，由詹事府左春坊左中允陞翰林院侍讀學士。丁丑、丙戌，充會試同考官，在尚書房行走，侍皇子講讀。出典廣東，試提督湖南學政，以端士習、正文體為急，拔寒畯入家塾，延師課其成，如丁未進士洛陽令龔鶴鳴，其一也。戊子，以條奏學政事，奉旨撤回，吏議左遷。念繼母張太宜人春秋高，告終養歸，時先生年五十有四矣。壬辰，兩江總督高公晉奏請主鍾山書院講席。先後八年，從遊者若方維甸、孫星衍、董教增為最著。迨先生卒，訃至江寧，前及門顧銘、姚大慶等，奉栗主崇祀書院焉。歷主浙江之紫陽、崇文、山西之晉陽、太倉之婁東、常州之龍城、江陰之暨陽諸講席，著録最稱極盛。在龍城，郡尊李公廷敬延修《府志》，迺根據正史，參考群書，采輯事文數百十篇，屬草藁曰：“史有史料，志亦有志料，吾不能依循舊本草率了事也。”病中猶與分纂諸君論不輟。既而李公調他郡，資費中匱，不克蕆事，因以所成稿授郡中紳士，辭講席，歸。歸而兩浙都轉運阿公林保延主紫陽，待先生忠且敬。課期必盛服坐講堂，鐍院户，按名給卷，五日發案，評閱詳悉，如鍾山、晉陽時。乙卯秋，獲雋者八人。龔君麗正，丙辰聯捷成進士。會鹾使有失禮，先生復辭去。至江寧訪舊友，感寒疾，歸。過常州，卒于龍城書院，乾隆乙卯十一月二十八日也。

先一日猶強起，與及門丁履恒講《儀禮》。童時喜鈔書，貧不能多得[②]紙，縮為巾箱本，十餘篋皆蠅頭小楷。官中書日，始篤志校書，入直

① “皇”，下當有“朝”或“清”字。

② “得”，漢陽葉氏寫本字跡模糊，疑似“得”。

每携四册，盡日點勘，十年讀經史皆徧。作書閲文，點畫不苟，稍有訛闕，必為訂正，曰："此古人小學之事也。"篤學，耄而不厭，昧爽即起，夜分始寢，終日莊坐。讀書遇疑義，則取别本勘①；若有不當，又檢視他書。卷帙繁雜，堆几盈案，而心志益清。嘗合經、史、子、集三十八部，成《群書拾補》若干卷，正誤輯遺，倣《經典釋文》例，句釋而字注之。又取董仲舒《春秋繁露》、賈誼《新書》校而合刊，名之曰《漢兩大儒書》，以皆經生而通達治體，如周末孟軻氏、荀卿子之儔也。又取《逸周書》《荀子》《孟子音義》《吕氏春秋》《方言》《白虎通》《韓詩外傳》等，一一校刊。至今海内之士多知讀周、秦、兩漢書焉。凡《十三經》《二十一史》《大戴禮記》《國語》《國策》《史記索隐》《蔡中郎集》等，皆精意細勘，有手訂善本藏於家。晚年更取影宋鈔《釋文》，審定付梓，每卷撰《考證》附後。蓋先生以經術導士，於是為至，而衣被學者之功，亦由是益廣矣。所自著書有：《周易注疏輯正》十卷，《儀禮注疏詳校》十七卷，《廣雅注釋》二卷，《經義考補》若干卷，《鍾山札記》四卷，《龍城札記》三卷，《文集》三十四卷，大半刊行。

少事繼母，得其歡心，服官京邸，雖甚貧，奉養必竭力謀豐腆。及張太宜人疾亟，先生年已七十有三，尤②匝月衣不解帶。居喪盡禮，家忌旅居必奠，謝客終日。自外歸，必設祭于桑主事墓，與人言必稱"弢父先生"。外王父馮公景詩文燬于火，為重鋟之。執友江陰趙君曦明注《顔氏家訓》，為補刊之。見道純正，不惑于釋、老，遇佞佛者，必多方戒諭，或作書振救之。曰："吾不忍其陷于異端，并不許其以釋混儒也。"待人無城府，有不可，則義形于色；及其改，又善之如初。閒居飽粗糲，衣布褐。戚友困者，周之；不能營葬者，賻以襄事；不能應試者，給以卷資。所到間栽花木、馴鴿鳥，以養性焉。

配馮氏，繼室謝氏、楊氏。

子四人：慶貽，附監生，後先生七月卒；慶謀，國學生，早卒；慶鍾，縣學生；慶録，國學生。孫一人，能庸。

乾隆戊申，主講龍城，知鏞堂，亟欲見之。以《月令雜説》請正。曰："子異日學業，吾不如也。"鏞感其言，執弟子禮。會修《郡志》，采

① "勘"，下疑當有"之"字。

② "尤"，當作"猶"。

先高祖學行入《儒林傳》，而語于里人湯君賔路曰："是子，他日亦《儒林傳》中人。"及先生之終，纔二十日耳。教誨諄懇，垂歿不衰，身受大德，無以發明先生之道是懼。嘗乞錢少詹大昕、段知縣玉裁撰《志》《傳》，得段君文[1]，少詹未有作也。先生卒後五年，鏞堂乃次先生歷官行事、治經大畧、著書卷數為之《狀》，以備史館傳《儒林》采擇。謹狀。

嘉慶五年十一月十七日，受業弟子常州府學附生臧鏞堂狀。

## 禮部儀制司員外郎汪君德鉞[2]行狀

曾祖父桐，縣學生，妣江氏。

祖父周煜，歲貢生，妣費氏。

父文墀，妣楊氏。

安徽安慶府懷寧縣欽化鄉一圖人，汪德鉞，字崇義，年六十三。

汪氏系出唐越國公華，世居歙州績溪。宋末有實五者，由婺源大坂遷懷寧玉照鄉，越三世文清當明中葉，由玉照鄉遷今懷寧之古埂壩。自周煜以上五世，皆府縣學生。周煜及事高祖妣胡，以孝友聞，婦費，遘姑江危疾，刲股，和飲食進之。文墀植德尤厚，子弟世守家法。君幼禀庭訓，為文舉筆立就。從舅氏楊明經家洙受《易》，潛山張太令必剛質經史，先後受知朱學使筠、秦學使潮。應丁酉科選拔，會父卒，星奔，痛不欲生。居喪依禮，服未闋，刲股療母疾，不瘳。舉乾隆戊申順天鄉試，嘉慶丙辰成進士，改庶吉士，散館，補禮部精膳司主事，遷儀制司員外郎，充實録館纂修，官《會典》総纂官。乙丑二月，保送御史，適以《會典》譌字奪職，旋請復，需次銓部。閉户忍飢讀書，課子孫，越四載，卒。

君立身以知恥為要，嘗謂：孔子論士"行己有恥"，恥其不潔者而已；孟子言"人有所不為"，不為其不義者而已。究其極，伊尹恥其君不若堯舜。君子終食之間不違仁，而造端必自富貴、貧賤始。

大興朱文正珪巡撫安徽五年，政體寛大，君始舉於鄉。獻《撫軍

---

① 段玉裁所撰《翰林院侍讀學士盧公墓誌銘》，見載段玉裁《抱經堂文集》卷前。有言："公之弟子臧鏞堂以公與余相知最深，來請《銘》。其《銘》曰：先生與余交忘年，一字剖析歡開顔。十年知己情則堅，先生一去予介然。歸於其宫神理緜，其書可讀其澤延。"

② "德鉞"，漢陽葉氏寫本目録中該篇題無此二字。

論》，曰：“放流屏逐，經有明文，弛而不張，文武弗為。公能易寬為猛，俾吏離慈母之懷，侍嚴師之側，吏不望風股慄、盪滌宿弊者，吾不信也。宋朱子按浙，官吏憚其風采，解印而去者大半，始克舉行荒政，民困漸蘇。今宜法子產之治鄭，不宜如曹參之治齊；宜如蜀相諸葛武侯，不宜如東海相劉寬。且天子代天治民，天之元氣也；封疆大吏代天子治民，天之雨露、霜雪、雷霆也。霜雪之遏抑也不固，雨露之滋生也亦不茂；疾風、迅雷之散陰氣也不力，和風、甘雨之宣陽氣也亦不暢。抑鄭僑、諸葛之不同申、韓也？公稔知之。如强悍之族不黜於鄭，游詞巧飾之吏不斥於西蜀，子產豈得為惠人？而忠武又何以亞管、蕭耶？故貔虎不除，麟無以為仁；鷹鸇不逐，鳳無以為威；稂莠荼蓼不薅，嘉禾無以為生。無賢愚知之。公不忍於頭會箕斂之人，而獨忍於纍纍然匍匐入井之赤子耶？”文正未之從，後頗悔之，對僚吏每以為言。再任安徽及調撫廣東，稍稍嚴肅焉。

己未春，文正被召，君在庶常館，上書曰：“海内仰望明公，不啻若宋仁宗之有韓、范，明孝宗之有劉、謝。兹竊有獻於公，其大綱有四：一曰輔盛德。處時世之盈滿者易驕，救驕之弊在戰兢、恐懼而持之以敬；席人物之殷富者易奢，藥奢之弊在節省、簡約而持之以儉。能敬天地與祖宗，則天與祖宗所遺之百姓，必時懔一夫勝予之戒，而如保赤子。召公公所謂‘以小民受天永命’① 者也。二曰教皇子。擇老成端厚、通達治體者輔翼之。讀經以識道齊之本，讀史以識治亂之原，如唐太宗《帝範》、真德秀《大學衍義》等均當熟復以助其聪。若詩賦、字畫無益治道，惟天縱多能可以兼之。不然，寧急其本而緩其末，可也。三曰慎用人以舉衆職。夫利口便捷之人進，則持重敦厚之人黜矣；奔競營謀之人得志，則廉恥道喪而剥損及於閭閻矣。《大學》戒長國家者用小人，張釋之阻漢文帝賞嗇夫，千古龜鑑也。凡内外臣工，以節操為重、廉隅為先，而後察其才而器使之。説者説“非才無以集事”，固已。然操守固，才猷乃助以為善；若無操守，才具愈敏，資之為毒而已。使貪使詐，或多事之秋，權宜之術不得已偶一為之，但此輩如蝮虺螫毒，近輒傷人，終不如痛加擯斥之為愈也。一介之士必有密友，廣開保薦，破資格以用之，復夂於其任，而罰亦及於保薦之人，則各慎所舉，而人才出矣。四曰辨上下以定志。國家

① “以小民受天永命”，出《尚書召誥》，“公”字誤重，當删其一。

承平日久，生齒日繁，而風俗日靡，兩大之力何以能支？惟以節儉導之，則財之流也緩，而物力可以漸及。惟以等級定之，使貴賤以等，踰等則治之以罪。此於辨分中寓樽節之意，法未有善於此者。國家亦有嚴禁矣，而有司視為具文，是以商賈奴隸之用財有千百倍於凡民。且上擬於公卿者，今凡車服、輿馬、器皿、屋廬多為等級，復三令五申，大吏嚴飭於州縣，州縣實行於民間，而以此為考課，則財用節矣。親民之吏莫切於州縣，州縣者，治亂之本也。今各布政使司所轄，無邑無虧空。姑以安徽計之，則他省可知矣。愚意以今日為斷，嚴核其數，上之户部，而累不及於後任。如使後任承虧空，雖廉如伯夷、敏如子産，皆束手受縛，民困何由蘇耶？至銅、漕、鹽、關四者，財用之大端，如人之有手足、四支也。今積久生弊。貴州産銅之地遼遠，於昔時雲南虧空，更僕不能數。衛丁貧累州縣，即以挾持州縣食鹽，引累波及平民。關税盈餘，市價昂貴。此豈天下之細故耶？不亟為變法而整齊之，將受其弊。《易》曰‘窮則變，通則久’①，因時制宜，此其時也。軍旅素未學習，然州縣吏有壯丁而不使統兵，兵之隸營伍者徒有虚名，而老弱不可用。使不嚴為練習，何以待變？邇日小醜跳梁，雖不難撲滅，然糜餉疲兵亦已數年矣。堅壁清野之説自為上策，更宜使各縣團練鄉勇，縣令即為主將，千總以下統之，即可守要害，兼可省兵餉。或本縣賊多，單弱不支，則令鄰境鄉勇并禦之，事平各歸其鄉，而險要之地仍選帥督官兵守之。倘亦策之，可行者乎？”

官禮部日，書吏言：乾隆年間，司員見堂官皆長揖，後乃易為半跪。河間紀文達昀為尚書，君會試座主也。上書曰：“竊聞劉冢宰長吏部，見屬官復長揖而喜之。自古宗社之鞏固，由士大夫之植氣節，而氣節之能植，由豫識有廉恥。廉恥者，何？謂‘不苞苴饋餉以營利達，不脅肩諂笑以羞妻妾’而已。聞吏、禮二部之不長揖，與前後輩之不守舊規也，不過數十年。一則啟②競之風，一則長驕傲之習。竊以昔人制禮，每析之於豪釐，君子守禮亦争之於微末。且夫立殿陛數十年而尺寸不踰者，託孤之大臣也。立於朝而淮南寢謀者，大將軍之揖客也。即如一臺參也，而韓文公與李中丞争之；一坐位也，而顔魯公與郭璞③射争之。彼豈好為是嘵

① “窮則變，通則久”，《易》原作“窮則變，變則通，通則久”。

② “啟”，下疑脱“奔”字。

③ “璞”，當作“僕”。

嘵哉？亦謂禮制之不可踰焉耳。大抵属吏之于长貳，苟非喪心病狂，誰敢倨傲不恭？故不患其不能屈，患其屈而習為脂韋，流為苟賤，此則士君子之所隐憂也。古士大夫雖貴賤不敵，而相見以所敬為拜之先後，國君於士不荅拜，非其臣猶尚荅之。今不敢妄希上官之加禮，但遵舊制，何不可行耶?”文達讀而善之，即改，復長揖。

山東巡撫議以肥城邱氏為左邱明後，據《廣韻》引《風俗通》為證。咨部請立《五經》博士，因為《議》。曰：“唐林寶《元和姓纂》於‘邱氏’云：‘齊大夫[1]封於營邱，支孫以地為姓’，《左傳》有邾大夫邱弱於‘左氏’云：‘齊公族有左右公子，因以為氏’，後乃出左邱明。云‘齊國臨淄縣有左邱明之後’，舉左雍、左思為證。林寶為唐博聞士，《隋志》録《譜系》四十一部，三百六十卷，顯慶中吕才撰《姓氏録》，開元中柳冲修改《唐韻》，又天寶所修《案證風俗通》，賈執《姓氏英賢傳》，王僧孺《百家譜》，而《姓纂》‘邱氏’獨不用應劭説，必證據明白始削之。《邱氏譜》近出，去林氏又千餘年矣，乃反引《風俗通》為證，其不可信者一也。況支派以郡望為準，故一元氏也，元城之元出衛元咺，洛陽之元出魏拓跋；一周氏也，汝南之周出周安王，沛國之周出周赧王；一王氏也，太原瑯琊之王出王子晋，北海陳留出田和，東海出畢公高，高平京兆出魏信陵君。今考《廣韻》云：‘邱姓出吳興、河南二望。《風俗通》曰：魯左邱明之後。’又云：‘齊太公封[2]營邱，支孫以地為氏，代[3]居扶風。漢末邱俊持節江淮，属王莽簒位，遂留江左，居吳興。’是應劭惟以河南一望為邱明後，與肥城何涉乎？其不可信者二也。《邱氏譜》始以為姜氏封於營邱，以邱為氏。後因齊胡公難奔楚，為左史倚相，其子又因乾谿亂奔魯，為太史，生邱明，遂以左為氏。復謂邱明十五世孫起，避王莽徵辟，去左襲邱。考《廣韻》及《姓纂》，於邱、左二氏迥别，今乃依違二者，改易頻煩。又《姓纂》於‘左氏’下云：‘魯左邱明，楚左史倚相。’於‘左史’複姓下云：‘有左史倚相。’俱以倚相、邱明别族，今乃以倚相為邱明祖。又載漢光武時裔孫邱堂《左氏精舍志跋》云：‘建武六年，十六代孫邱堂薰沐謹書。’東漢之初無此稱謂字樣，又叙文淺鄙，决

① “大夫”，原作“太公”。
② “封”，原文“封”後有“於”字。
③ “代”，原文作“世”。

非漢人手筆。種種紕繆，假託顯然，其不可信者三也。或謂善善欲長，然欲報左氏傳《經》之功，而俾非種冒承，左氏有靈，其忒憑耶？從前奉祀生之立已失考於前，一誤豈容再誤？”竟罷其請，識者韙之。

鄭康成注《周易雜卦傳》“《大過》，顛也”，曰：“自此以下，卦音不協，似錯亂失正。”《朱子本義》亦曰：“以下卦不反對，或疑錯簡。”君作《反對互圖》以明其義，謂：“自《乾》《坤》至《井》《困》三十卦，自《咸》《恒》至《史》① 三十四卦，一陽之卦六在前，三十卦中一陰之卦六在後，三十四卦中扶陽抑陰義也。前終以《晋》《明夷》《井》《困》者，《晋》《明夷》，《離》為主；《井》《困》，《坎》為主。即上《經》終《坎》《離》意也。後終以《既、未濟》，特倒《夬》於末者，《夬》盡復為《乾》也。前為陽，故一陽二陽卦多在前；後為陰，故一陰二陰卦多在後。《大過》，四陽；《姤》，五陽也；三陽以陰陽各半，前八後十二，《漸》《既、未濟》，皆三陽也。正對之卦，凡八在前，互《夬》《姤》；凡八在後，《漸》互《未濟》，《歸妹》互《既濟》，《既、未濟》又相互。統既十六卦，《乾》《坤》《剥》《復》《夬》《姤》《既、未濟》《大過》《頤》《睽》《家人》《蹇》《解》《漸》《歸妹》是也。互《剥》《復》《蹇》《解》各四在前，互《姤》《夬》《既、未濟》《頤》《大過》各四在後，互《家人》《睽》共八，前後各二，互《乾》《坤》各四，前《乾》一《坤》三，後《坤》一《乾》三，互《歸妹》《漸》各四，前六後二，通計之亦皆四也。是非特《大過》以下反互對無錯，而《雜卦》之旨明，即上下《經》陰陽反正之旨，亦無不明矣。”

其讀《易》曰：“以世運言之，則治日少而亂日多；以時序言之，則温和清明之日少而陰晦寒暑之日多；以人言之，則君子少而小人多；以事言之，則吉少而凶、悔、吝多。是皆陰陽之推盪而浸至偏勝者也。自有《易》而寒暑可以正，四時可以調，亂可復治，小人可化為君子，凶、悔、吝可反而之吉，此所謂範圍天地之化而不過者。‘大人否亨’者方深，則不可救，故必身否而道乃亨也。‘休否大人吉’者將濟，則不得不救，故必休否道乃亨也。老子主退屈，只一《謙卦》可了然，以與為取，以翕為張，流為陰謀譎詐。聖賢則自視欿然，惟見己之不足而已。《震》下《乾》上曰《无妄》，而《雜卦》又曰：災，何也？蓋《乾》，誠也；

① “《史》”，當作“《姤夬》”。

《震》，動也。動而能誠，則不計吉、凶、悔、吝矣；動而循理，則得吉固其常。即凶、悔、吝亦時運之適然，而非其所應得者。故雖災，无妄。子弟之過禁於少時，則家道正；臣僚之失絶於初進，則朝政清。自古興亡治亂之機伏此。《大畜》‘童牛之牿，元吉’，《傳》曰‘有喜’，謂此也。‘過涉滅頂，凶。’無咎者處《大過》之時，為大過人之事，鞠躬盡瘁死而後已，其事雖凶，其過涉之節不可咎也。史稱文祥才疎意廣，卒無成功，然前之救難，後之殉節，俱不可議。《兑》為悦，而上爻又《兑》之主，疊山所謂‘從容就義’，文山所謂‘鼎鑊甘如飴，求之不可得’者也。”

讀《尚書》曰：“咨！女二十有二人。”馬、鄭、偽孔皆不數稷、契、皐陶。鄭無四岳，有殳斨、伯與、朱虎、熊羆四人，馬、孔無此，而以四岳為四人。按：《史記五帝本紀》曰：“禹、皐陶、契、后稷、伯夷、夔、龍、倕、彭祖，自堯時皆舉用。命十二牧論帝德，遠佞人，則蠻夷率服。”① 下乃歷叙四岳等十人事，而総结之曰：“此二十二人咸成厥功。”是太史公有稷、契、皐陶，且以四嶽為彭祖，故舉彭祖之名於前，叙四嶽之事於後也。唐楊倞注《荀子》云：“彭祖，堯臣，名鏗，封於彭城，經虞夏至商七百歲。”此言必有所本矣。“惠不惠，懋不懋。已！汝惟小子，乃服惟宏王。”“王”當為“大”。《左傳》引《周書》曰：“惠不惠，茂不茂，康叔所以服宏大也。”此其證。

讀《詩經》曰：毛《傳》兩言后妃有《關雎》之德，又言德盛者宜有鐘鼓之樂。《齊詩》匡衡説同鄭《箋》，以淑女為衆妾。《正義》又以《箋》意釋《傳》，誤也。小民勞苦之情，先時而發之，則有以安其心，而作忠勇之氣；過時而發之，斯失其機宜，而無救於危亡；自我而發之，則有以服其中，而動豫悦之誠；自彼而發之，斯取其怨恨，而無解於離叛。《采薇》得之。“謀夫孔多，是用不集。”朱子從《韓詩》作“就”，以為“猶”“咎”韻，然《毛詩》古文聲可通轉。《吳越春秋河上歌》曰：“驚翔之鳥相隨而集，瀨下之水因復俱流。”用韻與《毛詩》同。“不大聲以色，不長夏以革。”夏，楚也；革，鞭也。《尚書》鞭作官刑，朴

① 此系轉述《史記》原文，原文爲“禹、皋陶、契、后稷、伯夷、夔、龍、垂、益、彭祖，自堯時而皆舉用，未有分職。於是舜乃至於文祖，謀于四嶽，辟四門，明通四方耳目，命十二牧論帝德，行厚德，遠佞人，則蠻夷率服。”

作教刑。古“以”“與”通。《江有汜》“不我以”，《箋》云：“以，猶與也。”此謂“聲與色”“夏與革”耳。

讀《禮經》曰：《士冠》：“筮日，卦者在左，卒筮，書卦，執以示主人。”《特牲饋食禮》：“筮日，卦者在左，卒筮，寫卦，筮者執以示主人。”書、寫皆卦者事，執筮[①]主人皆筮者事，《士冠》不言“筮者”，文不具耳。鄭《注》以《士冠》書卦為筮人事，《特牲》書卦為卦者事，誤也。親迎，“北面，奠雁，再拜稽首”者，“女父筵於户西，西上，右几”，以先祖之遺體授人故也。壻拜主人不荅者，亦假先祖之靈以授之，不敢當其禮也。鄭《注》謂“主為授女”，敖氏謂“以女在房”，失其義矣。父為長子三年者，以先祖之正體摧傷，大宗將絕，故等諸臣之喪、君子之喪、父妻之喪。夫後世易以期服，與衆子等矣。宗法廢久若不可復，而服制仍之，猶餼羊意也。朋友緦麻，然孔子喪，由、回若子而無服；門人喪，夫子若父而無服。則朋友之以道義交者，若喪兄弟而無服，宜也。孔子沒，門人心喪三年。漢時有以師喪去官者，後人權其恩義之輕重，而内斷於心，可也。

讀《周官》曰：市廛雜遝，盜賊奸匪之藪也。司市、司虣、司稽、胥、肆長層累稽察之，此市清獄簡而比匪無所容也。曹參以市獄並言，達此泉府，掌斂市之不售。貨之滯於民者，以其賈買之，償其直，而不使折閱也。滯可以賤買，而必償其直；不時而買，其價必騰，而必從其柢[②]。先王一以利民而已，無與焉。古人重喪禮，族師、鄰長有治喪紀相葬埋之事，秦、漢風猶近古。《史記項羽本記》：“每吳中有繇役[③]及喪，項梁常為主辦，陰以兵法部勒賓客及子弟。”《陳平傳》：“里中有喪，往侍，以先往後罷為助。”[④]

讀《禮記》曰：“君子行禮，不求變俗。”與“使從俗”同義。鄭氏謂“不務變其故俗，重本也”，不若箋《詩賓之初筵》“籥舞笙鼓”曰“殷人先求諸陽，故祭祀先奏樂，滌盪[⑤]其聲。”《正義》引《鄭志》荅趙商云：“衛，殷之畿内，君子行禮不求變俗，祭祀之禮、居喪之服、哭泣

① “筮”，疑當作“示”。

② “柢”，當作“抵”。鄭注：“抵，故賈也。”即原價之意。

③ “繇役”，《史記項羽本紀》原文前有“大”字。

④ 《陳平傳》此句原作“邑中有喪，平貧，侍喪，以先往后罷爲助”。

⑤ “盪”，注疏本作“蕩”。

之位皆如其國之法，故衛稱殷禮。”此解之善也。“其以秉壺酒、束脩、一犬賜人。若獻人，則陳酒、執脩以將命，亦曰：秉壺酒、束修、一犬。”鄭《注》：“不言陳犬，或無脩者，牽犬以致命。”按：犬馬不上堂，故陳酒、執脩，其將命，則曰“一犬”。下云“守犬、田犬則授擯者”，此為食犬，故畧之。“舅姑承子以授壻，恐事之違也。以此坊民，婦猶有不至者。”此即《丰詩》“俟我乎堂，俟我乎巷，悔予不將不送”[①]意，《序》云“陽倡而陰不和，男行而女不隨”是也。《注》謂“不親夫以孝舅姑”，説美而非本旨也。

讀《春秋》曰：隐，不書“即位”。《穀梁》以為“先君之欲與桓，非正，既勝其邪心以與隐，已探先君之邪志，而遂以與桓，則是成父之惡”[②]。不知惠，命隐攝。隐，惟以父命為尊。若曰“先君亂，命不可從”，伯夷之逃又何為乎？僖十八年，狄救齊，《穀梁》以為善。然合前後觀之：莊三十二年冬，狄戍[③]邢；閔元年春，齊人救邢；二年十二月，狄侵衛；十四年秋[④]，狄侵鄭，其勢熾矣；十八年正月，宋公、曹伯、衛人、邾人伐齊。夏，師救齊，狄救齊。齊桓攘狄救邢。狄乃不修前怨，竊假伯績踵魯而救之，其志益不可測。是年，狄即摟中國諸侯以伐諸侯。遂書：冬，邢人、狄人伐衛矣；二十年秋，齊人、狄人盟于邢；二十一年春，狄侵衛；二十四年，狄伐鄭；三十年，狄侵齊；三十一年，狄圍衛；十有二月，衛遷于帝邱。大抵猖獗於閔、僖之時，齊、魯、晋、衛、鄭、邢疊遭蹂躪。宣、成以後，分赤、白二種，其勢稍衰，晋屢敗之，滅之。然宣十一年秋，晋侯會狄于攢函；成九年十二月，白狄伐晋；襄十八年春，白狄來。征伐、會盟幾與《春秋》相終始，故善“狄救齊”之説，非通於《春秋》者也。僖二十一年，“楚人使宜申來獻捷”，《公羊》以書“人”為貶。考莊十年書“荆”，二十三年書“荆人”，僖元年書“楚人”，四年書“楚屈完來盟”，二十一年書“楚人”，又書“楚子”。是時楚成王執宋公以争伯，强悍已極，故書“子”以著其實，而獻捷仍稱

① 《詩鄭風丰》：“子之丰兮，俟我乎巷兮，悔予不送兮。子之昌兮，俟我乎堂兮，悔予不將兮。”

② 語出《穀梁傳隱公元年》，原作：“先君之欲與桓，非正也，邪也。雖然，既勝其邪心以與隱矣，已探先君之邪志，而遂以與桓，則是成父之惡也。”

③ “戍”，當爲“伐”字之誤。

④ “十四年秋”，句首當有“僖”字。

“楚人”，自二十一年至文八年皆然，則抑之之意也。葢初以楚奪宋伯，宋襄沒，晋文興；襄公繼伯，楚業不成。至晋靈立，趙盾擅權，伯統幾絕，會盟于扈，皆槩稱曰“諸侯”，以見為散辭。於是文九年始書“楚子使椒來聘”。自是訖《春秋》，征伐、會盟無不書“楚子”矣。遲之夂而後進，葢有所不得已，猶孔子不用於魯、衛，乃之列國，最後始適楚也。孟子曰：“孔子成《春秋》，而亂臣賊子懼。”桓、文、襄、悼主伯天下，無亂賊之事。自文六年，晋襄卒；十四年，齊公子商人弒其君舍；十六年，宋人弒其君杵臼；十八年夏，齊人弒其君商人；冬，莒弒其君庶其；宣四年，鄭公子歸生弒其[1]夷；十年，陳夏徵舒弒其君平國；而魯猶内諱子惡事，晋靈昏弱，坐視不救，趙盾有無君之心，陰利其然，故宣二年自弒其君夷臯。先文十四年同盟于新城，猶列叙魯、宋諸國，至九月有公子商人之變，十五年遂統書“諸侯盟于扈”矣。十六年有宋人之變，十七年又止書“諸侯會于扈”矣。非因晋伯已衰，不能討賊，故變文以見例乎。左氏於[2]扈謂晋受齊賂，會扈謂晋與宋平冠裳顛倒，天地易位，而無人焉以救之，能不為之痛哭流涕哉?

馬季長注《論語》，以“三綱五常”解“因”，以“損益”為“文質三統”，[3]《集注》因之。為辨曰：“有天地，然後有萬物；有萬物，然後有男女；有男女，然後有父子、君臣；禮義乃有所錯。‘三綱’定之自天者也，非夏、殷先王所創也，不可謂之‘因’，‘五常’亦然。且孔子言‘禮’，一而已，馬以為‘五常’，則益之以‘仁’‘義’‘知’‘信’。如其説以衍之，曰：‘殷因於夏之仁、義、知、信，周因於殷之仁、義、知、信’，可乎?葢‘因’與‘損益’為一事。損者，損其禮；益者，益其禮。禮也者，吉、凶、軍、賔、嘉之謂，非指其辭讓之心之為禮之端而言也。董子曰：‘繼治世者，其道同；繼亂世者，其道異。’湯武革命，故禮亦隨之，然革其節目而不能革其大體，故同一始加冠，而牟追、章甫、委貌異其制；同一三加，而收、冔、弁異其名；同一尸，而夏立、殷坐、周旅酬；同一降神，而殷先求諸陽，周先求諸陰；同一牲，而異其

---

[1] “其”，下當有“君”字。

[2] “於”下當有“盟”字。

[3] 《論語爲政》：“子張問：‘十世可知也?’子曰：‘殷因於夏禮，所損益，可知也；周因於殷禮，所損益，可知也；其或繼周者，雖百世可知也。’”馬曰：“所因，謂三綱五常。所損益，謂文質三統。”

黑、白、赤；同一祭，而異其心、肝、肺；同一飲，而異其明水、醴、酒；同一尊，而異其山著、犧、象。乃因風氣之淳澆而有盈縮，監前人之得失而裒益其多寡，是聖人之善其因也。禮也者，人之堤坊也，其‘因’與‘損益’亦若是而已。故君臣、父子、夫婦之名，不可即名以‘禮’，而仁、義、知、信之德，不可獨以‘禮’當之也。謂鄭康成、朱晦菴二先生魂魄疆[①]固，故著述富而精。學惟其是而已，何漢、宋之别？談漢學者，輒輕詆宋儒。宋儒文字即有疏誤，亦何害為大賢也？”

君慕司馬温公，無一事不可對人言。日之所為，夜必書之。揭經書要義，并時撰箴銘以自勵。謂：“觸目不懲於心，亦緣飾以為人而已。誠意乃人鬼關，懲忿窒慾，必絶其根。飲食男女，正君子用力之地。居喪不自克，下愚不移矣。”又云：“浮薄以厚藥之，躁率以靜藥之，傲誕以敬藥之。不能精進，病在因循。”因字“鋭齋”，一字“三藥”。自乾隆丙戌立日記册起，訖嘉慶戊辰七月二十一日疾作乃已。夢寐有過，亦書以自責。立志之早，用力之勇且鋭，莫君若也。

初紀文達得君卷，駁策題識拔之，惓惓有身後託。及薨，哭之慟。朱文正薨亦然，曰：“善人沒矣！”由庶吉士假歸，卜葬采邑。中先賢忠孝榜，諸學宫尤重。當代賢士大夫為庸弟孝節處士禮堂銘墓，每稱弟必曰“孝節先生”。未達時，隐居其鄉之雲田坂，因以自號“雲田”。性癖，不善狡獪，並世人遇之漠如也。獨時時從故紙中索骨朽人為友，遇得意，輒低首下拜，以是得狂名。常[②]購古琴懸諸壁，客有過者，請鼓之。雲田笑曰：“子不聞陶彭澤故事乎？”客頷之。常携琴挾書坐山顛，看白雲出沒，麋鹿狎其前。有樵者素識之，擔薪過山腰，曰：“日夕矣，與子偕歸可乎？”曰：“可。”自是以為常。築室近水濵，飯後抛書於牀，攜琴憇石磯，數遊魚，聽兩岸鳥鳴聲，朗吟少陵“水流心不競，雲在意俱遲”之句。興盡復入室，懸琴讀書。讀倦輒卧，卧輒夢芒鞵入深山、踏月高歌。既寤，歌聲歷歷在耳。自是又以為常。俗人厭其迂，時其至望望然去之。雲田謂：“暱我者，故琴、書、山、水四友也。”自撰《四一居士傳》，云：“一，即雲田也。”孟子曰“窮則獨善其身，達則兼善天下”，君之志也。君生乾隆十三年二月五日，以嘉慶十三年十月八日卒於京邸，春秋六

① “疆”，當爲“彊”之誤。

② “常”，當作“嘗”。

十有一。將沒，猶整冠嚴肅自持，曰：“死生，命也。”

娶徐氏，繼室阮氏，皆封“宜人”。

子時湳，縣學生；時漣，國子監生，俟[1]補廣東典史；次時泰。女一人，適潛山國子監生徐貴綸。孫二人：師樾、師梴。

時湳歸喪以庚午春二月，權厝君於欽化鄉黃莊。秋九月，復由里中至京師，攜君遺書乞庸挍定。甲子乙丑間，庸在京師，辱知於君，義不可辭，乃編次《周易義例》一卷，《周易雜卦反對互圖》一卷，《七經偶記》十二卷，《女範》二卷，《鋭齋偶筆》二卷，《日記》六卷，《四一居士鈔》六卷，《古今體詩》二卷，《應制詩賦》二卷，《時文稿》二卷。又有《周易集成》《禮記集注》《論語講義》《五經文字異同考》《三國志補注》，皆未成稿，藏於家。庸以君有志當世事而位不竟其用。經説多三十歲前作，能融會儒先，斷以精意。至自治嚴密，雖其生平友好，皆不及知。恐久而不彰，無以為來者徵也，因掇其言之深切明粹者著於篇，俾後之人有所考焉。

## 荅吴玉松御史論汪禮部行狀書　辛未仲春

輸金究非政體，愛人以德者，宜不勸為此“三藥”之舉，所謂有時乎？為貧也。承改“以詿字被議鐫職，旋請復”。“請”字點鐵成金，直顧惜國體，竟不必為賢者諱。豈無賢者復因此發名成業？史策流傳能盡諱乎？《誌》渾舉“被議”，然“處分”“鐫階”皆被議也，“被議”“鐫職”亦嫌復沓。昨又改為“以詿字奪職”，庶不沒其實而文亦明。《傳》則襲用其家述，示稿愧未及言《日記》。失官後，時以過於曠達為戒，采用《四一居士傳》。時疑此或晚年作，不免有以琴、書排解之嫌，特詢其家，荅謂“三十歲以前著”，則終始一節，窮達不改。竊謂“士不可一日無此志”，愛其文，益重其人，故既刊入《孝節録》，復載之《行狀》中。

前夜王伯申學士來，言：“此文通體質實，惟篇末語涉空浮，不如删存。‘雲田’‘四一’等句，與尊見正同，然别號太多，類聚無謂，終不如載其全文，標其逸趣。藉引《孟子》‘窮則獨善其身，達則兼善天下’

---

① “俟”，當作“候”。

二語為論贊，就此收盡通篇。此錘爐之微意也。郝蘭皐農[①]與鄙意相符。各有所見，不必盡同。”

昨言《晉書陶潛傳》亦自[②]載其自作《五柳先生傳》者，謂前史有此體製。《傳》《狀》同類，鄙文有本，非妄作耳。不以“五柳”擬“三藥”也，與柳州謫官後肆志山水事亦不同。柳州藉以舒其牢騷不平，宜為昌黎所不采，鄙文則提明未達時已如此。古人仕隱一致，易地皆然。核三藥生平近之，非敢加意摹寫也。承教殷殷，所疑未釋，如遽删之、出之，勉强酬應，進退無據，當為先生所不取，將他端指示改正者，亦非出於本心矣。

## 皇例贈文林郎府學增廣生員蘇景程先生行狀　庚午孟春

曾祖承琮，娶潘氏、陸氏。

祖廷弼，娶余氏。

父維仁，娶錢氏。

江蘇常州府武進縣子城里人，蘇淳，年七十九。

先生名淳，字景程，一字謹人，姓蘇氏，宋眉山文忠公軾二十二世孫也。世居無錫蘭儀岸，高祖良知遷居郡城。父維仁割股和藥療母疾，不起，乃棄舉子業，佐父為郡椽。歲饑，諸邑吏請賑，且賂以利，維仁峻却之。曰：“人即嗜利，奈饑民何？侵一民食，即斃一民命。况斃萬萬民命以自肥耶？若能以饑民為念，即佐汝；否，則吾不能。”衆皆泣誓聽命，所活甚衆。太守包括器之，擢安徽藩司，及巡撫江西，俱延入幕府。

先生幼稟庭訓，入塾耽書史。師出，羣兒嬉戲，獨端誦不輟。從母歸

① “郝蘭皐農”，當爲“郝蘭皐農部”。郝懿行（1757—1825年），字恂九，號蘭皋，山東棲霞人。清經學家、訓詁學家。長於名物訓詁及考據之學，於《爾雅》研究尤深。所著有《爾雅義疏》、《山海經箋疏》、《易説》、《書説》、《春秋説略》、《竹書紀年校正》等書。因其曾於户部、農部任職，時稱“郝蘭皐農部”或“郝蘭皐戶部”。如漢陽葉氏寫本《拜經堂文集》卷三和《皇清經解》本《拜經文集》有“與郝蘭皐農部論挍山海經書”，漢陽葉氏寫本《拜經堂文集》卷三《荅翁覃谿鴻臚卿書》中稱郝氏爲“棲霞郝農部”。阮元有《與郝蘭皐户部論爾雅書》，見《揅經室集》卷五。

② “自”，衍，當删。

寧，學稍間，憂形於色。外祖廉知之，授以書，乃大喜。家藏司馬温公《資治通鑑》，私取觀覽，即能記憶。年十九，尹侍郎會一督學江蘇，令生童背誦朱子《小學》，獨能成誦，拔冠郡庠。教授趙某勉之，曰："士先品行而後文藝，少年第一在慎交遊。"先生終身行其言。自念讀書必先明理，沉潛《大學》首章，思之累月，所疑涣然冰釋，繼讀他書，亦怡然理解。館蘇州六年，足不越户。踐履篤實，始基此。

父客遊，脩脯奉母，館餐不食肉。曰："吾不克以羹遺母，奚忍自甘？"歲荒，減膳，曰："道殣相望，得疏食菜羹足矣，尚思持粱齒肥耶？"丁亥，年三十七，父歿，哀毁骨立。時館江陰，恨不獲侍疾，辭歸養母。與諸昆弟更迭侍寢三載，棄田二畝供葠藥。母沒，痛不欲生，葬祭誠敬，耄耋思慕如一日也。

服闋，絕意進取，日誦《内則》"父母雖沒，將為善，思詒父母令名，必果；將為不善，思詒父母羞辱，必不果"以自警。且曰："昔吾鋭意科名，思博老人歡耳，今則已矣。吾其為裕後計乎。"訓子姪不少怠。歲時，假館督課如故。兄之子敏士，中乾隆壬子副榜。子敏善，嘉慶庚申舉人。餘多遊庠食餼者，衣冠進退咸有法度，不識者望而知為蘇氏子姓焉。

敏士，父卒僅九齡，撫教成立。欲就州判職，止之曰："吾家本寒素，今中乙科，正宜奮志讀書，何躁進乃爾？"及敏士卒，復撫其遺孤，以長以教，為理其家。敏善舉於鄉，呼而告之曰："我祖考積累有年，汝方獲寸進，宜思負荷，無忝先德。"大挑二等，色喜曰："汝未堪民社，今作教官，是吾願也。然吾課徒數人，尚不克盡職，況為一邑司鐸，當思如何表率士子耶。學者，弗令但作時文，必使明白道理、變化氣質，他日達而在上，不至殃民；窮而在下，庶幾寡過。"

郡學將圮①，偕鄭先生環倡請修之，三年蕆事，率及門繕寫神位。高君文廣義其事，捐資數百金，葺崇聖祠。

丙辰詔舉孝廉方正科，里人蔣太守熊昌等欲以先生應詔，親往，辭之。平生未就百金之聘，每懼啟迪少益、貽譏素餐，持一介不取之義尤

① "圮"，當作"圮"。

嚴。晚而好《易》，程《傳》《本義》，玩索不厭，學守濂、洛、關、閩[①]，若元之許魯齋，明之薛文清、胡敬齋、顧端文，本朝陸清獻、湯文正諸《文集》《語録》，終身研究之。武進屠君南琛、陽湖王君師曾，皆師事先生，得理學之緒者。記稱孔子曰："嫁女之家，三夜不息燭，思相離也。娶婦之家，三日不舉樂，思嗣親也。"故嫁娶不用樂，姻戚有饋者，扃置一室中。子婦以嘉肴進，必徹；一衣數十年；賓、祭、瞻[②]、衈，不少吝。性極和平，而治家嚴肅。心存忠、恕、悲、憫，而練達於事理。戚黨以事質，為慮其始終。與父言慈，與子言孝，與兄弟言友恭，無敢干以私者。不好著書，而訓徒暇必自立課程。未嘗筮仕，而於國體、民瘼、人心、風俗之所關，靡不留意。議論剴切，識者不以為無用之學也。

祖墓約不復葬，乃自買地墓側。堪輿家過者，並以為不吉。曰："吾求魂魄相依而已，利害非所計也。"暮年多疾，然春秋祭掃，必躬親之。晨起謁影堂，退就書室端坐。坐右箴銘："時易，冬不爐，暑不扇，不襦葛，不觀劇，不遠遊，不由委巷，不事卿大夫，不稱貸，不典衣。"

《尊聞編》言，師曾初謁先生，問踐履。曰："學者要切實為己，須先去近名之心，立志南轅自無北轍，積漸行之不遠矣。若行不數里仍北轍，便是無志，自無進步。《盤銘》工夫全在一'苟'字。此處用力不透，'日新''又新'，從何著力？《大學》言欺慊，《論語》言志仁無惡，《中庸》分君子小人，《易》分陰陽，皆此意也。《孟子》從仁心陷溺處提醒，大聲疾呼，於世道最切，學者先讀《孟子》，尤有益。"

或問《論語》氣象較渾淪，然學者較量聖賢，於自己身心何益耶？讀《四子書》[③]，遇心性處，與兒輩反覆提暢，俾心地光明，遇事不惑或疑，終須閲歷，方詳審。曰："知行原一半工夫，但平時不致知、窮理，臨事倉猝，將何以應？能於利少義多者為之，則惑自辨；能於身安心勞者為之，則德自崇。少年精力極當惜，即朋友得力，亦多在少年。中年時，

① "濂、洛、關、閩"，指宋朝理學的四個重要學派。"濂"指周敦頤。因其原居道州營道濂溪，世稱濂溪先生，爲宋代理學之祖。"洛"指程頤、程顥兄弟。因其家居洛陽，世稱其學爲"洛學"。"關"指張載。因其家居關中，世稱橫渠先生，稱其學爲"關學"。"閩"指朱熹。因其曾講學於福建考亭，故稱"閩學"，又稱"考亭派"。

② "瞻"，當作"贍"。

③ 《四子書》，即《四書》，指《論語》《大學》《中庸》《孟子》四部儒家經典。因《四書》是孔子、曾子、子思、孟子的言行録，故又稱《四子書》。

余覺從前朋友規諫極嚴，近已衰邁，新友固不肯説；即一、二老友，想亦憫其既衰，不肯多説；自省愈覺可危。

理財，亦持家要事。温公以儒者治生為急，余生平只‘量入為出’四字頗受用。來學者固不計束脩，亦絶無干人之事，大抵出而居官受禄，與處而授徒，倶難恃為恒産。歲入，須計餘十之三，方有立脚處。近日子弟不尊師，半由為師者多計利也。《程畏齋分年讀書編》[①]，學者當奉為凖則。課徒無欲速，若躐等躁進，便壞子弟性情。如操之已蹙，雖捷於取效，恐去後有倍師之弊。余專喜課童子。童子漸染未深，加之啟發，自得天趣。為師者，重在立榜樣，為生徒取法。如師喜臧否人物，生徒亦喜臧否人物；師好放言高論，生徒亦好放言高論。可不猛省？子弟庸俗者，日騖紛華；士夫高明者，競趨釋老，愧無樂天之學，徒抱憂世之志而已。嚴立門户，固學者陋習。然於習俗之染、二氏之惑，却要斬除净盡。晉始墨衰已變吉，今輒加緯於冠，更無禮意。風俗半為奔走衙門人壞起，流毒遂及鄉里，惟公門脱齊衰，斬衰原不宜入公門也。”

卒之前數月，治喪遺囑曰：“古人喪具，稱家有無。即有，毋過禮。孟子‘不得，不可以為悦；無財，不可以為悦’二語盡之。近世人子往往於親沒之日，開喪治客，飾奠營齋。一若視為送終大事，於此不用其情，無所用其情者。然揆厥本衷，衹以炫世俗之耳目，初非實有裨於吾親，而越禮悖《經》，反有陷親於不義者。余素性淡泊，每誦陶靖節‘存不願豐，歿無求瞻[②]。省訃却賻，輕哀薄歛。遭壞以穿，旋葬而窆。’數語輒為心契，兹當衰病，酌示喪葬事宜，子姪遵之，切弗徇俗以傷吾志也。一，棺槨毋美。先妣之柩，冒昧更易，為終身恨事。立誓不豫治以自責；二，衣衾用疏布。但服青布藍衫，上冠下履而已；三，自殯歛至除喪，不用僧、道、樂工。二氏之教，絶人倫，亂聖道，吾所深惡，至其徒益陋矣。門内奉此者，每以不能化導為愧，况可以自溷耶？至哀樂異情，有托為《虞殯》挽歌者，真曲説耳。《小學》具載司馬温公之戒，兒輩自幼即與講解，詎可忘諸？四，不送訃。吾家本非望族，大父舉殯，諸叔有欲送知單者，吾父止之。吾兄弟治考妣之喪，亦如之。累世相循，禮不可

① “《程畏齋分年讀書編》”，概即程端禮之《程畏齋讀書分年日程》，或曰《程氏家塾讀書分年日程》。見清陳弘謀編《五種遺規》之《养正遺規》。

② “瞻”，當作“贍”。

過。城鄉紳士，概弗瀆聞。五，不刻行述。余平生有過無善，第以硜硜自守，未有顯著之敗行，謬為朋輩所許。其可增飾傅會以盜身後之名耶？《經》曰：‘先祖無美而稱之，是誣也，與有善弗知，知而弗傳，均為君子所恥。’吾子孫慎毋蹈所恥，以重吾恥，斯慰矣。夫六棺不宜久停。能踰月而即窆，甚善。或嚴寒、酷暑，暫緩一、二月，至遲毋過期年。一切稱財而行，若虧已累人，致貽將來非分之取，辱親莫大焉。以上於禮制或未盡合，要不失聖人寧儉寧戚之意，有識君子當諒之。”

及病，題句示意曰：“衾影多慚，空負一知半解；箕裘鮮述，無忘曲謹小廉。余於死生大數，頗覺了然，所不忘者，先世正直樸厚之風，恐後人或至失墜耳。書此永訣，願共勉之。”戊辰年陽月，又自題聯額曰：“髮膚慬免八十年，化日光天，深愧生無可述，方寸中，春冰虎尾敢言歿，遂能寧。”遂卒。時嘉慶十三年十月六日也。生雍正八年九月四日，春秋七十有九。

娶馮氏。無子，以弟之子敏善為嗣。孫男二人，德嘉、闢祐。敏善守遺訓，即以先生卒之月厝於陽湖豐北鄉祖瑩[①]。

庸年十九受業鄭先生，蘇先生來，鄭先生命庸等衣冠見之。鄭先生葢心敬蘇先生，甚至嘗自命為“狂者”，而以“狷”推蘇先生。《孟子》言：“聞伯夷之風者，頑夫廉，懦夫有立志。”蘇先生近之。孔子言：“庸德之行，庸言之謹，行顧言，言顧行，躬行。君子胡不慥慥？”[②] 蘇先生實踐之，然則由“狷”而進乎“庸”矣。憶前謁先生，先生循循善誘，然庸溺於文字章句，不足以聞道也。己巳冬，自杭州還里，見王君所録《尊聞編》，又從先生之子求遺囑、《行述》，則益悉先生之學行，因撰《行狀》一首，上以備《國史儒林》之采擇，次以為風世厲俗之模範云。

嘉慶十有五年，歲次庚午，上元日，同邑後學臧庸謹狀。

---

① “瑩”，當爲“塋”字之訛。

② 語出《中庸》，原作：“庸德之行，庸言之謹，有所不足，不敢不勉，有餘不敢盡。言顧行，行顧言，君子胡不慥慥爾！”

# 宗人主事葉君廬墓記[1]　辛未閏月

庸乙丑在都，辱交漢陽葉雲素主事，暨令嗣東卿上舍。主事問學賅博，尤熟國朝掌故，朱文正公極重之。上舍文名震都中，工六朝體。既庸奔弟喪歸，踰年又遭母喪。庚午再至都，遇主事琉璃廠書肆，須髮盡白，心竊訝之。乃知主事前居父喪，承祖母重，皆蔬食飲水。丁母憂，廬墓黃陵磯側。踰年，戚友敦請，甫食鹽。楚人又告余：主事送葬，不忍隨輿後，而退行反導於前，若迎若阻，哀感行路。庸聞而傷之，且自恧居喪之多失禮也。喪服，居倚廬，歠粥，朝一溢米，夕一溢米。既虞，蔬食水飲；練，始食菜果、素飯。主事不一一與《禮經》合乎？而既葬，不忍離其親。或疑為過。然孔子沒，三年，門人治任歸，子貢反，築室於場，獨居三年。此廬墓之始。古事親，事師，一也。近世喪禮多廢，惟浙江巡撫儀徵阮公丁父憂，歸廬墓雷塘，哀毀成疾。

天子以福建巡撫召，弗能起，主事庶幾焉。前與余論崔氏《三禮義宗》，娓娓不倦。蓋真能躬行之，而非僅口説之已。上舍欲揚其親之美，余為之記。兹遇皇上巡幸五臺，上舍獻賦，賚大帛二端，命在文穎館行走。將遭遇非常，掇巍科，登清要，而俱本孝子、慈孫一念，愛親、敬親之誠。發之為立身行道，顯揚之先資也。逐[2]并書之。

武進臧庸。

附書後

夫禮之起，有情有文。情必本於天性，文則可以義起。《后氏傳》《禮士喪》略備，速反而虞，不及墟墓。蓋古之葬法有異今兹，苟文變今日而情合古人，則皆君子之所取也。《禮檀弓》記皆詳十七篇。後學、士大夫行禮之變，故向墓為壇。聖人言之，獲麟以後，更有椎牛祭，墓墦間之祭不一而足。《禮》文壞缺之餘，學者皆得本情

① “宗人主事葉君廬墓記”，漢陽葉氏寫本目録中該篇題作“漢陽葉先生廬墓記”。

② “逐”，當作“遂”。

以立義，非野人之比也。古士[1]者有圭田，而官師得立一廟，後世或出身受仕，而無廟可祭、無田可耕，則躑躅荆棘，淒惕霜露，以自致其哀思焉。古人復生，宜亦深傷而疾痛之矣。漢陽葉先生以文章、學問著於朝列，居室、事親，咸合於禮，當奉母諱，常廬墓側，武進臧氏為之記述。考東京以後，多有廬墓事章著史傳，所謂變禮而合於《經》者歟。先生之行無俟以此名於當世，而哲嗣東卿亦傳先生之學，臧氏又推東卿能孝於親之心而記之。此其心非徒為先生父子言也，葢以愧世之不能盡禮者。翔鳳於先生為年家子，又嘗訂交於臧氏。兹臧君之沒已四月矣。東卿出記藁屬為書之。異時與臧氏論，文足以記事達意，書足以殺青繕寫，至於工拙有不暇計。東卿葢以余知臧氏，所以綴文之意而属書之。余又奚辭焉？

嘉慶十六年十一月，長洲宋翔鳳記。

昔韓昌黎為《鄠人對》以非割股，柳柳州有《與吕恭論墓中石書》以非廬墓、割股。廬墓誠若於禮為過，然人當至性所發，有不能盡拘以中制者，故慈溪黄氏、潛溪宋氏皆深不然昌黎説，而震川歸氏論廬墓事謂："孝子不忍其親，裴回[2]顧戀於松楸、狐兔之間而不能歸，可以觀其情之至。而禮之所本，喪禮取諸小過。"此尤能窺見先王制《禮》之初意。雲素先生深通經術，居官克盡職，臨難不苟免，雖退食燕私之地，必依於《禮》。真所謂立身行道以揚顯為孝者，不僅以割股、廬墓稱也。顧即此二事觀之，平生學行之大本於是乎在。會先生孫名澧出此卷属題，謹識數語於武進臧氏所為《廬墓記》後。

道光辛卯冬十一月廿二日，震澤張生洲記。

① "士"，當作"仕"。宋氏《樸學齋文録》卷二亦載此文，"士"作"仕"，是也。
② "裴回"，"裴"通"徘"，"裴回"即徘徊。

# 亡弟和貴割肱[①]記 丙寅季夏

嘉慶六年春正月，庸往杭州，就阮侍郎校《經》之聘，弟再拜送之。曰："兄弟皆侍膝下，誰為負米者？客皆[②]遊，誰為視膳者？兄與禮堂，一人出，一人留，可乎？侍郎招，幸以此辭。"庸偕仁和何君元錫、元和顧君廣圻同謁侍郎。侍郎詢弟能來杭否，庸以弟語辭，侍郎默然，遂延他客。

夏六月得弟書，言母中風疾，危甚，今已愈。庸載驚載喜，即歸省，而母疾良愈。弟故不言母疾時事，家人亦無有言弟侍疾時事者。庸遂至江寧鄉試而往杭州。

十年閏六月二十八日，弟既卒，將斂。仲弟鱣，季弟屺，弟婦胡及予妻許氏，相視弟左股肉肤長三四寸許，始各驚異，痛哭。追憶前事並所見聞，若合符契，而割肱事乃大白。訃至都，言其事，始聞而駭之。核其事則"辛酉"，季弟書言"壬戌"者，誤也。

今年二月，庸自都抵里，詳問其狀，弟婦胡曰："五月十七日，姑中風疾傾跌，手足不能行動，口不能言、不能食，醫者三人不能治。夫詣關廟卜之，不吉。異日，齋戒，禱東嶽祠，請減壽一紀以延母。夜服木綿小衣，表絺綌於外，戒我曰：'今夕有事，子先寢。'予入，反扃其戶，過夜半來寢，衣不解帶，支體如火灼。晨啟見樓板血漬，以香灰掩之不能滅，而伯氏南海歸所貽小刀常佩者，至是忽藏之。小婢春喜曰：'夜見三官自樓而下，長跪煎藥，進，主母飲之，神氣方定。'"

予妻許曰："此非十七日也。姑十九日得風疾，二十日南興來告我。二十一日，自東郊歸省，扶持抑搔，惟叔是賴。二十六日黄昏，望叔蹲藥爐側。二十七日，見叔手足不能自如。呼曰：'嫂，母下床，幸扶掖之。'而姑旋愈。六月一日，我仍往東郊矣。"

胡又曰："是日表裹衣血，徹夜私濯。其殷者而俾我澣，其淺者言茶著衣，故淡黄色耳。不知者誤觸之，血復潰不止。踰年，創始痊。居恒深

① "肱"，漢陽葉氏寫本目録該篇題中作"股"。

② "客皆"，二字誤倒，當乙。

自隐諱，轉側規避，唯恐人覺。稍詰問之，則雜以他語，終其身未之言也。往年夏祖，至是雖酷暑，褻衣未嘗去身。”

予子相曰：“夏日，叔父閉書室沐身，户隙窺之，解臂間裹[1]布滌於盆，血痕縷縷。”僕潘壽曰：“是歲二月，從三官至杭州，趁行船鐙下解衣，左臂創瘢纍纍，心訝之，不知其所自。”

庸家居見弟，每慘然有呻吟按抑狀，則問之曰：“吾弟有所苦乎？抑心痛乎？何酸楚若是？”必對曰：“無之。”而孰知隐諱若此乎？嗚呼痛哉！

十一年夏六月十九日，期服，兄鏞記。

## 與宋芷灣[2]太史論刻愛日居遺文書　庚午仲秋

庸舉業荒蕪，現届場期但數日耳，讀誦晝夜不絶。而有一事斷不能不因此暫停者，為亡弟《遺文》欲求正定。擬有，便即付梓。故盡二、三日之工，手録呈政。如俟之場後，恐榮命在即，必有所不暇。而非先生之明識，不足以定之，此區區之志也。亡弟處境極難，人倫骨肉所遭不偶，而其惓惓剴切之念，痛哭流涕之言，實足以動天地而感鬼神。亡弟之意，因有家庭之過，本祕之又祕，不肯示人。即偶有一、二知已見者，亦無不戒庸，謂：“断不可彰其過。”庸竊以為不然。吾弟至孝至行，不幸早沒，且書中指切之人至今不能改，乃反欲為隐諱，而深沒賢者之實，此庸所不敢出[3]也。且書中指切庸過實多且大，庸亦願陳不孝、不悌之罪，以著吾弟之賢，但使天下後世人人知吾弟為大賢。庸為至不肖，而弟之賢傳矣，而庸之願足矣。即有暴過之失，庸自一身當之，於亡弟無與也。若庸不傳此稿，則吾弟大賢，庸實磨滅之。清夜撫心，不忍為此。又著賢之事大，暴不肖人之過，其失小。萬一此集必不可為人所見，庸猶將刊板，藏之名山古刹，焚之天地鬼神，以著吾弟之賢。則庸雖至不肖，尚無沒賢之罪乎。先生，今之賢者也，能憫此志而定其文，賜以數言之《序》《跋》，

① “裹”，疑當作“裹”。

② “灣”，漢陽葉氏寫本目録該篇題中作“湾”。

③ “出”，上當有“不”字。

則無異起死骨而生肉之矣！其感激當何如耶？

庸再拜。

八月朔。

附宋芷灣太史荅書

讀《愛日居遺文》，真可以動天地而泣鬼神！雖欲磨滅之，安得而磨滅之？今將來札奉繳。此段苦心至論，畧加潤色，即可作刻板《弁言》。兄弟皆賢，使我讀之頂禮。草書數言，不能形容萬一也。諸家贈言，只數篇可觀。文不足以發其人之光，奚取焉？

湘頓首。

## 謝蔡生甫學士書　庚午仲冬

承賜《愛日居遺文弁言》，字字典實如《經》，浩氣流貫，此之謂真性情，此之謂真文章，信足發揮孝行、闡揚至性，謹謝！庸自慚謭劣，亦信亡弟之立心、制行自有可以不朽者。近讀《明史》，見朝廷有忠讜學校存公論，即遭逢不幸，而其惓惓忠愛，死不忘君，百折不回，至今凜凜有生氣。何風之近古，能令人感泣如是？盍導迎善氣，扶持正類，在上之人振揚之，而弗銷沮之，斯可矣。先生以為何如？新刻《山海經箋疏》，頗可觀覽，適有副册詒上。

昨見梧門祭酒，屬候，順祝長至之慶。

庸頓首。

## 跋汪銳齋[1]員外題孝節遺書後　庚午季冬

甲子孟夏，庸入都，因龔闇齋郎中獲交銳齋先生。先生篤學，手不釋卷，動必以禮，兼師漢、宋，儒有訾朱子者，必正色規之，且反覆教諭之。承德孫鳳卿觀察輯《祕緯通書》，求《序言》，先生不之許。曰：“此

① “銳齋”，漢陽葉氏寫本目録該篇題中無此二字。

衰世之書，非聖人之言，先代已禁，亡之久矣，何為復出?”其衛正道也，如是。篤友明誼，接後進，藹然可親，不知其耿介也。遇一善，必極口稱譽之。

乙丑秋，庸遭舍弟之變，撰《行略》，為商訂文字，往復不倦，既助剞劂費，復摹印《孝節録》百本，為庸徵詩文，每稱弟必曰“孝節先生”。時先生已失官，貧甚，力勉為之，怡然自樂。蓋天性孝友，欲以此風世也。往時，士大夫與庸交好者，多敦孝崇節，愛弟、敬弟，不啻若自其口出。然好義之過，未有如先生者。後愛庸益至，過從無間，或至漏二、三下方散，若昏定人靜，寓齋聞扣門聲必先生書至，論文或言經義也。手札數十通，墨蹟猶新，今寶藏之。

庸將出都，賜讌治具，并寓書交好，為謀行李資。臨行假亡弟《遺書》，略觀大旨，題數語歸之，即此文是已。庸與先生永訣，亦在此日。所撰《墓誌銘》，書《行略》後，各一首，已先付梓。今續刊《節孝①録》，不及先生為商定，不勝質亡之痛云。蓋庸昆弟於先生，因存歿交感者也。

## 焦氏世德記　丁卯仲夏

焦氏世居江都黄珏橋分縣，為甘泉人。自明永樂間聚處湖濵上下，莊有舊樓，為嘉靖年所搆。蓋以忠厚世其家，已三百餘年矣。有文科者，掌江都刑椽，未嘗妄受人一錢，往往脱人於死。其後，積昌長房充是掾者，有違先訓，子孫遂絶文科。子明暘與諸弟已析産，既而，諸弟疑明暘之産獨厚，索分之。明暘曰：“此本先人之産也。”即如所欲，與之。明暘子源，娶於卞。卞家故饒，且能詩、工書畫。時源與諸兄同居，諸婦嫉卞之奩厚，迫源析産而遺以先債。源與卞躬耕自給，卞并鬻其釵珥以償逋。久之，業復舊，恤其兄之子不遺力。源子鏡，元旦遇無賴子於塗，辱之，毁其冠。鏡退，易冠而出。逾日，無賴子自愧，造門謝。鏡念其貧，厚給之。娶於王，明吏部納諫之元孫女，生子葱。王氏世以《易》名家，吏部之曾孫明經祖修以《易》教授。葱為明經外孫，得聞王氏《易》説，

① “節孝”，二字誤倒，當乙正。

并熟《焦氏易林》、郭璞葬法[1]。嘗一應童子試，以咯血廢舉業，補國子監生。性好施與，遺田八九百畝，以是中落。於孤子、孀婦周之尤至。有謝姓者昏夜扣門，曰："吾逋多，將售所居以償之。他人皆利子錢，子獨否，是以竊告，幸偕往取償，遲則為他人得矣。"則艴然曰："子奈何輕棄祖宅？我豈迫人賣屋錢邪？"卒勿取。歲歉，棄產以償貸。適戚有喪，即分助之，曰："吾尚有產可棄，不可俾吾親戚無所殯。"有為人行其詐者，人不忍欺，舉以告，則權辭以荅之，而不明其詐，并慮詐者之自愧也，戒家人勿使知。性和易，無疾言遽色，横逆來受而不報。客至，雖卑幼必加禮，語不及義，則正色謝之。相者謂："兩目如靨眠，法無子。"久之復遇相者曰："靨化為紅色，此陰德之徵，當得子。"已而果然。自簁，將終，取貧者之券焚之，負人者盡償之。曰："不可使吾子孫失忠厚意也。"

嘗謂曾子述顏子之言曰"有若無，實若虛"，"以能問於不能，以多問於寡"。孟子述顏子之言曰"舜何人也？予何人也？有為者亦若是"。而孔子言"慮以下人"，"當仁，不讓於師"。顏子語本此。學顏子者，貴學其虛心，又貴學其立志。三年之喪，《禮經》所載，儀節極詳，而委曲繁重，律之今人，葢未能一時行之也。古人處己接物，務正大光明。耳語為人鄙，目語為人疑，不足立名，亦不足保身矣。魏胡質詞交於張遼，曰："古人取多知其不貪，奔北知其不怯，聞流言而不信，故交可久。武伯南身為雅士，將軍稱之不容於口，今以睚眦乃為嫌隙。況質才薄，豈能終好？"遼感其言，與伯南如初。交友者宜三復之。張公藝九世同居，力持忍字。余謂："骨肉當通以至誠，疑則釋之，俾可共見。若久蓄而不化，一旦發之，必潰矣。"又曰："為善而使人不可受，則厚反為薄。誠於善者，必能曲達，使施之無迹、受之無愧。陽善，陽報之；陰善，陰報之；好名，名報之。世之稱君子者，後或不昌；稱小人者，後或繁盛。此其際微矣。人與我爭名，則自化其矜；人與我爭利，則自戒其貪。不矜不貪，將何所爭？共事在能分謗，己不受過而諉諸人，人何以堪？既不能全己之交，又不能全人之交，則市道也。"

娶於謝，年三十四，無子。謝請曰："翁之喪，無孫成服，吾之咎

---

[1] 《宋志》載郭璞撰有《葬書》一卷，後術家尊其說者改爲《葬經》，毛晉汲古閣刻本亦承其訛。

也。”又曰：“姑年六十，忍令不抱孫乎？”亟求宜子者，因納殷，并納陳。殷生子三人：長循，嘉慶辛酉舉人。次律，次徵，揚州府學生。謝教子，日口授《毛詩》，及古孝、弟、忠、信事，多置紙筆令學書。夕則召殷共績麻枲，或造鬼鏹，而不作詩。曰：“詩非婦人事也。先祖姑卞孺人深於詩，晚年以為戒。”陳性憨且多詐，嫉殷，搆釁，或諷殷以去殷。曰：“婦人從一而終，去將安之？”或勸謝逐陳，殷又不可，曰：“去人留已，人謂我何？”乃避之宅西，屏華飾，習農事，諳其利病而能其勞苦。謝以為賢，亟迎之歸。謝病，殷事之惟謹。命婢啟笥出釵服，曰：“此先翁姑所賜，命吾為婦者，今授汝。”殷涕泣受之。越二年，謝卒，殷啟笥，以向所受者為斂，曰：“昔者不辭，重違孺人意耳。今仍歸諸孺人。”踊哭、髽麻之節，不異子婦之事舅姑也。循之子廷琥，甘泉縣學生，績學能紹其祖父業。

臧庸曰：余讀里堂孝廉所撰佩士先生并謝、殷兩孺人《事略》，未嘗不肅然起敬，嘆令德之日昌，不德之日促也。上自高、曾，下逮孫、子，蓋七世三百年，莫不以忠厚、文學世其家，而又代有賢母，以為內助。知其祖宗以來，詒謀深而積德遠矣。佩士先生家訓尤深遠明確，得古聖賢精意，蓋粹然有道之儒也。孝廉樸學治經生家言，精天文、算術，著《羣經宮室圖考[①]》《里堂學算記》，凡若干卷。醴泉有源，靈芝有根，信矣。孝廉不以庸為不文，手持是册乞言者再。庸深愧淺薄，不足以發明其旨，為《世德記》并以自警。其生卒年月、子孫字號、已詳《墓表》《誌銘》者，不復贅云。

嘉慶十二年，歲次丁卯，午日，武進臧庸記於廣陵城南之淮海樓。

## 題嚴忍公小像并誡[②]子書　庚申孟冬

生我者父，成我者君，自孩提以迄耄耋，時時以君、父為念，則一言一行，必思所以不愧、不怍者，其為人也，失足殆寡矣。凡小而戲謔，大至亂逆，莫不自忘其君、父。始人之幼也，盡人而如玉無玷，如器無闕，

① 據焦氏著述，“考”字衍。

② “像”“誡”，漢陽葉氏寫本目録該篇題中作“象”“戒”。

如女子未字。當其時，視、聽、言、動，莫非親也。身未嘗一刻離親也，心未嘗一刻忘親也。及長而學、而仕、而遊四方，不能不與人交，嗜欲日開，淫朋燕友日相接，則離親日遠，而忘親亦日甚。縱浪之飲、狹邪之遊，所由來矣。善乎！嚴堪忍先生之誡子也。當長君顥亭司農上公車時，勢不能挈以偕行，則繪已小像，命之隨身。曰："如是①見我面，如時聞我語，有相誘為非者，急展此卷，知我有怒色，即謝之。曰：'老父在，不敢耳。'"然則司農之立身行道，以忠、孝報君、父，雖本乎天性，亦先生之教，有以使之然也。先生又曰："當知余此身得至今日者，以少時絕無孌童、季女之溺，每過自堅忍，故尚能留此鬚眉餘白於人間。"則又為之凜然，水淵在前，毛骨悚慄也。凡人禀父母體膚，具天地生成之性，其勳名之茂、學問之精，正未可限，惟藉少之時德性堅定，庶壯而出其精力，所為無不成，雖至老耄，猶長留此鬚眉皓白，以享其天年。嘗见有稺年縱慾即夭死；或長而鬚髮脱落不復成人，雖負聰明、絕世之姿，於事業、文章一無所就；或未老而先悴。皆徇慾、忘親之過也。聞先生之教，可惕然知所戒矣。先生之八世孫杰，言行篤實，好學不厭，葢謹守祖訓，跬步不忘其親者也。出此卷属題，因為書之如此。

時嘉慶五年冬十月二日，後學武進臧鏞堂書於西湖蘇文忠祠之小峨眉。

## 題孫葆年中丞遺像　甲子仲夏

庸堂見公於濟南使院，其貌淳古，有憂深思遠之慨，聆其言明慤辨晰。畢宫保弇山先生深倚重之，若左右手。嘗言："州縣親民官，當約己奉公。世有以饋貽遷劇邑，必虧帑以請託成，獄訟必枉法。吾不忍徇俗市恩以病公。"故所至或不稱上官意，吏之夤緣為奸者益苦之。而公至受代時，絲粟无虧，士民皆歌思不忘。嘗入對彌補帑項之法，言"藩司察吏外專司錢穀，如莊頭催租，其要在不令隱短。然操之太急，恐不肖吏因削民為患。"上特嘉之。嗟乎！三代之治，本無所謂"彌補"者，至今日而借其名以便其私，至上虧公帑，下朘民膏者，比比然矣。安得如公之明

① "是"，疑當作"時"。

察，復顧國體民脉乎？惜為都御史者僅二載，以疾終。使久于其職，事事核實循名，富國足民之效，必大著于今日。“彌補”云乎哉？所陳奏，如設保甲、勤訓練，責成河員借糶常平倉穀諸大政，載《行狀》《誌》《傳》，不贅云。

著《春秋三傳補注》十卷，《三唐金石文》三十二卷，輯《古文味醇》八卷，《守拙堂詩文集》四卷，藏於家，未梓行。公子鳳卿觀察能世其家學，親師、取友、交遊，皆海内鉅儒，深研經史、小學，先秦、兩漢儒者傳述之微言，刊《問經堂叢書》數十種，學者爭先快讀為幸。雖學不敏如庸堂者，尤[①]過采其所輯《爾雅舊注》[②]，為校定付梓，[③] 間出公《桐鶴清賞圖》屬題。庸堂生則識公，歿則展公遺像，誦公遺言，與公子為學問交，又篤誼，不可辭，為著其略而敬識之。

時嘉慶甲子夏五月既望，後學武進臧庸堂拜撰，并書於涿州問經堂。

## 讀淇縣典史汪府君行述　庚申季秋

世人讀書者，莫不以得甲科、求尊官顯爵為務，獨淇縣君之教子也，曰：“做官乃讀書中第[④]一事，讀書當求做好人，做好人乃能做好官，始不受百姓唾罵，無詒毒子孫也。”驗其言，則淇縣君躬行之，令子龍莊明府終身守之。憶先君子始以科第勗小子，後見小子好讀書、治經生家言，則色喜，曰：“吾兒能通經立行，為鴻儒鉅人，所當知終有好日，俾我得親見，幸甚！第為善無近名，要以實勝為務。”與淇縣君“做好人”之説略同。乃庸堂遠遊楚北，聞凶問，奔喪還，先君子捐官[⑤]舍已月餘。罪大孽重，悔不可追。今犬馬之齒三十有四，行不加修，讀書不能有成，毫髪無足以榮先人而慰九原。覽斯篇，有餘痛焉。視明府以名進士宰寧遠，循聲徧寰宇，為足以表揚淇縣君隱德，與兩太孺人苦節者。一為天下至孝，

① “尤”，當作“猶”。

② “《爾雅舊注》”，問經堂刊本題此書爲“《爾雅漢注》”。

③ 清嘉慶承德孫氏刻本《問經堂叢書》爲清孫馮翼輯，載録有臧鏞堂輯《爾雅漢注》三卷。

④ “第”，疑衍。

⑤ “官”，疑當作“館”。

一為天下至不孝，不可以同年語也。讀謝君嘉玉《書後》，及明府所記軼事，益悉淇縣君之為，更不可及。觀《雙節堂贈言》前、後集，并《越女表微録》《春陵褒貞録》《佐治藥言》《學治臆説》《善俗》《庸訓》等書，又嘆明府之實不負“好人”“好官”訓也。余未識明府，見其子汝滋，持書乞言，恭而有禮，信能世其家德者，遂書此以詒之。

時嘉慶五年秋九月二十有二日，武進臧庸堂識於西湖詁經精舍。

## 蕭山汪氏兩節母事略　辛酉仲冬

四十年來，海内名公卿、賢士大夫作詩文紀雙節事，美矣，備矣，庸堂復何言哉？弟節母子焕曾明府，年逾大耋，孺慕弗衰，乞言勤拳，手書悱惻。此孟子所謂“五十而慕者”也。人感其誠，贈言不絕。庸堂昔作《讀淇縣典史汪府君行述》，而未及王、徐兩節母事為闕。今反覆案狀，書其守節、孝姑、撫孤、課學諸大端於篇。其父母、鄉里、子孫、官階、封贈，具《行述》《誌》《傳》。

嘉慶辛酉仲冬，武進臧庸堂叙。

節母王氏，淇縣典史汪君繼室。徐氏，其副也。子輝祖，徐出。汪君卒南海，母沈年七十一，王年二十八，徐年二十九，輝祖年十一。喪歸，徐呼天一慟，觸柩流血，欲以身殉。王絜[1]輝祖前哭曰：“死者有知，目睊睊望此兒成立，若與我可一死塞責，以此兒累老姑耶？”乃少啜漿水，而索逋者旦夕追呼于門。或謂宜要諸異日，王言：“子幼，酬之無期，不可以口實詒死者憾。”與徐鬻田及衣妝償之，不足，益以手指所出，三年畢償。常自减餐，饜糠粞以養姑食孤，具塾師脩膳。

夫弟某與無賴子飲博，疑嫂多藏，率數輩噪索，破門壁，甚則要奪孤兒去，百方應之不給，或為畫避地策。兩節母謀曰：“汪氏三世支属，或絕或散，幸存此一脉，挈以他去，祀事誰供，墳墓誰護者？”堅弗從。乆之，某廉知嫂貧也，率妻子他徙，唆母沈從之。徐曰：“主死有兒在，七十老母遠離鄉井，死者不安，他日兒有成立，何面目見人？”王泣留之，乃止。

---

① “絜”，當作“挈”。

沈老病，恒資藥餌，多嗜好，王必曲為承奉。而起居扶掖，徐之力為多，十餘年無倦色。嘗徹夜坐床側假寐，聞呻吟聲，起前按摩，唯謹，如是者有年。沈病劇，以目属兩節母曰："若善事我，我無以報若，願若世世子孫婦皆如若兩人賢。"語卒而瞑，年八十四。時輝祖客江南，含口[1]窀穸如禮，哀感行路，咸稱孝婦云。

輝祖幼多病，王懼宗祀不延，愛憐特甚，小疾必加謹護，至廢寢食。及壯，保之無異孩提。一日遘危疾，稍瘳，語婦曰："翁以兒付我，設不諱，何以見公地下？吾四十，日來心膽俱碎者，此也。"

輝祖幼學時，兩節母課之嚴。日夕，塾中歸，篝燈夜讀，徐紡車坐其旁，王就明理箴指。誦聲流美，則兩母欣欣然色喜，如聞絲竹鼓吹聲；或讀未熟書，斷續不倫，徐即瞿然曰："兒在塾必不守師約，舍業以嬉，故不成誦。"佛然起，奉夏楚主母前，涕泗交流，哽咽幾欲出聲啼。王懸夫像，令跪，朴[2]之，手酸動不能舉，淚涔涔然下，廼扶之起，朂以勤學，終弗忍責。

輝祖年十七，應童子試，自言其藝可遊庠，而縣試初無名。王唏嘘謂徐曰："何如兒言謾若此？"輝祖則逡遁對以欲製一新衣，得兩生錢，為倩代，皆招覆，實不敢謾。王益怒，曰："兒無志氣，其速出錢還之，吾寧凍餓死，不願見此也。"舉朴欲下，輝祖痛哭自謝，然後已。是年入縣學，後成進士。

輝祖習法家言，王教之曰："汝父為吏，典縣獄，言生人慘苦無過囹圄中人，每笞一人，數日不怡。曰：'得無以此抱慼，自戕其生乎？'汝佐人常常蓄此意。"輝祖歸，必問"不治死獄否"，對曰"無"，則歡然終日；或曰"法不免耳"，輒慘然色沮，謂"業此者屢獲陰譴，不當久習此"。館穀必鉤稽其數，竊恐以貧故，受非義財。徐將卒，教之曰："深刻者不祥，弗以刑名敗先德。窮通不可知，但存心行好事。善事主母，毋貽辱前人，我死無憾！"

王性矜嚴，寡言笑行，坐有矩矱，非祭非喪，足不踰閾。被旌，語及族婦未與者，愀然曰："吾與伊等耳，何獨以吾為竒行？"後輝祖訪録二十三人，上之當事袝主節孝祠。守節三十六年而卒，年六十三。

---

① "含口"，字迹模糊，疑爲"含殮"。

② "朴"，通"扑"，撻。

徐耐勤苦，無鉅細，曉夜操作，雖疾弗休。布衣紉綴無完處，澣服之不厭，寢木板、擁敗絮二十年。輝祖請易之，弗許，謂“主之所授，不可易”。及病亟，曰：“昨夢主以新衣衣我，殆不起矣。”子婦進湯藥，泣，弗飲，曰：“我主客死，不獲侍，我自忍乎？”守節二十三年而卒，年五十一。初構釁者遇之不以禮，徐惟以禮自持，不出一語挍。越六年，人盡感愧。

## 霜哺遺音書後　甲子仲春

今海内有二孝子，一浙江蕭山汪煥曾明府，一江蘇吳縣袁又愷上舍，皆壽親以言。匄海内作者紀之，勒之石而鏤諸板，其所以不朽其親者至矣！二孝子皆與鏞堂善，鏞堂嘗為袁孝子乞言於汪，為汪孝子乞言於袁。顧鏞堂與袁交十二年，與汪交五年，而庚申為汪□《讀淇縣典史行述》，辛酉為作《兩節母事略》，并命叔弟禮堂記《雙節遺事》於袁，雖轉乞同志之作若干篇，實未嘗握管自造也。又愷晤時則乘間言之，鏞堂遊於外，則移書促之，然奪於他事，未有以報命。間奮然欲為，又苦志未專壹，心氣犐浮而止。怠緩之愆，不可聞於明府，其何以對又愷乎？憶辛酉、壬戌二年，校《經》杭州，與明府交，一月中手書往復者必至再、至三。明府年踰大耋，多病，然乞言，必力疾作書，不許子孫代。反覆讀之，字字淒楚，孺慕動人，則為轉乞於吾鄉之人之言以娛之。及癸亥，棄儒就賈，與兩孝子音問不通。然清夜思之，意未嘗不怦怦然動，不自知其奧味之何以合也。今來吳門，與又愷聚首累日，出示其已故師友手札若干通，裝潢成帙，把玩之下，肅然起敬。夫其於死友之蹟，不忍置之，為什襲珍，護之若此。而鏞堂與又愷交十餘年，於其母之遺編不為題識一語，雖實以不文故，其與有所吝而不為者，何以異？爽然自失，無以對又愷矣。夫鏞堂文雖不工，言或失實，即無與於母節事，又愷尚念其故交，為過而存之，矧為著言於其母節事之後，又愷其忍廢之乎？有子言孝悌為仁之本，又愷事母孝，故事兄悌、交友信，其能不忘亡母，斯能不負死友歟！然母之大節，前人著《志》《銘》《傳》《表》者，言之已詳，鏞堂又不能為歌詩諷咏其事，而徒以兩孝子交情事娓娓言之，令作者見之，得無哂其不文乎？

嘉慶甲子二月三日。

## 節孝項母葉安人小傳　戊辰季夏

安人姓葉氏，徽州府休寧縣人，歲貢生士行女也。生康熙四十五年正月廿二日，卒乾隆五十七年閏四月某日，享年八十七歲。以雍正二年十月適同邑，捐職州同知項君元譜，時安人年十九。越六載，為雍正七年，項君客漢陽，病卒，時安人年二十四。凡守節六十有四年。其孤嘉鎔已于乾隆四十九年具呈，乞大吏題請，奉旨給帑建坊。則孝節之風，海内莫不聞之。而其孤不死其親之心，更欲匄賢士大夫之言，以表揚之，可不謂賢歟？

嘉慶十二年，宮保少宰袁州劉公督學浙江，聘庸編次《五代史記注》。時候補鹽課大使，項君新為安人之族孫同幕襄校文藝，出《節略》及詩文等乞言。庸乙丑在都，聞弟和貴之喪，嘗刊其學行，私謚為“孝節先生”，乞言于都之士大夫，欲請旌孝子而力未逮。丁卯六月，又喪母。母之賢尚未著録，何以傳人之母？然大使請之者再，同人多有所作，庸又奚忍辭？因手書其守節年月，而并為之論。曰：

“方州同之卒於漢陽也，安人聞訃，哀慟欲絶，飲食不進者累日，誓以身殉。姑某太安人偕庶姑某哭而慰之，曰：‘死者已矣，藐孤猶在，若從死，則此四歲兒何以成立？項氏宗祧不其危耶？且我兩老人將安賴？與其慷慨而死，曷若從容守義，養姑育孤，婦兼子職乎？’安人哭而應之，曰：‘諾！’遂竭力奉甘旨，承歡罔懈，中夜猶聞機杼聲。疾則侍湯藥，衣不解帶，祈以身代；歿則哀毀骨立，脱簪珥歸旅，襯營殯葬。三喪並舉，哀感行路。其教子嚴而有法，擇良族婚之，援例國學生①。孫男四人，曾孫三人。

乾隆五十年，安人壽八十。時長洲蔣侍郎元益督学江西，書‘筠節松齡’四字額為壽，里鄙榮之。

嗚呼！太安人之教，安人而成之者，至矣！豈可與輕于一死者同論耶？項氏世有賢母，福壽咸集，曾孫林立，有以哉！”

---

① “援例國學生”，疑有脱文。

嘉慶十三年六月，武進臧庸撰。

## 節孝熊母吳孺人事實　辛未閏月

節母姓吳氏，固始人。父延瑞，潼商兵備道。幼字商城學生熊傳品。年十七，贅陝西官舍，勉夫以學，率至夜分。越六載，夫卒，遺孤二歲。節母痛不欲生，母王恭人諭之曰："熊氏一脉不絶如縷，能保孤持家，始足慰亡者，徒死無益耳。"乃止。平居依父兄，歲時歸省，敬將祀事。翁年老，思子成疾，姑復久病。節母力持家計，晝夜默禱。翁疾愈，復置妾生子。延師課孤，極嚴。見兩兄譽其文，則喜，賜以美食；否，則不少假辭色。交遊必察之。庚午鄉試，被放，殊怏怏。節母訓之曰："我不圖得有今日。讀書砥行，終身勿怠。汝學未進，無怨不入彀也。"親族業儒者，資以膏火，給之旅費。雖所知生則振之，死則斂之，購地理之，殆出天性。

初，延瑞將沒，遺命諸子曰："汝妹少寡，無以為生，兄弟三人助之薪水，歲以百金為率。"諸子奉命惟謹。節母乃篝鐙紡織，以衣以食，置百金者不動，且營運之中，為人乾沒者半。積二十餘年，得千金有奇。更告貸於所親，合之四千金献翁。收贖舊産，而以田畝所入償其親，三年歸之無負。於是熊氏歷年典鬻之産，一旦盡復，其祇萬金。翁年已七十，手書報之曰："爾母子克賢克肖，努力以全舊業，老人且感且愧。"節母光歸固始時，已置田若干畝，至是併入商城。由是節母賢聲徧都中，暨大河南北，莫不咨嗟欣羡，甚至泣下。以為女中豪傑，鬚眉男子不及也。節母生乾隆癸未，迄嘉慶辛未，現年四十八歲。自乾隆甲辰夫故，守節已二十七年。子方冠大興附生，貢太學。女適拔貢生阜陽甯汝東。孫一人，孫女一人。

臧庸曰："余讀《貨殖列傳》，巴寡婦清，其先得丹穴，擅利數世，用財自衛，不見侵犯。秦皇帝以為貞婦而客之，為築懷清臺。較之節母無半畝之資而力復萬金之産，其孰難孰易，必有能辨之者。且節母布衣蔬食，贍族恤貧，有士君子之風。寡婦獨擅其利，猶守財虜耳。節母之行，聞者感德，尊長懷慙。寡婦以財自固，僅免侵犯，未足為多。又亡秦之築臺禮客，豈若聖天子給帑建坊，銘曰'節孝'，懸諸日月而不刊乎？熊為舊族，節母之父兄子姪，莫不以進士起家，并入翰林，外擢司道，内洊卿貳，即論家世，窮鄉匹婦亦弗如遠甚已。方冠請於朝，將乞言以壽母，而先屬余書其事，并為之評。”

## 廣陵韓氏事略　丁卯季夏

韓日章，字澹冲，山西蒲州人。世業淮鹾。日章以商籍補諸生，家無長物，購書數千卷，日與師友討論。中年喪妻，不再取，七舉鄉飲賓。兄子憬，順治辛卯舉人，戊戌進士，知瀏陽縣。日章書“民之父母”四字訓之。

韓日起，字碧滄，江都增生。少孤苦，善事母與兄，讀書花萼樓下，足不出户，親友爭以禮致之。中順治甲午舉人，戊戌進士，教授松江、蘇州，紳士擬之“安定先生”。知盧氏縣，修書院，捐膏火，以病致仕，門弟子益衆，屢舉鄉飲大賓。戊午，浙江同考官拔取七人，皆讀書好義，狀元沈廷文即所舉士也。著《遺訓》二卷、《同穴志》二卷。

弟日孳，邑庠生。日起撫養教讀，尤相友愛。日起為諸生，妻高氏典釵珥、售嫁衣以佐讀，勸日起勤學無間。

子焜，郡廩生。妾朱氏。子炳，郡庠生。

焜子人龍，字霖胥，附貢生，康熙五十八年病卒。時妻吳氏年三十，守節四十二年，至乾隆二十六年卒，享年七十一歲。吳持齋禮佛，撫孤，督課尤嚴。每夕一燈，吳中坐，子鈁、釗侍側，懸佛像於傍，曰：“讀聖賢書須同念佛，必恭必敬，如對聖賢，以是立心，以是制行，庶無愧矣！”鈁、釗聳然聽之。

鈁字宏聲，郡廩生。幼聰潁，凡《爾雅》《周禮》《禮記》《文選》《通鑑》，俱手抄加注，與弟釗讀書古寺，寒暑無間。聞塾師講《毛詩》至《蓼莪》必泣下。

釗字敬康，郡庠生。事母孝，待諸子姪如己出。族女失恃，撫養婚嫁之。作《樂善戒淫説》以訓世，凡有益于人者，無不免[1]為也，且不願人知之也。處困而守益嚴，不妄取一錢，曰“吾為子孫作福耳”。

---

① “免”，當作“勉”。

子承祖，附貢生。衛勳，儀徵增生。

列女

韓為龍，字德其，郡庠生。妻桑氏，江都人，賢而才。聖祖南巡，桑進詩，取中江南二十一名。入都，貴戚爭以禮致，延為女師，比之曹大家。未幾，卒于京師。《詩集》若干卷，失傳。

韓銃，國子監生，早卒。妻劉氏，年甫二十，無子女，苦節三十餘年，至乾隆三十年病卒。

## 桑梓潛德録列女傳稿　戊辰孟秋

施氏，府史施文林女，武進二番人。適河南廂臧世昌，越五年而世昌卒，再逾年，翁紹麟又卒。氏無子，僅有二女。時小姑猶在室，姑潘最憐之，氏曲順姑意，雖已貧，卒厚奩嫁之。族人立氏堂叔以繼翁後，堂叔不事生業，不能養潘，潘頗以為憂。氏勸慰百端，曰："無恐，有孀媳在。即丏[1]諸人以為養，所弗恤也。"潘老而病，常卧床蓐間，氏多方調甘旨以進。嘗一夕漏下已三鼓，潘忽思食雞子小餛飩，氏孑身引燭至市得之，潘食之甘。如是者凡十五年。初翁及夫沒，潘頗惑人言，有疑于氏。後十年，潘乃謂曰："子善事我，願子之兩女亦善事子，且得善終也。"翁兄某思奪氏志，出惡言，氏忿極，手批其頰者再，曰："子無褻視我，生養死葬，以婦兼子職，我必為之。"至是果踐其言，凡夫并翁、姑三喪，氏殯葬盡禮。教養二女，擇壻贅之。近年并鬻遺産，自置衣衾棺槨等，曰："此我一身之事，勿可貽諸族人。女壻異姓，更勿以此累之。"自乾隆五十二年夫故，至嘉慶十三年，守節已二十二年，現年四十八歲。

## 祭王西林文　丙辰孟冬

維嘉慶元年，歲次丙辰，冬十月戊戌，棘人臧庸堂為亡友江寧王君西林位，謹具清酌庶羞，哭而祭之。曰：

① "丏"，當爲"丐"字之訛。

“嗚呼！君何為而死哉！錢塘袁子才太史僑寓金陵，君幼即從之遊，後館吳門畢秋帆尚書第，知庸堂名，過常訂交。乾隆癸丑，庸堂倉猝之吳，投段若膺明府，適明府事羈京口，賴君力延致于令友袁又愷氏為挍《經》，甫得免窮遠之戚。去年夏，自吳貽書至楚，反覆數千言，以顧寧人朱錫鬯、杭大宗輩經術、文章兼擅，交相勖而要其歸，於行已有恥，并述其好學無間，寢食皆忘，以蘄于古之立言者。余竊心重之，語君以業貴專一始有成。今年夏四月，有從江南來者，言君患咯血，甫愈。余憫君勤勞疏記，不克從容靜坐以讀書，而嗜學拳拳，又未嘗頃刻置之，二者交迫于中。慮君體弱弗支，修書慰问，未得達。秋七月接六月中手書，不言有疾，竊幸為已愈。月晦，先考訃至，奔喪歸自楚。昨有事之吳門，又愷告余君病血百日，於九月四日下世。嗚呼痛哉！君少余二歲，以兄事余甚謹。自壬子與君交，迄今五年，終始無間。君館吳門日久，從賢士大夫游，所得益淵邃，如青浦王述菴司寇、嘉定王禮堂光禄、錢莘楣少詹、仁和盧檠齋學士、長洲蔣立厓司馬、金壇段若膺明府、吳縣江叔澐布衣，皆愛重君。去秋，江寧方伯陳東浦聘為記室，尤加信任。今年調司安徽，君以疾弗能行，卒於家。

嗚呼！君父性嚴，事之能曲，得其歡心。愛友朋若性命，形貌清麗，行己有恥。夙工詩歌，近頗好古學。君之遇，當登上第、入文苑，出其詞章以歌詠國家之盛否，亦享壽考、躋耄耋。俾肆力於經術、文章，著作成一家言，如朱錫鬯、杭大宗輩，以傳不朽而垂無窮。奈何年未及壯，遽齎志以歿耶！性孝友，行篤實，貌清俊，三者皆不當夭；父母俱存，妻穉，僅有弱女而無子，又不可夭；與君交好者，咸冀君力為援助耶，亦不許君夭。奈何奪君命，以絶衆望耶！豈所謂命者？君之年僅止於是耶？抑不止於是耶？以勞悴促其生，或别有他故以致斯耶？説曰“仁者壽”，又曰“仁者必有後”。君仁者大而無子，所謂“有壽”“有後”，果足憑耶？

庸堂年三十，困諸生，幸老親在堂，賴師友提携，以餬口四方。迺去年十一月喪吾師（謂學士盧），今年七月喪吾父，九月又喪吾友。未及一歲，而父與師、友死喪者三，庸堂其何樂于世？且奚所倚以遂生耶？君而不死，豈忍坐視余之困阨耶？余父死未葬，不得造君嬪[1]所哭奠，因為設薦于家。盏聞魂氣無不乏，君而有知，伏惟來饗。嗚呼哀哉！”

---

① “嬪”，當爲“殯”字之訛。

武進臧在東先生《文集》，拜經堂叢刻中雹列一目，久無刊夲。己巳春，舜年過海上書坊，得漢陽葉氏舊臧寫夲，有平津左海及洪更生、嚴脩能、許周生、汪孟慈諸家評語，驚喜過望。海内治國學者，聞舜年得此書，爭乞寫福，書問狎至，遂以歐西攝景法印行，藉廣流傳。原夲上方墨筆録舊評，朱筆署名"澧案"，行間亦有朱校、朱圍，殆皆出葉氏。文中似仍有一、二誤字未經校正者，舜年學殖荒落，不敢專輒臆改，悉存其真，思誤一適，以俟方雅。

庚午首夏望日，宗舜年記於咫園之野録軒。

# 资料篇

# 一　臧庸年譜

## 臧在東先生年譜[1]　吉川幸次郎

乾隆三十二年丁亥，先生生。

先生初名鏞堂，字在東，（《拜經堂文集》薛氏子衡《序》）又東序，（《孝經鄭氏解輯本》阮氏題辭）後改名庸，字用中，（《拜經堂文集》薛氏《序》。案：《跋宋虞廷會試卷後》云："《説文》：'用，可施行也。从卜，从中。'"衞宏説："庸，用也。从用，从庚。庚，更事也。"賤名庸，字用中，本此。）一字西成。（《昭代經師手簡與王氏念孫書》鈐記）拜經，爲其室名。（《拜經日記自序》。案：阮氏元《定香亭筆談》云："每歲除夕，陳所讀書，肅衣冠而拜之，故又字曰'拜經'。"）先世山東東莞人，遷浙江長興，復遷江南武進。（阮氏元《武進臧布衣傳》）康熙間，有與閻百詩同時老儒玉林先生名琳者，（阮氏元《臧拜經別傳》）以名諸生，精研經術，著書滿家，（錢氏大昕《布衣臧君墓誌銘》）先生之高祖也。（阮氏《別傳》）生子晉，晉生若彩，若彩子諱繼宏，字世景，晚自號厚庵，服賈，娶章氏。（錢氏《布衣墓誌銘》。案：阮氏《布衣傳》曰："繼宏父兆魁，不曰若彩。"楊氏方達《玉林家傳》亦云孫男二人：兆元、兆魁。）生子四，（阮氏《布衣傳》）長卽先生，次鱣堂、禮堂、屺堂。（錢氏《布衣墓誌銘》）

三十三年戊子，二歲。

---

① 此《年譜》又見載於《吉川幸次郎全集》第十六卷，昭和四十五年七月，筑摩書房發行。楊殿珣編《中國歷代年譜總録》（修訂本，北京圖書館出版社 1996 年版）、來新夏《近三百年人物年譜知見録》（增訂本，中華書局 2010 年版）等均有著録。

三十四年己丑，三歲。

三十五年庚寅，四歲。

三十六年辛卯，五歲。

三十七年壬辰，六歲。

三十八年癸巳，七歲。

三十九年甲午，八歲。

四十年乙未，九歲。

四十一年丙申，十歲。

弟禮堂生。禮堂，字和貴，（焦氏循《節孝臧君墓表》）以字行。（嚴氏可均《臧和貴別傳》）生有至性，（焦氏《墓表》）年未冠，毅然以孝弟自任。（段氏玉裁《臧孝子傳》）不苟言笑，事親孝，臨財廉，非其義，一介不取。居父喪，三日不食，三年不入内，笑不見齒。母病，割股肉瘳之。師事先生（嚴氏《別傳》）及盧氏文弨、（阮氏《布衣傳》）錢氏大昕，（嚴氏《別傳》）遂通“六書”詁訓之學，尤長挍讐。（焦氏《墓表》）段氏玉裁、丁氏杰、孫氏星衍交口善之，名亞先生，謂之“二臧”云。（嚴氏《別傳》。案：和貴箸書詳於段氏《臧孝子傳》，此不録。）

四十二年丁酉，十一歲。

四十三年戊戌，十二歲。

四十四年己亥，十三歲。

四十五年庚子，十四歲。

四十六年辛丑，十五歲。

四十七年壬寅，十六歲。

四十八年癸卯，十七歲。

四十九年甲辰，十八歲。

五十年乙巳，十九歲。

厚庵公教子極嚴，有過，朴責不少恕。延端士爲之師，課以舉子業。（錢氏《布衣墓誌銘》）是歲，先生受業鄭氏環。（《皇例贈文林郎府學增廣生員蘇景程先生行狀》）見王氏鳴盛《尚書後案》，好之，讀高祖玉林公《經義雜記》等書，始恍然有悟，（《先師漢大司農北海鄭公神坐記》）知研究經學必以漢儒爲宗，漢儒之中，尤必折中於鄭氏。（《上王鳳喈光禄書》）遂盡棄俗學，而專習鄭氏學。（《鄭公神坐記》）

五十一年丙午，二十歲。

治經刱端《月令》。據《吕氏春秋》以挍《小戴記》，塾師鄭、鄉先生莊氏述祖見而奬異之。（《刻蔡氏月令章句序》）

五十二年丁未，二十一歲。

弟禮堂，年十二，攻經史，以先生爲師。（趙氏懷玉《臧處士詩》）

五十三年戊申，二十二歲。

盧氏文弨來常，主龍城書院講席，（《上王鳳喈光禄書》）知先生，亟欲見之，（《皇清日講官起居注前翰林院侍讀學士盧先生行狀》）厚庵公亦命先生兄弟從之遊。（阮氏《布衣傳》）先生乃以《月令雜説》請正。盧氏曰："子異日學業，吾不如也。"先生感其言，執弟子禮。（《盧先生行狀》）

五十四年己酉，二十三歲。

抱玉林先生所箸《經義雜記》質于盧氏，盧氏驚異之，于挍《經典釋文》中多引其説。（阮氏《别傳》）始玉林先生所箸《經義雜記》三十卷，《尚書集解》一百二十四卷，《大學考異》二卷，《知人編》三卷，《困學鈔》十八卷，《水經注纂》三卷，皆未傳於世。厚庵公篋藏之，不失片紙。既而，命先生兄弟從盧氏遊，乃命啟其篋，挍録之。（阮氏《布衣傳》）由是，當世學者甫知有玉林先生其人。（《跋經義雜記敘録後》）盧氏挍刊《吕氏春秋》，（錢氏大昕《跋吕氏春秋》）畢氏沅據以付梓，是歲四月告成。（畢氏《吕氏春秋新挍正序》）先生與審正、參訂。（畢刻《吕氏春秋》卷首。案：此書署畢氏名，實出於盧氏。見嚴氏元照《書盧抱經先生札記後》）五月始輯《通俗文》。（《刻通俗文序》）劉氏台拱於友朋閒見先生説經之文，相與讀而善之。是歲，見於江寧，後往來鎮江，靡不摳衣請益。（《書劉端臨先生遺書目録後》）先生嘗曰："劉訓導知庸最深。"（《與王懷祖觀察書》。案：《書遺書目録後》"本不言始相見之年，今繫於此"者。文又曰："飲食教誨，十七年如一日。"劉氏卒於嘉慶十年，由此逆推知之，蓋是秋先生應江南鄉試，故有江寧之行也。季冬《與葉保堂書》云"在金陵不克盡談"云云，亦可證。）十月，録《爾雅漢注》成。先生少習此經，兼考舊義，見郭氏精美之語多本先儒，支離之談皆由臆説，更或擅改經文，輕棄注義，乃采《釋文》《正義》及唐以前諸書所引舊注，録爲三卷，以存漢學，俾讀是經者，有考焉。（《録爾雅漢注序》）十一月，《毛詩注疏挍纂》成。始盧氏以《七經孟子考文》及《十三經注疏正字》參定《毛詩》，命先生挍録之。先生偶有所得，亦坿其中，以俟盧氏采擇。一字之審，或至數日。兩月以來，寢食俱廢，至是稿成。分《國風》一卷，《小雅》一卷，《大雅》《頌》合一卷。（《毛詩注疏挍纂序》）是月，又輯漢盧氏《禮記解詁》一卷，成，以遺盧氏。蓋日度不盈六十，而所輯已裒然成卷云。（盧氏《禮記解詁》盧《序》）十二月，太守李氏廷敬纂脩《郡志》，盧氏總裁之，命先生留心掌故，（《與葉保堂書》。案：原文止云太守李公，今據《道光縣志官師表》）條繫近人履歷。（趙氏懷玉《與志館總裁盧學士書》）先生本無意爲官書，重違總裁命，移研經之功，一月爲之。（《與趙味辛舍人書》）此月二十五日，録起《尚書注疏挍纂》，條例一依《毛詩挍纂》。（《尚書注疏挍纂序》）先是，先生輯《鄭氏論語注》二卷，於《自行束脩章》采用《後漢書延篤傳注》謂"束帶修飾"，卽鄭氏之言①，竝引《伏湛傳》"自行束脩，訖無毀玷"《注》"自行束脩，謂年十五以上"爲證。洪氏亮吉謂："束脩"字宜從《説文》本訓。（趙氏懷玉《論語束修説序》）《説文》："束，縛也。從口木。脩，脯也。從肉，攸聲。"皆本訓。鄭氏《注》謂"年十五以上者"，蓋言始可以執束脩之禮，見先生長者耳。（洪氏《與盧學士文弨論束脩書》）李賢不通義訓，妄爲之説。（《荅洪稚存太史書》）且若果

① "自行束脩"出《論語述而》："子曰：'自行束脩以上，吾未尝無誨焉。'"《後漢書延篤傳注》："束修，謂束帶修飾。鄭玄注《論語》曰'謂年十五已上'也。"《年譜》謂"束帶修飾"卽鄭氏之言，或爲誤記。

作“束帶修飾”，則當云“自束脩”者，“行”及以上三字，皆爲剩義。與盧氏書論之，竝以質之先生。（洪書）是月，先生作書荅之，終不以洪説爲然。時盧氏説亦如洪氏，（《荅洪稚存太史書》）唯顧氏明右先生，與諸君反覆辯論。趙氏懷玉輯諸君子之論而録之，曰《論語束修説》。（趙氏《論語束修説序》。案：《論語束修説》，幸次郎未見。）因盧氏得識錢氏大昕。（《上王鳳喈光禄書》）始盧氏數與錢氏言先生之賢，錢氏遂與定交。（錢氏《布衣墓誌銘》。案：據《上王氏書》，先生識錢氏在壬子以前，姑繫于此。）

## 五十五年庚戌，二十四歲。

先生受業盧氏，始聞段氏玉裁名。講求聲音、詁訓之學，爲海内第一，心竊慕之。是歲正月，段氏弟玉立過舍，因以書達。（《與段若膺明府書》）以《尚書》古今文異同四事就正，（《刻詩經小學録序》）曰：閻百詩《尚書疏證》誤讀《虞書正義》，謂：《夏》《侯》等書“宅嵎夷”，鄭爲“宅嵎鐵”，下“昧谷”等并放此，倒置古今，誣妄穿鑿，近之言《尚書》皆襲其謬。（《拜經日記》）段氏見而嘆賞，謂：“與其見印合。”（《上王鳳喈光禄書》）致書盧氏云：“高足臧君，學識遠超孫、洪之上。”盧氏由是益敬異之。（《刻詩經小學録序》）此月二十六日，《尚書注疏挍纂》成，《虞夏書》一卷，《商書》一卷，《周書》一卷。（《尚書注疏挍纂序》）五月，盧氏取盧氏《禮記解詁》以付梓。（本書）盧氏撰《周易注疏輯正》九卷，《略例》一卷，以挍正《易疏》之譌。先生受讀下，因録其切要可據者，爲《周易注疏挍纂》三卷。工始是年十二月。（《周易注疏挍纂序》）是歲，段氏自金壇過常州，（《刻詩經小學録序》）先生飲之酒，願爲其弟子，且見弟禮堂，取其挍訂《論語》一二條相示，段氏甚異之。（段氏《臧孝子傳》）段氏攜《尚書撰異》來，授之讀，且屬爲挍讐，因參補若干條。劉氏台拱見之，謂段氏曰：“錢少詹簽駁，多非此書之旨。不若臧君箋記持論正合也。”（《刻詩經小學録序》。案：先生始見段氏，當在庚戌、辛亥閒，姑繫於此。）

## 五十六年辛亥，二十五歲。

二月，《周易注疏校纂》工終。(《周易注疏校纂序》)《詩經小學》全書數十篇，亦段氏所授讀，先生善之，爲刪煩纂要，《國風》《小、大雅》《頌》各録成一卷，以自省覽。七月，段氏來，見之喜，曰："精華盡在此矣。"當即以此付梓。(《刻詩經小學録序》)九月，盧氏重雕《經典釋文》於龍城書院，先生與挍勘、審定。(本書)冬，顧氏明攜先生所輯《爾雅古注》來吴，示顧氏廣圻。顧氏傾倒，謂鈕氏樹玉曰："蓋希有之書也。"(鈕氏《送臧拜經詩跋》)是歲，挍訂玉林先生《經義雜記》成。(《拜經日記自序》)乃擬之，爲《拜經日記》。(阮氏《别傳》)

## 五十七年壬子，二十六歲。

二月廿九日，(鈕氏樹玉《匪石日記鈔》)鈕氏舟過毘陵，始晤先生於顧氏明尚志齋。(鈕氏《送臧拜經詩跋》)是歲，段氏刻《戴東原集》十二卷，牽於家事不能親挍，先生與顧氏明編次，精挍之，六月成。(《戴東原集》段氏《序》竝段氏《戴東原先生年譜》)其小注凡云"案"者，皆係先生語。(《戴東原集》段氏《覆挍札記》)

## 五十八年癸丑，二十七歲。

三月十五日，鈕氏再過造訪。(《别鈕匪石序》)是月，(《别鈕匪石序》)先生倉猝之吴，投段氏。適段氏事羈京口，(《祭王西林文》)未值。因王氏鳴盛、王氏汝翰而寓於袁氏廷檮，(《别鈕匪石序》)甫得免窮途之戚。(《祭王西林文》)袁氏向與先生師盧氏爲姻好，於此爲寓主人，(《漁隱小圃文隱記》)以《十三經挍勘》見委先生。初於《易》《書》《詩》《爾雅》粗有所訂，餘經奪他事未暇。至是，又挍《三禮》《三傳》《經典釋文》《羣經音辨》等。段氏歸，或録之副。(《别鈕匪石序》)在蘇州，從錢氏大昕、段氏玉裁、王氏昶講學術，(阮氏《别傳》)又與鈕氏樹玉、顧氏廣圻往還，乃漸與瞿氏中溶、費氏士璣、李氏鋭交。(《漁隱小圃文隱記》)四月，籤挍錢氏《唐石經攷異》。(本書。案：書在《涵芬樓秘笈》中)九月，輯《三禮目録》一卷成。據陸德明、孔穎達、賈公彦三家，參之以單注、兼義、宋明舊板，及李如圭《儀禮集釋》、朱子《儀禮經傳通解》、黄氏幹《通解續》録定之。凡一字之去取，莫不有本云。（本書）十月九日，臨《挍影宋經典釋文》畢。（《挍影宋經典釋文書後》）鈔本爲葉林宗假絳雲樓本影寫者，（《書左氏音義之六挍本後》）舊藏朱氏奐家，盧氏曾借挍之，所刊行抱經堂本是也。時歸周氏錫瓚，段氏往假之，委先生細挍。因復自臨一部。盧氏所挍，不無遺漏處，乃復詳爲補勘，帀月而畢業。（《挍影宋經典釋文書後》）其《左氏音義之六》借顧氏之逵所藏汲古閣宋板細挍。（《書左氏音義之六挍本後》。案：《四部叢刊經典釋文》坿有《挍勘記》三卷，中多有先生挍語。又案：宋本《左氏音義之六》今在常熟，瞿氏有先生手跋一通，見《愛日精廬藏書志》及《鐵琴銅劍樓書影文集》，失收。）王氏汝翰館湖廣總督畢氏沅第，（《祭王西林文》）掌守經典。是歲十一月，先生從之，索借唐以前遺書。王氏以《大方廣佛華嚴經意義》四卷寫本示之，唐京兆靜法寺沙門慧苑撰，葢畢氏撫山左時所得釋藏本也。（《刻華嚴經音義録序》）先生見而嗜之，手自纂録，凡屬梵言，悉從省節，有涉儒義，並列簡編。（《刻華嚴經音義録序》）鈕氏樹玉與先生同好，每纂一卷成，鈕氏隨取披讀，並勘正其誤謬，援引據證，羅列上下，方時卽欲刊布而未能。（《刻華嚴經音義録序》）此月，梁氏履繩卒。（盧氏文弨《梁孝廉處素小傳》）先是，梁氏箸《左傳通》，挍訂異同極細致，先生爲之挍補一過，自記要語。至此，梁氏以中年病終，先生不勝存歿之感，因録其原文及補正語於《日記》中。（《拜經日記》）十二月，（《上王得甫少司寇書》）錢氏大昕、王氏昶薦先生於畢氏，授其孫蘭慶經，（阮氏《别傳》）乃赴楚。（劉氏文興《劉端臨先生年譜》引先生《與劉氏台拱書》）鈕氏樹玉爲料理行資，（《漁隱小圃文飲記》）又詠詩十二韻以贈。（《别鈕匪石序》）瞿氏中溶贈詩六章，以壯其行。（《漁隱小圃文飲記》）一時名流造送接踵。（鈕氏《送臧拜經詩跋》）先生之楚後，弟禮堂師事錢氏大昕。（嚴氏可均《臧和貴别傳》。案：鈕氏是年《日記》言及先生者二事，事皆瑣末，坿録於下：五月一日，會臧在東，見所挍《一切經音義》。臧君云："段公有宋本《急就篇》。"又云："段公甚信《韻》《會》。"九月十一日，偕臧拜經訪張茝園，適錢飲石來（名東壁）。臧君出語云："東壁卽壁壘，主武而不主文，魁星亦然，後人誤用之。"詳其所箸《文昌星考》。案：茝園，張敔號。東壁，大昕子。）

五十九年甲寅，二十八歲。

春，到楚，畢氏款居署齋，有眞讀書人之目。(《上王德甫少司寇書》) 夏，歸試，(《劉端臨先生年譜》引《與劉氏書》) 秋，將往武昌。(《書劉端臨先生遺書目録後》) 會畢氏降補山東巡撫，(史氏善長《弇山畢公年譜》) 乃赴山左。(《劉端臨先生年譜》引《與劉氏書》) 冬，抵濟南，畢氏禮遇有加。(《荅錢曉徵少詹書》坿錢氏書) 始先生赴山左，取道京口。(《劉端臨先生年譜》引《與劉氏書》) 劉氏端臨曰："學使阮公元，吾鄉人且學友也，子其謁之。"(《書劉端臨先生遺書目録後》) 且詒阮氏書云："臧君學問，非特英年之士僅見，卽求之前輩中，不可多得。"(阮氏《小滄浪筆談》) 先生之知阮氏，自劉氏之書介紹始。(《書劉端臨先生遺書目録後》) 既至山左，常到阮氏積古齋。(阮氏《小滄浪筆談》) 阮氏一見先生，首問《華嚴經音義》，先生以手録本呈閱。阮氏曰："善，當卽以此本付梓。"并出北藏板二卷，屬爲挍讐。於此，先生始知西藏本爲後人竄改，遠不及北藏板之眞，且竊幸素願可酬。而畢氏頗好佛老家言，謂："當以完書開雕。"並許爲刻《經義雜記》，既而，皆不果。(《刻華嚴經意義録序》)

六十年乙卯，二十九歲。

正月，畢氏仍補授湖廣總督。(史氏《弇山畢公年譜》) 先生自山左至武昌。(《劉端臨先生年譜》引《與劉氏書》) 阮氏補箋《毛詩》，節録其本，郵寄至楚，質於先生。先生直抒所見，荅之。(《拜經日記》。案：據《日記》，時阮氏猶督學山左，則事在八月以前。) 十一月二十八日，盧氏卒於常州書院。先生乞錢、段二氏撰志傳。(《盧先生行狀》)《左傳》史漢之"氾水"，音"祀"、音"凡"者，非先儒說，多誤。弟禮堂書來楚館，請爲考定。因作《氾水》考一、《氾城》考二、《氾澤》考三、《汎城》考四、《氾水之陽》考五、《祭城》考六，以詒之。(《拜經日記》。案：以《日記》篇第考之，事在乙卯、丙辰間，姑繫于此。)

嘉慶元年丙辰，三十歲。

春，弟禮堂新婚，(《上錢曉徵少詹書》) 婦胡氏。(《亡弟和貴劄肱記》) 七月九日，厚庵公以疾終於家，春秋六十有九。(錢氏《布衣墓誌銘》) 晦，訃至，奔喪歸。(《祭王西林文》) 十月，有事之吳門。(《祭王西林文》)

## 二年丁巳，三十一歲。

阮氏元督浙江學政，延先生助輯《經籍籑詁》。(阮氏《别傳》) 新春來浙，寓阮氏署中。(《上錢曉徵少詹書》) 晤錢氏大昭，獲讀《詩古訓》、《漢表》、《廣雅》等書。(《上錢曉徵少詹書》。案：錢氏箸《後漢書補表》《廣雅疏義》。) 丁氏杰執所録《鄭易》來，授之讀，且屬爲挍讐。遂據私定本參之，更檢勘義疏，覆挍數十條，(《丁小雅教授六十序》) 次爲九卷。(丁氏《周易鄭注》案語) 别纂《敍録》一卷，坿之，(本書) 歷旬日成。(《丁小雅教授六十序》。案：以上二事，皆在三月以前。) 三月，覆訂《三禮目録》，(本書) 玉林先生《困學鈔》有《六藝論》一卷，甄采嚴核，而時有漏略，先生爲之補次。閏六月，成。(本書) 官板《漢書》用宋景文本，載蕭該《音義》。先生讀之，以爲漢魏遺言往往存什一於千百，誠罕覯之琦珍也，惜闕逸不完；存者，多與宋氏及三劉之説相混，又或羼入顔注中。乃精加别白，録爲三卷。都由研審得之，不濫不漏，差堪自信。段氏玉裁見而欣賞，助爲勘正謬誤。此月，先生爲之《序》。(《刻漢書音義序》。案：此文末云“識於拜經家塾”，則時暫歸里。) 冬，過吳門。(《漁隱小圃文飲記》) 十月二十三日，袁氏廷檮招鈕氏樹玉、費氏士璣、顧氏廣圻、李氏鋭、瞿氏中溶會飲漁隱小圃，段氏玉裁同飲。袁氏屬先生爲之記。(《漁隱小圃文飲記》。案：鈕氏《匪石日記鈔》丁卯十月二十三日，會臧在東，觀臧君《日記》内辨顔子卒非三十二，歷舉古書以證，甚精確；又辨段干木乃段姓、名干木，亦不可易；又觀所輯《漢書蕭該音義》。久之，千里來，共檢百三名家，因知郊天用麒麟皮幔鼓，非鄭康成説。)

## 三年戊午，三十二歲。

春，阮氏移書來常州，屬以總編《經籍籑詁》之役。乃遵阮氏原例，申明而整齊之。復延弟禮堂相佐，(《經籍籑詁後續》) 禮堂以服喪未畢，請施墨於冠。阮氏嘉其志而許焉。（王氏引之《臧禮堂小傳》）先生又請阮氏檄、宋氏咸熙來司收掌對讀。乃鍵戶謝人事，暑夜汗流蚊積，猶校閱不置書。吏十數輩執筆候寫，雖極繁匆，猝不敢以草率了事。與同纂嚴氏杰、趙氏坦往復辨難，皆學行交篤士也。（《經籍籑詁後續》）然先生天性戆直，有言必盡，欲少宛委一字而不可得，坐是不諧於俗，局中人皆不悦先生。（《嚴氏元照《與臧在東書》。案：書見《悔菴學文》。注云“乙未”，“乙”當“己”譌。）自四月始至八月告竣，凡五閲月，共成書一百一十六卷。（《經籍籑詁後續》）十一月，將有粤東之行，嚴氏元照貽雪牕書院本《爾雅》，先生審其雕刻，定爲南宋本。（《重雕宋本爾雅書後》）十二月，來粤東，爲阮氏校刊《經籍籑詁》，阮氏表弟林氏慰曾同行。（《通俗文》林氏《序》。案：是歲秋後，先生還常州一次。見嚴氏元照《奉少詹事錢竹汀先生書》）

## 四年己未，三十三歲。

九月，刻《華嚴經音義録》二卷、《敍録》一卷、（《刻華嚴經音義録序》）《漢書音義》三卷、《敍録》一卷於南海古藥洲。（本書）此月，又刊《四庫全書通俗文字》（《四庫全書通俗文字跋》。案：書係陸氏費墀撰。幸次郎未見。）先生采《一切經音義》諸書輯《通俗文》一卷，稿始己酉仲夏，迄此十有一年。時有補正，卒無定本。林氏慰曾見其編，喜之，因爲校正若干條，取以付梓。（《刻通俗文序》。案：據林氏《序》，刊成在九、十月閒。）《經義雜記》三十卷，阮氏爲先生料量刻資。（《經義雜記》阮氏《題辭》）十月，汗青斯竟。（《跋經義雜記敍録後》）先生編《敍録》一卷，坿其後。（本書）此月，又刊雪牕書院《爾雅》三卷。書後云：“試約同志於十三部中不拘經、《注》《義疏》，得一宋本，即爲重雕。鏞堂雖貧儒，《爾雅》雖小經，其即以此爲刻《十三經》《注》若《疏》之權輿也可。”（《重雕宋本爾雅書後》）此月，阮氏署理浙江巡撫事務。（張氏鑑《雷塘庵主弟子記》）十二月，刻《詩經小學録》四卷。（《刻詩經小學録序》。案：此據《文集注》繫于此。本書載此《序》，署曰“丁巳季冬”，恐誤。）先是，先生采輯羣書所引《蔡氏月令章句》，并録《集》中《月令問荅》《月令論》二首爲二卷，以存中郎梗概，此月序之。（《刻蔡氏月令章句序》）此月，刻

《經籍籑詁》成。（張氏《雷塘庵主弟子記》）

## 五年庚申，三十四歲。

正月，阮氏實授浙江巡撫。（張氏《雷塘庵主弟子記》）先生自廣東至，（趙氏坦《哭臧在東先生文》）寓武林節署。（《題慈竹居圖》）先是，盧氏《禮記解詁》已付梓，後見杭氏駿本，乃復參考羣書，重爲補訂。三月，綴於卷末。（本書。案：此時所補凡五條，别有"補遺"二條，則未知何時補。）阮氏于西湖之陽立詁經精舍，延王氏昶及孫氏星衍爲之主講。（孫氏《詁經精舍題名碑記》）孫氏請崇祀先師許叔重、鄭康成于堂中，與先生及洪氏頤煊、震煊議所以書木主銜者。先生以謂："許君之子沖，上書稱太尉南閣祭酒，比范史稱洨長爲得其實。洨長官卑，不宜以此，蓋太尉祭酒。"孫氏以謂："太尉官屬雖貴，由其自辟除，不及洨長之列朝籍。洨長宜書，兼列太尉祭酒，如今人之書前官，可也。"洪氏兄弟以謂："洨長尊于太尉官屬。今，主題洨長，不及太尉祭酒，可也。不得止題太尉祭酒。"阮氏曰："洪兩生議是。"遂兼題之，如孫氏議，（孫氏《許叔重木主結銜議》）曰："漢洨長太尉南閣祭酒許公。"（段氏玉裁《與阮梁伯書》。案：據洪氏《筠軒文鈔》。先生與之辯論在四、五月閒，先生後復作《漢太尉南閣祭酒考》曰："洨長、祭酒，非有尊卑高下之殊，宜題'漢故太尉南閣祭酒許君'爲是"。蓋終不以洪説爲然。）以疾辭阮氏，歸。坐一兒一女於側，自課之，數月不一出。（《雙桂小圃記》。案：《漢太尉南閣祭酒考》末署云："六月二日，考定於拜經家塾。"則歸里，更在其前。）七月，檢録《拜經堂集》。（《上畢纕蘅制府書》書後）宋槧不全《左傳》三冊，亦嚴氏元照詒也。八月，書其後。（《書宋槧左傳不全本後》）先是癸酉，先生寓吳門，書賈持宋槧《爾雅單疏》索價二十四金，先生急慫恿袁氏廷檮如數購之。此月，假諸袁氏，細意挍出，閲九日卒業。（《挍宋槧板爾雅疏書後》。案：九月二十二日作《讀淇縣典史汪府君行述》，十月二日作《題嚴忍公小像并誡子書》，均作於西湖。則九、十月閒，又往杭州。）段氏玉裁欲延一後生能讀書者，完《説文》稿子。是歲，圖迎先生相助。（劉氏文興《劉端臨先生年譜》引段氏《與劉氏書》）

## 六年辛酉，三十五歲。

阮氏挍勘《十三經》，招先生與其事，（《送姚文溪大令還濟南序》）且補訂《籑詁》。（阮氏《别傳》）正月，先生往杭州就其聘，（《亡弟和貴割肱記》）挍經於紫陽書院。（趙氏坦《哭臧在東先生文》）時阮氏再延禮堂。（嚴氏可均《臧和貴别傳》）禮堂曰："兄弟皆侍膝下，誰爲負米者？皆客遊，誰爲視膳者？兄與禮堂，一人出一人留，可乎？侍郎招，幸以此辭。"先生謁阮氏，以弟語辭，阮氏默然，遂延他客。（《亡弟和貴割肱記》）五月，太夫人中風疾，醫者不能治。禮堂齋戒禱東嶽祠，請減壽一紀以延母。（《亡弟和貴割肱記》）乃割肱以療之，（《亡弟和貴割肱記》）太夫人忽愈。（焦氏循《孝節處士臧君墓表》）和貴生不自言，死後眾見其創痕，乃大白。（段氏《臧孝子傳》）六月，得禮堂書，言母疾危甚，今已愈。先生載驚載喜，即歸省，而母疾良愈，禮堂故不言母疾時事，家人亦無有言禮堂侍疾時事者。先生遂至江寧鄉試，而往杭州。（《亡弟和貴割肱記》）在江寧，謁姚氏鼐。（《與姚姬傳郎中書》）十月，陳氏善以玉林先生輯《六藝論》及先生輯《三禮目録》，合爲一冊，付梓。（陳氏《刻六藝論三禮目録書後》）十二月朔，阮氏過詁經精舍，訪顧氏廣圻及先生，作詩。（阮氏《揅經室四集》。案：時顧氏與先生不平。是歲，顧氏借袁氏廷檮手鈔錢氏大昕《唐石經攷異》傳録一部，於先生所籤挍，咸加駁詰。又翌歲正月，跋先生所挍《經典釋文》曰："近知此人好變亂黑白，當不足憑。"見趙氏詒琛《顧千里先生年譜》。）此月，鮑氏廷博見《孝經鄭氏解》先生輯録本，喜其精核，與日本新出本合刊。（《孝經鄭氏解輯本》阮氏《題辭》。）與汪氏輝祖交，（《霜哺遺音書後》）爲之代徵雙節文字。（汪氏《夢痕録餘》）

## 七年壬戌，三十六歲。

挍經杭州。（《霜哺遺音書後》）三月，宋氏咸熙刊宋吕氏《古周易音訓》輯本，先生代作《序》，（《刻吕氏古易音訓序》）又挍其上卷。（本書）九月，《十三經》分挍者先竣，因請阮氏歸。（《送姚文溪大令還濟南序》）後阮氏復訂其是非，爲《周禮注疏挍勘記》十二卷、《釋文挍勘記》二卷、《公羊注疏挍勘記》十一卷、《釋文挍勘記》一卷、《爾雅注疏挍勘記》六卷、《釋文挍勘記》一卷。（阮氏《十三經注疏挍勘記序》）此月，孫氏馮翼刊《爾雅漢注》三卷。（本書）始，先生見馮翼父曰："秉於濟南使院。"與馮翼爲學問交，馮翼刊《問經堂叢書》數十種，此其一也。（《題孫葆年中丞遺像》。案：孫氏同時所刊世本，有挍于白下木記，則此亦勘于江寧。）先生既歸，上侍老母，下撫羣季，慨然念家事之敗也，棄儒就賈。（《送姚文溪大令還濟南序》）

八年癸亥，三十七歲。

棄儒就賈，經理之一歲，不可爲，仍棄去，復理故業。（《送姚文溪大令還濟南序》）

九年甲子，三十八歲。

二月，來吴，與袁氏廷檮聚首累日。（《霜哺遺音書後》）是歲，先生應京兆試。三月，來杭謀行李之資，不可得，大困，悵然欲歸，遇姚氏文溪于西湖孤山之麓。其人慷慨自任，於先生邂逅交耳，知先生欲遊京師，而困於資也，許作書於其親，爲謀旅食計。（《送姚文溪大令還濟南序》。案：文溪，字也，未詳其名。）乃入都，命季弟屺堂司家業。（段氏《臧孝子傳》）舟過寶應，劉氏台拱時居繼母憂，（《書劉端臨先生遺書目録後》）許撰《論語鄭注序》，（劉氏文興《劉端臨先生年谱》引先生《與劉氏書》）謂："精覈過王伯厚。"又謂曰："糧船催趲，上流堵截，至濟寧，舟益難行。貽書河道王懷祖先生，爲子謀車馬，甫可達。"因餽以贐，偕弟台斗，步送河干。先生再拜，而後分袂。明年，劉氏下世，此行竟成永訣。（《書劉端臨先生遺書目録後》）時王氏念孫官山東運河道，先生過其廨舍，王氏他往，不獲見。（《拜經日記》王氏《序》）四月二十八日，到京師，寓椿樹胡同王氏引之所。（《劉端臨先生年谱》引《與劉氏書》）王氏以任氏大椿《字林考逸》屬挍删，又持釋藏唐釋湛然《輔行記》至，曰："君昔録慧苑書矣，盍踵爲之。"先生乃掇録二卷，浹旬而成，去取之例，視諸《華嚴》。（《録唐釋湛然輔行記序》）五月，訪孫氏馮翼于涿州官舍，（《孫太恭人六十序》）題其父曰："秉遺像。"（《題孫葆年中丞遺像》）此月二十三日，就館内城豐盛胡同覺羅桂芳家，陳氏壽祺所薦也。（《劉端臨先生年谱》引《與劉氏書》）桂芳命其弟桂菖從先生學。（阮氏《别傳》）先是，在武昌制署與畢生蘭慶講《史記》，因點勘《孔子世家》，成《年表》一卷。至是，與桂菖談《史記世家、年表》，説多所補益。（《孔子年表自序》）又敍《孟子年譜》，辨齊宣王、湣王之訛，陳氏壽祺嘆爲絶識。（阮氏《别傳》）至是，先生改名庸。（焦氏循《節孝臧君墓表》）弟禮堂致書，規之曰："'君子已孤不更名'，不應更名。（段氏玉裁《臧孝子傳》）蘇忿生、宓不齊，皆二名也。名以傳信，取名不定，字號太多，反致岐惑。"（焦氏《節孝臧君墓表》。案：先生改名之時，不可審知。然此歲仲夏以前，多署"鏞堂"或"庸堂"，唯辛酉《題慈竹居圖》署"庸"。此歲七月，序《孔子年表》以後，乃無不署"庸"，姑繫於此。）八月，應顺天甲子鄉試，房考吳氏其彦薦其文，主司抑之。（阮氏《别傳》）蓋先生留意《子夏易傳》幾二十年，謂子夏之爲韓嬰，當以《七略》《七志》《七録》爲據。此科策問首及之，先生大言子夏非卜商，乃漢韓嬰，而考官深擯之云。（《子夏易傳序》）先生在都，季弟屺堂司家業，而嚮時折閲，一旦敗露。先生聞，不勝其憤，札示諸弟，欲獨居。叔弟禮堂與先生札，規之。先生讀其書，引咎自責，兄弟益和。（段氏《臧孝子傳》）

十年乙丑，三十九歲。

先是先生於《易》録馬、王《義》，於《書》録馬、鄭、王《義》，於《禮記》録王肅《注》，於《儀禮》録馬、王《喪服注》，《春秋左氏》則命弟禮堂録賈、服、王等説。是春，命覺羅生桂菖（《毛詩馬王微序》。案：此文《文集》失收。）掇取《釋文》《正義》所引馬、王《詩義》，兼録王基、孫毓説，曰《毛詩馬王微》，（孫氏馮翼《刻毛詩馬王微序》）《國風》《小、大雅》《頌》各一卷。匝月蕆事，先生覆勘，再四而後定。（《毛詩馬王微序》）閏六月二十八日，弟禮堂卒。（《亡弟和貴割肱記》）先是禮堂往杭州謀館地。（段氏《臧孝子傳》）是歲四月，（焦氏《節孝臧君墓表》）邢氏澍以挍經聘，（嚴氏可均《臧和貴别傳》）乃客長興。（焦氏《節孝臧君墓表》）留三月，遇疾，歸，遂死。（嚴氏《和貴别傳》）先生聞喪，涕泗酷慟，旁采儒議，私謚之曰"孝節"，（陳氏壽祺《孝節處士臧君墓表》）撰《行略》，（《跋汪鋭齋員外題孝節遺書後》）即《孝節録》，（法氏式善《臧和貴行狀書後》）摹印百本。（《跋汪鋭齋員外題孝節遺書後》）乞朱氏珪等諸名儒之詩文，以表章之。（阮氏《别傳》）又欲請旌孝子，而力未逮。（《節孝項母葉安人小傳》）《日記》四卷，都中作，所愜心者在言韻一卷。王氏引之、陳氏壽祺皆詒書争之，惟王氏念孫頗以先生説爲然。（《與汪漢郊書》）始先生遊山左，阮氏元面述王氏念孫説，“《詩卷阿》‘鳳皇鳴矣’章，字字有韻。（《昭代經師手簡與王氏念孫書》）鳴韻生，岡韻陽，高韻朝；外矣韻矣，于韻于，彼韻彼，菶菶韻雍雍，萋萋韻喈喈；鳳皇與岡、陽韻，梧桐與菶、雍韻。”（《荅陳恭甫編修論冠昏辭韻書》）先生心竊善之，於此讀《經義述聞》，疑《儀禮冠昏辭命》亦字字有韻，乃箸其説。（《昭代經師手簡與王氏書》）曰“如某不敏，以歲之正，以月之令，令月吉日，唯恐弗堪，儷皮束帛，使某將請承命，某固敬具以須，戒之敬之，夙夜毋違命，勉之敬之，夙夜毋違宫事。申之以父母之命，命之敬恭聽宗爾父母之言，夙夜無愆，視諸衿鞶。姆辭，支子則稱其宗，弟則稱其兄”之類，靡字非韻。（《荅陳恭甫編修論冠昏辭韻書》）陳氏斥爲破碎煩亂，移書再争，言《三百篇》無其例。先生舉《匏有苦葉》《鴟鴞》《卷阿》等篇復之，陳氏亦未能信。（《昭代經師手簡與王氏書》）爲阮氏挍補《經郛》。（同上）十二月，得家書，知太夫人念先生甚切，即欲歸省。適孫氏馮翼以車來迓，遂出都。（《孫太恭人六十序》）汪氏德鉞餽贐治具，并寓書交好，爲謀行李資。（《跋汪鋭齋員外題孝節遺書後》）過涿，（《孫太恭人六十序》）孫氏馮翼以《子夏易傳》輯本示先生理之。（《子夏易傳序》）

十一年丙寅，四十歲。

元旦，在孫氏涿州官舍。孫氏久意延先生訂纂經史，兼課其子，至是遂欲留之，先生約以異日。（《孫太恭人六十序》）十八日，次富莊驛。（《子夏易傳序》）此月，孫氏取《毛詩馬王微》授梓。（孫氏《刻毛詩馬王微序》）二月抵里。（《亡弟和貴割肱記》）時伊氏秉綬守揚州，阮氏在籍（焦氏循《揚州足徵録序》）居父憂，（張氏鑑《雷塘庵主弟子記》）相約纂輯《揚州圖經》，（焦氏《揚州足徵録序》。案：《昭代經師手簡》，先生與王氏念孫書謂之《廣陵圖經》，當是一書。）延先生。（阮氏《别傳》）三月來揚，寓阮氏家。（《題汪孝嬰北湖訪焦君圖》）同事者：焦氏循、趙氏懷玉、袁氏延檮。（焦氏循《揚州足徵録序》）阮氏常生刊劉氏台拱

《遺書》三卷。先生與張氏鑑、阮氏亨、阮氏蔭曾同挍字。（本書）六月來長興。（《跋長興臧氏族譜》）秋有事，返舍。（《昭代經師手簡與王氏念孫書》）

## 十二年丁卯，四十一歲。

客廣陵。（《嚴景高字伯修説》）六月喪母，（《節孝項母葉安人小傳》）里居。（《與王伯申學士書》）始太夫人在日，頗以冢婦爲能，常欲率先生别居，以避諸婦，賫志而没。先生葬母，後遂讓宅諸弟。（《荅陳恭甫太史書》）是歲，伊氏以憂去，阮氏起服入朝，修《圖經》事遂寢。而己巳、庚午閒修《揚州府志》，卽原本於《圖經》，中多有先生所輯録。（焦氏《揚州足徵録序》。案：所謂《府志》，卽長白阿克當阿重修者，有嘉慶庚午刊本。）復應阮氏招至杭州，讀書于北關署中。（阮氏《别傳》）時劉氏鳳誥督學浙江，聘先生編次《五代史記注》。（《節孝項母葉安人小傳》。案：趙氏坦《哭臧在東先生文》，以入劉幕爲明年事。）

## 十三年戊辰，四十二歲。

阮氏復撫浙，三月抵任。（張氏鑑《雷塘庵主弟子記》）六月，阮氏續得劉氏台拱《經傳小記》《文集》，編定《遺書》，凡八卷，屬先生挍字。（《書劉端臨先生遺書目録後》。案：八卷，本書初刻本作四卷。）十一月，始見淩氏廷堪於浙撫屬齋。（《題淩次仲教授挍禮圖》）

## 十四年己巳，四十三歲。

三月，自杭還里，後復往杭。（《宋學均字師鄭説》）九月，阮氏革職。（《雷塘庵主弟子記》）冬，還里，（《蘇景程先生行狀》）病。（阮氏《别傳》）

## 十五年庚午，四十四歲。

春，客仁和場章氏子卿署，時患足疾。（趙氏坦《哭臧在東先生文》。

案：子卿，字也，未詳其名。段氏《經韵樓集》有《與章子卿論加字書》。）五月，應順天試。（張氏紹南《孫淵如先生年譜》）北上，（趙氏《哭文》）過安德，謁孫氏星衍，於山東督糧道署下榻。逾月，與孫氏及洪氏頤煊同挍《管子》，（張氏《孫淵如年譜》）約簽記六七百則。（《與孫淵如觀察論挍管子書》）先是，孫氏撰《史記天官書考證》，屬先生及洪氏是正其得失。（洪氏《史記天官書補證》。案：以洪氏《筠軒文鈔》篇第考之，事當在戊辰、己巳閒。）至是，又屬覆勘。（張氏《孫淵如年譜》。案：《史記天官書考證》，幸次郎未見。）時管氏同與孫氏爲《尚書義疏》稿，（張氏《孫淵如年譜》）先生與之昕夕聚首。（《與姚姬傳郎中書》）適畢氏以田自東昌來，見先生及管氏極相契，爲平津館一時佳話。（張氏《孫淵如年譜》）孫氏又以向所撰《尚書臯陶謨義疏》授先生。（張氏《孫淵如年譜》）先生謂"撻以記之"以下至"敢不敬應"七十四字，《史記》不載，馬、鄭《注》不見，斷爲《尚書》本無，出魏晉人僞撰，作《臯陶謨增句疏證》。其説濫觴孫氏，輔以管氏、畢氏，條舉件繫，自信不誣。（陳氏壽祺《與臧拜經辨臯陶謨增句疏證書》。案：先生此説似甚僻，陳氏、阮氏皆與書爭之，今檢《拜經日記》及《文集》等，皆無此言，葢先生亦不能自持其説矣。先生於孫氏《尚書古今文注疏》，助其挍讐，其《臯陶謨疏》亦不言此義。又案："七十四字"當作"七十七字"。）王氏念孫官直隸永定河道，六月，先生過之。（《拜經日記》王氏《序》）先生於王氏景仰二十餘年，（《與王懷祖觀察書》）相見極歡。（《拜經日記》王氏《序》）再遊京師。（《列女傳補注序》）八月，擬《刻愛日居遺文》。（《與宋芷灣太史論刻愛日居遺文書》）愛日居者，亡弟禮堂取《法言》以顔其居也。（段氏玉裁《臧孝子傳》）應順天庚午鄉試，不中式。（阮氏《别傳》）九月，汪氏德鉞子攜其父遺書，至京師，乞先生挍定。（《禮部儀制司員外郎汪君德鉞行狀》。案：汪氏《七經偶記》《四一居士文鈔》，皆署先生編次。）寓吴氏烜家，（《列女傳補注序》。案：烜，其彦父。）爲之纂輯《中州文獻考》。絶大箸作，以一人揔之，（《荅翁覃谿鴻臚卿書》）每夜必至漏三四下。（《與秦小峴少司寇書》）王氏念孫罷官養痾都下，與先生所居相去數武，（《拜經日記》王氏《序》）先生因得朝夕請益。（《列女傳補注序》）王氏之待先生也，開先生名授門者曰："客來則謝以疾，惟臧某至，則延之。"又其子引之與先生爲學問之交，數數來寓中。（《與秦小峴少司寇書》）時所與往還講論、書問不絶者，又有秦氏瀛、阮氏元、郝氏懿行，(《荅翁覃谿鴻臚卿書》) 一時師友之盛。日以經史古義相研究，樂此不疲，兀坐成疾，不以爲困也。(《列女傳補注序》) 是歲，《蔡氏月令章句》刊成。(《與秦小峴少司寇書》)

## 十六年辛未，四十五歲。

新正，挍起任氏大椿《小學鉤沈》，王氏父子屬也。然時又纂輯《中州文獻考》，又爲汪氏編挍《遺書》，從事小學三分之一。(《與王伯申學士論挍小學鉤沈書》) 三月，挍《鉤沈》九卷，將竣。(《上阮雲臺侍講書》) 先是，陳氏壽祺充國史館總纂，手書言："玉林先生當入國史《儒林傳》。" 索取《尚書集解》，案意欲采其精者入《列傳》。(《上阮雲臺侍講書》) 庚午七月，(陳氏《先考行實》) 陳氏遭大故，阮氏續爲總纂。有嫉怨之士 (《上阮雲臺侍講書》) 曰："《經義雜記》多非出於玉林先生原有之言。" (方氏東樹《漢學商兑》) 又曰："《雜記》前有康熙癸未《自序》，稱閻百詩爲之作《序》，平生知己一人而已。" 然閻氏所箸書中，絶不道及玉林一字，即《序》文亦不見於《潛丘劄記》。意玉林當日原有其書，而未若今本卷帙之富，或後人有所埘益。(周氏中孚《鄭堂讀書記》) 阮氏爲之惑焉。此月，先生與阮氏書曰："此書在當時有閻徵君《序》，丁教授輯録遺文，并見徵君手稿，在康熙丁丑。盧學士修《常州府志》，采入《儒林傳》。及挍勘《經典釋文》撰入《考證》，在乾隆己酉、庚戌閒。時庸年二十有三，亡弟年始十四五，誰能爲潤色？且此書爲學者流傳已久矣。如閻、惠二徵君、盧學士、錢詹事、段大令皆尊信此書。又，閣下手撰先考《家傳》《定香亭筆談》《經義雜記題辭》，均有奬勵之言，即辱知於庸，未始非因其儒者之後，故與之晉接，久而不衰。今操箸作之柄，欲以明正學、黜僞儒，遽改其從前之所見耶？先人之書刊於子孫，即閒有一二刪訂，亦挍字者之責也，可因此疑其全體乎？" (《上阮雲臺侍講書》。案：今阮氏《儒林傳稿》有《玉林先生傳》。) 四月，病尰，(宋氏翔鳳《亡友臧君誄》) 擬埘舟南還調治。(《昭代經師手簡二編與王氏引之書》。案：書又云"《鉤沈》未刻稿，自卷十三至卷二十，皆檢出本書。逐字挍正，凡經刪補，俱有確證，不同於人。" 末署"初六日"，未知何月作。) 五月，猶篤學不倦，但精力不如前。(《與王懷祖觀察論挍小學鉤沈書》) 七月二十七日（宋氏《誄》），卒于吴氏館。（阮氏《别傳》）先生屢擯有司（《刻庚午落卷跋》），竟以諸生終。（錢氏林《文獻徵存録》）配許氏（《亡弟和貴割肱記》），一子一女。（《雙桂小圃記》）子相，字木齋。（《光緒武進陽湖縣志》。案：劉氏承寵有《弔亡友臧木齊文》，"齋"字作"齊"。）從吴氏士模遊，（《拜經堂文集》吴氏《序》）傳其父業，（《縣志》）能守其遺書，不致湮滅。（宋氏翔鳳《論語鄭注序》）嘉慶己卯，抱之來粤東謁見阮氏元，阮氏命采擇其要者，代爲付刊，遂以《拜經日記》十二卷授梓。（《拜經日記》相《跋》）道光辛巳，擧於鄉，（《縣志》）後病，卒京師。（《韓詩遺説》趙氏之謙《序》。案：劉氏承寵卒道光七年，相卒更在其前。）箸《漢學師承記》，分别漢、宋，畛界劃然。相子熙，字仲金，縣學生，覃精經訓，能世其家。（《縣志》）

坿遺書目録

子夏易傳一卷

《譜》乙丑已見，有承德孫氏問經堂刊本，署孫馮翼撰，臧庸述，實先生撰也。阮氏《别傳》曰："以《子夏傳》爲漢韓嬰所撰，非卜子夏。惟采《釋文》《正義》《集解》《古易音訓》《大衍議》五家，不取宋以後説。"有嘉慶丙寅上元後三日《自序》。

馬王易義一卷

《譜》乙丑已見，有問經堂刊本。

案：《問經堂叢書》又有《易義攷逸》一卷，署孫彤撰，有嘉慶戊辰十月孫氏《自序》，云："𠋫戢《集解》三十五家之外，命曰《攷逸》，不敢自信，復質之通人臧文學庸，始克成此帙。"疑亦先生所爲。彤，馮翼又名。

挍鄭康成易注二卷

見阮氏《儒林傳稿》竝《别傳》。

周易鄭注敍録一卷

《譜》丁巳已見，有嘉慶二十四年蕭山陳氏湖海樓刊本。

周易注疏校纂三卷

《譜》庚戌、辛亥已見，《自序》見《文集》。

馬鄭王書義

《譜》乙丑已見。

尚書注疏校纂三卷

《譜》己酉、庚戌已見，《自序》見《文集》。

毛詩馬王微四卷

《譜》乙丑已見，有問經堂刊本，有嘉慶乙丑立春日《自序》，十一年正月既望孫氏馮翼《序》。

韓詩遺説二卷，訂譌一卷

《問經堂叢書》列目未刊，有光緒六年會稽趙氏仰視千七百二十九鶴齋刊本、光緒乙未元和江氏靈鶼閣刊本，均有。同治九年趙氏之謙《序》曰："余所藏，得自錢塘何氏夢華館，辛酉亂後失去，乙丑冬復獲之，坊肆已闕三葉，仁和譚仲儀有汪氏振綺堂寫本，遂叚歸補録，復爲完書云云。"靈鶼閣本坿載陶氏方琦挍語。阮氏《别傳》曰："顧千里以爲輯《韓詩》者衆矣，此爲最精，其《訂譌》一卷，訂吕東萊《讀詩記》、王伯厚《詩考》之譌。"阮氏《儒林傳稿》云："《遺説》三卷，《訂譌》一卷，葢通《遺説》坿録數之故，曰三卷，實非有别本。"

詩考異四卷

阮氏《别傳》曰：“大旨如王伯厚，但逐條必自考輯，絶不依循王本。”

陸機草木蟲魚疏

見《文集纂十三經集解凡例》。

毛詩注疏挍纂三卷

《譜》己酉已見，《自序》見《文集》。

詩經小學録四卷

《譜》辛亥已見，有嘉慶丁巳自刊本，本所景本用之。阮氏刻《皇清經解》亦以此本付梓。段氏原書三十卷，有道光乙酉抱經堂刊本。

周禮賈馬注

見《纂十三經集解凡例》。《光緒武進陽湖縣志》云存。

儀禮喪服馬王注一卷

《譜》乙丑已見，有問經堂刊本。

盧氏禮記解詁一卷，附録一卷，補遺一卷

《譜》己酉、庚戌、庚申已見，刊本有三：一，乾隆庚戌，盧氏文弨刊本；二，光緒庚子，南陵徐氏刊《鄦齋叢書》本；三，本所景乾隆本。均有。乾隆五十四年，長至日盧《序》。

禮記王肅注一卷

《譜》乙丑已見，卷數依《儒林傳稿》。《光緒縣志》云存。

蔡氏月令章句二卷

《譜》丙午、己未、庚午已見，刊本有四：一，嘉慶庚午自刊本；二，光緒庚子南陵徐氏刊《鄦齋叢書》本；三，光緒甲申上海文藝齋刊本；四，本所景嘉慶本。均有。嘉慶己未季冬月《自序》，文藝齋本别有淞城張寶琪《跋》。

月令雜説一卷

《譜》戊申已見，又見《文集與段明府書》，卷數依阮兩《傳》。《光緒縣志》云存。

樂記二十三篇注一卷

見阮兩《傳》，《光緒縣志》云存。

三禮目録一卷

《譜》癸丑、丁巳、辛酉已見，陳氏善與《六藝論》合刊於嘉慶辛酉，本所景本用之。有乾隆癸丑重陽前三日自《跋》、嘉慶丁巳三月自《跋》、嘉慶辛酉陳氏合刊《跋》，别有《鄦齋叢書》本，無陳《跋》。

鄭氏論語注二卷

《譜》己酉、甲子已見。

孝經鄭氏解一卷

《譜》辛酉已見，署武進臧鏞堂述，同懷弟禮堂學。刊本有四：一，歙鮑氏《知不足齋叢書》本；二，文化十二年國朝昌平學覆知不足齋本，今版歸京都帝國大學；三，光緒二十年吴曹氏元弼刊本；四，民國辛酉上海古書流通處景印《知不足齋叢書》本。均有。嘉慶辛酉季冬阮氏元《題辭》，壬戌孟冬嚴氏杰《識語》。據子曰："先王下案語當别有《敍録》，諸本皆無之。"

孝經考異一卷

見阮兩《傳》，《光緒縣志》云佚。

六藝論一卷

玉林先生原輯，先生補，詳見《譜》丁巳、辛酉。刊本有三：一，嘉慶辛酉仁和陳氏刊本；二，光緒庚子南陵徐氏《鄦齋叢書》本；三，本所景嘉慶本。均有。嘉慶丁巳閏月自《跋》。

聖證論一卷

見阮兩《傳》。

經義雜記敘録一卷

《譜》己未已見，坿於嘉慶己未刊本書，本所景本用之。《皇清經解》本無《敘録》。

案：世人或言《雜記》爲先生託名高祖之作。據《譜》辛未所録，則同時人已有此言，近時葉氏德輝又張其説，謂其書不類清初人言，直是先生一手改定。（《郎園讀書志》）幸次郎曰："此言殆不然，玉林於風氣未開之先爲漢儒之學，誠所僅見，然其所言博大通易，與乾嘉時風氣判然不同，且博而能奥，易而能確，若曰皆出於先生僞造，則先生之學恐无此精詣矣。"焦氏循《雕菰集》有書，《潛研堂文集》後亦辨論者之誣。

拜經日記十二卷

《譜》辛亥、癸丑、乙丑並後語已見，有嘉慶己卯子相刊本，本所景本用之。有乾隆甲寅《自識》，嘉慶己卯十一月相《書後》，庚辰阮氏元《序》，莊氏述祖、許氏宗彦、陳氏壽祺《贈言》，又有王氏念孫《序》，見《王石臞先生遺文》，許氏宗彦《序》，佚文見阮氏《儒林傳稿》。(《儒林傳稿》又引嚴氏元照《序》。案：其文實《經義雜記跋》) 今本皆未刻，别有《皇清經解》本八卷，不全。

據《譜》乙丑所録，《日記》初稿有言韻一卷，己巳季冬莊氏述祖《贈言》則云"論韻四卷，當另爲編次"，今本無之，殆從莊氏言刊落之與。王氏《序》曰："《日記》所研究者，一曰諸經今古文；二曰王肅改經；三曰四家《詩》同異；四曰《釋文》《義疏》所據舊本；五曰南北學者音讀不同；六曰今人以《説文》改經之非；七曰《説文》言譌脱之字。而於孔孟事實考之尤詳，若其説經所旁及者，叔孫《禮記》、南斗文昌之類皆確有根據，而補前人之所未及。"案：王氏此《序》作於先生易簀前一月，而今本與之一一相符，即知其爲晚年所手定之本矣。阮氏《别傳》曰："高郵王懷祖先生亟稱之，用筆圈識其精確不磨者十之六七。"

爾雅漢注三卷

《譜》己酉、辛亥、壬戌已見，有孫氏《問經堂叢書》本、朱氏《槐盧叢書》本。均有。乾隆五十四年陽月既望，盧氏文弨《序》，其先生《自序》載《文集》，刻本無，朱氏《重刊跋》云："舊刻本謬誤頗多，因重爲挍訂，補其缺，正其訛，刊行於世。"阮氏兩《傳》謂之《爾雅古注》。

説文舊音考三卷

見阮氏兩《傳》。

通俗文一卷，敍録一卷

《譜》己酉、己未已見，有嘉慶己未甘泉林氏刊本，近北平董氏《邃雅齋叢書》景印之，有己未七月《自識》，並九月林《序》，别有弟禮堂增補本，見段氏《臧孝子傳》。

洪氏亮吉《更生齋文甲集》有《復臧文學鏞堂問通俗文書》。

古韻臆説

見《文集與王懷祖觀察書》，殆《拜經日記》中論韻之卷之後另爲篇者。

漢書音義三卷，敘録一卷。

《譜》丁巳、己未已見，有己未自刊本，本所景本用之。别有光緒戊子德化李氏刊本、《木犀軒叢書》本。均有。丁巳閏六月《自序》，而字句稍異。

賈唐國語注一卷

見阮氏《儒林傳稿》。《别傳》云二卷。

帝王世紀一卷

見阮兩《傳》。

孔子年表一卷，七十子表一卷，孟子編年略一卷。

《孔子年表》，《譜》甲子已見。三書均嘉慶壬申覺羅桂葆養心齋刊，即《皇朝經解》之第一卷也。首有嘉慶甲子七月二十一日《自序》，《孔子年表》前有《上錢莘楣少詹書》，與《文集》同。惟彼注“己卯”，此作“丙辰”爲異，《孟子編年略》前有《孟子先見梁惠王》[①] 考一，《齊宣王取燕十城》考二，與《拜經日記》同。此書流傳絶尠，幸次郎在北平於廠肆得之，其《孔子年表》《七十子表》，東莞倫先生明有拜經堂稿本，字句與刻本稍異。又《孔子年表》前有《雜記》五則，《七十子表》前有《拜經日記》四則、《周秦名字解故校補》二十六則，又《雜記》三則，皆刻本所無，幸次郎亦録副藏之。

《皇朝經解》第二卷爲《易虞氏變動表》等，第三卷爲《公羊諸例》等，其目見周氏中孚《鄭堂讀書記》，俱劉氏逢祿撰也。劉本桂芳所取士，是以桂葆刊《經解》及之。周氏乃曰："亦皆先生所撰。"誤甚。京都大學藏劉氏《春秋公羊經何氏釋例》，舊刻本後坿言《虞氏易》者數種，與周氏所列目合，而版心時有《皇朝經解》字，蓋卽周氏所見。

臧氏文獻録六卷。

見阮氏《别傳》。

孝節録

卽《弟和貴行略》，《譜》乙丑已見。

阮孝緒七録

阿部君吉雄云："東莞倫氏有其書。"幸次郎未見。

尸子一卷

見阮氏《儒林傳稿》《别傳》。

① 《孟子先見梁惠王》，清費念慈光緒十年所校十二卷清鈔本及八卷《皇清經解》本《拜經日記》此篇名爲《孟子見梁惠王》，無"先"字。

新譯大方廣佛華經音義録二卷，敍録一卷

《譜》癸丑、甲寅、己未已見，有己未自刊本，有乾隆癸丑仲冬十七日《後序》，又嘉慶四年九月一日《後序》，本所景本用之。又有同治八年仁和曹籀刊本，坿於《一切經音義》。

輔行記録二卷。

《譜》甲子已見，《輔行記》別有績溪胡氏澍、江都張氏心泰所録本，均曰："臧本未見。"

拜經堂文集

阮氏兩《傳》云："《拜經堂文集》四卷。"《拜經堂叢書總目》則云："《拜經文集》六卷。"（注曰：未刻。）《武陽志餘》同，且引薛氏子衡《序》云："爲文凡百三十篇。"此兩本皆不傳。今世所行，則民國庚午上元宗氏景印漢陽葉氏寫本，凡五卷百三十二篇，幸次郎作《年譜》用之，首有阮氏《別傳》、宋氏《誄》、嘉慶二十年仲春秦氏瀛《序》、二十二年九月朔日吳氏士模《序》。（《武陽志餘》以此爲《拜經日記序》）別有《皇清經解》本一卷，不全。又據繆氏荃孫《乙丁稟常州先哲遺書正續集緣起》，則復有舊刻本二卷。（《遺書》中未刻）幸次郎未見。

試藝偶存

見《文集荅翁覃溪臚卿書》，云"有刻本"，未見。

臧氏述録

此先生所自箸書之編，爲叢刻者也。合《禮記解詁》《月令章句》《詩經小學》《漢書音義》《華嚴音義》及所刊宋本《爾雅》，爲此名。其題檢出於伊氏秉綬手。則嘉慶丁卯先生客廣陵時所自編與。

東京研究所有此書，其封面鈐朱記，曰："《月令章句》續出。"（此頁景入本所景本）蓋《章句》庚午始刊成，厥時猶未出故也。後又增《拜經日記》《經義雜記》《三禮目録》《六藝論》《月令章句》於《述録》六種，而成《拜經堂叢書》，即今本所所景之本是也。蓋先生子相所編。其《拜經文集》六卷，及玉林先生《尚書集解》一百二十卷，《叢書》止列於目，未刻。

## 後序

今年五月，本所既景印《拜經堂叢書》成，幸次郎得徧覽臧在東先生遺書，乃掇其學行之略，爲《年譜》一卷，《遺書目録》一卷，聊以貽同志之讀先生書者。竊嘗論之，清代毘陵之學好講微言，託體雖尊，恐非君子爲可繼之道。先生爲玉林之玄孫，繩厥祖武，發疑正讀，勤勤終身，蓋與張氏惠言竝爲卓犖不羣。雖所學不盡同，而弗愧於實學，一也。先生弱冠以盧氏爲師，繼因盧氏受知錢、段二公。中年數爲阮氏之客，晚又奉手王氏之門，師友極盛。先生於諸公或能得其一體，或直過而上之。段氏於常邑之士獨稱先生，曰"學識在孫洪之上"，非過譽也。或病其說經動求新奇，終鮮確詁，爲仍不脱常人之習。幸次郎曰：以先生之學視段、王諸公，誠有閒矣。然阮氏《籑詁》之編，實賴先生，始濆於成。即此一事，已覺精力可敬，而後學之蒙其福者，將無窮焉！安可執其一端，以爲責備之論也？諸大師之於先生，甚重其學。段氏之注《説文》"忕"字、"瓜"字，及讀正《虞書正義》，錢氏之考"地"字古音，王氏之言古詩隨處有韵，皆由先生助其討論。先生所言，諸公或從或不從，而將伯之劳，終不可没。且諸大師立説之由，或賴先生書而始明，斯亦非先生之書之甚有功於後學者乎？王氏引之目先生曰"討論精悍"，今讀其書，惟茂堂、懷祖推崇，終始不渝。先儒惠、戴以下，咸加駁詰。盧氏，師也，尤當仁不讓。文簡之言，似有所諷。然焦氏循稱先生爲"誠篤君子"，王懷祖亦曰"其人樸厚"，則先生固非苟與人爲難者也。幸次郎讀先生書，未窮奥窔，敍其學行，恐多遺漏，尤苦此閒清儒書不多。至於往還之牘，手澤之本，民國人作近儒年譜，輒徵引累幅，而幸次郎異邦之人，更無由窺見。匡正補益，謹俟海内外良友之敎焉。其用集句體爲之者，不欲一事而煩複其文故也。在東爲先生初字，今以名篇者，取其尤熟聞於人云爾。

昭和十年九月三十日，吉川幸次郎識於京都研究所之唐學齋。

一九三六昭和十一年二月《東方學報京都》第六册

## 明清江蘇文人年表　張慧劍

一七六七，丁亥，乾隆三十二年，武進臧庸（西成）生。（《揅經室二集》六）

一七八九，己酉，乾隆五十四年，武進臧庸至龍城書院從盧文弨學，以臧琳遺著《經史雜記》質文弨。（《揅經室二集》六）

一七九〇，庚戌，乾隆五十五年，武進臧庸師段玉裁。（《經韻樓集》九）

一七九七，丁巳，嘉慶二年，武進臧庸、臧禮堂在杭州，助阮元纂《經籍纂詁》。（《揅經室二集》六）

一七九九，己未，嘉慶四年，武進臧庸刻所輯漢服虔《通俗文》。（《江蘇藝文志》）

一八〇〇，庚申，嘉慶五年，武進臧庸復應阮元聘，爲校《十三經注疏》。（《揅經室二集》六）

一八〇六，丙寅，嘉慶十一年，福建伊秉綬官揚州，議編《揚州圖經》與《揚州文粹》，延甘泉江藩、江都焦循、武進趙懷玉、臧庸、丹徒王豫等共任編纂，未竣事散。（《群雅集》二三）

一八一〇，庚午，嘉慶十五年，武進臧庸滯燕京，受傭修中州文獻書。（《揅經室二集》六）

一八一一，辛未，嘉慶十六年，武進臧庸死，年四十五。（《揅經室二集》六。庸所輯著有《拜經堂文集》五卷、《拜經日記》十二卷、《説詩考異》四卷①、《韓詩遺説》總三卷、《爾雅古注》三卷、《樂記二十三篇注》一卷。）

## 乾嘉學術編年　陳祖武、朱彤窗

乾隆五十三年戊申（1788 年）七月十五日，莊存與卒，臧庸撰《禮部侍郎莊公小傳》，見《拜經堂文集》卷五②。

乾隆五十四年己酉（1789 年），仲春，臧庸有書致其師盧文弨，討論《齊論語》，見《拜經堂文集》卷三《上侍讀學士盧召弓言齊論語書》。

同年夏，臧庸輯《盧植禮記解詁》成，盧文弨撰序表彰。見《盧氏禮記解詁》卷首盧文弨《序》③。

> 余壯歲見朱子之言曰："後漢諸儒説《禮》甚有功。"而於吾家子幹，且獨舉其名，意竊慕之。考《後漢書》本傳，載其作《禮記解詁》，而《隋、唐志》皆云《禮記注》，當有後人改易本名。其卷則二十，諸書略同，後人無傳者。余思就所見纂輯，而服官少暇，繼又奔馳道塗，終於不果。歲月空擲，念之未嘗不内熱也。武進臧生在東，研求遺經，志甚鋭，力甚勤，慨然補余之闕，日度不盈六十，而所輯已裒然成卷。録以遺余，余得之喜甚。凡諸經之義疏，史籍之所載，無不捃拾；即衆家相傳文字音讀之異同，一字一句，罔有遺棄。而所可見者，乃不及十之一，豈不甚可惜哉！當日子幹，與鄭康成同事馬融，今鄭氏《三禮注》《毛詩傳》，得唐孔、賈諸儒爲之條疏，而書大顯。餘若《周易》《尚書》，及《尚書大傳》，雖已散失，而

① "《説詩考異》四卷"，《清代樸學大師列傳》同。阮元《臧拜經別傳》《清史稿》《儒林傳》《國朝先正事略》《文獻徵存録》《清儒學案》等均作"《詩考異》四卷"。作"《説詩考異》"者，蓋誤把前文"不取宋以後説"之"説"斷入所致。

② 凡已見諸《拜經堂文集》之文，此不復録。

③ 此《序》又見於《抱經堂文集》卷六。

後人爲之掇拾，其卷軸猶不甚約。乃於子幹，後世至不能舉其書之名，莫爲之後，雖美不傳。猶幸今有在東其人，以英敏之資，乘精鋭之力，不為則已，爲則必成。余爲盧氏後人，乃悠悠忽忽，以迄於今，而得安享其成，幸之甚，愧亦甚焉。夫子幹有功聖經，一生言行，無玷大節，炳炳著史策。乃明人張璁輩，輒妄爲軒輊，黜其聖廟從祀，而改祀於鄉。吾里杭堇浦前輩有《請仍從祀議》在集中，其事果不行。然公論自在天壤，必有能繼請者，豈余小子私以爲氏族光哉？因讀此書而併附及之。乾隆五十四年長至日，范陽後人文弨拜手謹序。

同年孟冬，臧庸輯《爾雅漢注》成。見《拜經堂文集》卷二《録爾雅漢注序》。

同年十月十六日，盧文弨爲臧庸輯《爾雅漢注》撰《序》。見《抱經堂文集》卷六《爾雅漢注序》。

不識古訓，則不能通六藝之文而求其意。欲識古訓，當於年代相近者求之。《爾雅》一書，舊説謂始於周公、孔子，而子夏暨叔孫通輩續成。今臧生在東從揚子雲、鄭康成之言，斷以爲孔子門人所作。其爲注者，漢有犍爲文學、樊光、李巡，魏有孫炎，爲反切之學所自始。是皆説《爾雅》者所必宗也。今唯晉郭璞注盛行，而他皆失傳。郭於古文古義不能盡通，往往以己意更定，考古之士病焉。幸李、孫諸人説時散見於唐人諸書中，其爲郭氏所棄而不取者，説顧往往勝郭。在東篤好古意，徧加搜輯，彙成三卷，庶乎遺言之不盡隊也。夫時之近遠，猶夫州土之各異，以吳人解越人之言，縱不盡通，猶得其六七，燕秦之士，必不逮焉。故吾亦不謂李、孫諸人之解之盡得也，然其是者必賢於後人所見。在東勤勤掇拾，能引申其所長，而不曲護其所短，由故訓以通經學，斯不難循塗而至矣。吾因以知宋人若陸佃、鄭樵之更不足尚也。與其陸、鄭之是從，又無寧郭。乾隆五十四年，陽月既望，杭東里人盧某序。

同年仲冬，臧庸致書顧文炳，力贊顧氏師事盧文弨。見《拜經堂文集》卷三《與顧子明書》。

同年仲冬，臧庸遵其師盧文弨囑，校勘《毛詩注疏》。見《拜經堂文集》卷二《毛詩注疏校纂序》。

同年十一月，洪亮吉致書盧文弨，就臧庸輯《鄭氏論語注》解“束脩”二字，提出異議。見《卷施閣文甲集》卷八《與盧學士文弨論束脩書》。

> 前坐次，閣下言及吾鄉鄒君釋束脩二字，以爲當從束身脩辭解，心竊疑之。今觀臧君鏞堂輯《鄭氏論語注》二卷，内間有疏證，於“自行束脩以上”句，用《後漢書注》李賢之説，以破古義，愚以爲不然。……今考束脩二字，見於經傳最古者，《儀禮》、《穀梁》、《檀弓》。《儀禮》：“其以乘壺酒、束脩、一犬賜人。若獻人，則陳酒執脩以將命。”脩言執，與酒言陳對舉。《穀梁》隱元年傳曰：“束脩之肉，不行竟中。”《正義》：“束脩之肉者，脩，脯也，謂束脯之肉也。”《檀弓》：“古之大夫，束脩之問不出竟。”……今臧君等據唐人單詞，而即欲破《三禮》、《二傳》及先後鄭諸家之詁訓，又使聖人之言語字支離，可謂鋭於立異矣。……前坐次語未悉，故敢復及之，並以質之臧君。

同年季冬，臧庸就“束脩”訓解復書洪亮吉。見《拜經堂文集》卷三《答洪稚存太史書》。

乾隆五十五年庚戌（1790 年）孟春，臧庸致書段玉裁，討論《月令》注疏。見《拜經堂文集》卷三《與段若膺明府書》。

同年正月二十六日，臧庸校勘《尚書注疏》成。見《拜經堂文集》卷二《尚書注疏校纂序》。

同年秋，盧文弨復書臧庸，就《論語》傳本及《鍾山札記》載顧憲成、袁枚論管仲事，再抒己見。見《抱經堂文集》卷二十一《答臧生在東書》。

> 疑經，自是近世學者之病。生於《論語》，謂《齊》《魯》不過字句之異，非或有或無、《齊論》不及《魯論》也。所言誠也。然門弟子各記所言，其才質不能無高下。其出於有子、曾子之徒者，固皆醇矣，或亦有不盡出於二子之徒者乎？《論語》記曾子啓手足之言，則書之成，去聖人時已久。儒者所稱孔子之言，荀卿即已疑其不實。孟子曰："盡信書不如無書"，此亦通人之論也。管仲一匡之功，舉世所艷稱，當孟子時，猶有稱道弗絶者。記者因夫子有許之之言，而遂推崇太過，以致辭氣之間，抑揚過甚，誠難免後人之疑。……顧、袁二氏之論，實出於天理人情之正，聖人復起，必將有取焉。

乾隆五十六年辛亥（1791 年），仲春，臧庸據盧文弨著《周易注疏輯正》，録其切要爲《周易注疏校纂》三卷。見《拜經堂文集》卷二《周易注疏校纂序》。

乾隆五十七年壬子（1792 年），段玉裁得臧庸等襄助，增訂微波榭本《戴東原先生文集》，編爲十二卷刊刻。見《戴東原先生文集》卷首段玉裁《序》。

> 先生卒於乾隆丁酉，年五十有五。自先生以古學唱，三十年來，薄海承學之士，至於束髮受書之童子，無不知有東原先生，蓋其興起者盛矣。稱先生者，皆謂考覈超於前古。始玉裁聞先生之緒論矣，其言曰："有義理之學，有文章之學，有考覈之學。義理者，文章、考覈之源也。熟乎義理，而後能考覈、能文章。"玉裁竊以謂，義理、文章未有不由考覈而得者。自古聖人制作之大，皆精審乎天地民物之理，得其情實，綜其始終，舉其綱以俟其目，興以利而防其弊，故能奠安萬事，雖有奸暴不敢自外。《中庸》曰："君子之道，本諸身，徵諸庶民，考諸三王而不繆，建諸天地而不悖，質諸鬼神而無疑，百世以俟聖人而不惑。"此非考核之極致乎？聖人心通義理，而必勞勞如是者，不如是不足以盡天地民物之理也。後之儒者，畫分義理、考

覈、文章爲三，區别不相通，其所爲細已甚焉。夫聖人之道在《六經》，不於《六經》求之，則無以得聖人所求之義理，以行於家國天下。而文詞之不工，又其末也。先生之治經，凡故訓、音聲、算數、天文、地理、制度、名物、人事之善惡是非，以及陰陽、氣化、道德、性命，莫不究乎其實。蓋由考覈以通乎性與天道，既通乎性與天道矣，而考覈益精，文章益盛，用則施政利民，舍則垂世立教而無弊。淺者乃求先生於一名一物、一字一句之間，惑矣。先生之言曰："六書、九數等事，如轎夫然，所以舁轎中人也。以六書、九數等事盡我，是猶誤認轎夫爲轎中人也。"又嘗與玉裁書曰："僕生平著述之大，以《孟子字義疏證》爲第一，所以正人心也。"噫！是可以知先生矣。先生所爲書，或成，或未成，孔氏體生梓於曲阜十餘種，學者苦其不易得。《文集》十卷，先生之學，梗概具見。武進臧氏在東、顧氏子述，因增其未備，編爲十二卷，精校重刊，略以意類分次其先後，不分體如他文集者，意欲求其學者之易爲力也。壬子六月，弟子金壇段玉裁謹序。

同年仲冬，臧庸致書王鳴盛，抒發篤信漢儒以治經學的主張。見《拜經堂文集》卷三《上王鳳喈光禄書》

同年仲冬，江聲著《尚書集注音疏》成，臧庸致書江氏，贊其"墨守漢儒家法"。見《拜經堂文集》卷三《與江叔澐處士書》。

乾隆五十八年癸丑（1793 年）季春，臧庸撰《先師漢大司農北海鄭公神坐記》，以誌於鄭玄學説的篤信謹守。見《拜經堂文集》卷四《先師漢大司農北海鄭公神坐記》。

同年三月下旬，王鳴盛爲臧庸高祖琳遺著《經義雜記》撰序。見《經義雜記》卷末附録王鳴盛《序》。

毘陵臧子在東，力學嗜古。予既讀其所輯鄭康成《論語注》、盧子幹《禮記注》，而愛重之矣。今復出現令高祖玉林先生《經義雜記》，屬爲序引。予讀其書，隨筆劄記，非古不道，有閻百詩徵士

《序》，痛斥俗學，推崇古學，竊不禁躍然爲吾道慶也。先生生長國初，其年殆與百詩亞。彼時運會初開，宗風未暢，然而落落數君子，錯峙海內，百詩外，如顧亭林、萬季野、梅定九、胡朏明諸公，事必稽覈，言必典據，古學之盛，基於是焉。而先生亦其一也，其考證之精博，幾幾欲與顧、閻諸公抗衡，特默而好深湛之思，不屑以標榜爲事，故下士罕知之。要之，先生之爲可傳自若也。吁！由先生以來，又將百年矣。天下風氣進而益上，雅材碩彦，奮起角立者數十百輩，迄於今而三代以上聲音、文字、制度、典章、名物、象數、訓詁、師法，皆能頓十指而言其曲折，彬彬盛哉！溯厥首庸，實維先生與顧、閻諸公爲之導夫先路耳。風流之所沾丐，復有耳孫鏞起，以古學名其家。在東盍勗諸，所以擴大先生之遺緒者，將於是乎在。……乾隆癸丑季春月下旬立夏後五日，賜進士及第、誥授通議大夫、光禄寺卿、前內閣學士、禮部侍郎嘉定王鳴盛撰。

同年孟夏，臧庸致書段玉裁，就段氏所校《爾雅》疏失提出商榷。見《拜經堂文集》卷二《與段若膺明府論校爾雅書》。

同年六月，錢大昕、段玉裁分别爲臧琳《經義雜記》撰序。見錢大昕《潛研堂文集》卷二十四《臧玉林經義雜識序》、段玉裁《經韻樓集》卷八《經義雜記序》。

錢大昕《潛研堂文集》卷二十四《臧玉林經義雜識序》：

自宋、元以經義取士，守一先生之説，敷衍傳會，並爲一談，而空疏不學者，皆得自名經師。間有讀漢、唐註疏者，不以爲俗，即以爲異，其弊至明季而極矣。國朝通儒，若顧亭林、陳見桃、閻百詩、惠天牧諸先生，始篤志學古，研覃經訓，由文字、聲音、訓詁，而得義理之真。同時毗陵有臧玉林先生，亦其流亞也。先生博極群書，尤精《爾雅》、《説文》之學，謂不識字何以讀書，不通訓詁何以明經，孳孳講論，必求其是而後已。潦倒諸生卅年，未嘗一日不讀經，偶有所得，隨筆記之。先生既不自表襮，儕輩或非笑之，獨百詩先生極口嘆賞，以爲學識出唐儒陸、孔之上，然聞者猶疑信參半。先生殁九十餘年，海內尊崇古學者日益衆，而文孫在東，擩染祖訓，好學深思，益有以昌先生之學。頃來吳門，出是書屬予校定。嘗謂《六經》者，聖人之言，因其言以求其義，則必自訓詁始；謂詁訓之外别有義理，如桑門以‘不立文字’爲最上乘者，非吾儒之學也。詁訓必依漢儒，以其去古未遠，家法相承，七十子之大義猶有存者，異於後人之不知而作也。三代以前，文字、聲音與訓詁相通，漢儒猶能識之。以古爲師，師其是而已矣，夫豈陋今榮古，異趣以相高哉！先生之書，實事求是，别白精審，而未嘗馳騁其辭，輕詆先哲，斯真儒者之學，務實而不矜名者。予是以重其書，而益重其人也。

段玉裁《經韻樓集》卷八《經義雜記序》：

校書何放乎？放於孔子、子夏。自孔、卜而後，漢成帝時，劉向及任宏、尹咸、李柱國，各顯所能奏上。向卒，歆終其業。於時有讎有校，有竹有素，蓋綦詳焉。而千古之大業，未有盛於鄭康成氏也。《七略》必衷六藝，删定必歸素王，康成氏其亦漢之素王乎？蓋一書流傳既久，彼此乖異，勢所必有也。墨守一家，以此攻彼，夫人而自以爲能也。而鄭君之學，不主於墨守，而主於兼綜，不主於兼綜，而主於獨斷。其於經字之當定者，必相其文義之離合，審其音韻之遠近，以定衆説之是非，而以己説爲之補正。凡擬其音者，例曰讀如、讀若，音同而義略可知也。凡易其字者，例曰讀爲、讀曰，謂易之以音相近之字，而義乃瞭然也。凡審知爲聲相近若形相似二者之誤，則曰當爲，謂非六書假借，而轉寫紕繆者也。漢人作注，皆不離此三者，惟鄭君獨探其本原。其序《周禮》有曰，二鄭、衛、賈、馬之文章，其所變易，灼然如晦之見明，其所彌縫，奄然如合符復析。然猶有差錯，同事相違，則就其原文，字之聲類，考訓詁，捃祕逸。夫就其原文，所謂相其文義之離合也；就其字之聲類，所謂審其音韻之遠近也。不知虞夏商周之古音，何以得其假借訓詁？不知古聖賢之用心，又何以得其文義而定所從，整百家之不齊與？自是至魏晉間，師法尚在。南北朝説音義家雖多，而罕識要領。至唐顔籀爲太宗作《定本》，陸氏作《經典釋文》，孔氏、賈氏作《義疏》，皆自以爲六藝所折衷。究之《定本》不可遽信，《釋文》、《正義》其去取甲乙，時或倒置。經字之日譌，而經義何能畢合也？

國朝右文，超軼前古，學士校讎之業，至今日而極盛。前此顧寧人、閻百詩、江慎修、惠定宇諸先生，實始基之。而隱君子武進臧玉林先生，潛德幽光，世未知其人也。今得其《經義雜記》三十卷讀之，發疑正讀，必中肯綮，旁羅參證，抉摘幽微，精心孤詣，所到冰釋，宜百詩氏之贊歎欲絶也。然百詩氏《古文尚書疏證》、《四書釋地》等書，學者尊信久矣，先生之書，今乃行於世，豈顯晦固有時與？抑傳之久者，其出之固必後與？玉裁嘗謂，校書必毋鑿、毋泥、毋任己、毋任人，而順其理。今世穎異好學之士不少，倘善讀先生之書，庶可以契康成氏奥恉，而孔子微言，七十子大義，可由以不絶不乖也夫。乾隆五十八年六月，金壇段玉裁拜手謹序。

同年八月末，江聲爲爲臧琳遺著《經義雜記》撰序。見《經義雜記》卷末附録江聲《序》。

國朝文治肇隆，人才輩出，毘陵臧玉林先生，殆應運而生者。著《經義雜記》三十卷，讀之心目開朗，昭若發矇，説焉備焉，欲贊一辭而未能也。段君若膺敘其書曰："發疑正讀，必中肯綮，旁羅參證，抉摘幽微，精心孤詣，所到冰釋。"之數語者，道是書之美備矣，聲復奚言哉！惟是先生之於六藝，博綜衆説，而以鄭公爲宗；於六書，則正畫審音，必以許祭酒《説文解字》爲則，斯與聲深相契合者。竊謂先生之學識，邁軼乎唐初群儒之上，而名顧不著於當代。聲年七十有三，得見先生之書，而始知先生，距先生之歿將百年矣。潛德幽光晦之久者，傳之亦久，是書將嘉惠來學於無窮也。竊爲先生幸，尤爲後學幸之，是爲序。乾隆五十有八年，歲在昭陽赤奮若塞壯月庚寅晦，東吳後學江聲拜譔。（原注：江孝廉序，手書篆文，珍藏於家，行笈中失檢未帶，故以另禄副本付梓。鏞堂記）

案：乾隆五十八年八月晦日非庚寅，應爲甲申。

同年九月六日，臧庸輯鄭玄《三禮目録》成。見拜經堂刊本《三禮目録》卷末《跋一》。

據陸德明、孔穎達、賈公彦三家，參之以單注兼義宋明舊板，及李如圭《儀禮集釋》、朱子《儀禮經傳通解》、黄氏幹《通解續》，録定此卷，質就國子監生吴縣袁又愷。凡一字之去取，莫不有本云。時乾隆癸丑重陽前三日，武進臧鏞堂，識於金閶袁氏拜經閣。（原注：嘉慶丁巳，覆訂於西湖書院四賢閣。）

同年十月九日，臧庸校勘影宋本《經典釋文》，歷時一月蕆事。見《拜經堂文集》卷二《校影宋經典釋文書後》

同年仲冬，臧庸録校《華嚴經音義》畢。見《拜經堂文集》卷二《録華嚴經音義序》。

同時，段玉裁自周錫瓚處借得葉林宗鈔本《經典釋文》，囑臧庸詳校畢，於十二月三日撰跋以記其事。見陳鴻森《段玉裁年譜訂補》乾隆五十八年、五十九歲，十二月初三條引段氏跋文。

《經典釋文》，明季葉林宗屬謝行甫影寫此一部。至康熙時，崑山徐氏梓入通志堂。乾隆初，此本歸蘇城朱君文游，近歲又歸周君漪塘。方在朱君所時，盧抱經學士曾借重雕，今現行抱經堂本是也。寫本一依宋刻，不無誤字。徐氏校讎付梓，不爲無功，而每改正從俗，是非倒置。盧刻更正之，作《考證》附後，可謂善矣，而去取猶有未當者，或校時忽易失檢。……天下僅有此本，苟此本湮没之後，治經者於何取證？因從周君漪塘假來，屬吾友臧在東爲詳校一本，一無滲漏。異時刻經注者，每部附刻此《音義》於後，是爲幸也。周君名錫瓚，淹雅好學而多藏書，又不吝荊州之借。余僑居於下津橋，以君居爲春明坊也。乾隆癸丑十二月初三日，茂堂段玉裁書。

同年季冬，臧庸撰文贈钮樹玉，頗及一時三吳學壇狀況。見《拜經堂文集》卷四《别钮匪石序》。

乾隆五十九年甲寅（1794 年）仲夏，臧庸自楚中畢沅幕署致書王昶，言其對漢學之服膺。見《拜經堂文集》卷三《上王德甫少司寇書》。

同年仲夏，臧庸彙録平日讀書所得，集爲《拜經日記》。見《拜經日記》卷首自序。

鏞堂自知固蔽，不敢妄作。懼家學日漸廢墜，辛亥校訂高祖玉林先生《經義雜記》成，不量其力，思克紹先德。遇一隙之明，簪筆書之，久而彙録，題曰《拜經日記》，以就正有道。拜經爲余隨所居室，輒以名焉者。時乾隆甲寅仲夏，鏞堂識於武昌督署。

乾隆六十年乙卯（1795 年）季春，臧庸旅居湖北，執教畢沅家館，有書答錢大昕，討論古音學。見《拜經堂文集》卷三《答錢曉徵少詹書》。

嘉慶二年丁巳（1797 年）季春，臧庸有書致錢大昕，討論鄭玄《易注》，并薦其弟禮堂師從大昕。見《拜經堂文集》卷三《上錢曉徵少詹書》。

又，時值丁杰六十生辰，臧庸撰文祝壽。見《拜經堂文集》卷四《丁小雅教授六十序》。

又，三月，臧庸在杭州補訂所輯鄭玄《三禮目録》。見拜經堂刊本《三禮目録》卷末臧庸《跋二》。

《目録》及《禮序》，《正義》竝引之。《隋經籍志》、《唐藝文志》，皆云《三禮目録》一卷，而不著《禮序》。竊思録者，録經題之義例，序者，序經旨之指歸。録在目下，序則弁端。《史記·自序》、《前漢書·敘傳》，其前篇，序也；本紀已下敘傳，即録也。《釋文》首卷，名爲《序録》。知《三禮目録》七十二篇，前冠《禮序》以總會之，序與録固毗連焉，特以目録爲題耳。《釋文·序録》引《禮序》，亦稱“目録”，尤其明證。茲依前人成式，録爲一卷，雖未知鄭君之舊，其然與否，以意揆之，或不爽云。

此太常博士孔叢伯廣林《敘録》，余善其説，因鈔附於自定本後。丁巳三月，補訂於西湖葛林園。鏞堂識。

又，閏六月，臧庸得段玉裁襄助，亟欲輯刻蕭該《漢書音義》三卷。見拜經堂刊本《漢書音義》卷末臧庸《後序》。

蕭博士《漢書音義》十二卷，見《隋、唐志》，小司馬、章懷太子咸徵引之。其書蓋亡於唐末。北宋初，宋景文所據，即不全之冊，故於《揚雄傳》、《敘傳》，引用頗夥，而他卷僅見。然宋景文本世不可得，不全者亦末由見之。鏞堂讀官板《漢書》，用宋本載《音義》，稱"舊注"，如服虔、應劭、劉德、鄭氏、李奇、鄧展、蘇林、張晏、如淳、孟康、韋昭、晉灼、臣瓚、郭璞等，多《集注》所無者。……誠罕覯之琦珍也。惜闕逸不完，存者多與宋氏及三劉之説相混。有稱"蕭該曰"而實爲他説者，有稱"宋祁曰"而實爲《音義》者，又或羼入顏注中。兹精加别白，都由研審得之，不濫不漏，差堪自，信，録爲三卷，以存蕭氏梗概。……巫山知縣段若膺見之欣賞，助爲勘正謬誤。鏞堂以此書世無傳本，而漢魏微言往往存什一於千百，必未可以殘闕發，思亟付剞劂，傳之同好焉。時嘉慶二年閏六月，武進臧鏞堂識於拜經家塾。

案：《漢書音義》後於嘉慶四年秋在廣東刊刻。

又，同月，臧庸訂補其高祖琳所輯鄭玄《六藝論》畢。見拜經堂刊本《六藝論》卷末臧庸《跋》。

玉林先生《困學鈔》，有《六藝論》一卷，甄采嚴核，附録《漢書》本傳及《隋、唐志》。從《公羊疏》説，以爲鄭君先作《六藝論》訖，然後注書。故敘《春秋》、《孝經》，皆云"玄又爲之注"，而二經實未有注。斯作論在先之明證。太常博士曲阜孔叢伯云："《六藝論》大較有四，首論元始，次論指趣，次敘師授，終述作注意。考《隋書·經籍志》，'《六藝論》一卷。'（原注：案《唐書·藝文志》同。）今衹得若干條，先以總論，而六藝依次序焉。《論語》宜亦有論，無聞焉爾。"鏞堂案：《隋書·劉炫傳》："乃自爲贊曰，通人司馬相如、揚子雲、馬季長、鄭康成等，皆自序風徽，傳芳來葉。"則當别有《自序》一篇，而不在《藝論》中。今附此我祖原編，間有漏略，竊爲補次。近人所輯，曾見二本，其體例似俱不如

《困學鈔》之嚴核云。嘉慶丁巳閏月，玉林玄孫臧鏞堂，識於拜經堂。

同年季冬，臧庸將所録段玉裁著《詩經小學》付梓。見《詩經小學録》卷首臧庸《刻詩經小學録序》①、《拜經堂文集》卷二《刻詩經小學録序》②。

嘉慶三年戊午（1798 年）八月，阮元主持纂修《經籍籑詁》成。九月三日，臧庸爲該書撰《後序》，旋即受托攜往廣東刻板。見《拜經堂文集》卷二《經籍籑詁後序》，又見於《雷塘庵主弟子記》嘉慶三年、三十五歲條記。

八月二十二日，奉旨補授兵部右侍郎。又奉旨："禮部右侍郎員缺，著阮元調補。"撰《經籍籑詁》一百十六卷成。……福案：是冬，即托臧公往廣東刻板，次年刊成印行。

同年九月，嚴元照爲《經義雜記》撰跋，見《經義雜記》卷末嚴氏《跋》。

盧學士校刊《經典釋文》，後附考證數卷，多引武進臧玉林先生之説。先生在康熙朝，與閻百詩友善，所著書甚多，《經義雜記》三十卷，其一也。先生玄孫在東，從學士遊，故學士得見之，嘗謂元照曰："人誠不可無賢子孫也。臧先生之書，使無在東，則吾何由見之哉?"元照去年始獲交於在東，在東篤志讀經，力宗鄭氏學。所著有《拜經日記》八卷，皆發明古義者，每出一説，引證甚備，是非甚確。元照心折之，以《娱親小言》就正。在東不以爲非，因曰："子不可不讀吾高祖書也。"遂出以見示。……惜在東有粤東之行，不得卒讀，因綴數語於後，以志景慕。……嘉慶三年九月，歸安後學嚴元照謹跋。

---

① 此序文末署曰："嘉慶丁巳季冬，武進臧鏞堂書於南海古藥洲之課詁齋。"

② 此序文末不署年歲，惟篇題下小注"己未季冬"。

同年七月十一日，錢大昕寄《廿二史考異》予嚴元照。秋杪，臧庸訪元照，嚴氏有書復大昕。見嚴元照《悔庵學文》卷一《奉少詹事錢竹汀先生書》。

同年十一月六日，臧庸爲宋咸熙《夏小正注》撰序，表彰宋氏輯逸之功。見《拜經堂文集》卷二《題夏小正全書目録》

嘉慶四年己未（1799 年），春，嚴元照有書分致梁玉繩、臧庸，論爲學、爲人之道。見《悔庵學文》卷一《與臧在東書》。

> 足下天性憨直，有言必盡，卻少委宛一字而不可得，坐是而不諧於俗。……足下去年在杭州書局，局中人皆不悦足下。此亦不可盡責於人，亦足下有以召之也。夫人心之不同如其面，學問亦猶是矣。一出言而莫不違，雖聖人弗能也，而謂吾曹顧能之乎？讀書有得，果自信不謬於古人，則雖舉世噪罵，曾何足以動吾心！於此而苟動其心，是自守之不固矣。又臧否人倫，尤宜謹慎，而足下且肆然見之筆墨之間，輒曰某某不足道。此大失儒者謹厚之風。……愎與躁，非特難以處世，亦且損於養生。斯二病足下皆不免焉。

同年孟秋，臧庸在廣東刻所輯《通俗文》。見《拜經堂文集》卷二《刻通俗文序》。

同年九月一日，臧庸在廣東刻《華嚴經音義》。見《華嚴經音義》卷末臧庸《後序》[1]。

> 鏞堂寓吳門時，故友王西林為畢秋帆宮保掌守經典，從之索借唐以前遺書。西林以《華嚴經音義》四卷寫本見示。蓋宮保撫陝右時所得釋藏本也。讀之如獲一海外奇珍，旬日間盡纂録之。鈕君匪石與余同好。每纂一卷成，匪石隨取披讀，並勘正其誤謬，援引據證，羅

---

① 此《序》又見於《拜經堂文集》卷二《刻華嚴經音義序》，篇題下注“乙丑孟春”，無“時嘉慶四年九月一日，鏞堂後序於南海古藥洲”。

列上下方。時即欲刊布而未能。後宫保撫山左，招鏞堂課孫。學使阮芸臺少司農一見，首問此書。以手録本呈閲。司農曰：“善，當卽以此本付梓。”并出北藏板二卷，屬為校讐。始知西藏本為後人竄改，遠不及北藏板之真，竊幸素願可酬。而宫保頗好佛、老家言，謂當以完書開雕，並許爲刻先高祖《經義雜記》。旣而，仍督兩湖，死於軍事，皆不果。今來粤東，為司農校刊《經籍纂詁》，始自決意為之。……噫！自慧苑譔述以來，千有餘年矣，沈霾釋藏，世無知者。幸本朝文運天開，有好學深思之人，旁搜二典，徵引此書，此書始見知於世。倘及今不爲之傳布，一旦亡逸，深可憫矣。鏞堂衣食不遑恤，而孜孜於此，不敢視爲不急之務也。有與我同志者，亦無隱焉。時嘉慶四年九月一日，鏞堂後序於南海古藥洲。

同年秋，臧庸在廣東刻刊其高祖琳遺著《經義雜記》，阮元題辭予以表彰。見《經義雜記》卷首阮元《刻經義雜記題辭》。

《經義雜記》，武進臧玉林先生所著也。先生隱德君子，深入兩漢諸儒閫奥，研覃經訓，根究小學。嘉定錢辛楣少詹序之云：“先生之書，實事求是，别白精審，而未嘗馳騁其辭，輕詆先哲，余是以重其書而益重其人。”金壇段若膺大令序之云：“發疑正讀，必中肯綮，精心孤詣，所到冰釋。至《詩》《禮》二經，王肅私竄以難鄭者，尤推見至隱，覺悟群疑。”是以當世通儒碩學，莫不心折此書，通都大邑研經好學之士，往往傳寫不倦。余獲交先生玄孫在東，亟爲料量刻資，於嘉慶己未秋，付梓南海，庶得家置一編，免於抄胥之役。將見海内承學之士，有所稟程，藉先生之書，以通漢唐之業，於是乎在。前人自閻百詩徵士以下，序之者已詳。余爲掇其梗概，題辭卷端，以告學者焉。

同年十月一日，臧琳遺著《經義雜記》刊竣，臧庸撰《跋》紀念。見《經義雜記》卷末臧庸《跋》[①]。臧庸撰《跋》紀念。見《經義雜記》

① 此文亦見於《拜經堂文集》卷二《跋經義雜記敘録後》，篇名下題“己未孟冬”，無“嘉慶四年，歲次己未，冬十月朔，孤子鏞堂泣識於傳後。時在南海古藥洲”。

卷末臧庸《跋》

維我高祖玉林公，著書未刊，四傳至先考，不絶如縷。先考鐍藏遺稿甚固，教不孝等讀書，粗有知識，始啟篋校録，欲擇其要者付梓。由是，當世學者甫知有玉林先生其人。阮司農為著先考《傳》[①]，論先考能守先緒、啟後學。恭録此《傳》以見我高祖之書之得傳也。今《經義雜記》三十卷汗青斯竟，而不能起先考於九原，一覩之而色喜[②]也，痛何如矣！嘉慶四年，歲次己未，冬十月朔，孤子鏞堂泣識於傳後。時在南海古藥洲。

同年十月下旬，臧庸將友人嚴元照贈宋本《爾雅》在廣東付梓，呼籲重刻宋本《十三經注疏》。見《爾雅》臧氏拜經堂本卷末《重雕宋本爾雅書後》[③]。

戊午仲冬，鏞堂將有粵東之行，嚴君久能貽我雪牕書院《爾雅》三卷。審其雕刻，定爲南宋本。深感良友所惠，不忍一己私祕之，將願人人得讀宋本也，因勉力重雕焉。[④] ……凡諸經義疏與經注皆別行，南宋以來欲省兩讀，始合載之，名之曰《兼義》。然經注本與義疏往往不同，分之則兩全，合之則兩傷。近日讀經之士，多思重雕《十三部注疏》而未見有發軔者。蓋因資費浩繁，善本亦難一時具得。故鏞堂意以古人校刊書籍，必得善本，而勿參以己意，亦不取其兼備。試約同志於十三部中不拘經注、義疏，得一宋本即爲重雕，無則寧缺。庶得友朋分任，力既紓緩，而所刊之書，復無私智臆改之失。不數年間十三部之注若疏亦可漸備。奚必一人一時合而爲之，始稱雄快哉？吾友袁君又愷藏有宋雕單疏《爾雅》，希世之珍也。歸將慫恿付梓。吳中多研經之士，又多善本經書。鏞堂昔年所見，有單注

① “為著先考《傳》”，《學術編年》録爲“爲先考著《傳》”。

② “色喜”，《學術編年》録爲“生喜色”。

③ 此文亦見於《拜經堂文集》卷二《重雕宋本爾雅書後》，篇名下題“己未孟冬”，無“嘉慶己未孟冬下旬，武進臧鏞堂識於南海古藥洲”。

④ 篇首此段文字，《皇清經解》本僅作：“雪牕書院《爾雅》三卷，爲南宋本，因勉力重雕焉。”

三《禮》、單疏《儀禮》，皆宋槧善本。安得普大公無我之志者，爲之次第刊行，以傳漢、唐一綫乎？則鏞堂雖貧儒，《爾雅》雖小經，其即以此爲刻十三經注若疏之權輿也可。嘉慶己未孟冬下旬，武進臧鏞堂識於南海古藥洲。

嘉慶五年庚申（1800年），正月二十八日，臧庸爲文追記四年前與鈕樹玉、顧廣圻諸俊彦聚會蘇州事，一時江南學壇風貌，可覘一斑。見《拜經堂文集》卷四《漁隱小圃文飲記》。

同年孟秋，臧庸撰《小爾雅徵文》，闡發戴震説，考證《小爾雅》乃王肅作。見《拜經堂文集》卷二《小爾雅徵文》。

同年仲秋，臧庸自嚴元照處得《左傳》宋槧不全本，撰文以明宋本之可貴。見《拜經堂文集》卷二《書宋槧左傳不全本後》。

同年十一月五日，臧庸撰《禮部侍郎莊公小傳》。見《拜經堂文集》卷五《禮部侍郎莊公小傳》。

同年十一月十七日，臧庸爲其師撰《行狀》。見《拜經堂文集》卷五《皇清日講官起居注前翰林院侍讀學士盧先生行狀》。

嘉慶六年辛酉（1801年），十月十五日，臧琳、臧庸祖孫輯《六藝論》《三禮目録》刊行。見拜經堂刊本《六藝論三禮目録》卷末陳善《六藝論三禮目録書後》。

《六藝論》一卷，武進臧玉林先生輯。輯鄭學自王伯厚始，後人踵爲之，若《易注》，若《書注》，若《詩譜》，若《鄭志》之屬，次第編集，粗有端緒。顧檢閲萬餘卷書，抉擇或不精，仍不免脱誤。故知非壹意此者，未善也。先生當康熙間，潛心經訓，著述甚富，有《困學鈔》十八卷。此特其《困學鈔》中一斑耳，然已精審可寶，較之王伯厚氏，有過之，無不及矣。《三禮目録》一卷，則先生玄孫在東輯，別擇精審，無慚家學。善從友人趙君寬夫所見此，爰手自繕寫，合爲一冊付梓，以識景慕云。歲在重光作噩陽月之望，仁和陳善書。

同年阮元聘顧廣圻、臧庸、何元錫等入杭州書館，校勘《十三經注疏》。見《思適齋集》卷首楊文蓀《序》。

嘉慶辛酉，儀徵相國撫浙，延元和顧君澗薲及武進臧君拜經、錢塘何君夢華，同輯《十三經校勘記》，寓武林之紫陽别墅。余始與顧君訂交。

又見於《揅經室四集》詩卷五《辛酉臘月朔日入山祈雪即得雪出山過詁經精舍訪顧千里廣圻臧在東鏞堂用去年得雪詩韻》。

殘歲山崢嶸，陳迹兩年合。峰巒洩春氣，一雪復成臘。空谷無行人，白光凍千衲。出山入精舍，拂衣花滿榻。延賓有陳蕃，下車愧衛颯。煮茶説群經，《鄭志》互問答。登樓對南屏，還見去年塔。頹雲潑墨濃，圖中認王洽。撫景觸愁懷，鄉園户空闔。慈竹壓墓門，風雪定紛雜。

同年季冬，阮元爲臧庸輯《孝經》鄭玄注題辭。見陳鴻森《阮元揅經室遺文輯存》卷上《孝經鄭氏解輯本題辭》。

往者鮑君以文持日本《孝經鄭注》請序，余按其文辭，不類漢魏人語，且與群藉所引有異，未有以應。近見臧子東序輯録本，喜其精核，欲與新出本合刊，仍屬余序。余知東序治鄭氏學幾二十年，有手訂《周易》、《論語》注等，所采皆唐以前書，爲晉、宋、六朝相傳《鄭注》，學者咸所依據。鮑君耄而好學益篤，凡有善本，靡不刊行。然則《孝經》舊引之注、新出之書，二本並行，亦奚不可？嘉慶辛酉季冬，儀徵阮元題。（原注：録自臧庸本書卷首，《知不足齋叢書》本。）

嘉慶九年甲子（1804 年），正月，臧庸至杭州，謀游學京城旅費，有文答謝崑山知縣，并及阮元《十三經注疏》校勘事。見《拜經堂文集》卷四《送姚文溪大令還濟南序》。

同年三月，段玉裁因臧庸北上京城，有書致陳壽祺。見陳壽祺《左海經辨》卷首載《金壇段玉裁先生書》。（原注：甲子三月。）

玉裁頓首恭甫先生閣下：自壬戌年得奉教益，直至於今，每深馳想。先生人品、經術，皆不作第二流人，聖人簡在，慰天下重望。弟已老甚，所仰霖雨蒼生也，比來大著能見示一二否？臧西成入都，因便布請福安。西成言學，其推尊者惟先生，雅有水乳之契，相晤之樂可知也。伏惟雅鑒，不一一。玉裁頓首。

嘉慶十年乙丑（1805年），孟春，臧庸爲唐釋湛然《輔行記》撰序。見《拜經堂文集》卷二《録唐釋湛然輔行記序》。

同年閏六月二十八日，臧庸弟禮堂病逝。見陳壽祺《左海文集》卷九《孝節處士臧君墓表》。

君諱禮堂，字和貴，常州武進人也。高祖琳，明經通古學，爲太原閻若璩所重，學者宗之。……儀徵阮侍郎聘君纂輯經詁，又著《古今孝子孝婦傳》《説文解字經考》《南宋石經考》《愛日居筆記》，總數百卷。……春秋三十，以嘉慶十年閏六月己酉，病卒。庸聞喪京師，涕泗酷慟，旁采儒議，私謚之曰孝節。

同年七月末，陳壽祺、臧庸屢有書札往復，討論《禮》《詩》音韻及《尚書》古今文。見《拜經堂文集》卷三《答陳恭甫編修論冠昏辭韻書》、《左海文集》卷四《答臧拜經論禮辭韻》、《拜經堂文集》卷三《再答陳恭甫編修論韻書》、《左海文集》卷四《與臧拜經辨臯陶謨增句疏證書》。

《左海文集》卷四《答臧拜經論禮辭韻》：

頃見執事《孟子齊伐燕考》，鈎稽精諦，破數千載膠轕之疑，悦服無已。既以一二請質，過辱嘉納，有若江海之善下。復示《儀禮冠辭昏辭説》，教所不逮，非所謂矜其蒙而欲彪之以文者耶？敬謝敬謝。……壽祺謭淺，不足以窺經訓之奧窔。狂夫之言，敢謂可擇？惟執事終教之，幸甚。

《左海文集》卷四《與臧拜經辨皋陶謨增句疏證書》：

拜經執事：承示《皋陶謨增句疏證》，謂“撻以記之”以下，至“敢不敬應”七十四字，《史記》不載，馬、鄭注不見，斷爲《尚書》本無，出魏晉人僞撰。條舉件繫，自信不誣。異哉！執事之果於疑經也。壽祺考之，七十四字可證者十有一，而執事之説所不解者十有五。請畢其言而執事裁焉。……方今經術昌明，海内敦尚古學，然所慮尊經之過，翻以亡經，耆古之愚，變而背古。强執一二文字差互踳駮之端，横改數千載以來諸儒傳受之舊，蹈宋元學者移剟經傳、芟削《詩》、《書》之妄，而啓天下以非聖破道之萌，恐閻百詩、惠定宇諸先達不肯出此者也。執事殆未之深思與？壽祺蒙昧，固滯尠通，繆進芻蕘，罔顧忌諱，惟執事幸察之。

嘉慶十一年丙寅（1806年），孟春，臧庸撰《子夏易傳序》，以子夏非卜商，而係漢韓嬰。見《拜經堂文集》卷二《子夏易傳序》。

同年三月，臧庸客游揚州，寄居阮元寓。四月，爲汪萊《北湖訪焦君圖》撰題記，既喜結識“談天三友”，又服膺焦循治經之通達。見《拜經堂文集》卷四《題汪孝嬰北湖訪焦君圖》。

同年十月，阮元主持纂刊《十三經注疏校勘記》二百四十三卷成。見《雷塘庵主弟子記》嘉慶十一年、四十三歲條記。據《揅經室一集》卷十一《十三經注疏校勘記序》所述，“武進監生臧庸”所校勘諸經爲：《周禮》《公羊》《爾雅》。

有杜子春之《周禮》，有二鄭之《周禮》，有後鄭之《周禮》。《周禮》出山巖屋壁間，劉歆始知爲周公之書而讀之，其徒杜子春乃能略識其字，建武以後，大中大夫鄭興、大司農鄭衆皆以《周禮解詁》著，而大司農鄭康成乃集諸儒之成，爲《周禮注》。蓋經文古字不可讀，故四家之學皆主於正字。其云“故書”者，謂初獻於祕府所藏之本也。其民間傳寫不同者，則爲今書。有云“讀如”者，比擬其音也。有云“讀爲”者，就其音以易其字也。有云“當爲”者，定其字之誤也。三例既定，而大義乃可言矣。説皆在後鄭之《注》。唐賈公彦等作《疏》，發揮殊未得其肯綮。臣元於此《經》舊有校本，且合《經注疏》讀之，時閲見其一二，因通校《經注疏》之譌字，更屬武進監生臧庸蒐校各本，并及陸氏《釋文》，臣復定其是非，凡言周制言漢學者，容有藉於此。

漢武帝好《公羊》，治其學者，胡毋子都、董膠西爲最著。……臣舊有校本，今更以何煌所校蜀大字本、宋鄂州官本及唐《石經》本、宋元以來各注疏本屬武進監生臧庸臚其同異之字，臣爲訂其是非，成《公羊注疏校勘記》十一卷，《釋文校勘記》一卷，後之爲是學者，俾得有所考焉。

《爾雅》一書，舊時學者苦其難讀，今則三家邨書塾罔不讀者，文教之盛，可云至矣。《爾雅注》郭氏後出，不必精審。而從前古注之散見者，通儒多愛惜攟拾之，若近日寶應劉玉麐、武進臧庸皆采輯成書可讀。邢昺作疏在唐以後，不得不綷唐人語爲之，近者翰林學士邵晉涵改弦更張，别爲一疏，與邢並行，時出其上。顧邢書列學官已久，士所共習，而《經》《注》《疏》三者皆譌舛日多，俗間多用汲古閣本，近年蘇州翻版尤劣。臣元搜訪舊本，於唐《石經》外得明吴元恭仿宋刻《爾雅經注》三卷，元槧雪窗書院《爾雅經注》三卷，宋槧《爾雅邢疏》未附合《經注》者十卷，皆極可貴，授武進監生臧庸取以正俗本之失，條其異同，纖悉畢備。臣復定其是非，爲《爾雅注疏校勘記》六卷（上、中、下三卷各分上下卷），後之讀是經者，於此不無津梁之益。

嘉慶十三年戊辰（1808年），六月，臧庸受阮元囑，校勘《劉端臨先生遺書》。校畢，爲文以記知遇之恩。見《拜經堂文集》卷二《書劉端臨先生遺書目録後》。

同年十一月五日，臧庸撰文題凌廷堪《校禮圖》，贊成凌氏“復禮”主張，抨擊“棄禮而言理”。見《拜經堂文集》卷四《題凌次仲教授校禮圖》。

同年十一月二十七日，臧庸致書莊述祖，頗以其論韻而自負，稱精密過於錢大昕、王念孫。見《拜經堂文集》卷三《與莊葆琛明府書》。

嘉慶十五年庚午（1810 年）五月，臧庸有書致孫星衍，論校勘《管子》事，推尊王念孫之所得。見《拜經堂文集》卷三《與孫淵如觀察論校管子書》。

同年同月，臧庸致書姚鼐，憂慮世道人心，喟嘆風氣澆薄。見《拜經堂文集》卷三《與姚姬傳郎中書》。

同年同月，臧庸致書孫星衍，鼓勵續著《尚書義疏》，并推薦詁經精舍高材生汪家禧。見《拜經堂文集》卷三《與孫淵如觀察書》。

同時，臧庸致書王念録，述敬仰之忱，推念孫“學問、人品、政事三者，同條共貫”之説爲“至論”。見《拜經堂文集》卷三《與王懷祖觀察書》。

同年季冬，臧庸致書刑部侍郎秦瀛，答謝秦氏枉顧，并言“雖布衣，頗自愛自重”，且告正爲吴烜著《中州文獻考》。見《拜經堂文集》卷三《與秦小峴少司寇書》。秦氏接臧庸書，復書致歉，言因病告退已獲允準。庸再度致書，頗及一時世風之日下。見《拜經堂文集》卷三《答秦小峴少司寇書》後附《秦小峴少司寇原書》。又，同書同卷《答秦小峴少司寇書》

臧庸復書翁方綱，嘆老成凋謝，述在京交友，且及翁氏批評段玉裁《周禮漢讀考》事。見《拜經堂文集》卷三《答翁覃谿鴻臚卿書》。

嘉慶十六年辛未（1811 年）三月，臧庸致書王引之，談任大椿遺著

《小學鉤沉》校勘事。見《拜經堂文集》卷三《與王伯申學士論校小學鉤沉書》。

又，時阮元兼職國史館，總輯《儒林傳》，臧庸連致二書，詢入傳人選，并爲其高祖遺著事辯誣。見《拜經堂文集》卷三《上阮芸臺侍講書一》《上阮芸臺侍講書二》。

同年四月，臧庸致書王念孫，就《小學鉤沉》校勘提出處理意見。見《拜經堂文集》卷三《與王懷祖觀察論校小學鉤沉書》。王念孫復書，完全贊成處理《小學鉤沉》校勘之意見。見《拜經堂文集》卷三《與王懷祖觀察論校小學鉤沉書》附録《王石渠先生答書》。

同年六月十五日，王念孫爲臧庸《拜經日記》撰序，推服其治經所得，不可與拘泥漢學者并觀。見《王石臞先生遺文》卷二《拜經日記敘》。

> 臧子用中，常州武進篤學士也。余曩官京師時，已聞用中而未識其面。歲在甲子，余官山東運河道，用中過余廨舍，而余他往不獲見。去年余官直隸永定河道，用中又過余，相見甚歡，及余罷官養痾都下，與用中所居相去數武，晨夕過從，而益以知其人之樸厚，學之精審也。用中紹其先玉林先生之學，撰《拜經日記》十二卷，考訂漢世經師流傳之分合，字句之異同，後人傳寫之脱誤，改竄之踪迹，擘肌分理，剖豪析芒，其可謂辯矣。《日記》所研究者，一曰諸經今古文，二曰王肅改經，三曰四家《詩》同異，四曰《釋文》《義疏》所據舊本，五曰南北學者音讀不同，六曰今人以《説文》改經之非，七曰《説文》訛脱之字，而於孔孟事實考之尤詳。若其説經所旁及者，孫叔《禮記》、南斗文昌之類，皆確有根據，而補前人所未及。夫世之言漢學者，但見其異於今者，則寶貴之，而於古人之傳授，文字之變遷，多不暇致辯，或以爲細而忽之。得好學如用中者，詳考以復古人之舊，豈非讀經之大幸哉！讀《日記》畢，爰舉其犖犖大者，以爲之敘。至於逐條分見有補於經者甚衆，蓋不暇一二數云。歲在辛未六月望日序。

同年七月十二日，臧庸爲郝懿行妻王照圓著《列女傳補注》撰序，頗及游學京城之樂。見《拜經堂文集》卷二《列女傳補注序》。

同年七月二十七日，臧庸在北京病逝，年僅四十五歲。見《拜經堂文集》卷首宋翔鳳撰《亡友臧君誄》、阮元《臧拜經別傳》《別傳》。又見於阮元《揅經室二集》卷六。

嘉慶二十年乙亥（1815 年）仲春，秦瀛爲臧庸遺著《拜經堂文集》撰序，批評“目未睹程朱之書，厭薄宋儒，指摘其瑕疵，以相毁謗”的風氣。見《拜經堂文集》卷首秦瀛《序》。

嘉慶二十四年己卯（1819 年）十一月一日，阮元出資在廣東刊刻臧庸遺著《拜經日記》成。見《拜經日記》卷末臧相《跋》。

> 維先君子卒後之九年，相始抱其遺書來粵，謁見儀徵阮制軍。制軍命採擇其要者，代爲付刊。因以《日記》進，制軍善之，爲料量刻資，授梓順德。閱五月告竣，書成十二卷。嗚呼！自我高祖玉林先生，以經學起家，著有《經義雜記》三十卷。五傳而至先君子，手訂其書，刊於南海。於是海内之士，尊爲經師，列志儒林，迄於今二十餘年矣。先君子闡揚先業，著作纍纍。《日記》一書，爲讀經之餘，隨筆記録，平生精力所萃，當代通儒碩彦留讀者幾遍。相自傷貧賤，衣食奔走，於先人之道，無所發明。至是，始得制軍表彰之力，告成於後，可愧也已。其他著作，尚有三十餘種。今來粵東，撫念先人遊蹟，歷歷猶在，歲月已深，而汗青未竟，有不禁欷歔欲泣也。其假館而俾之卒業者，則汜水王竹川明府之力，附書於此，以不忘嘉惠云耳。嘉慶二十四年，歲次己卯，冬十一月朔，孤子相泣識於書後。時在順德之鳳山書院。

嘉慶二十五年庚辰（1820 年），臧庸遺著《拜經日記》刻竣，阮元撰序予以表彰。見《拜經日記》卷首阮元《序》。

> 臧君西成，以通儒玉林先生之後，而出於盧抱經學士之門，著有

《拜經日記》一十二卷。歲在辛未，君以疾卒於京師，聞者莫不嘆惋。是時天下方治古經學，君以布衣短褐，躬行學古，得與錢辛楣少詹、王懷祖觀察、段茂堂大令遊，大江南北學者稱之。以余所見於西成者，其所採輯、著述甚富，《日記》一書，爲説經之士所欲先睹者也。臧君發揮經義，推見至隱，直使讀者置身兩漢，若親見諸家之説者。余録存篋中，亦十載於斯矣。今歲庚辰，其子相來粤，出其家傳之本相校，以授諸梓。其他著述，則有待於來者。爰書其始末而爲之序，讀是書者，可見其家學之淵源，師友之受授，且以求君之學與行也。阮元序。

## 明清儒學家著述生卒年表　麥仲貴

乾隆三十二年丁亥（一七六七），臧庸在東生。（《清儒學案》卷四五）

乾隆五十二年丁未（一七八七），仲冬，臧庸撰《書大學考異後》。（《拜經堂文集》卷二）

乾隆五十四年己酉（一七八九），盧文弨主講常州書院，臧庸往受經學，抱其祖琳所著《經義雜記》質於盧氏，大驚異之。是歲，臧氏從文弨游，始知有劉臺拱①。初見於江寧，後見於鎮江，過從十有七年之久。（《拜經堂文集》卷首、《劉端臨先生遺書》四卷本卷首）

同年孟冬，臧庸爲《録爾雅漢注序》。（《拜經堂文集》卷二）

乾隆五十六年辛亥（一七九一），仲春，臧庸取其師盧文弨《周易注疏輯正》，録其切要可據者，爲《周易注疏校纂》三卷，書成，又自爲序。（《拜經堂文集》卷二）

---

① “劉臺拱”，當爲“劉台拱”，下同。

乾隆五十七年壬子（一七九二），冬，臧庸致書王鳴盛[1]。（見《王西莊先生年譜》）

乾隆五十八年癸丑（一七九三），臧庸在蘇州，從錢大昕、王昶、段玉裁講學；錢王二氏爲薦於湖廣總督畢沅，授其孫蘭慶經。（《拜經堂文集》卷首）

同年仲冬，臧庸撰《録華嚴經音義序》。（《拜經堂文集》卷二）

乾隆五十九年甲寅（一七九四），臧庸以劉臺拱之介始往謁阮元。（《劉端臨先生遺書》四卷本卷首）

乾隆六十年乙卯（一七九五），季夏，臧庸著《孟子言伯夷論》《夫死適人及出妻論》《魯惠公夫人子氏考》。（《拜經堂文集》卷一）

嘉慶元年丙辰（一七九六），臧庸歸里，遂丁父憂。（《拜經堂文集》卷首）

同年，仲夏，臧庸爲《妾服緦議並釋》[2]。（《拜經堂文集》卷一）

嘉慶二年丁巳（一七九七），冬，臧庸過吳門，應袁又愷招，與顧廣圻、鈕樹玉等輩，會飲於漁隱小圃，有記。（《拜經堂文集》卷四）

嘉慶三年戊午（一七九八），九月，臧庸助修《經籍纂詁》成，並爲後序。（《拜經堂文集》卷二）

嘉慶四年己未（一七九九），臧庸有《四庫全書通俗文字跋》。（《拜經堂文集》卷二）

嘉慶五年庚申（一八〇〇），阮元巡撫浙江，筑詁經精舍於西湖。復

---

① 文見《拜經堂文集》卷三《上王鳳喈光禄書》。

② “《妾服緦議並釋》”，當爲“《爲妾服緦議並釋》”。

延臧庸至精舍，補訂《纂詁》，校勘《注疏》。（《拜經堂文集》卷首）

同年，孟秋，臧庸著《五岳釋》《小爾雅徵文》。（《拜經堂文集》卷一、二）

嘉慶六年辛酉（一八〇一），是歲，阮元撫浙，延顧廣圻及臧庸、何元錫同輯《十三經校勘記》，寓武林之紫陽別墅，廣圻始與楊文蓀訂交。是歲，阮氏始爲《兩浙𬨎軒録》撰序。（見《顧千里先生年譜》、《揅經室二集》卷八）

嘉慶七年壬戌（一八〇二），臧庸歸常州故里。（《拜經堂文集》卷首）

嘉慶九年甲子（一八〇四），臧庸入京應順天甲子鄉試，王引之、桂芳皆引重之。桂氏並命其桂葛從之游。是秋，以主司抑之不第。（《拜經堂文集》卷首）

同年三月，臧庸應順天鄉試，舟過寶應訪劉臺拱，送之河干始別去。（《劉端臨先生遺書》四卷本卷首）

嘉慶十年乙丑（一八〇五），孟春，臧庸撰《録唐釋湛然輔行記序》。（《拜經堂文集》卷二）

同上，冬，臧庸於郡中得段玉裁書，驚聞劉臺拱下世，哭之甚哀。（《劉端臨先生遺書》四卷本卷首）

嘉慶十一年丙寅（一八〇六），臧庸南歸過揚州，伊秉綬延修《廣陵圖經》。（《拜經堂文集》卷首）

同上，孟春，臧庸爲《子夏易傳序》。（《拜經堂文集》卷二）

嘉慶十二年丁卯（一八〇七），臧庸復應阮元招至杭州，讀書於北關署中。（《拜經堂文集》卷首）

嘉慶十三年戊辰（一八〇八），冬，臧庸始見凌廷堪於浙撫署齋，凌氏出示《校禮堂文稿》，並屬題跋，有《題凌次仲教授校禮圖》。（《拜經堂文集》卷四）

同上，仲冬，臧庸著《克己復禮解》《仁舊貫解》。（《拜經堂文集》卷一）

同上，臧庸有《書劉端臨先生遺書目録後》。（《劉端臨先生遺書》四卷本卷首）

嘉慶十四年己巳（一八〇九），臧庸歸里得病。是年季春，著《頌釋》。（《拜經堂文集》卷首）

冬，劉逢祿與同里臧庸、莊綬甲相約，分治五經。臧氏爲《詩》，莊氏爲《尚書》，逢祿自治《易》《春秋》。臧莊二氏，皆未成書而中輟。（《劉禮部集》卷九）

嘉慶十五年庚午（一八一〇），臧庸復應順天鄉試，不中式。吴編修廷之修《中州文獻》書籍。（《拜經堂文集》卷首）

同上，仲春，臧庸著《昆弟兄釋異》[1]。（《拜經堂文集》卷一）

嘉慶十六年辛未（一八一一），臧庸在東卒，年四十五。（《拜經堂文集》卷首阮元撰《别傳》、宋翔鳳撰《亡友臧君誄》，《清儒學案》卷四五，《清史列傳》卷六八。）

---

① "《昆弟兄釋異》"，當爲"《昆弟兄弟釋異》"。

# 二　臧庸生平事跡和著述的相關評述

## 清史稿·儒林傳二

（臧琳）玄孫庸，本名鏞堂，字在東。與弟禮堂俱事錢塘盧文弨。沉默樸厚，學術精審。續其高祖將絶之學，儗《經義雜記》爲《拜經日記》八卷，高郵王念孫亟稱之。其敍《孟子年譜》，辨齊宣王、湣王之譌，閩縣陳壽祺嘆爲絶識。又著《拜經文集》四卷，《月令雜説》一卷，《樂記二十三篇注》一卷，《孝經考異》一卷，《子夏易傳》一卷，《詩考異》四卷，《韓詩遺説》二卷，《訂譌》一卷，《校鄭康成易注》二卷。其輯《子夏易傳》，辨此傳爲漢韓嬰作，非卜子夏。其《詩考異》大旨如王伯厚，但逐條必自考輯，不依循王本。庸初因寶應劉台拱獲交儀徵阮元，其後館元署中爲多。元寫其書爲副本，以原本還其家。嘉慶十六年，卒，年四十五。

（《清史稿》卷四八一，《儒林傳》二《臧琳傳》附臧庸）

## 清史列傳

臧庸，本名鏞堂，字在東，江蘇武進人。高祖琳，已有《傳》。庸與弟禮堂，俱事錢塘盧文弨。沉默樸厚，學術精審，續其高祖之學，儗《經義雜記》爲《拜經日記》八卷，高郵王念孫亟稱之。其敍《孟子年譜》，辨齊宣王、湣王之譌，閩縣陳壽祺嘆爲絶識。又著《拜經文集》四卷，《月令雜説》二卷，《樂記二十三篇注》一卷，《孝經考異》一卷，《子夏易傳》一卷，《詩考異》四卷，《韓詩遺説》二卷，《訂譌》一卷，

《盧植禮記解詁》一卷、《爾雅古注》三卷、《説文舊音考》三卷、《蔡邕月令章句》一卷、《王肅禮記注》一卷、《聖證論》一卷、《尸子》一卷、《賈唐國語注》一卷、《蕭該漢書音義》二卷、《校鄭康成易注》二卷。其輯《子夏易傳》，辨此傳爲漢韓嬰作，非卜子夏。其《詩考異》大旨如王伯厚，但逐條必自考輯，不依循王本。庸初因寶應劉台拱獲交儀徵阮元，其後館元署中爲多。元寫其書爲副本，以原本還其家。嘉慶十六年，卒，年四十五。

（《清史稿》卷六八，《儒林傳下一》）

## 國朝先正事略

先生元孫庸，學于盧抱經學士。學士校《經典釋文》，見先生書多引其説。庸，字拜經，初名鏞堂。性沈默樸厚，學術精審。著《拜經日記》十二卷、《拜經堂文集》四卷。又嘗輯《月令雜説》一卷、《孝經考異》一卷、《樂記二十三篇注》一卷，又輯《子夏易傳》一卷、《詩考異》四卷、《韓詩遺説》三卷、《訂訛》一卷、《盧植禮記解詁》一卷、《爾雅古注》三卷、《説文舊音考》三卷、《蔡邕明堂月令章句》一卷、《王肅禮記注》一卷、《聖證論》一卷、《帝王世紀》一卷、《尸子》一卷、《賈唐國語注》一卷、《蕭該漢書音義》二卷、《校鄭康成易注》二卷。皆有補於遺經。

（《國朝先正事略》卷三三經學《臧玉林先生事略》附臧庸）

## 國朝耆獻類徵

庸，字在東，盧紹弓學士之弟子。自云：“段大令懋堂致書學士曰：‘高足臧君，學識遠超孫、洪。’由是學士益敬異之。”然乎，否乎？

右《漢學師承記》江藩撰

臧庸，字拜經，初名鏞堂。沈默（《拜經日記》許宗彦《序》）樸厚，學術精審。著《拜經日記》十二卷（《拜經日記》王念孫《序》），《拜經堂文集》四卷。又嘗輯《月令雜説》一卷，《孝經考異》一卷，《樂記二十三篇注》一卷，又集《子夏易傳》一卷，《詩考異》四卷，《韓詩遺説》三卷，《訂譌》一卷，《盧植禮記解詁》一卷，《爾雅古注》三卷，《説文舊音考》三卷，《蔡邕明堂月令章句》二卷，《王肅禮記注》一卷，《聖證論》一卷，《帝王世紀》一卷，《尸子》一卷，《賈唐國語注》一卷，《蕭該漢書音義》二卷，《校鄭康成易注》二卷（見《遺書》），皆有補於經（王念孫《序》）。其輯《子夏易傳》，辨此傳爲漢韓嬰所作，非卜子夏（見《遺書》）。

右《傳》阮元撰。（按是編付刊前行標題脱"臧庸"二字，附著於此。）

## 文獻徵存録

庸本名鏞堂，字在東，與弟禮堂俱事錢塘盧文弨。庸口吶不能言，與友朋居塞默相對而已。然心思精敏，喜著書。文弨校陸氏《經典釋文》，見庸書頗采其説。庸常以《子夏易傳》乃漢韓嬰所作，非卜子夏。班固《藝文志》《易》十三家有韓氏二篇，固自注云"名嬰"，此嬰兼受《易》之證也。其説甚異。又謂王叔師《楚辭章句》引《詩》與《韓》《毛》不同，而與《爾雅》及《列女傳》合者，蓋《魯》義也。"三分天下有其二"，《釋文》及皇侃《義疏》本作"参分"，《後漢書伏湛傳》、《文選》班孟堅引李善《注》引《論語》同，可見唐以前舊本皆作"参分"，自宋邢昺撰《疏》定作"三"字，朱子《集注》從之，原本不可復矣。

鏞堂説經堅守師説。嘗謂戴東原所爲毛、鄭《詩》好逞臆説以奪舊學，惠定宇好用古字，所校李鼎祚《周易集解》與開成石刻往往互異。近得明刻板勘對，始知李《易》本與今本不殊，其異者，惠所私改也。甚得和而不同之義。謂俗本《周禮》每以《經》改《注》、以《注》改《經》，寖失其舊。嘗見錢孫保所藏宋板共十二卷，每官分上下，猶存舊式。其以今證古者，於"瀍"字外，如《經》作"攷"，《注》作"考"；《經》作"眡"，《注》作"視"；《經》作"示"，《注》作"祇"；《經》作"媺"，《注》作"美"；《經》作"鱻"，《注》作"鮮"；《經》作"囏"，《注》作"艱"之類，皆以今證古也。《籥章釋文》："豳，彼貧反。"《注》："邠同"。漢人書皆作"邠"，故鄭亦以今證古。各本《注》中俱改同《經》作"豳"，幸《釋文》猶存其舊。又宋板《周禮》凡廢興字作“廢”，癈疾字從疒作“癈”。凡樹蓺字作“蓺”，六藝字從云作“藝”。俗本往往混之，舉此可見古人用字之精而有別。汲古閣毛本所刻《禮記注疏》好以《説文》篆體輕改唐宋相仍舊字，此弊啟於明之中葉，名爲好古，實足以害古。

《詩柏舟》“慍于羣小”，毛《傳》：“愠，怨也。”《釋文》及《注疏》本皆作“怒也”，孔氏《正義》尚作“怨”字，李善注《文選思元賦》引《柏舟詩注》曰：“愠，怨也。”《論語》“人不知而不愠”，《釋文》引鄭云“怨也”。《説文心部》本作“愠，怨也”。見《詩緜正義》及《一切經音義》所引與毛《傳》正合。何晏訓作“怒”者，非。而徐鼎臣本亦改爲“怒”字，古義湮没。此類不少。

江都焦循稱明季諸生孫禦寇説《孟子》“圭田”，云或以“圭”訓“潔”，非也。《九章》方田有圭田求廣縱法，有直田截圭田法。凡零星不成井之田，以一圭法量之。圭者，合二句股之形。井田之外有圭田，明係零星不井者也。此解非特與《九章》算法合，與《孟子》本文“餘夫二十五畝隸事”極協。蓋“餘夫”爲正夫外之賸夫，故“圭田”爲井田外之零田也。

長洲宋翔鳳《論語鄭注》説曰：“《文選劉越石答盧諶書》‘自頃輈張’，揚雄《國三老箴》云：‘負乘覆餗，姦宄侏張。’此鄭本爲‘侏張’，知非人姓名矣。故鄭注‘作者七人’獨不舉夷逸、朱張。”郝氏敬曰：“朱當作譸，《書》‘譸張爲幻’，即陽狂也。曰逸民，曰夷逸，曰朱張，三者別其目，夷、齊、仲、惠、連五者，舉其人也。”此説當得鄭義。案《釋文》“朱張”並如字，眾家亦爲人姓名。王弼《注》：“朱張，字子弓。”荀卿以比孔子，鄭作“侏張”，是讀“朱張”爲“侜張”，不以爲人姓名也。侜、輈、譸同字，侏則近，假借也。皇侃《義疏》“作者七人”下引鄭康成曰“伯夷、叔齊、虞仲，避世者，柳下惠、少連，避色者”，不及朱張、夷逸。蓋逸民二人，伯夷、叔齊也。夷逸一人，虞仲也。侜張陽狂者二人，柳下惠、少連也。故圣人先論伯夷、叔齊，次論柳下惠、少連，後云謂虞仲、夷逸，隱居放言。侜張爲陽狂，當如郝氏説。《爾雅》：“侜張，誑也。”誑讀爲狂，猶楚狂接輿也。“作者七人”《注》以荷蕢、楚狂皆避言者，若從眾家以夷逸、朱張爲人姓名，則圣人發論何但舉五人乎？庸以多聞而識尼父所訓，故古志之散逸，綜採捃摭，不憚劬苦。有《子夏易傳》一卷、《校鄭元易注》二卷、《詩考異》四卷、《韓詩遺説》三卷、《訂譌》一卷、《蔡邕明堂月令章句》二卷、《月令雜説》一卷、《盧植禮記解詁》一卷、《王肅禮記注》一卷、《聖證論》一卷、《孝經考異》一卷、《爾雅古注》三卷、《説文舊音考》三卷、《賈唐國語注》一卷、《蕭該漢書音義》二卷、《帝王世紀》一卷、《尸子》一卷。所自著《樂記二十三篇注》一卷、《拜經日記》八卷、《拜經堂文集》四卷。庸竟以諸生終，書未顯於世，故備著之。禮堂早卒，存《説文引經考》二卷。阮氏《經籍纂詁》，鏞堂撰録之功居多。嘉慶十六年卒於京師。

（《文獻徵存録》卷三《臧琳傳》附臧庸）

## 清儒學案・臧先生庸

臧庸本名鏞堂，字在東，一字西成，號拜經，一號用中，玉林玄孫。父繼宏，業賈。先生沈默敦重，天性孝友，遵父命續其高祖將絶之學，修身著書，並見於世。與弟禮堂，俱師事盧氏文弨。在蘇州，從錢氏大昕、王氏昶、段氏玉裁講學術。阮文達督浙學，延至杭，助輯《經籍籑詁》。後復補訂《籑詁》，校勘《注疏》。其爲學根柢經傳，剖析精微，擬《經義雜記》爲《拜經日記》八卷，王氏念孫亟稱之。其敍《孟子年譜》，辨齊宣王、湣王之譌，陳氏壽祺嘆爲絶識。又著《拜經文集》四卷，《月令雜説》二卷，《樂記二十三篇注》一卷，《孝經考異》一卷，《子夏易傳》一卷，《詩考異》四卷，《韓詩遺説》二卷，《訂譌》一卷，《盧植禮記解詁》一卷，《爾雅古注》三卷，《説文舊音考》三卷，《蔡邕月令章句》二卷，《王肅禮記注》一卷，《聖證論》一卷，《尸子》一卷，《賈唐國語注》一卷，《蕭該漢書音義》二卷，《校鄭康成易注》二卷。先生初因劉氏台拱獲識阮文達，其後館文達署中爲多，文達寫其書爲副本，以原本還其家。嘉慶十六年卒，年四十五。（參《史傳》、阮元撰《别傳》。）

（《清儒學案》卷四十五）

## 清代樸學大師列傳・武進臧氏兄弟傳

臧庸字西成，又字拜經，本名鏞堂。乾隆中，盧學士文弨主常州書院，君往受經學，抱其高祖玉琳先生所著《經義雜記》質於學士，學士驚異之，於校《經典釋文》中多引其説。嗣在蘇州從錢辛楣、王德甫、段若膺諸先生研究學術，錢、王因薦于鄂督畢秋帆所，授其孫蘭慶經。嘉慶丁巳，阮文達督浙江學政，延助輯《經籍纂詁》，書成，尋爲校刊於廣東。庚申，文達撫浙，新辟詁經精舍，復延之佐校《十三經注疏》。兩應順天鄉試，不售。在京師，侍講王伯申、桂香東，編修吴美存，咸加禮重。既受美存聘修《中州文獻》，即卒於吴氏館，年四十五。

君爲人沈默敦重，天性孝友。其爲學，根據經傳，剖析精微。德清許兵部周生謂其“好學深造如皇侃、熊安生，當求之唐以上也”。所著之書，擬《經義雜記》爲《拜經日記》八卷。高郵王懷祖先生亟稱之，用筆圈識其精確不磨者十之六七。嘗謂：“戴東原所爲《毛鄭詩》，好逞臆説以奪舊學。惠定宇好用古字，所校《李氏易集解》與開成石刻往往互異。近得明刻版勘對，始知《李易本》與今本不殊。其異者，惠所私改也。”雖堅守師説，甚得“和而不同”之義。

又生平考古最勤，故輯古之書亦多。《子夏易傳》一卷，以爲韓嬰所撰，非卜子夏。惟采《釋文》、《正義》、《集解》，不取宋以後。《説詩考異》四卷，大致如王應麟，但逐條必自考輯，絶不依循王本。《韓詩遺説》二卷，《訂譌》一卷，顧千里以爲輯《韓詩》者衆矣，此爲最精。《盧植禮記解詁》一卷，《爾雅古注》三卷，《説文舊音考》三卷，《蔡邕月令章句》二卷，《王肅禮記注》一卷，《聖證論》一卷，《帝王世紀》一卷，《尸子》一卷，《賈唐國語注》二卷，《校鄭康成易注》二卷，《蕭該漢書音義》二卷。皆詳審過人。他著有《月令雜説》一卷、《樂記二十三篇注》一卷、《孝經考異》一卷、《臧氏文獻考》六卷、《拜經堂文集》四卷。

（《清代樸學大師列傳》）

## 清稗類鈔·經術類·臧在東拜經

武進臧鏞堂在東，經師玉林孫也。受業於盧抱經，經史小學精審不苟，殆過其師。每歲除夕，陳所讀書，肅衣冠而拜之，故又字曰拜經，蓋慕其遠祖榮緒庚子陳經之故事也。其弟禮堂，學亦深邃，持父喪，白衣冠而處，不與人見。

（《清稗類鈔·經術類·臧在東拜經》）

## 清學案小識·武進臧先生

先生諱庸，字拜經，著《拜經堂日記》十二卷，《拜經堂文集》四卷。

（《清學案小識》卷十四）

## 清代學術辭典·拜經堂文集

《拜經堂文集》，5 卷，臧庸撰。由著者之子臧相編輯而成。卷一爲經解，卷二爲序跋，卷三爲書信，卷四爲記、説、考等雜文，卷五爲傳志。一些文章並録當時學者的眉批及評語。其中文字以説經爲主。其《與顧子明書》、《與丁道久書》言及治學，以盧文弨爲天下第一讀書人，認爲治經之法，必先通聲音訓詁，欲求聖人之言，必尊信漢儒之説。《録〈爾雅漢注〉序》、《重雕宋本〈爾雅〉書後》、《校宋槧〈爾雅疏〉書後》、《書吳元恭本〈爾雅〉後》、《與段若膺論校〈爾雅〉書》等，以爲《爾雅》一書，乃六藝之權輿，郭璞注《爾雅》精美之語，多本先儒，支離之談，皆由臆説，治《爾雅》者，必根本漢學，而後參考郭《注》。於《爾雅》的版本、校勘，亦考證審密，確當無疑。《與王懷祖觀察論校〈小學鉤沈〉書》、《與王伯申學士論校〈小學鉤沈〉書》，搜采佚書，訂正任大椿輯録之誤，頗具高識。《子夏〈易傳〉序》一文，辨子夏《易傳》爲漢韓嬰所撰，訂正《經典釋文》及《隋書經籍志》之謬，亦極通達。《刻蔡氏〈月令章句〉序》、《書〈大學考異〉後》、《刻〈漢書音義〉序》、《書宋槧〈左傳〉不全本後》、《與郝蘭皋農部論校〈山海經〉書》諸文字，或論人物，或考經史諸子，皆持論平允，考核精細，爲學者所稱道。其經解諸篇，不免於煩碎、偏執。有 1930 年上元宗氏依漢陽葉氏寫本影印本。

（《清代學術辭典》）

# 江蘇藝文志·臧庸

臧庸（1767—1811），初名鏞堂，字在東，又字東序，後改名庸，字用中，一字西成。室名拜經。清武進人。琳玄孫。與弟禮堂同師盧文弨于龍城書院，盡得其學，並從錢大昕、段玉裁等討論學術。精研經學，治學根據經傳，剖析精微。擅長校讎，嘉慶初，助阮元編纂《經籍纂詁》、《十三經注疏校勘記》。盧文弨譽之爲“校書天下第一”。一生困於場屋，以諸生終。《清史稿》有傳。

子夏易傳 1 卷　經部易類　存

周卜商撰　清孫馮翼輯　臧庸述

《問經堂叢書》本。

按：此書爲臧庸輯並述。庸以爲是韓嬰所撰，非卜子夏。所采唯《釋文》、《正義》、《集解》，不取宋以後。

馬王易義 1 卷　經部易類　存

漢馬融、魏王肅撰　清臧庸輯

《問經堂叢書》本。

周易鄭注 12 卷附敘録 1 卷　經部易類　存

漢鄭玄撰　宋王應麟輯　清丁傑後定　清張惠言訂正《敘録》臧庸撰

(1)《湖海樓叢書》本。

(2)《叢書集成初編》本。

周易注疏校纂 3 卷　經部易類　佚

見光緒《武陽志餘》卷 7。注引臧氏《自序》略云：“余師盧紹弓學士撰《周易注疏輯正》九卷、《略例》一卷，以校正《易疏》之訛。受讀下因録其切要可據者爲《校纂》三卷。”

毛詩馬王微 4 卷　經部詩經類　存

《問經堂叢書》本。

毛詩鄭箋校字 1 卷　經部詩經類　存

清抄本，費念慈題款。北京圖書館藏。

韓詩遺説 2 卷訂訛 1 卷　經部詩經類　存

(1)《仰視千七百二十九鶴齋叢書》本。

(2)《靈鶼閣叢書》本。

(3)《叢書集成初編》本。

(4) 清抄本。清趙之謙校並跋。北京大學圖書館藏。

按：清顧廣圻以為輯《韓詩》者眾，此爲最精。

韓詩遺説 2 卷　經部詩經類　存

清董氏六一山房抄本。清董沛、趙之謙校並跋。天一閣文物保管所藏。

韓詩遺説 2 卷訂訛 1 卷補 1 卷　經部詩經類　存

清姚氏咫進齋抄本。陶方琦補。中山大學圖書館藏。

詩考異 4 卷　經部詩經類　存

臧庸輯

清抄本，北京圖書館藏。

按：此書大致如宋王應麟《詩考》，但逐條必自考輯，絶不依循王本。

詩經小學 4 卷　經部詩經類　存

清段玉裁撰　臧庸録

(1)《拜經堂叢書》本。

(2)《清經解》本。

(3) 道光五年抱經堂刻本。

釋頌 1 卷　經部詩經類　存

清抄本，費念慈題款。北京圖書館藏。

周禮賈馬注　經部周禮類　佚

臧庸輯

見道光《武陽合志》卷 32

儀禮喪服馬王注 1 卷　經部儀禮類　存

漢馬融、魏王肅撰　臧庸輯

《問經堂叢書》本。

盧氏禮記解詁 1 卷補遺 1 卷附録 1 卷　經部禮記類　存

漢盧植撰　臧庸輯

(1)《拜經堂叢書》本。

(2)《鄦齋叢書》本。

蔡氏月令章句 2 卷　經部禮記類　存

漢蔡邕撰　臧庸輯

(1)《拜經堂叢書》本。

(2)《鄦齋叢書》本。

(3) 光緒十年(1884)上海文藝齋巾箱本。

月令雜説 1 卷　經部禮記類　佚

漢蔡邕撰　臧庸輯

見《清史稿》本傳。

王肅禮記注 1 卷　經部禮記類　佚

臧庸輯

見《清代毗陵書目》卷 1

三禮目録 1 卷　經部三禮總義類　存

漢鄭玄撰　臧庸輯

(1)《拜經堂叢書》本。

(2)《鄦齋叢書》本,作《鄭氏三禮目録》1 卷。

樂記二十三篇注 1 卷　經部樂類　存

臧庸輯

見《清史稿》本傳。

鄭注論語 2 卷　經部四書類　存

清抄本。北京圖書館藏。

孝經考異 1 卷　經部孝經類　佚

見《清史稿》本傳。

孝經鄭氏解 1 卷　經部孝經類　存

漢鄭玄撰　臧庸輯

(1)《知不足齋叢書》本。

(2)《叢書集成初編》本。

(3) 1924 年曹元弼刻本,後附《六藝論》逸文。

孝經鄭注解輯 1 卷　經部孝經類　存

漢鄭玄撰　清陳鱣集　臧庸述　嚴可均輯　陳文瑞增訂

道光二十七年(1847)春雲笈仙房刻本。

爾雅漢注 3 卷　經部爾雅類　存

臧庸輯

(1)《問經堂叢書》本。

(2)《槐廬叢書》本。

（3）《叢書集成初編》本。

按：《國朝先正事略》卷33作《爾雅古注》3卷。

六藝論1卷　經部群經總義類　存

漢鄭玄撰　清臧琳輯　臧庸補輯

（1）《拜經堂叢書》本。

（2）《鄦齋叢書》本，作《鄭氏六藝論》1卷。

聖證論1卷　經部群經總義類　佚

魏王肅撰　臧庸輯

見《國朝先正事略》卷33

皇朝經解無卷數　經部群經總義類　存

嘉慶十七年（1812）養一齋校刻本。

經義雜記30卷敘録1卷　經部群經總義類　存

《拜經堂叢書》本。

按：《經義雜記》30卷，為庸高祖父琳撰，庸作《敘録》1卷。

拜經日記12卷　經部群經總義類　存

（1）清抄本，費念慈題款。北京圖書館藏。

（2）《拜經堂叢書》本。

（3）《清經解》本，收8卷。

按：此書為仿其高祖琳《經義雜記》而作，王念孫推崇備至，曾"用筆圈識其精確不磨者十之六七"。

拜經文集1卷　經部群經總義類　存

《清經解》本。

唐石經考異不分卷附補不分卷　經部群經總義類　存

清錢大昕撰　臧庸補　民國孫毓修輯

《涵芬樓秘笈》影印清袁又愷手鈔本。

説文舊音考3卷　經部小學類　佚

見《清代毗陵書目》卷1

釋頌1卷五嶽釋1卷　經部小學類　存

清抄本。北京圖書館藏。

通俗文1卷敘録1卷　經部小學類　存

漢服虔撰　臧庸輯

（1）嘉慶四年自刻本。

(2)《邃雅齋叢書》本。

漢書音義3卷敘録1卷　史部正史類　存

隋蕭該撰　臧庸輯

(1)《拜經堂叢書》本。

(2)《木犀軒叢書》本，作《漢書音義》3卷《補遺》1卷。

帝王世紀1卷　史部別史類　佚

晉皇甫謐撰　臧庸輯

賈唐國語注1卷　史部雜史類　佚

漢賈逵撰　臧庸輯

以上兩種見《國朝先正事略》卷33

孔子年表孟子年略　史部傳記類　存

清李兆洛刻本。見《清代毗陵書目》卷2

按：《清史稿》本傳稱，其敘孟子年譜，辨齊宣王、湣王之訛，閩縣陳壽祺嘆為絶識。

臧孝節行狀2卷　史部傳記類　存

嘉慶十年都下自刻本。

按：藏孝節，即臧禮堂，庸弟。是書《北京圖書館古籍善本書目》作《孝節録》6卷。

阮氏七録2卷　史部目録類　存

梁阮孝緒撰　清臧庸輯

(1) 清抄本。

(2) 民國間抄本。

(3) 民國間積跬步齋抄本。

按：以上三種均北京圖書館藏。

臧氏文獻考6卷　史部目録類　佚

尸子1卷　子部周秦諸子類　佚

臧庸輯

以上兩種見《清代朴學大師列傳》卷4

新譯大方廣佛華嚴經音義2卷附敘録1卷　子部佛教類　存

唐釋慧苑撰　臧庸輯敘録

(1)《拜經堂叢書》本。

(2) 同治八年仁和曹氏重刻本。

拜經堂文稿不分卷　集部别集類　存

清抄本。費念慈題款。北京圖書館藏。

拜經堂文集 5 卷　集部别集類　存

1930 年上元宗氏影印漢陽葉氏舊藏寫本。

按：是集光緒《武陽志餘》卷 7 作 6 卷，《國朝先正事略》卷 33，《清代毗陵書目》卷 4 均作 4 卷。《清經解》本收録“拜經文集 1 卷”（見經部）。

拜經堂叢書 10 種 61 卷附録 2 卷　叢書類　存

清臧庸輯

（1）乾隆嘉慶間武進臧氏拜經堂刻本。

（2）1935 年日本東方文化學院京都研究所影印臧氏刻本。

子目從略。

（《江蘇藝文志·常州卷》）

## 清人文集别録·拜经堂文集

《拜经堂文集》五卷　一九三〇年上元宗氏影印本

武進臧庸撰。庸字西成，又字在東，本名鏞堂。諸生。其高祖琳，康熙時經師，有《經義雜記》行世。庸承其家學，少游於盧文弨之門。復從錢大昕、王昶、段玉裁共講論。居阮元幕府尤久，元编《經籍籑詁》時，畀以總纂之任，并助校諸经注疏。嘉慶十六年卒，年四十五。庸之學長於校勘與辑佚，而宗主漢學。研精训詁，篤信謹守，無敢踰越。其言有曰：“讀書當先通詁訓，始能治經。尊信兩漢大儒説，如君师之命，弗敢違。非信漢儒也，以三代下漢最近古，其説皆有所受。故欲求圣人之言，舍此無所歸。爲學之道，约有二端。一曰勤，二曰细心。”（是集卷三《與顧子明書》）庸之從事問學，亦實能自践所言。勤與细心，又其一生之所長也。集中文字，以校《爾雅》者爲最精。卷三《録爾雅漢注序》《重雕宋本爾雅書後》《校宋槧爾雅疏書後》《書吴元恭本爾雅後》《與段若膺論校爾雅書》诸篇，攷證審密，不愧名家。卷三《與王懷祖、伯申父子論校小學钩沉》兩書，能正任大椿辑録之誤，足見其蒐採佚書，亦具高識。至其辨明古書作者，如謂《子夏易傳》爲漢韓嬰所撰，非卜子夏。嬰爲幼孩，夏為長大，名與字相反而相成。（見卷二《子夏易傳序》）説尤通達，足訂《經典釋文敘録》及《隋書經籍志》之謬。大氏庸之學出于盧文弨。事文弨甚謹，至目爲“天下第一讀書人”。（語見《與顧子明書》）尊信太過，遂不能越其范圍。生平不事博涉，見書未廣。故卷一所載經解諸篇，不能免於煩碎偏執之失也。

（《清人文集別録》卷十二）

## 《拜经堂文集》提要

《拜经堂文集》五卷　民國十九年上元宗氏石印本

臧庸撰。庸字西成，又字在東，號拜經，江蘇武進人。嘉慶十六年卒。是集前有吴士模序，稱先生哲嗣相，克成先志，輯其父《拜經堂遺文》欲梓之以行，然嘉慶中所刊《拜經堂全書》，不知何以未及文集，北平圖書館藏有文集原稿及他著數種；此據漢陽葉氏舊藏寫本影印，編次與館藏稿本微有異同。

（《清代文集篇目分類索引》所收《拜經堂文集》提要）

## 清人學術筆記提要·拜經日記

臧庸（1767—1811），初名鏞堂，字在東，又字東序；改名庸，字用中，一字西成，江蘇武進人。高祖臧琳。室名拜經，取尊重經學之意。與弟臧禮堂俱拜盧文弨爲師。學術精審，尤精校讎。二十歲時撰《蔡氏月令章句》爲蔡邕辯冤，開始了其學術生涯。阮元編《經籍籑詁》，庸任總纂，多賴其力，並助校諸經注疏。一生未仕，以諸生終。有《毛詩馬王徵》《韓詩遺説》《拜經堂文集》等，輯《子夏易傳》《三禮目録》《月令雜説》《孝經鄭氏解》《爾雅古注》《樂記二十三篇注》《説文舊音考》等。

《拜經日記》十二卷，窮源竟委，鉤貫會通，爲當時經學家所罕及，最能反映其學術思想和學術水平。如卷二《周禮以今證古》條，指出凡講小學，不必盡泥《説文》，漢儒注經，以今證古，即以今字譯古字，甚有見地。卷五《子夏易傳》條，考《經典釋文敘録》“子夏《易傳》三卷”，以子夏爲韓嬰之字，言之成理，考證精密，足成定論。卷七《皐澤也》條，引《詩·緜》、《毛傳》、《正義》、《左傳》襄十七年、《詩·鶴鳴》證“皐”不當釋作“澤”。卷八《包犧》條，考定《周易·繫辭》下“古者包犧氏之王天下也”之“包”字是用本字，而“庖”“伏”“宓”因聲改字耳。卷十《孟子齊伐燕》條，《孟子》中記載了齊伐燕有二，而史書中將齊湣王訛爲齊宣。臧氏辯道：前“齊伐燕在齊宣十年，燕文二十九年，時周顯王二十六年也。後齊伐燕在齊湣十年，燕噲七年，周赧元年也。相距上下二十年。……前事載《孟子·梁惠王》篇，稱謚者，齊宣卒於孟子前也，後事載《公孫丑》篇，只稱王者，齊湣卒於孟子後也。”《史記·燕世家》之訛，至臧乃定。千古聚訟，才成定論，故陳壽祺嘆爲絶識。卷十一《苟日新》條，考“苟”字當釋爲“急急皇皇”，不應釋作“苟且”。均爲經學之功臣。

間有失當，如卷二《大戴禮有爾雅》條，但據張揖《上廣雅表》中“叔孫通撰置禮記”一語，即斷定《大戴禮記》中有《爾雅》。卷四《慍怨也》條，引《詩·柏舟》、毛傳、《經典釋文》、孔氏《正義》《論語》《説文》心部，斷定“慍”、“怨”意有不同。卷九《班彪漢書論贊》條，雖指出《漢書》諸贊有他人先論述者，不可謂固竊盜名，但診所尚不足。考《漢書》中元、成帝紀，韋賢、翟方進、元后三傳贊均爲班固風班彪所撰，實未標明甚多。

有嘉慶二十四年（1819）刊本，拜經堂初刻本，《皇清經解》本，《續修四庫全書》本。

撰稿用嘉慶二十四年刊本。

（《清人學術筆記提要》·臧庸《拜經日記》）

## 阮元評傳·臧庸

武進臧鏞堂，受業於名儒盧文弨，經史小學，精審不苟，殆過其師。其弟禮堂，經學亦深。其時兄弟二人皆居西園，爲阮元編《經籍纂詁》。

總纂臧庸（1767—1811），字在東，江蘇武進人。學術精審，長於治以，平生於考古最勤，尤精校勘。臧庸治學，剖析入微，所著《拜經日記》8 卷，考據精核，王念孫亟稱之。在蘇州與錢大昕、段玉裁等人，在京與王引之等人交游，諸先生並加禮重。協助總纂工作的臧禮堂(1776—1805)，乃臧庸之弟，字和貴，善校讎，尤精小學，所著《説文引經考》，段玉裁、王引之皆嘆其精審。……臧氏兄弟與分纂諸君通力合作，一絲不苟，嚴格遵照阮元所定《凡例》，工作雖極繁劇，仍謹慎從事。疑難之處，反復辯論而後定。於嘉慶三年秋成書 106 卷，臧氏兄弟又復校全書，嘉慶四年刊刻印行。

（《阮元評傳》）

## 清代學術概論·臧庸《拜經日記》

札記之書則夥矣，其最可觀者，《日知録》外，則有閻若璩之《潛邱札記》，錢大昕之《十駕齋養新録》，臧琳之《經義雜記》，盧文弨之《鐘山札記》《龍城札記》，孫志祖之《讀書脞録》，王鳴盛之《蛾術編》，汪中之《知新記》，洪亮吉之《曉讀書齋四録》，趙翼之《陔余叢考》，王念孫之《讀書雜志》，王引之之《經義述聞》，何焯之《義門讀書記》，臧庸之《拜經日記》，梁玉繩之《瞥記》，俞正燮之《癸巳類稿》《癸巳存稿》，宋翔鳳之《過庭録》，陳澧之《東塾讀書記》等。

（《清代學術概論》）

## 傳統語言學辭典·臧庸

臧庸（1767—1811）　清武進（今江蘇武進縣）人。初名鏞堂。字拜經，一字西成，又字在東。與弟禮堂同師盧文弨，並與錢大昕、段玉裁等討論學術。治學根據經傳，剖析精微。曾助阮元編輯《經籍纂詁》。精校讎，盧文弨稱其“校書天下第一”。曾依臧琳《經義雜記》例，著《拜經日記》12 卷，爲詮釋古書疑義，校勘誤字音讀的劄記。又輯著有《孝經考異》1 卷、《臧氏文獻考》6 卷、《子夏易傳》1 卷、《詩考異》4 卷、《韓詩遺説》3 卷、《韓詩訂譌》1 卷、《説文舊音考》3 卷、輯有《盧植禮記解詁》1 卷、《蔡邕明堂月令章句》1 卷、《爾雅古注》3 卷、《王肅禮記注》1卷、《賈堂國語注》[①] 1卷、《鄭康成易注》2卷、《孝經鄭氏解》1卷、《蕭該漢書音義》2卷。其輯《子夏易傳》，辨此傳爲漢韓嬰作，非子夏作。均傳於世。《清史稿》有傳。

（《傳統語言學辭典》）

## 中國語文學家辭典·臧庸

臧庸（1767—1811）　清武進（今江蘇武進縣）人。初名鏞堂。字拜經，一字西成，又字在東。與弟禮堂同師盧文弨，並與錢大昕、段玉裁等討論學術。治學根據經傳，剖析精微。曾助阮元編輯《經籍纂詁》。精校讎，盧文弨稱其“校書天下第一”。曾依臧琳《經義雜記》例，著《拜經日記》十二卷，爲詮釋古書疑義，校勘誤字音讀的劄記。又輯著有《孝經考異》一卷、《臧氏文獻考》六卷、《子夏易傳》一卷、《詩考異》四卷、《韓詩遺説》三卷、《韓詩訂譌》一卷、《説文舊音考》三卷，輯有《盧植禮記解詁》一卷、《蔡邕明堂月令章句》一卷、《爾雅古注》三卷、《王肅禮記注》一卷、《賈堂國語注》[②] 一卷、《鄭康成易注》二卷、《孝經鄭氏解》一卷、《蕭該漢書音義》二卷。其輯《子夏易傳》，辨此傳爲漢韓嬰作，非子夏作，均傳於世。（事跡見《國朝先正事略》卷三十三，《清史列傳》卷六十八，《清史稿》卷四百八十一，《國朝耆獻類徵》卷四百一十六，《清儒學案小識》卷十四，《文獻徵存録》卷三，日本吉川幸次郎《臧在東年譜》）

（《中國語文學家辭典》）

## 中国近世儒学史·臧庸

盧文弨……門人臧庸、臧理堂等皆校勘家也。

（《中國近世儒學史》第二十六章“漢學之復明”）

---

① 《賈堂國語注》，當爲《賈唐國語注》。

② 《賈堂國語注》，當爲《賈唐國語注》。

## 清代毗陵名人小传稿·臧庸

臧庸，初名鏞堂，字拜经，號在東，武進人。琳玄孫。性沉默樸厚，學術精審。著作頗富，皆有補於遺經。與同里顧文炳從餘姚盧文弨遊，盡得其學。儀徵阮元《十三經注疏校勘記》《經籍籑詁》二書出庸搜録者爲多。德清許宗彦稱其好學當求之唐以上。

（《清代毗陵名人小傳稿》卷五）

## 清代名人傳略·臧庸

臧庸（字用中、西成，1804 年前名鏞堂，字在東、東序），1767—1811 年。學者。江蘇武進（常州）人。高祖父臧琳（字玉林，1650—1713）是一位傑出的經學家，留有一百八十餘卷考據文章。但是，正如這些著述未被刊行一樣，他在有生之年也没有得到應有的重視。臧庸之父臧繼宏（字世景、號厚庵，1728—1796）是估衣商人，教授諸子讀書識字。臧氏諸子中，臧庸和臧禮堂（字和貴，1776—1805）二人被學者們稱為“二臧”。十九歲時，臧庸讀王鳴盛（見該條）的《尚書後案》及其高祖父臧琳的文稿，自此有志于漢學考據（見顧炎武條）。次年，他開始讀經書。兩年後（1783）盧文昭（見該條）來到常州，識其才能，將他收爲弟子兼作助手達數年之久，盧由此讀到臧庸高祖父的著述，頗爲讚賞，臧琳因此而受到應得的重視。

1793 年春天，臧庸赴蘇州，此地當時是漢學家的中心。在那裏，他結識錢大昕、段玉裁、鈕樹玉、王昶、顧廣圻（均見各該條）、瞿中溶（見錢大昕條）以及其他一些著名學者。由於錢、王的舉薦，1794 年初，他受聘爲畢沅某孫之業師，畢沅當時于武昌任湖廣總督。居武昌數月後，臧庸回鄉參加 1794 年鄉試，但未能及第。在此期間，畢沅降補山東巡撫，舉家遷往濟南，1794 年底，臧庸亦赴濟南。在那裏，他結識山東學政阮元（見該條）。1795 年，畢復任湖廣總督，臧庸隨之回到武昌。次年八月，歸丁父憂。1797 年，應阮元之邀，臧庸到杭州協助阮元編輯著名的

《經籍纂詁》（見阮元條），次年，受命爲總纂。這年年底（1798），臧赴廣州照料刊刻《經籍纂詁》（1799—1800）以及他自己的幾部著作。1800年，他返回杭州，受阮元之托校對十三經，直到1802年秋，他一直埋首於此。同年年底回鄉經商，但1804年就棄商進京，在京城滯留兩年，住在王引之（見該條）和桂芳（字子佩，號香東，謚“文敏”，1799年進士，卒于1814年）家中。他在京師應1804年順天鄉試，但又不第。

1806年初，他回到常州時，阮元和揚州知府伊秉綬（見張問陶條）正籌畫編寫一部揚州志，臧、趙懷玉（見該條）等人應邀參與此事。由於阮元和伊秉綬二人第二年離開了揚州，揚州志未能脱稿，但此書草稿爲後來編揚州歷史——《揚州府志》的編者們所用，此書七十四卷，1810年付印。1807年10月間，臧在杭州和揚州時又蒙阮元的照拂。1807—1808年間有數月之久，他應浙江學政劉鳳誥（字丞牧，號金門，1761—1830）之聘，編成《五代史記注》七十四卷，其中收有彭元瑞（見蔣士銓條）所注釋的《新五代史》（見邵晉涵條）。此書後來經劉鳳誥修訂並由他於1828年刊印。1810年，臧再次進京，儘管在順天鄉試中未中試，但他直到次年春天才離京回江蘇，1811年9月故去。

臧庸不僅襄助過上面提到的這些精通考據、訓詁、音韵的學者，而且自己也撰寫過或編纂過近三十部集子，共約六十卷，以他的名義刊行。他在經學方面的著作有關於《易經》的《周易鄭注敘録》一卷（1819），關於《詩經》的《毛詩馬王微》四卷（1806），關於《三禮》的《三禮目録》一卷（1810）。《拜經日記》一書是他的讀書劄記，計十二卷，1819年刊印。臧氏散文集《拜經堂文集》曾零星問世，1930年編定爲五卷本出版。他的幾部著述見於《皇清經解》（見阮元條）、《問經堂叢書》（1797—1802）及其他叢書。上面提及的《拜經日記》和臧氏編纂整理的八部著述，以及其高祖父臧琳有關經學的筆記（題爲《經義雜記》，三十卷）以《拜經堂叢書》爲題一併出版（1801）。這部叢書於1935年由日本東方文化學院京都研究所重版。次年，吉川幸次郎用中文寫成臧庸的年譜，題名《臧在東先生年譜》，發表於《東方學報》（京都第六期）。

（《清代名人傳略》中）

# 清代七百名人傳·臧庸

臧庸，字西成，又字拜經，本名鏞堂。乾隆中，盧學士文弨主常州書院，庸往受經學，抱其高祖玉琳所著《經義雜記》相質證，學士驚異之。嗣在蘇州從錢辛楣、王德甫、段若膺諸先生游，錢、王爲薦于鄂督畢秋帆，授其孫蘭慶經。嘉慶丁巳，阮文達督浙江學政，輯《經籍籑詁》，延庸爲助。書成復爲校刊于於廣東。庚申，文達撫浙，新闢詁經精舍，復延佐校《十三經注疏》。兩應順天鄉試，不售。在京師，侍講王伯申、桂香東、編修吳美存並加禮重。既受美存聘，修《中州文獻》，即卒於吳氏館中。年四十有五。庸其爲學，根據經傳，剖析精微。德清許兵部周生謂其好學深造如皇侃、熊安生，當求之唐以上也。所著書，擬《經義雜記》為《拜經日記》八卷。高郵王懷祖亟稱之。平生考考古最勤，輯古之書亦多。《子夏易傳》一卷，謂爲韓嬰所撰，非卜子夏。惟采《釋文》《正義》《集解》，不取宋以後。《説詩考異》四卷[1]，大致如王應麟，但逐條必自考輯，絶不依循王本。《韓詩遺說》二卷，《訂譌》一卷，顧千里以爲輯《韓詩》者衆矣，此爲最精。《盧植禮記解詁》一卷、《爾雅古注》三卷、《説文舊音考》三卷、《蔡邕月令章句》二卷、《王肅禮記注》一卷、《聖證論》一卷、《帝王世紀》一卷、《尸子》一卷、《賈唐國語注》二卷、《校鄭康成易注》二卷、《蕭該漢書音義》二卷，皆詳審過人。他著有《月令雜説》一卷、《樂記二十三篇注》一卷、《孝經考異》一卷、《臧氏文獻考》六卷、《拜經堂文集》四卷。

（《清代七百名人傳》下册第四編）

---

① “《説詩考異》四卷”，《清代樸學大師列傳》和《明清江蘇文人年表》“一八一一，辛未，嘉慶十六年”條同，《清史稿》《儒林傳》《國朝先正事略》《文獻徵存録》《清儒學案》所録均爲“《詩考異》四卷”。作“《説詩考異》四卷”者，蓋誤把前文“不取宋以後説”之“説”斷人所致。

## 經學辭典·臧庸

臧庸（1767—1811 年）字在東，號拜經，臧琳玄孫。江蘇武進人，清經學家。本名鏞堂，師事盧文弨，並從錢大昕、段玉裁等討論學術。曾幫助浙江巡撫阮元匯輯《經籍籑詁》。治學嚴謹，長於校勘、釋義。著有《拜經日記》《拜經文集》等，校鄭玄《易注》，輯《子夏易傳》。

（《經學辭典》）

## 清代通史·臧庸

阮元同時有臧庸者，初名鏞，字拜經，武進人。少阮元三歲，康熙間經學大師拜琳之孫也。庸初從學於盧文弨氏（乾隆五十四年盧主常州書院），後又從錢大昕、王昶、段玉裁問學，其學精審而淵博，阮元甚器重之。阮元督學浙江時，曾延臧庸明輯《經籍纂詁》，此書得於臧者甚多。嘉慶五年，阮任浙江巡撫，又延臧至詁經精舍，補訂《纂詁》，校勘《注疏》。九年入京應順天鄉試，遇王引之，引之器重之。十六年卒，年四十五，所著有：

《拜經日記》八卷　《拜經堂文集》四卷　《月令雜説》一卷

《樂記二十三篇》一卷　《孝經考異》一卷　《臧氏文獻考》六卷

（以下爲所輯之書）　《子夏易傳》一卷　《韓詩遺説》二卷

《盧植禮記解詁》一卷　《爾雅古注》三卷　《説文舊音考》三卷

《蔡邕明堂月令章句》二卷　《王肅禮記注》一卷　《圣證論》一卷

《尸子》一卷　《賈唐國語注》二卷　《校鄭康成易注》二卷

《蕭該漢書音義》二卷

《拜經日記》一書，亦短條之札記，其中頗有考核精密之處。王念孫亟稱之，用筆圈識其精確不磨者十之六七云。

（《清代通史》第三篇）

## 光緒武進陽湖縣志·臧庸

臧琳，字玉林，以讀書考古爲務。其教人先以《爾雅》《説文》，曰："不識字，何以讀書？不通訓詁，何以明《經》？"其論漢《經》也，必以漢《注》唐《疏》爲主。太原閻若璩稱其"深明兩漢之學"。孫繼宏，字厚菴，有孝行。曾孫庸，與同里顧文炳從餘姚盧文弨遊，盡得其學，儀徵阮元《十三經注疏校刊記》《經籍纂詁》二書，出庸搜録者爲多。德清許宗彦稱其"好學深造，當求之唐以上"。庸弟禮堂，字和貴，亦精漢學。德至性，父歿，三日不食；母疾，刲臂以進，禱神，請減己算益母，母愈，禮堂竟夭。庸子相，字木齋，傳其父業，著《漢學師承記》，分别漢、宋，畛界畫然。相子熙，字仲金，縣學生，覃精經訓，能世其家。文炳字子明，博通訓詁，《十三經義疏》條舉無遺。道光元年，與相同舉於鄉。

（《光緒武進陽湖縣志》卷二十三）

## 常州市志·臧庸

臧庸（1767—1811）　本名鏞堂，字在東，號拜經。與弟禮堂都爲盧文弨、錢大昕的弟子。庸又師事段玉裁，探討學術，續其高祖臧琳將絶之經學；承前啟後，開常州清研經學之風氣。爲學有成就的經學家、小學家。治學注重考證詮釋，使前哲著述中的疑義歧解有所闡繹，誤字論①音有所校正。對遺經補益頗多。他按臧琳《經義雜記》體例，撰《拜經日記》12卷，敘孟子年譜，辨齊宣王、湣王之僞。又著《拜經堂文集》（5

① "論"，當爲"訛"字之誤。

卷)，《月令雜説》(1 卷)，《樂記》(23 篇、注 1 卷)[①]，《孝經考異》(1 卷)，《孝經鄭氏注》[②]，《韓詩遺説》(2 卷、訂譌 1 卷)，校鄭康成《易注》(2 卷)。輯《子夏易傳》，《詩考異》(4 卷)，又輯漢服虔《通俗文》(1 卷)，敘録 1 卷。

(《常州市志》第五十一卷)

## 答臧在東論説文忕字窳字書[③]　段玉裁

弟病體委頓，風寒勞鹿，兼而有之，欬嗽尚未愈也。

《論忕字窳字書》詞義甚美，而云《説文》脱從“穴”之“窳”，甚確。弟本擬從尊處索《窳字考證》一條抄録而未暇也。光陰爲人事所分，如何？如何！

綬階希轉致，戴定《水經》不必抄，想彼已有所刊《水經注》也。

《經義日記》尚有幾本在案頭否？乞借來補抄。

家信候安，不一。在東大兄，玉裁頓首。

《禮記》承代校，精工可愛，子孫寶之，泐謝！

拙序尚未成，罪罪。

(《經韻樓集補編》卷下)

## 荅臧在東　焦循

久識大名，未先執雉。昨林君仲雲自粵回邗，道先生高義，又蒙先施，示我《經義雜記》三十卷，粗閲一過，博辨似毛西河而無其詬詈，精核似閻百詩而無其穢雜，所説六書説，如㾓生即迕生，起先儒而問之，亦當首肯，有益後學不少也。前年，循在寧波、紹興，詢問兩萬氏後人，遂無知者，而《毛西河集》板落於陸姓之手，即吾江南戴、惠兩家，其

① 《樂記》(23 篇、注 1 卷)，當爲《樂記二十三篇注》(1 卷)。

② 《孝經鄭氏注》，當爲《孝經鄭氏解》。

③ 又見載臧庸《拜經堂文集》卷三《與段若膺時府論説文忕字窳字書》附，時在嘉慶癸丑仲夏。

後人多未聞能傳先世之業，殊可傷嘆。今謹閲書後附録，深慕貴宅一家之學，世業相傳，百餘年不替，然後知劉静脩無子之悲，不僅爲宗祧計也。謹裝訂藏之書塾，使子孫寶之。

（《焦循詩文集》，《里堂札記》己未手札）

## 荅臧在東　三月二十九日　焦循

南樓别後，即將《行狀》細讀，有觸於胸，淚漬東上者，凡二時也。購思三日，而後落筆。既落筆，易稿者又四度。力竭才盡，恐尚未能傳“節孝”本末也。棲止處，竟卜何所？念念。

（《焦循詩文集》，《里堂札記》丙寅手札）

## 與臧拜經庸書[①]　阮元

《臯陶謨》“撻以記之”以下七十四字或疑亦《僞孔》所增，由淵如觀察暨足下所説推之，元竊未敢定也。蓋所以疑之者，其大端有五：一則《史記夏本紀》敘此經文于“侯以明之”下直接“禹曰俞”無此七十四字也；一則馬、鄭《逸經注》絶無此七十四字《注》也；一則《説文》引“撻以記之”爲《周書》也；一則鄭注《鄉射》“取扑”但引《尚書》“扑作教刑”，不引“撻以記之”也；一則《公羊疏》稱“敷奏以言”三句爲《逸書》也。

按：《史記》引《尚書》本有刪節之處，不獨此七十四字爲然，即如《臯陶謨》“一日二日萬幾”“天敍有典”等二十餘句亦未引之，故《史記》所未引，未可以爲本無此七十四字之確據。《僞孔》但能割《堯典》爲《舜典》，割《臯陶謨》爲《益稷》，無他技也。《舜典》首二十八字并《僞孔》亦不能造，直至姚方興始僞獻于朝，舉朝集議，咸以爲非。如果《僞孔》增出七十四字，當年朝議無論是之、非之，但必有及之者，六朝以來，不容絶無一語及之也。馬、鄭《逸注》或有或無，本難深據，

① 鄧經元點校本目録中該篇題作“與臧拜經書”。

况其存者多出《史記注》中，今《史記》既無此段書文，則《注》亦因之而佚矣。《説文》："撻"，古文"遽"。引《周書》"遽以記之"。段氏若膺已謂从"虍"乃从"支"之譌，"周"乃"虞"之譌。既可譌"支"爲"虍"，寧不容譌"虞"爲"周"也？元且謂"虗"即"虞"字上半所由致誤也。《儀禮鄉射》經文但有"扑"字，本無"撻"字，鄭之但引"扑作教刑"，不引"撻以記之"，宜也。《公羊》何休學引《尚書》曰："羣后四朝，敷奏以言。明試以功，車服以庸。"明是《虞書》，而《徐彦疏》誤爲《逸書》。如果"逸書"一語出自何氏，尚有可疑，若徐氏，直刊本之誤耳。《春秋繁露》《潛夫論》皆漢人之書，其引"車服有庸"皆連"誰敢不讓""敢不敬應"二句。若以此二語爲説《堯典》者之詞，亦無確據。且《僞孔》苟作僞，則羣服賦納頗見新異，曷不用之，而反用"誰"代"疇"，用"庶"代"試"也？其餘小節，不必置詞，惟此五疑，究無確據。經文至重，未敢輕議，且俟異日，或者再有所考見，何如？

（《揅經室一集》卷十一）

## 荅臧生在東鏞堂書　庚戌　盧文弨

疑經，自是近世學者之病。生於《論語》謂《齊》《魯》不過字句之異，非或有或無、《齊論》不及《魯論》也。所言誠是。然門弟子各記所言，其才質不能無高下。其出於有子、曾子之徒者，固皆醇矣，或亦有不盡出於二子之徒者乎？《論語》記曾子啟手足之言，則書之成，去聖人時已久。儒者所稱孔子之言，荀卿即已疑其不實。孟子曰"盡信書不如無書"，此亦通人之論也。管仲一匡之功，舉世所豔稱，當孟子時猶有稱道弗絶者。記者因夫子有許之之言，而遂推崇太過，以致辭氣之閒抑揚過甚，誠難免後人之疑。若非有器小一章在前，則是聖人於管仲竟無絲毫之訾議矣。且即以管仲之事跡論之，始也不能擇君而事，逮射鉤之後，晏然無復他慮，使小白得先入國，何其見事之遲也！子糾之死，仲實死之矣。江人黄人素屬於楚，苟度吾利澤不及焉，則不當受其贄。乃始也侈服遠之名，卒之楚滅黄而不能救，天下以之病桓公，斯時管仲安在？王子帶，周之亂臣也，召戎伐王，王討之，奔齊而齊受之，且欲言於王而復之。管仲能以包茅不貢聲楚罪，今戎之罪更浮於楚，乃不能致討而平戎，於王如敵國然。蓋其志滿意得，淫三歸之樂，侈反坫之制，而已無經略天下之意矣。且人臣之忠其主者，莫大乎以人事君。世不乏才，以齊國之大，而謂無人焉，其誰信之？而管仲獨無所舉，故孔子稱人臣之賢，舉鮑叔而不及管仲以此。夫以豎刀、易牙、開方之倫在桓公左右，不於柄政之時早去之，何也？豈見不及與？抑力不足與？趙之公仲進牛畜、荀訢、徐越於烈侯，而歌者之田自止。此由無人乎桓公之側，故邪佞小人得以盤互而不可拔；顧於垂没之際，始爲君言之，庸能必其君之聽乎？故孟子直斷功烈之卑，非刻論也。夫以孟子誦法孔子，寧於《論語》一書有不盡見者，而其議論獨與器小之言合，則其所棄取亦約略可見矣。否則，以孔子所甚推崇者，而乃貶斥之不遺餘力，夫豈苟相反乎？生又謂子產之才不及管仲，亦但以功烈言也。不思子產之所相者鄭也，鄭之國小，不及齊之大，又新造之國也。其上世未有賜履之命如太公者，故不能爲管仲之事耳。以子產之智識，且行事一出於正，如使之相齊，其所成就當必在管仲之上矣。史公之傳管、晏，於管仲亦未過推許也。其論曰："將順其美，匡救其惡，故上下能相親也。"管仲之隱，史公實洞燭之，不過將順已耳，匡救已耳。所謂匡救，亦止如傳中所言隱伐蔡伐山戎之失，而假託之正義已耳。故獨於晏子忻爲之執鞭，此其衡量不昭然乎？子路死出公之難，所謂食亂君之祿，又焉得治君而死之。此但失之於前耳，不可謂其死爲不義也。管仲事糾有年矣，視其君與友之死，漠然如途人焉，喜已之有奥援而欲疾行以至齊，爲御者歌，使之忘倦，其嗜利無恥一至於此，曾少有須臾之愛於其故主乎？聖人立言，爲萬世人道之防，不宜抑揚如此之甚。彼前六朝、後五代之臣，皆以社稷無常主，君臣無常奉而輕爲去就，獨非籍斯語以爲固大聖人之所許乎？生謂死於溝瀆，不指召忽。吾亦不必援笙瀆即句竇、即溝瀆，以爲實指召忽也。然嫌疑之際，聖人慎焉。豈若後世文士但逞其一時議論之快，而不顧其或有所涉哉！明明召忽死子糾之難，而今爲此言，意雖泛指，文實有嫌，焉得人人而解説之，以吾斯言之爲泛指也？故應劭奏議以爲召忽死難，而孔子曰"經於溝瀆，人莫之知"，顔師古、司馬貞諸人咸亦謂然，似不得專咎讀者之不審也。顧、袁二氏之論，實出於天理人情之正，聖人復起，必將有取焉。有子親受業於孔子，聞"喪欲速貧，死欲速朽"之語，以爲是非夫子之言，如不得子游之解，而執此二語即爲定論，可乎？且"多聞闕疑，慎言其餘"，固聖人之所訓也。食肉不食馬肝，豈爲不知味哉！生姑置此而信其可信焉者，斯可矣。

（《抱經堂文集》卷二十一）

## 與臧在東書　乙未　嚴元照

一別又十旬餘矣。自足下之去，吾益孤孑。讀書有疑義，未由質問；有所剏獲，又惜不得與足下抵掌劇論，其相欣賞。天涯旅館，靜夜校書，想足下之念我，亦同此懷也。

足下天性戇直，有言必盡，欲少宛委一字而不可得，坐是而不諧於俗。吾則較足下少黠，尚能俯仰隨時，而意所不可究，不能飾貌爲歡，終不可以涉世。天之使我沈淪不遇，正乃所以全之，而非戹之也。足下宜深悉此意。足下去年在杭州書局，局中人皆不悦足下。此亦不可盡責於人，亦足下有以召之也。夫人心之不同如其面，學問亦猶是矣。一出言而莫之違，雖聖人弗能也，而謂吾曹顧能之乎？讀書有得，果自信不謬於古人，則雖舉世噪罵，曾何足以動吾心！於此而苟動其心，是自守之不固矣。又臧否人倫，尤宜謹慎，而足下且肆然見之筆墨之間，輒曰“某某不足道”。此大失儒者謹厚之風，姑無論其爲人所憎惡矣。

古人交友以箴規爲先。斯道也，今亡矣。足下以盡言見惡於時，然吾深知足下真能受盡言者。吾之直言不貢之於足下，將安貢乎？昔吾與足下極論處世交友之難，足下輒嘆息：受吾之益過於諸老。斯言也，亦可謂懇到之至者矣。然則吾不極攻足下之短，乃所以深負足下，異日持何面目以見吾良友也？

足下見吾脆弱，憂吾不永年。此誠愛我之至者。日暮懷人，言念及此，曷勝悢悢？然吾不自以爲憂，而以足下之所以憂予者爲足下憂也。何以言之？吾年未及冠，一病數年，幾夗矣，然竟不夗以至於今。天之所以留我於世，未必無意。年來遊心圖籍，假日媮樂，榮名得祿，淡然不攖於懷，更無夗法，何足憂也？古語不云乎？“翹翹者易缺，皦皦者易汙。”剛，美德也。然剛之過者，或近於躁，或近於愎。愎與躁，非特難以處世，亦且損於養生。斯二病，足下皆不免焉。吾之諄諄苦口，固不專爲足下陳處世之宜也，曾子曰：“規諫日至，煩以不聽矣。”二千里寄書，不以規諫，又將何言？足下其以吾言爲煩否？

春寒唯自重，不宣。元照叩頭。

（《悔菴學文》卷一）

## 答臧拜經論禮辭韻　陳壽祺

頃見執事《孟子齊伐燕攷》，鈎稽精諦，破數千載膠轕之疑，悅服無已。既以一二請質，過辱嘉納，有若江海之善下。復示《儀禮冠辭昏辭說》，教所不逮，非所謂矜其蒙而欲彪之以文者耶。敬謝，敬謝。

案：《詩小雅車攻》五章，《大雅抑》三章，皆首尾為一韻，中數句又隔別為韻。《昏辭》“往迎爾相”與“若則有常”韻，“承我宗事”與“先妣之嗣”韻，即其例也。“假”古通“嘏”，郭注《爾疋釋詁》引《詩》“湯孫奏假”為“奏嘏”，鄭注《禮記曾子問》讀“不假”為“不瑕”。“葭”“瑕”“騢”“嘏”並從“叚”聲，其見於《詩》皆入魚、模、麌、姥韻。則《冠辭》“假”之諧“甫”無疑。顧氏《唐韻正》、段氏《音均表》、孔氏《詩聲類》僉同此論。陸德明《儀禮音義》亦音“假”為“古”，而其餘協韻多舛。執事今從顧、段、孔三家以正王庶子《禮辭》末不入韻之說，是也。

來教又欲以“我”韻“迎”，以“孔”韻“爰”而下詢其可否。案：“迎”與“逆”聲義俱通，《周禮》《左氏傳》“迎”皆為“逆”，《禹貢》同為“逆河”，《漢書溝洫志》作“迎河”，《爾疋釋言》“逆，迎也”，劉熙《釋名》“逆，遻也”，《離騷》“迎”與“故”韻，是讀“迎”如“逆”也。且“迎”之本字未嘗不可讀入魚、模諸韻。“逆”從“屰”聲，“迎”從“卬”聲，古音魚、模與陽、唐多互相轉，故“亡”孳“無”通，“荒”與“幠”通（《爾雅釋詁注》），“瓬”讀為“甫”（《攷工記瓬人注》），“彉”讀若“郭”，“𢼸”讀若“撫”，“矍”讀若“穬”（《說文》）。若以“我”韻“迎”，則“我”當讀為“吾”，“我”與“吾”本一聲之轉也。“孔”與“空”通，《詩》“賓之初筵”，以“筵”“恭”“反”“幡”“遷”“僊”為韻，則“孔”可諧“爰”也。再以《爾疋》徵之，“逆，迎也。”“卬、吾，我也。”“孔，閒也。”義在而聲亦可隨之轉矣。雖然，壽祺尚有疑者。古人文法假疏實密，故三百篇用韻之法錯綜變化，孔氏《詩韻例》備矣。

但來教以《冠辭》《昏辭》必字字有韻，無乃過於破碎煩亂，非古人意與？又以句末之韻與前文句首之字遙協，則《三百篇》從無此例，益非所安。疊韻雙聲，古書隨舉輒是，然必有條理可尋，未有一上一下，倏此倏彼，横截句讀，强設通轉。惝怳不可定而一一執以為韻者也。《冠辭字辭》“備”“字”為韻，“嘉”“宜”為韻；“永受保之”，“之”與“備”“字”隔協為韻；“曰伯某甫”，“與”“假”為韻，其下“仲叔季”，唯其所當七字，則說禮之詞不入《字辭》之内，豈必有意牽以諧韻耶？藉令其然，又不宜不上協句末之字而轉上協句首之字。如執事說，“之”以當協“永”也。昔成王冠，周公使祝雍祝王曰：“達而勿多也。”辭且不欲多，而所作《禮》經用韻，顧若是其破碎煩亂乎？蘇蕙之回文，鮑照之建除數名，沈炯之六甲、十二屬、六府、八音及《口字詠》，下迄蘇軾之《吃語詩》，黄庭堅之《五平五仄詩》，皆詞人偶爾狡獪弄翰，竊恐古之圣人未肯出此也。

壽祺黯淺，不足以窺經訓之奥窔。狂夫之言，敢謂可擇？惟執事終教之，幸甚。

（《左海文集》卷四）

## 與臧拜經辨皋陶謨增句疏證書　陳壽祺

拜經執事：承示《皋陶謨增句疏證》，謂“撻以記之”以下，至“敢不敬應”七十四字，《史記》不載，馬、鄭《注》不見，斷爲《尚書》本無，出魏晉人僞撰。條舉件繫，自信不誣。異哉！執事之果於疑經也。壽祺考之，七十四字可證者十有一，而執事之說，所不解者十有五。請畢其言而執事裁焉。

《史記五帝本紀、夏本紀》采《虞、夏書》略具。《夏本紀》“敬四輔臣”之下曰：“諸眾讒嬖臣，君德誠施，皆清矣。”“諸眾讒嬖臣”者，即“庶頑讒說”之訓也；“君德誠施”者，即檃括“侯以明之”迄“時而颺之”之辭；“皆清矣”者，即檃括“格則承之庸之，否則威之”之辭也。下《經》“禹曰帝光天之下”訖“車服以庸”，亦“君德誠施”之意。“誰敢不讓？誰敢不敬應？”亦“皆清矣”之意。《史》文簡而賅若此，雖不載七十四字而義已無不舉，昭然明白，惡得誣《史記》以轉誣

《尚書》之無此文邪？《尚書》設無此文，則《史記》贅“君德誠施”二語於《經》何所附麗邪？今執事以“侯”訓“君”，以“明之”訓“皆清”，斯不辭矣。不解一也。

且《史記》采《尚書》固多撮敘节引之體，如《舜本紀》述諸臣之讓，不及“殳斨伯與”；《夏本紀》述臯陶言“天工人其代之”，其下即云“天討五罪，五刑五用哉”，不及“天敘有典”訖“五服五章”之詞，其下又即云“吾言底可行乎”，不及“政事懋哉懋哉”訖“敬哉有土”之詞。若以《史記》所不載輒指為僞簡，則此等亦將非《尚書》本文所有乎？不解二也。

《尚書》馬、鄭《注》不可見，賴以存梗槩者，陸氏《經典釋文》、孔氏《尚書正義》耳。《釋文》於《續舜典》、姚方興二本“曰若稽古”訖“乃命以位”二十八字，大書細注，皆別言之。一云：十二字，孔氏《傳》本無，一云：凡二十八字，異聊出之，於王《注》無施也。於“至于北岳，如西禮”云：“方興本同馬本，作‘如初’。”於《槀飫序》云：“衆家經文並書此，惟王《注》本下更有《汨作》《九共》，故逸。”於《金縢序》“武王有疾”云：“馬本作‘有疾不豫’。”於《酒誥》“王若曰”云：“馬本作‘成王若曰’。”於《顧命》“王崩”云：“馬本作‘成王崩’。”於《康王之誥序》“康王既尸天子”云：“馬本此句上更有‘成王崩’三字。”於《文侯之命序》云：“馬本無平字。”然則元郎於馬、鄭、王本，一字有無未嘗不録，安有七十四字之闕而反畧之哉？以此知馬、鄭本《臯陶謨》同孔《傳》本，審矣。而執事徒以馬、鄭七十四字《注》不見群籍，遽疑古文。不解三也。

《尚書正義》，尊孔抑鄭者也。其於《舜典》亦曰：“梅頤上孔氏《傳》，猶闕《舜典》自‘乃命以位’已上二十八字，世所不傳，多用王范之《注》補之。”《舜典》“我其試哉”，《正義》曰：“馬、鄭、王本說此經皆無‘帝曰’，當時庸生之徒漏之也。”若馬、鄭本漏《臯陶謨》七十四字，孔沖遠何容無一言及之？如所譏馬、鄭不見古文，不見孔《傳》者，沖遠既無一言，則馬、鄭本並有此七十四字，審矣。惡得歸獄僞孔，比《大禹謨》而竟删之？不解四也。

《說文手部》：“撻，鄉飲酒，罰不敬，撻其背。從手達聲。”此釋其義，明其用也。重文云：“遽，古文撻。《周書》曰：‘遽以記之。’”此引《經》以證古文之異也。《䖵部》：“蠢，動也。”重文云：“𢧵，古文蠢，從戈。《周書》曰：‘我有截于西。’”《二部》：“恒，常也。”重文云：“𠄨，古文恒從月。《詩》曰：‘如月之恆。’”《斤部》：“斷，截也。”重文云：“㫁，古文斷從㠯。㠯，古文叀字。《周書》曰：‘㫁㫁兮無它技。’”此皆先釋義後引《經》，猶前例也。“遽”下引《虞書》為《周書》，特傳寫之誤。《說文》引《尚書》，傳寫誤者夥矣。“琨”下引《虞書》“揚州貢瑤琨”，“夏”誤“虞”。“剿”下引《周書》“天用剿絶其命”，“夏”誤“周”。“埶”下引《周書》“大命不埶”，“商”誤“周”。“退”下引《周書》“我興受其退”，“商”誤“周”。“毦”下引《虞書》“耄字從此”。此《吕刑》耄荒之字，“周”誤“虞”。“怚”下引《詩》“相時悉民”，此《般庚》之孯。《商書》誤《詩》，奚獨“遽”字引《書》一譌，而必力排之也？執事以為《說文》所偁者《周禮》，案：《周禮閭胥》曰：“掌其比觵撻罰之事。”《小胥》曰：“巡舞列而撻其怠慢者。”何嘗有“遽以記之”之文？《說文》所偁顯出《臯謨》，今不易《周》為《虞》，轉欲改《書》為《禮》。不解五也。

“侯以明之，撻以記之”，即“扑作教刑”及“典樂教冑子”之事，周人鄉飲、鄉射，皆有撻扑之罰，盖因於古習，鄉習射，一勸一懲，尚賢絀惡，其道宣著，今止取其一，有勸無懲，詈促而不完，義偏而不備。不解六也。

《文選張平子東京賦》曰：“於是孟春元日，群后旁戾。百僚師師，于斯胥洎。藩國奉聘，要荒來質。具惟帝臣，獻琛執贄。”此文多用《尚書》，而“百僚師師”“具惟帝臣”，則皆《臯陶謨》詞也。薛綜舊《注》“具之言俱也”，其下善曰“萬邦黎獻，具惟帝臣。”善曰：“當為《尚書》。”曰：“此亦薛《注》。援《經》為證也。”《文選》本有脱譌，遂誤為李善《注》，不思“善曰”之下引《書》詞而不稱《書》。《文選注》寧有是例邪？此不待智者而決矣。綜卒於吳赤烏六年，僞孔《書傳》未出，所見《尚書》有此八字，其非僞撰，灼然可知，且《孔傳尚書》作“共惟帝臣”，若李善引《書》不應違孔本作“具惟”，而執事以為作僞者用《東京賦》，故薛《注》不言出《尚書》。不解七也。

《左氏傳僖二十七年》引《夏書》曰：“賦納以言，明試以功，車服以庸。”執事即以《尧典》之文當之。案：《經》《傳》無稱《尧典》為《夏書》者。漢、魏諸儒從《尧典》至《允征》，凡二十篇，總名曰《虞夏書》。然《尧典》不可専稱《夏書》，猶《禹貢》不可専偁《虞書》。

《尚書大傳》有《唐傳》《虞傳》，《說文》屢引《唐書》《虞書》。《言部》稱《虞書》曰“咎繇謨”，又偁《虞書》曰“明試以功”，是今文、古文家亦未有稱《尧典》為《夏書》者。《左氏文十八年傳》曰“《虞書》數舜之功曰‘慎徽五典，五典克從。’”是《尧典》稱《虞書》之明驗。蓋《尧典》事未涉夏，故不得稱《夏書》，而《皋陶謨》關虞、夏之間，故得稱《夏書》矣。杜預注左氏《夏書》曰：“《尚書虞夏書》也。”杜正親見“賦納以言”十二字在《虞夏書皋陶謨》中，故知《傳》偁《夏書》謂此，而執事舍此左證，以為杜目《尧典》言之。不解八也。

執事所持者，以“賦納”為古文，“敷奏”為今文，故謂“賦納以言”即《尧典》之“敷奏以言”也。案:《尧典》作“傅奏”，亦作“敷奏”；《皋陶謨》作“賦納”，亦作“傅納”，音義皆通。梅頤本《皋繇謨》作“敷納”，“明試”作“明庶”，其小乖異也。然《典》《謨》文雖近似，二事判然不可相亂，何以明之?《史記五帝紀》曰：“羣后四朝，徧告以言，明試以功，車服以庸。”《史》以訓詁代經文，“徧告”者，“敷奏”之訓也；“賦納”不可訓“徧告”也。杜預注《左氏傳》曰：“賦，取也。取納以言，觀其志也。”然則“傅奏”者，自下言之，“賦納”者，自上言之也。《公羊傳桓元年》何休《解詁》引《尚書》曰：“羣后四朝，敷奏以言，明試以功，車服以庸。”《漢書宣帝紀》地節二年詔曰：“臣下各奉職奏事，以敷奏其言，明試其功。”《王莽傳》莽下書曰：“羣后四朝，敷奏以言，明試以功。”此皆取《尧典》詞也。《漢書成帝紀》鴻嘉二年詔曰：“古之先賢，傅納以言，明試以功。”《敘傳》述《中宗紀》曰：“時舉傅納。”王符《潛夫論考績篇》曰：“《書》曰‘傅納以言，明試以功，車服以庸。誰能不讓?誰能不敬應?’”此皆取《皋陶謨》詞也。王莽、何休引“敷奏”，上連“羣后四朝”，故知“敷奏”者，《尧典》之文也。王符引“賦納”與《左氏傳》同，而下合“誰能不讓?誰能不敬應”，故知“賦納”者，《皋陶謨》之文也。二者分别若此，安在其為今文、古文之異哉?《古文尚書》兩漢未立學官，傳習亦尠，元始五年暫立，輒罷，故當時朝廷詔令臣工章疏所稱《尚書》，莫非歐陽、夏侯、班固自為，文辭亦往往用今文，王符《潛夫論》言《易》稱先師京君，言《詩》皆《齊》《魯》《韓》異說，言《書》如《述赦篇》引《吕刑》“寇贼消義”，引《康誥》“人有小罪，匪省，乃有大罪；匪終，乃惟省哉”之類，亦必本歐陽、夏侯，其偁“賦納”，豈必從古今？執事徑廢《皋謨》併歸《尧典》，以二文之判，强區古今，果何據乎？又云僞孔既取“敷納以言”十二字羼入《皋謨》，因存“納”於《謨》，從“奏”於《典》，存“試”於《典》，改“庶”於《謨》。夫僞孔綴輯二十五篇，首尾頗具，以《古文逸》十六篇不傳，故得售其欺。《大誓》以馬、鄭言後得，諸《書傳》所引，不在篇中尚多，故亦得僞撰三篇以易之。至於二十八篇，馬、鄭之本具在，安能悍然竄亂其閒，以欺天下？故但以《尧典》析為《舜典》，以《皋陶謨》析為《益稷》，以《顧命》自“王出在應門之内”析為《康王之誥》而已，其它不能變易也。而況進甲退乙，避東亦西，彼此紛紜，何不憚煩？恐僞孔愚不至是矣。不解九也。

執事又謂：《漢書敘傳》“時舉”二字乃班固語，作僞者横截前史，剽竊舊文。案：《敘傳》曰：“時舉傅納，聽斷帷精，柔遠能邇，燀燿威靈。”皆用《虞夏書》詞也。“時舉傅納”聯綴經文為句，猶述《武紀》之“疇咨熙載”，文家常法耳，何預僞手？不解十也。

執事又謂：鴻嘉之詔作“傅納”，蓋劉歆等尚古為之。攷歆河平中以黄門郎受詔，與父向領校秘書位，猶未顯。其時，成帝未聞崇尚古文，使歆視艸也。《成帝本紀》引《書》七事，如“黎民於蕃時雍，罔克耆壽，咎在朕躬。”乃今文之異，豈皆歆所為乎？王莽引《書》亦作“敷奏”，莽好古而愚者也。歆佐莽以潤色文章者也，何以不改“敷奏”為“傅納”，豈歆之尚古能行之成帝，不能行之亡新猝？不解十一也。

《後漢書胡廣傳》：“尚書史敞等薦廣曰：‘明試以功，《典》《謨》所美。’”李賢《注》：“《舜典》《咎繇謨》皆有此言。故云‘《典》《謩》所美’也。”案：此則“明試以功”之文兩見《典》《謨》，漢人所言信而有徵。李賢《注》以《尧典》為《舜典》，雖依孔《傳》，而以《益稷》為《咎繇謨》，則依馬、鄭本，亦足證馬、鄭古文有此語矣，何得以馬、鄭《注》不見而疑《經》乎？不解十二也。

《春秋繁露度制篇》引《書》曰：“轝服有庸，誰敢弗讓？敢不敬應？”《潛夫論》引《書》曰：“賦納以言，明試以功，車服以庸。誰能不讓？誰能不敬應？”而說之曰：“此尧、舜所以養黎民而致時雍也。”董、王所稱符合，則《經》有此文，信矣。乃以為“誰敢不讓”二語必《尚書》舊說，而釋《經》者連引之。不解十三也。

執事又載管君說，謂《尚書》之文“誰”皆為“疇”，今《書》乃曰“誰敢”，非《尚書》之文也。案：《虞書》“績”“工”“載”“庸”皆訓“功”，“朕”“予”皆訓“我”，“欽”“寅”“祗”皆訓“敬”，“若”“惠”“悉”皆訓“順”，前後雜出，非一端也。它若“克”之與“能”，“俾”之與“使”，“采”之與“事”，“諧”之與“和”，亦同訓而互用，“疇”“誰”岐見，安足為疑？信如所言，則《五子之歌》曰：“予誰疇依”，《説命》曰“疇敢不祗，承王之休命”，字仍作“疇”。作僞者曷為明於彼而闇於此，留其巇以招後人之掊擊？又愚不至是也。不解十四也。

執事又謂《虞書》言“欽”尠言“敬”。案：《虞書》言“敬”者屢矣。曰“敬授民時”，曰“敬敷五教”，曰“亂而敬”，曰“日嚴祗敬六德”，曰“敬哉有土”。奈何獨訾“敬應”哉？必謂唐、虞之文異於三代，則姚姒之史官，不若今之操觚之精矣。不解十五也。

執事是説濫觴陽湖縣孫大夫，輔以江寧管氏、文登畢氏。管與畢，壽祺未嘗相知，孫大夫博洽宏通，素所景仰，然其所輯《古文尚書注》，易“嵎夷”為“嵎鐵”，易“昧谷”為“柳谷”，易“不嗣”為“不怡”，易“衈哉”為“謐哉”，易“阻飢”為“祖飢”，易“在治忽”為“采政忽”，易“心腹腎腸”為“憂賢揚”，皆誤仞今文為古文。而“浮于淮泗，達于河”轉不改為“菏”，“雨霽驛蒙克”轉不改為“雨濟圛蟊克”。以後得《大誓》失中下二篇，不知孔氏《正義》明云上篇觀兵時事，中下二篇伐紂時事，是據馬、鄭本言之，何得更有中下二篇？以《左氏傳》引《盤庚》“惡之易也”，引《康誥》“父子兄弟不相及也”為佚句，不知此古人約舉經義之體。以高堂隆引《書》曰“若稽古帝舜曰重華，建皇授政改朔”為佚書，不知此《尚書中候》之文。以《説文》引《周書》曰“宮中之冗食”為佚書，不知此《周禮校人》之文。以《説文》稱“怨匹曰逑”為《虞書》，不知此《説文》之又一解。以《墨子》《韓非子》《吕氏春秋》《淮南子》《史記》《漢書》《後漢書》所引《周書》盡入《尚書》佚文，不知此《周書》七十一篇之佚文。此類不可勝舉。尤可異者，《公羊疏》指何休引《書》“羣后四朝，敷奏以言”云云，曰此《逸書》也。《逸書》乃《虞書》之譌，無可致疑，顧謂《疏》偁“賦納以言”為《逸書》，則二十九篇亦有為僞孔所亂者。既信譌字以自愚，復改注文以誣古，得非賢者之過邪？然則其謂《説文》引《周書》“遽以記之”，疑僞孔竄入《皋陶謨》者，未可從也。執事知《公羊疏》

《逸書》為《虞書》之譌，而不辯《說文》《周書》為《虞書》之譌，方且隨聲附和，詫為卓識，其然？豈其然乎？《古文逸》十六篇久絶，馬、鄭《注》本迄宋亦亡，而二十八篇之《經》，幸魏、晉閒未被竄改，猶得僅存，不過文字小有異同，乃忽據不根之論，肊加絀減，甚者詆娸文義，輕下雌黄，使虞、夏霝零之簡遭今而益殘，梅、姚割裂之辜得我而分謗。名為崇信古文，實毀棄之。欲發僞孔之覆，然不足以服其心，適以授之柄，而助其瀾。竊為執事不取也。

方今經術昌明，海内敦尚古學，然所慮尊經之過，翻以亡經，耆古之愚，變而背古。强執一二文字差互踳駮之端，横改數千載以來諸儒傳受之舊，蹈宋、元學者移劙經傳、芟削《詩》《書》之妄，而啓天下以非聖破道之萌，恐閻百詩、惠定宇諸先達不肯出此者也。執事殆未之深思與。壽祺蒙昧，固滯尠通，繆進芻蕘，罔顧忌諱，惟執事幸察之。

（《左海文集》卷四）

## 答臧拜經論鄭學書　陳壽祺

前蒙手教，言鄭司農《詩箋》《禮注》多用《魯詩》，誠覈，誠碻。壽祺曏所爲《經郛例議》固已及之矣，顧謂鄭君本習《魯詩》，斥《范史本傳》沒其實，而曰通《韓》爲不可據，猶有所未盡也。何者？

《北堂書鈔》引《續漢書》亦云受《韓詩》，《范史》固本之司馬彪書，非能虚造，其疎漏則有之矣。蓋鄭君先受《韓詩》，實已兼通三家，後乃治毛氏。《禮注》所據未嘗專一師也。《禮記緇衣》引《都人士》首章《注》曰："此《詩》毛氏有之，三家則亡。"此鄭糸稽四家之驗。《儀禮士喪禮、既夕注》引"竹柲緄縢"，《周禮弓人注》又爲"竹𩌏緄縢"；《儀禮士虞禮注》引"吉圭爲饎"，《周禮蜡氏注》又爲"吉圭惟饎"，《宫人注》又爲"吉蠲爲饎"；《候人注》引"何戈與祋"，《禮記樂記注》又爲"何戈與綴"。此鄭博採三家之驗。故賈公彦、孔穎達、王應麟諸人以爲鄭唯據《韓》，誠攷之不審。執事以爲鄭惟習《魯》，必欲廢通《韓》之説，則亦矯枉而過其正也。鄭學博大，網羅眾家，擇善而從，豈容偏廢？且《儒林傳》言鄭傳《小戴記》，而《三禮目録》每稱《大戴》；《本傳》言鄭先通京氏《易》、公羊《春秋》，後受《古文尚書》，而所宗者,《易》乃費氏,《春秋》乃左氏,《尚書》之外又注伏生《大傳》,《三禮注》往往引京《易》、公羊、穀梁《春秋傳》、歐陽、夏侯《尚書》。大氏史家之辭,撮述顛末,不暇詳綜異同,觀其會通,存乎其人。今必以言《韓詩》者爲不可信,則其餘亦將訾范氏之悉舛,而示鄭君以不宏乎。

執事謂鄭用《韓》義無可攷,今案《禮記經解注》明引《韓詩内傳》,《樂記注》“商宋詩也”,與《史記宋世家索隱》引《韓詩》說合。《孔子閒居注》“《詩》讀‘湯齊’爲‘湯躋’”,與《韓詩外傳》第三合。《儀禮士虞禮注》引“飲餞于泥”,《周禮射人注》引“宜豻宜獄”,與陸德明《經典釋文》引《韓詩》合。《釋文》“泥”爲“坭”,“豻”爲“犴”。“豻”、“犴”一字。《儀禮注》“‘泥’從‘水’者,傳寫誤耳”。《衛風》“邦之媛也”,《箋》曰:“邦人所依倚以爲援助。”《釋文》曰:“《韓詩》‘媛’作‘援’。云‘援’,‘取’也。‘取’乃‘助’字之誤。”《陳風》“可以樂飢”,箋讀“樂”爲“㿻”,《韓詩外傳》第二作“療”,“療”、“㿻”同字。然則箋《毛》亦閒從《韓》義,安得云無攷乎?

不寧惟是,《鄭志》云“初注《記》時執就盧君,先師亦然。”盧君謂盧植,先師謂馬融。盧君說《詩》今不可見,馬雖治毛,而“南有樛木”,馬與《韓詩》本“樛”並作“朻”,見《釋文》。其所作《廣成頌》一篇,尤多用《韓詩》。曰:“《詩》‘詠圃草’本於《韓詩》之‘東有圃草’。”曰:“‘駓騃譟讙’本於《韓詩》之‘駓駓騃騃’。”曰:“‘鏦特肩’本於《韓詩》之‘並驅從兩肩兮’。”今《後漢書》圃草之“圃”譌“囿”,駓騃之“駓”譌“鄙”,注又譌“騃”爲“俟”,當以《文選東都、西京兩賦注》正之。由此觀之,馬亦先習《韓詩》也。《廣成頌》又曰:“《蟋蟀》《山樞》之人,並刺國君,諷以太康馳驅之節。”案:石經《魯詩》“山樞”作“蓲”,今《頌》不作“蓲”,則馬所據非《魯詩》明矣。鄭言“先師亦然”,此亦習《韓》之一證也。

《爾雅釋畜》“騋牝驪牝”,《經義雜記》依《釋文》更定如此,執事復以雪窗書院舊錄《爾疋》證之,甚善。但陸德明所見郭本《爾雅》終竟乖謬。攷鄭注《周禮廋人》《禮記檀弓》並引《爾雅》曰“騋牡驪牝玄”,《周禮釋文》云“‘牡’‘驪’絶句,‘牝’‘玄’(頻忍反)絶句。今《周禮、禮記注疏》上‘牡’下‘牝’,皆互誤。”是鄭所見《爾雅》不作“騋牝驪牝”也。《釋文》云:“孫炎改上‘騋牝’爲‘牡’,讀與郭異。”是孫所見《爾雅》不作“騋牝驪牝”也。《説文》“騋”字引《詩》曰“騋牝驪牡”，即《爾雅》之文，上“牝”下“牡”，又與鄭、孫讀異。恐是下脱“犭”字然。許君所見《尒疋》亦不作“騋牝驪牝”也。《毛詩》“騋牝三千”，《傳》曰“騋馬與牝馬也”。毛《傳》故訓皆本之《尒疋》，若《爾疋》釋《詩》以“騋牝”連文，《傳》不宜分而爲二。是毛公所見《爾疋》亦不作“騋牝“驪牝”也。《周禮廋人》疏《尒疋》之意，以詩人美衛文公，直牝有三千，其實兼有牡，故云騋中所有，牡則驪色，牝則犭色。是賈公彦所見《爾疋》不作“騋牝驪牝”也。《釋畜》“麇：牡，麌；牝，麜；鹿：牡，麚；牝，麀；麕：牡，麌；牝，麜；狼：牡，貛；牝，狼。”鄭、孫讀“騋牡驪牝犭”，與此文例符，一無復可疑。倘如郭讀直以“驪”釋“騋”，可矣，連“牝”於“驪”，抑何贅也？今雖依《釋文》謂宜附正其後，俾學者得郭本之真，又以識郭本之踳，庶無迷誤。惟執事裁之。

（《左海文集》卷四）

## 與臧在東文學書　張澍

一昢承貽令祖玉林先生所箸《經義雜記》三十卷，日來讀之，嘆其犖精鄭學，掊擊王肅，即文字沿誤之處，亦考核堅確，真北海之功臣也。

某最款啓，雖亦時繙古人經説，而少入仕塗，鴻網無暇，不能究其訓詁，矧能撢大義耶。然其書亦似有引用僢譗及鑒議未碻者。

如“我將”，《詩》云“我將我享，維羊維牛”，而以爲“本佀‘維牛維羊’，‘羊’與‘享’韻，‘牛’與‘右’韻。《箋》云：‘我奉養我享祭之牛羊’可證。”澍按：此説大非。《周禮羊人》曰：“積其羊牲，設積柴祭天。”則供羊牲、實柴也。先柴而後獻，故“維羊”文在“維牛”之上。將者，奉羊以供柴；享者，獻牛以供祀。此典禮之序也。《烈女詩》之“自羊徂牛”，先言“羊”亦如此，若鄭《箋》言“牛羊”者，辭例如此，不足據以定《經》文也。

《盧子幹逸文》條有云：“《北堂書鈔》引周植《酈文周誄》云：‘自齔未成童，著書十餘則。’”桉：《漢書》酈炎字“文勝”，此佀“文周”，誤。“周植”宜佀“盧植”也。

又“鄭莊公寤生”，從《史記》“難生”之説亦未是。且謂“寤”與“牾”字通借，“寤生”者，謂牾逆而生，交午於產門，久不得下，故姜氏驚也。此殆未知南燕公孫夫人生慕容德之事，故有此解。又謂“寤而生當喜，何反驚?”是又不知前秦姜氏生苻洪之事也。

“不衰城”條，從顔師古之説，謂“衰城，以差次受功賦也”。桉：何邵公《注》：“若今以草衣城。”此詁最確。蓋方城之時，適值淫霖，以草覆之，可免崩褫。仲幾不肯，故責其無尊天子之心，與《齊語》管仲言“相地衰征”之言，本不相涉，不得援以爲證。如魏之劉馥爲揚州刺史，孫權攻合肥城百餘日，時天連雨，城欲崩，於是以苫蓑覆之，是其事也。《左傳》云：“孟懿子會城成周。庚寅，栽。宋仲幾不受功，乃執仲幾以歸。”據左氏説是“方城”，公羊説是“已城”。然古人“工”“功”字本通用，“不受功”者，言方城之時已太木，而仲幾不肯隨衆董工也。其不肯董工奈何，當時值雨，衆欲蓑之，仲幾不從，故執之。必以爲“差功賦”，未必古義如此。

又足下《拜經堂日記》以“段干木”爲姓段，以《吕氏春秋》有“干木富於義”之句，遂以應劭《風俗通》之説爲是，殆不知古人之語例也。古人複姓多連下一字稱之，故“孫叔敖”爲“叔敖”，“公牛哀”爲“牛哀”，“司馬遷”爲“馬遷”，“東方朔”爲“方朔”之類，不可枚舉。如“段干木”爲單姓，則段干朋、段干綸、段干崇、段干越人，豈皆兄弟行乎？况《史記》明云：“老子之子名宗，宗爲魏將，封於段、干。”高誘《國策注》：“段干，姓。綸，名也。”《三輔決録》云：“段干木之子隱如入關，去干字爲段氏。”則段干之爲複姓，審矣。

足下好學深思，閎覽多聞，顧於此稍僢午，諒未嘗留意於姓氏之學也。儻不謂然，祈賜正爲幸。

（《養素堂文集》卷十五）

## 與臧西成論小爾雅書　宋翔鳳

《經義雜記》誚王肅竄易毛《傳》以駮鄭學。肅之欺世，《學案》已立，誠有若先正所言者。然康成推闡内學以變師説，亦有明徵，安可盡委爲肅改乎？就《小雅》而論，知“正”“鵠”之訓，在鄭君前，絶無

"畫布""椄皮"之别，而戴東原以難《小雅》，已不免貽譏於目睫，况與《小雅》合者，毛氏而外，如鄭仲師、馬季長，亦閒有之，豈皆肅改以難鄭乎？《説文解字》徵引《尒疋》，非止一科，涼薄之文，合若符契，足下以爲别是一書，更同武囗。且物字、鍰字及秉莒異訓，獨有康成合於《小雅》，烏睹爲駁鄭之書？但此篇本出《孔叢》，不免有王氏之私定。以其竄改毛《傳》之技，改《小雅》誠所不難，弟於疏證略一發明。兹當以足下廣我者增入，則其是否亦可瞭。然以疑全書，又已過當。昔顧亭林譏《説文》，閻潛邱薄古，韻學之萌芽，老師宿儒每加忽略。况《小雅》者，在漢代則爲俗學，在今日則爲小書。玉林先生在康熙閒，焯知《孔叢》之僞。僉人害正，既多牽引；良吏決獄，未免株連。平反之功，正在今日。夏侯建，勝之從子，其傳《尚書》，各名一家。小同，康成之孫也，其注《孝經》，即立異説。即康成注書，前後自變，非徒一事。而足下必以墨守爲君子，以片言爲定論，愚竊以爲過矣。耑此奉復，望有以教之，則幸甚。

（《樸學齋文録》卷一）

## 與臧西成書　宋翔鳳

連日讀足下所造文，皆學問之所流，而性情之自發，有不得已於言，何暇論於格律之閒也？與阮侍郎書反覆於《儒林傳》事，仁人孝子之心有可念者。然鄙意以諸經博士廢，即不得有《儒林》。《儒林》者，守一師之言以教授弟子，俾家法之毋墜。故生則官以博士，殁則傳以《儒林》。若會通衆家，自闢蹊徑，議論足以閒世務，著作可以緯萬物者，即不以《儒林》囿之，如遷之於孟、荀，固之於賈、董、劉、楊，蔚宗之於康成、賈逵，是也。今之博士非古之博士，則《儒林》之傳又烏能以稱？蕭山毛奇齡與閩學爲難，侮嫚囗詬，其言糞土，聞且入於《儒林》，則《儒林》又何足爲美乎？足下之文，僕將次弟而録之。於此感觸，不能無發言焉。老書相證，未知以爲然否？翔鳳再拜。

庸拜白：惠書言《儒林》、博士，所見極精到，鄙意猶未能免俗耳。石渠先生至言，何必以傳《儒林》方爲經生？猶自好者，不屑入鄉賢祠也。弟則爲秉筆者惜之。蕪文承獎譽，不暇爲文，一語真知己之言。庸再拜。

（《樸學齋文録》卷一）

## 跋臧在東秀才束脩説　錢維喬

“束”字之訓以“束縛”爲義，“脩”與“修”通，用從服，“脩”有取其斷斷自修之義，故假借以通於“修餙”之“修”，而“脯”之本義不可奪也。摯有定物，而尋常餽問無，於《禮》之禮，正未可拘。故束脩之問、束脩之肉、束脩之餽及壼酒束脩、樽酒束脩，見於《禮記》《穀梁》《孔叢子》《前、後漢書》，不一而足，皆言禮之薄者。又考《周書武帝紀》詔：“諸胄子入學，但束脩於師，不勞釋奠。”以“束脩”與“釋奠”對舉，明以物言。《唐書禮樂志》：釋奠之禮，皇子束脩，“乃束帛一篚，脩一案”，分爲二物。《後漢書第五倫傳注》已有此解。此束脩之禮見於學校者也。《北史》：馮偉“門徒束脩，一毫不受。”《隋書》：“劉炫博學，後進受業，不遠千里。然嗇于財，不行束脩者，未嘗有所教誨，時人以此少之。”此束脩之禮見於儒林者也。皆承襲《魯論》，指從師之禮，未有異解也。鄭氏以為“束帶修餙”，乃古人輾轉借訓之義。兩漢以後，亦多用作“檢束自好”之稱，而“脩脯”本義迄今未廢。至屬之“年十五以上”者，不過約言入學之年，可以執贄從師耳，非可據爲實義也。即如引注《秦誓孔傳》之束脩，“一介臣”便屬無當。繆公悔過之餘，猷詢黄髮，其曰“斷斷休休”，乃指老成碩德之臣，於十五以上髫齡奚涉耶？由此論之，《延篤傳》云“吾自束修以來”，猶云吾自幼學以來；《王莽傳》云“自初束修”，《伏湛傳》云“自行束修”，猶云自初受學，非有深義，本無庸注釋也。聖人之言，字字著實，無可增減。“行”者，行此禮也。解作“束帶修餙”，則“行”爲贅辭。若云“束帶修餙”亦是儀文，所以須行，則“修餙”不可爲禮之名目，而虚加一“行”字，恐無此句法。凡曰“以上”，就其卑者以起例也。人能束修其躬，雖大賢不外乎此，何至甚易其辭而擬爲至卑之品乎？古人序年多從實數，《論語》“吾十有五而志於學”，《曲禮》“十年曰幼學，二十曰弱冠”，無不繫以歲數者。其曰“能御”“能典謁”等語，不過酬答之文，如必按年齒訓作“修餙”，聖人以垂教立言，義主樸實，鄙夫有問，不嫌直書，何必涉此文法，煩人索解乎？況誨人必限之十五以上，更有可疑者。《穀梁注》："成童，八歲以上。"孔子于互鄉童子則與言矣，闕黨童子則將命矣。是十五以下且未嘗無誨也。何況久踰就傅之年，正當親師之日，豈轉有所吝於啓迪，而必待自明哉？

（《竹初文鈔》卷四）

## 復臧文學鏞堂問通俗文書　洪亮吉

昨頒到《通俗文》輯本，披閱之下，知足下好古之殷，網羅載籍之博，與亡友任君大椿所輯《字林》，均爲小學家不可少之書矣。亮吉幼亦嘗從事于此，故尊《集》跋語内欲足下于所引原書下分别開載，以存古人之實，足下或不以爲然，而又垂詢及之，用敢粗次所知者以復焉。

此書自劉昭《續漢書注》後，徵引者不下十餘家，然惟李善《文選注》及《太平御覽》所采最夥。攷《文選注》引《通俗文》不著服虔者，如《上林賦注》"水鳥食謂之啑"，《長楊賦注》"骨中脂曰髓"，《登樓賦注》"暗色曰黲"，《江賦注》"髮亂曰鬖髿"等是也。有引《通俗文》而明著服虔者，《赭白馬賦注》"天子出，虎賁伺非常謂之遮迾"，《長笛賦注》"營居曰鄔"，《洛神賦注》"耳珠曰璫"，《琴賦注》"樂不勝謂之嘔噱"等是也。《御覽》引《通俗文》不著服虔者，"脣不覆齒謂之齖"（卷三百六十八）、"乳病曰庬"（三百七十一）、"噴導曰簪"（六百八十八）、"障牀曰幨"（六百九十九）等是也。引《通俗文》而明著服虔者，"剡葦傷盜謂之搶"（三百三十七），"毛飾曰毦"（三百四十一）、"匕首劍屬，其頭類匕，故曰匕首，短而便用"（三百四十六）、"矛長八尺謂之矟"（三百五十四）、"大杖曰棓"（三百五十七）、"所以制馬曰鞚"（三百五十八）、"凡勒飾曰珂，箠鞭尾曰鞘"（三百五十九）等是也。至若他書所引，有止言服虔而文法絶似《通俗文》者，《史記禮書》裴駰《集解》引服虔云"簀謂之笫"等是也；有變文言《通俗篇》者，《文選琴賦注》引服虔《通俗篇》是也；又有止言"服虔俗説"者，《顔氏家訓書證篇》殷仲堪《常用字訓》亦引"服虔俗説"之類是也。至杜預《左傳注》，多用服虔舊説，今《通俗文》與杜《注》可相發明者極多。又如"亭水曰汪""腋下謂之脅""頭創曰瘍""遮取謂之抄掠""自蔽曰庇""財帛曰賄"

“覆蓋曰葺”等，疑皆服氏注《左傳》舊説，又互見于此篇也。若《左傳文三年》“螭魅罔兩”，《周禮家宗人正義》引服虔《注》云“魍魎，木石之怪”，而《一切經音義》引《通俗文》“木石怪謂之罔兩”，益可爲服氏著《通俗文》之證。至《襄十四年》“射兩軥”，《詩小戎正義》引服《注》云“軥，車軶”，而《御覽》（七百七十六）引《通俗文》云“軸限者謂之枸，枸、軥，古字同”，又可知義訓無不合矣。至前人疑此書出李虔者，不過因晉《中經簿》所無，又引《初學記器物部》“舟第十一”引李虔《通俗》“晉曰舶”一語以證梁阮孝緒之説，不知《器物部》“牀第五”先引服虔《通俗文》云“牀三尺五曰榻，板獨坐曰枰，八尺曰牀”，近在一卷之中，且“牀第五”引服虔之説緊次《説文》，而“舟第十一”引李虔之説則次于《廣雅》之後，明《通俗文》係服虔所作，而李虔續之，名既相同，阮孝緒等遂混二書爲一。如許慎《淮南王書注》半淆入高誘《注》中，亦賴有《御覽》，係北宋初年所輯，尚分標二人之名，後人則亦混爲一矣。《唐書藝文志》固明標李虔《續通俗文》，言“續”則非始自李虔可知。君家先人《經義雜記》又以《隋書經籍志》次此書于沈約《四聲》等書後，而證其爲李虔，不知《隋志》亦唐人所修，與徐堅、釋元應相距不遠，今徐堅所引則次于《説文》，《一切經音義》所引則皆在《三蒼》《釋名》之上，則唐人亦皆以此書爲服虔所造也。至若反音，不妨爲後人所補入，或專係李虔續書中語，與《通俗文》之爲服虔注無礙也。

又輯本中亦尚有脱漏處，如《御覽》人事部二十二引《通俗文》“容麗曰媌，形美曰婧，容美曰婠。南楚以好爲娃，肥骨柔弱曰媟娜，頰輔妍美曰嫵媚，容茂曰嬫，不媚曰嬌，可惡曰嬒，大醜曰誺，醜稱曰娭”等語，足下引其半而遺其半，未審何故，得暇尚示知之。

（《授經堂遺集》之《更生齋文甲集》卷一）

## 哭臧在東先生文　趙坦

嗚呼先生！坦自今不復望知己於世矣！人之一生，知心有幾？先生而逝，坦又奚爲？

憶初覿面，在嘉慶丁巳。明年，督學使者儀徵阮公撰《經籍籑詁》，延先生爲總纂，謁見深相許。是歲秋，遊廣東，將行　以《山左金石成》贈坦，曰："曩在湖上時已心許君矣。"遂别去。庚申歲，先生自廣東至，謂陽湖孫淵如先生曰："趙坦，好學士也，君厚視之。"明年，校經於紫陽書院，爲坦點勘古文。壬戌秋，又别去。别去凡七年。歲戊辰，復遊杭，入督學使者劉公幕，得坦書院文，寄語坦曰："久不晤君，快讀君卷，如見故人。"明年冬，得坦解經卷，復大喜。庚午春，客仁和場章子卿先生署。是時，先生患足疾初愈，坦亦患足創，先生謂陳扶雅曰："不見寬夫久矣，思一見爲慰。"坦肩輿往見，歡甚。謂坦曰："吾不相接久，視吾爲人，豈異昔日耶？"第鬆鬚已盡白，竊驚訝。復爲坦評古文，悉刪訂，且識其可存者，書於後。曰："不如是，不足以答良友也。"遂北上。

嗚呼！坦爲古文辭二十餘年矣，喜讀坦文者不多覯，況能爲坦刪訂之、句讀之耶？又安有如良工之擇木，審之、復之，且識之，以待營築之求也者？先生於坦之善若己善，愛誦稱其情；於坦之不善若己不善，别而翦之存其真。世固無有如先生之較文者。嗚呼已矣！坦自今無所就質矣，無復有知我、愛我如先生者矣！先生之北遊也，坦猶意人世交遊如白雲飛鳥，離合無定，謂且去當復晤，孰謂先生之去竟不再覿也！

今年夏，檢篋中書，得先生手札數番。謂人曰："情之真摯者，莫臧先生若。"將因嚴厚民報書於先生，未屬稾而凶問至矣。嗚呼痛哉！傳者云"先生卒京師旅舍"，靈櫬在野，遺書篋貯。又不知先生之子果能扶柩歸、收藏弗失否也？相隔千里，末由哭弔，揮淚爲文，惟以洩其中心之傷悼已矣。嗚呼痛哉！

（《保甓齋文録》卷上）

## 書臧孝子傳後　趙坦

嘉慶戊午，督學使者儀徵阮公譔《經籍纂詁》，延武進臧君在東暨其弟和貴總其事，館於西湖孤山之麓。坦與分纂見兩君貌古而氣和，與人交真率不貳。時未釋父喪，居一室，足未嘗至戶外。一日旦起，和貴啟戶出，不測所往。俄頃，攜一筐歸，蔬果魚肉具。既烹，［illegible］以進，閉戶不出。或怪其久不聞聲也，排闥而入，則肴核酒漿充然陳於几，木主、衣裳、杖屨赫然設於座，兩君著白衣冠，戚然長跽於下，客至不爲動，皆歎惋而退。蓋兩君之孝敬拔俗者，根性生心，非僞爲也。越七載甲子，在東援例試北闈，薦不售。又一載，和貴復游浙，以疾歸，遂歿，年僅三十。坦聞古之孝行君子，身或不顯，其後必昌。彼蒼有知，坦將於臧氏是望。

（《保甓齋文録》卷上）

## 論語束修説序　趙懷玉

同里臧君在東，博聞彊記，説經專宗兩漢，一義未安，必求其是而後已。嘗輯《鄭氏論語注》二卷，於“自行束修”章，采用《後漢書延篤傳注》，謂“束帶修飾”即鄭氏之言，竝引《伏湛傳》“自行束修，訖無毀玷”《注》“自行束修，謂年十五以上”爲證。顧世所列於學官者，何晏《集解》、朱子《集注》而已，《集解》引孔《傳》言人能奉禮，邢氏以“十脡脯”疏之，朱子宗其説。近皇侃《義疏》出，亦主“脯”言，且謂孔《注》雖不云“脩”是“脯”，意亦不得離“脯”，故天下童而習之，無不知“脩”之爲“脯”，“十脡”之爲“束”，而“束帶修飾”之説遂晦而不彰。今臧君獨申己是，人不能無異辭焉。謂《曲禮》“委摯而退”，《正義》“童子之摯皆用束修。”見古之從師、取友皆以束修爲摯，而約束修飾未嘗不包舉其中。合鄭、朱二説而通之者，錢塘盧弓父先生也。謂“束修”字宜從《説文》本訓，“束”從口，從木，本訓“束縛”，而通爲“檢束”之“束”，“脩”訓“脯”，從肉。“修”訓“飾”，從彡。古人取同聲之字相訓，故以“修”訓“脩”。若從李賢《注》，但當云“自束脩以上”，“行”字即爲虛設者，洪稚存也。右臧君與諸君反復辯論者，顧子囗也。懷玉按：注中“已上”明明即釋經文“已上”，似不必更生支節。又《尚書秦誓》“如有一介臣”，孔《傳》曰：“如有修束一介臣。”《正義》曰：“孔注《論語》以‘束修’爲‘束帶修飾’，此亦當然。然《論語》孔《注》言‘人能奉禮’，是作‘脩脯’。”《正義》“孔”字似鄭氏之譌。李賢以“束修”爲“束帶修飾”，又引鄭以證，則“束帶修飾”乃鄭注《論語》之文，賢以“束修”爲正解，故約采之而不著所本。以“謂年十五已上”句爲餘義，故更稱鄭《論語注》以別之，其實皆鄭氏之説，非賢創解。且“一介”爲一心耿介，王肅云“一心端慤”。尋《秦誓》上下文意，即孔《傳》“束修”本同鄭説，是孔亦有時主“束帶修飾”言矣。方盧先生初主吾鄉講席，臧君即有是解，既而受業於盧門，遂疑舊說之不當存者以質之懷玉，而不知是固無傷也。從孔義，盧氏之說是也；從鄭義，臧、顧之說是也。洪意亦主孔，而說有未暢焉。記曰：“慎思之，明辨之。有弗思，思之；弗得，弗措也。有弗辨，辨之；弗明，弗措也。”劉向治《穀梁春秋》，子歆好《春秋左氏傳》。光武於百僚畢會，令群臣能說經者更相難詰，高貴鄉公幸太學，與博士問難極詳。范蔚宗曰：“書理無二，義歸一宗。學問之道，苟可自信。雖父子、君臣，不妨異趣。”余故輯而録之，俾人知吾里經術之盛，不爲苟同，以求其是，非務申己說已也。既歷引舊說，而以諸君子之論附後。爲文八篇，解二，辨三，書三。

（《亦有生齋集》文卷二）

## 輯盧子幹禮記解詁序　庚戌　盧文弨

余壯歲見朱子之言曰：“後漢諸儒，說《禮》甚有功。”而於吾家子幹，且獨舉其名，意竊慕之。考《後漢書本傳》，載其作《禮記解詁》，而《隋、唐志》皆云《禮記注》，當由後人改易本名。其卷則二十，諸書略同。後人無傳者。余思就所見纂輯，而服官少暇，繼又奔馳道塗，終於不果。歲月空擲，念之未嘗不内熱也。武進臧生在東，研求遺經，志甚鋭，力甚勤，慨然補余之闕，日度不盈六十，而所輯已裒然成卷，録以遺余，余得之喜甚。凡諸經之《義疏》，史籍之所載，無不捃拾。即衆家相傳文字、音讀之異同，一字一句，罔有遺棄。而所可見者乃不及十之一，豈不甚可惜哉！當日子幹與鄭康成同事馬融。今鄭氏《三禮注》《毛詩箋》得唐孔、賈諸儒爲之條疏，而書大顯；餘若《周易》《尚書》及《尚書大傳》，雖已散失，而後人爲之掇拾，其卷軸猶不甚約。乃於子幹，後世至不能舉其書之名，莫爲之後，雖美不傳。猶幸今有在東其人，以英敏之資，乘精鋭之力，不爲則已，爲則必成。余爲盧氏後人，乃悠悠忽忽，以迄於今，而得安享其成，幸之甚，愧亦甚焉！夫子幹有功聖經，一生言行無玷，大節炳炳著史策。乃明人張璁輩，輒妄爲軒輊，黜其聖廟從祀，而改祀於鄉。吾里杭堇浦前輩，有請仍從祀議，在《集》中，其事果不行。然公論自在，天壤必有能繼請者，豈余小子私以爲氏族光哉！因讀此書而併附及之。

（《抱經堂文集》卷六，又見於《盧氏禮記解詁》卷首）

## 爾雅漢注序　己酉　盧文弨

不識古訓，則不能通六藝之文而求其意。欲識古訓，當於年代相近者求之。《爾雅》一書，舊説謂始於周公、孔子，而子夏暨叔孫通輩續成。今臧生在東，從揚子雲、鄭康成之言，斷以爲孔子門人所作。其爲《注》者，漢有犍爲文學樊光、李巡，魏有孫炎，爲反切之學所自始，是皆説《爾雅》者所必宗也。今唯晉郭璞《注》盛行，而他皆失傳。郭於古文古義，不能盡通，往往以己意更定，考古之士病焉。幸李、孫諸人説，時散見於唐人諸書中。其爲郭氏所棄而不取者説，顧往往勝郭。在東篤好古義，徧加搜輯，萆成三卷，庶乎遺言之不盡隊也。夫時之近遠，猶夫州土之各異。以吳人解越人之言，縱不盡通，猶得其六、七，燕、秦之士必不逮焉。故吾亦不謂李、孫諸人之解之盡得也，然其是者，必賢於後人所見。在東勤勤掇拾，能引伸其所長而不曲護其所短，由詁訓以通經學，斯不難循塗而至矣。吾因以知宋人若陸佃、鄭樵之更不足尚也。與其陸、鄭之是從，又無寧郭。

乾隆五十四年陽月既望，杭東里人盧某序。

（《抱經堂文集》卷六）

## 拜經日記序　阮元

臧君西成，以通儒玉林先生之後，而出於盧抱經學士之門，著有《拜經日記》一十二卷。歲在辛未，君以疾卒於京師，聞者莫不嘆惋。是時天下方治古經學，君以布衣短褐，躬行學古，得與錢辛楣少詹、王懷祖觀察、段茂堂大令遊，大江南北學者稱之。以余所見於西成者，其所採輯、著述甚富，《日記》一書，爲説經之士所欲先睹者也。臧君發揮經義，推見至隱，直使讀者置身兩漢，若親見諸家之説者。余録存篋中，亦十載於斯矣。今歲庚辰，其子相來粵，出其家傳之本相校，以授諸梓。其他著述，則有待於來者。爰書其始末而爲之《序》，讀是書者，可見其家學之淵源，師友之受授，且以求君之學與行也。

阮元序。

（《拜經堂叢書》本《拜經日記》卷首）

## 拜經日記敘　王念孫

臧子用中，常州武進篤學士也。余曩官京師時，已聞用中名而未識其面。歲在甲子，余官山東運河道，用中過余廨舍，而余他往不獲見。去年，余官直隸永定河道，用中又過余，相見甚歡。及余罷官，養痾都下，與用中所居相去數武，晨夕過從，而益以知其人之樸厚、學之精審也。用中紹其先玉林先生之學，撰《拜經日記》十二卷，考訂漢世經師流傳之分合、字句之異同、後人傳寫之脱誤、改竄之踪迹，擘肌分理，剖豪析芒，其可謂辯矣。《日記》所擘究者，一曰諸經今古文，二曰王肅改經，三曰四家《詩》同異，四曰《釋文》《義疏》所據舊本，五曰南北學者音讀不同，六曰今人以《説文》改經之非，七曰《説文》譌脱之字，而於孔孟事實，考之尤詳。若其説經所旁及者，叔孫《禮記》、南斗文昌之類，皆確有根據，而補前人所未及。夫世之言漢學者，但見其異於今者，則寶貴之，而於古人之傳授、文字之變遷，多不暇致辯，或以為細而忽之。得好學如用中者，詳考以復古人之舊，豈非讀經之大幸哉！讀《日記》畢，爰舉其犖犖大者，以為之《敘》。至於逐條分見，有補於經者甚衆，蓋不暇一、二數云。

歲在辛未，六月望日，高郵王念孫序。

（清抄本《拜經日記》卷首，時在嘉慶十六年辛未。又見載於《王石臞先生遺文》卷二）

## 拜經日記序　許宗彦

嘉慶二年，宗彦始識武進臧君拜經於仁和孫侍御坐上。拜經沈默敦重，坐作發八勢，出言必根據經口，心甚異之。既知為玉林先生元孫，夙受業盧抱經學士，淵源師法并盛，讀書日有課，天時人事弗少間，篤志蓋出常人遠甚。家素貧，衣食於毫素。自嘉慶至今十餘年中，儀徵阮雲臺師一為學使者，再持節巡撫浙江，每有纂譔，必延拜經主之，故拜經客杭最乆。宗彦性疎嬾，又於經史僅通大義，辨其章句文辭而已，遇沈思、鋭力、果斷之士議論，憚相往復，故與拜經交最久而跡頗疎。然每念好學深造者，輒首拜經，謂如皇侃、熊安生，當求之唐以上也。今年冬，拜經將歸常州，示宗彦《日記》三冊，使之為序，則知拜經學益邃。經、子疑義、誤字，他人不能措意者，獨能毛舉件繫而梳節之，持論自闢窔奥，弥不同於人。夫人情莫不樂同而忌異，以拜經之不同於人，則慮人之莫知拜經也。夫學問難矣，有求異而實未嘗異者，有好同而實未嘗同者；或同於人矣，而人卒莫能同之；或異於人，人亦因而異之。君子為學，惟其理之是而已，同異不足言也。宗彦所趨向與拜經亦自不合，而拜經使序其書，得毋以其小異流俗而進之耶。夫以拜經淵源師法如彼，研精覃思如此，積數十年所得而筆之書，其精觕之數固非宗彦所能辨别，士有篤學與拜經等者，必能識之而嗜之矣。

嘉慶十四年長至日前十日，德清許宗彦序。

（清抄本《拜經日記》卷首）

## 拜經日記跋　臧相

維先君子卒後之九年，相始抱其遺書來粵，謁見儀徵阮制軍。制軍命採擇其要者，代爲付刊。因以《日記》進。制軍善之，爲料量刻資，授梓順德。閱五月告竣，書成十二卷。

嗚呼！自我高高祖玉林先生，以經學起家，著有《經義雜記》三十卷，五傳而至先君子，手訂其書，刊於南海，於是海内之士，尊爲經師，列之《儒林》，迄於今二十餘年矣。先君子闡揚先業，著作纍纍。《日記》一書，爲讀經之餘，隨筆記録，平生精力所萃，當代通儒碩彦留讀者幾遍。相自傷貧賤，衣食奔走，於先人之道，無所發明。至是，始得制軍表彰之力，告成於後，可愧也已。其他著作，尚有三十餘種。今來粵東，撫念先人遊蹟，歷歷猶在，歲月已深，而汗青未竟，有不禁欷歔欲泣也。其假館而俾之卒業者，則汜水王竹川明府之力，附書於此，以不忘嘉惠云耳。

嘉慶二十四年，歲次己卯，冬十一月朔，孤子相泣識於書後。

時在順德之鳳山書院。

（《拜經堂叢書》本《拜經日記》卷末）

## 拜經日記題辭　莊述祖、陳壽祺、許宗彥

大著旁通曲證，精之至矣。鄙意欲裒集其精核有關於一字一義者爲一書，其餘泛論學問，無關於經籍者，或可割愛。論韻四卷，或另爲編次。未知用中以爲何如？

已巳季冬，莊述祖識於蒙泉書屋。

拜經此書，窮源竟委，鉤貫會通，實爲近時說經家所罕及。留讀案頭，幾及月餘，愧未能盡通其奧也。敬服，敬服！

庚午六月，福州陳壽祺讀于長椿寺街京邸。

近日說經之士，膚受目論，不待言已。其博而篤者，亦多不能通貫全經，出論時得時失。在東此書，任舉一義一字，皆於經學之本源、經師之受授，會通而暢其說，使讀者若置身于兩漢，親見諸家之本者，其勿可及也已。

戊午三月，德清許宗彥識。

（《拜經堂叢書》本《拜經日記》卷首）

## 拜經日記自序　臧庸

鏞堂自知固蔽，不敢妄作。懼家學日漸廢墜，辛亥校訂高祖玉林先生《經義雜記》成，不量其力，思克紹先德。遇一隙之明，簪筆書之，久而彙録，題曰《拜經日記》，以就正有道。“拜經”，爲余隨所居室，輒以名焉者。

時乾隆甲寅仲夏，鏞堂識於武昌督署。

（《拜經堂叢書》本《拜經日記》卷一首）

## 鈕非石日記　鈕樹玉

壬子二月廿九日。次常州，候顧先生。（名明，字子述，號尚志。）適臧先生來，（名鏞堂，字在東。）並約會見顧先生。因出示臧先生所著《爾雅》（皆采古《注》，有足觀者。）《校正鄭注論語》《蔡中郎月令章句》。

癸丑五月一日。會臧在東，見所挍《一切經音義》。臧君云："段公有宋本《急就篇》。"又云："段公甚信《韻》《會》。"

癸丑九月十一日。偕臧拜經訪張莒園。適錢飲石來。（名東壁）臧君出，語云："東壁卽壁壘，主武而不主文，魁星亦然，後人誤用之。"詳其所著《文昌星考》。

丁卯十月二十三日。會臧在東，觀臧君《日記》。内辨顔子卒非三十二，歷舉古書以證，甚精確。又辨段干木乃段姓，名干木，亦不可易。又觀所輯《漢書蕭該音義》。

（《鈕非石日記》）

## 癸丑季冬送臧拜經詩跋　鈕樹玉

余之獲交於君，實由顧千里始。憶辛亥冬，千里謂余曰："有顧子述者，攜其友臧君所輯《爾雅古注》來吳，因得寓目，蓋希有之書也。"余雖未見，固已中心藏之矣。壬子舟過毗陵，始獲晤君於顧氏尚志齋。癸丑再過造訪，獲再見焉。然皆未能傾其衷。别無幾，君適來吳，寓居於袁又愷氏，遂得晨夕過從，質疑問難。並出示所輯《韓詩遺說》《蔡氏月令》二書，其精審與《爾雅古注》同，宜千里之所以傾倒也。夫鑒明則美惡莫能掩，以余之鄙陋而頻愿見於高明，適足以彰益陋矣。然而不能已者，殆難自解也。君兹有楚北之行，一時名流造送接踵。余既作俚句贈别，蒙撰大序以相勖，因重述獲交之始。

（《鈕非石遺文》）

## 臧上舍庸① 焦循

同輩推君弟一流，南樓别後遂千秋。真人昔有徐無鬼，儒行誰如許散愁。只以《詩》《書》爲性命，絶無城府在交游。招魂欲到燕臺去，幾度臨風淚未收。

（《焦循詩文集》，《雕菰集》卷四）

## 辛酉臘月朔日入山祈雪即得雪出山過詁經精舍訪顧千里廣圻臧在東鏞堂用去年得雪詩韻 阮元

殘歲山崢嶸，陳迹兩年合。峯巒洩春氣，一雪復成臘。空谷無行人，白光凍千衲。出山入精舍，拂衣花滿榻。延賓有陳蕃，下車愧衛颯。煮茶説羣經，《鄭志》互問答。登樓對南屏，還見去年塔。頹雲潑墨濃，圖中認王洽。撫景觸愁懷，鄉園戶空闔。慈竹壓墓門，風雪定紛雜。

（《揅經室四集》詩卷五）

## 題臧在東茂才（鏞堂）自撰尊人行狀後 瞿中溶

直可追三代，誠能貫《六經》。報知心自赤，重義眼常青。信有終身誦，施無德色形。瀧岡傳一表，千載仰儀型。

（《古泉山館詩集》金昌藁卷一）

① 詩注曰："僕素少交游，邇年家處，尤多疎闊。昨歲聞武進臧庸上舍卒於京師，今又接歙縣孝廉方正程先生訃，愴然久之，率成二首。"此詩又見載於《易餘集》，但"僕"後無"素"字，"上舍"後無"庸"字，"訃"前無"瑤田"之名。

## 秋日懷人詩・臧在東文學庸　宋翔鳳

蕭然樸學世誰稱，盡削繁枝據上層。滿座儒林看奪席，幾家師說得傳燈。馬肝轅固原難食，鹿角朱雲折未能。羨爾讐書如斷獄，何時遍録剡谿藤。

（《浮谿精舍叢書》本《憶山堂詩録》卷四）

## 詠懷詩　洪亮吉

奇才樸學我兼師，辛苦高齋論述時。他日許教兒輩拜，臧生經術陸郎詩。

注曰："臧生者，在東鏞也。"

（陸繼輅《合肥學舍札記》"稚存先生詩"條，時乾隆五十五年，稚存先生計偕入都，有詩見懷。）

## 臧孝子傳　段玉裁

孝子名禮堂，字和貴，行三，武進人。玉林先生琳之元孫，諱繼宏之子，原名鏞堂，改名庸者，其伯兄也。始余因盧抱經學士識庸，庸好學深摯，願爲余弟子，飲余酒，得見孝子。時孝子年十四、五耳。庸取其校訂《論語》一二條相示，余甚異之，以後不相見。既聞阮梁伯爲《經籍纂詁》一書，延庸及孝子襄事，孝子時居父憂，以墨冠入局，同事者以爲怪，余聞而益異之。後六年，庸在都門，孝子過余枝園，言往杭州將謁阮梁伯求館地，余但見其恂恂如，亦未深知其孝也；旋聞孝子死年才三十余，爲庸傷之；既庸自都門歸，以孝子《行略》見示，余乃自恨不能知人，覿面失孝子。

……先是，其父謂族黨曰："禮堂，吾孝子也。"庸自楚中歸，謂庸曰："三兒善事我，我久病，微三兒，病不可爲矣。"……孝子父本以廢貯鬻財爲業，生計在店，孝子卒之年，庸入都，命季弟屺司其事，而鬛時折閱一旦敗露，庸聞不勝其憤，札示諸弟欲獨居。孝子與庸札，其略曰："吾兄在外一載，相距三年，母老有疾，宜眷戀不已，乃來札惟聞一腔怨憤之辭，禮堂頗有惑焉。兄將以此化室中耶？抑爲室中所化而然耶？《易》曰：'所由來，必有漸。'如此則好貨財、私妻子，不顧父母之養，何所不至？即不欲如是，其流弊必使妻子如是，刑於寡妻。此等原煞有難處，出言不可不慎，出乎此則入乎彼，中無立脚處。屺司事不及一月，發店中虛實，此有何非？况先考去世，母命兄清理家事，乃不能鉤考處分得宜，而至潰敗，則怨誹如此，日引月長，漸即於不孝不知矣。禮堂不敢不告，不告則爲欺兄。顔氏光敏《家誡》云：'刻意孝弟，反致責備無已，動心忍性，正在此時，一不能制，前功盡棄，猶然一庸俗人也。'數語甚善。兄，孝弟人也。其念之。"庸讀其書，引咎自責，兄弟益和。母病，詣東嶽廟，私請減年一紀益母。母病愈越五年而孝子歿，年三十耳。豈神如其請所爲耶？抑其命也？曾致書規庸，言不當遠遊，又君子已孤不更名，不應更名。次兄某嗜博，泣諫不止，晝夜相隨，雖如厠亦在側，兄感而約弗敢犯。居無僮僕，米鹽薪水，親摻之。其志潔，其行苦，故其鄉私謚曰"孝節先生"。

庸又曰：孝子固欲以文章自見者也。孝子素受業於庸，閲紀傳及所聞孝子孝婦悉録之，自丙辰至乙丑，成數百卷。……金壇段氏曰：孝子之行，誰則傳之？其兄庸、其弟屺實傳之。其兄庸痛之，乃取孝子致兄諸札，著於行略，刻之以彰其美。……

（《經韻樓集》卷九）

## 節孝臧君墓表　焦循

君姓臧氏，諱禮堂，字和貴，常州武進縣人。高祖琳，以經學著名。父繼宏，母章，生子四人：伯庸，仲鱓，君次叔，季屺。君生有至性，天倫而外，別無所樂，秉質樸鈍。師事伯兄庸，每受經，人一己百，務獲乃已，遂通"六書"故訓之學，尤長讎校，學者推之。……伯兄庸，舊名鏞堂，至是改今名。君作書規之曰："君子已孤不更名。蘇忿生、宓不齊，皆二名也。名以傳信，取名不定，字號太多，反致岐惑。"……君卒於嘉慶十年閏六月二十八日，春秋僅三十。配胡氏，無子，有二女。是年八月三日，葬君於豐西鄉祖墓之側。庸傷君甚，私謚君曰“節孝先生”……

（《焦循詩文集》，《雕菰集》卷二十二）

# 引用書目與參考文獻

（清）臧庸著：《拜經日記》，《拜經堂叢書》本。

（清）臧庸著：《拜經日記》，國家圖書館出版社影印清費念慈所校清抄本，2011 年版。

（清）趙坦著：《保甓齋文録》，北平燕京大學圖書館，民國 27（1938）年版。

（清）盧文弨著：《抱經堂文集》，王文錦點校，中華書局 1990 年版。

（漢）蔡邕撰：《蔡氏月令章句》，（清）臧庸編，《拜經堂叢書》本。

常州市地方志辦公室編《常州市志》，中國社會科學出版社 1995 年版。

盛宣懷、繆荃孫輯刻：《常州先哲遺書》，南京大學出版社 2009 年版。

許嘉璐主編：《傳統語言學辭典》，河北教育出版社 1990 年版。

（清）劉壽曾著：《傳雅堂文集》，1937 年徐乃昌刊本。

（清）王昶著，陳明潔、朱惠國、裴風順點校：《春融堂集》，上海文化出版社 2013 年版。

［美］艾爾曼著：《從理學到樸學——中華帝國晚期思想與社會變化面面觀》，趙剛譯，江蘇人民出版社 2012 年版。

蔡長林著：《從文士到經生——考據學風潮下的常州學派》，臺灣中研院中國文哲研究所 2010 年版。

（清）戴震著：《戴震文集》，中華書局 1980 年版。

（清）焦循著：《雕菰集》，臺灣商務印書館《國學基本叢書》本，1968 年版。

（清）阮元著：《定香亭筆談》，嘉慶五（1800）年阮氏《文選樓叢書》本。

（清）戴震著：《東原文集》，乾隆五十七（1792）年經韵樓刊本。

陳鴻森撰：《段玉裁年譜訂補》，臺灣《史語所集刊》第六十本三分冊，1989年版。

（清）郝懿行著：《爾雅義疏》，上海古籍出版社影印郝氏家刻本，1983年版。

（清）鈕樹玉著：《非石日記鈔》，《滂喜齋叢書》本。

羅振玉輯：《高郵王氏遺書》，上虞羅氏排印本，1925年版。

（清）洪亮吉著：《更生齋文甲集》，《授經堂叢書》本。

（清）瞿中溶著：《古泉山館詩集》，同治十年（1871）刻本。

（清）顧廣圻著：《顧千里集》，王欣夫輯，中華書局2007年版。

周積明撰：《關於乾嘉"新義理學"的通信》，《學術月刊》2001年第4期。

（清）王其淦、吴康壽修，（清）湯成烈等纂：《光緒武進陽湖縣志》，江蘇古籍出版社1991年版。

（清）莊毓鋐、陸鼎翰纂修：《光緒武陽志餘》，江蘇古籍出版社1991年版。

（清）李桓輯：《國朝耆獻類徵初編》，（臺灣）明文書局，《清代傳記叢刊》本，1985年版。

（清）李元度著：《國朝先正事略》，《續修四庫全書》本。

（隋）蕭該撰，（清）臧庸輯：《漢書音義》，《拜經堂叢書》本。

（清）江藩纂，漆永祥箋釋：《漢學師承記箋釋》，上海古籍出版社2006年版。

（清）陸繼輅著：《合肥學舍札記》，光緒四年（1878）刻本。

（清）王昶著：《湖海詩傳》，臺灣商務印書館1968年版。

（清）阮元主編：《皇清經解》，道光九（1829）年學海堂刊本。

（清）嚴元照著：《悔菴學文》，光緒間湖州陸氏刻本。

（清）錢大昕著，陳文和主編：《嘉定錢大昕全集》，江蘇古籍出版社1997年版。

南京師范大學古籍整理研究所編：《江蘇藝文志常州卷》，江蘇人民出版社1994年版。

（清）焦循著，劉建臻點校：《焦循詩文集》，廣陵書社2009年版。

來新夏著：《近三百年人物年譜知見録》（增訂本），中華書局2010

年版。

雷平撰：《近十年來大陸乾嘉考據學研究綜述》，《史學月刊》2004年第1期。

（唐）陸德明撰，黄焯彙校，黄延祖重輯：《經典釋文彙校》，中華書局2006年版。

（清）阮元主編：《經籍籑詁》，中華書局1982年版。

［美］本杰明·艾爾曼著：《經學、政治和宗族——中華帝國晚期常州今文學派研究》，趙剛譯，江蘇人民出版社1998年版。

［美］本杰明·艾爾曼著：《經學·科舉·文化史：艾爾曼自選集》，復旦大學文史研究院譯，中華書局2010年版。

黄開國主編《經學辭典》，四川人民出版社1993年版。

周予同著：《經學和經學史》，上海人民出版社2012年版。

（清）臧琳著：《經義雜記》，《拜經堂叢書》本。

（清）段玉裁撰，鍾敬華校點：《經韻樓集》（附補編、年譜），上海古籍出版社2008年版。

（清）洪亮吉著：《卷施閣文集》，光緒五（1879）年授經堂刻《洪北江遺集》本。

汪啟明著：《考據學論稿》，巴蜀書社2010年版。

任嘉禾著：《考據學新探》，内蒙古大學出版社1996年版。

（清）張鑑等編：《雷塘盦主弟子記》，黄愛平點校，中華書局1995年版。

（清）劉台拱撰：《劉端臨先生遺書》，道光十四（1834）年世德堂刊本。

（清）劉逢禄撰：《劉禮部集》，道光十（1830）年思誤齋刊本。

劉師培著：《劉申叔遺書》，江蘇古籍出版社1997年版。

（漢）鄭玄撰，（清）臧琳編，（清）臧庸補編《六藝論》，《拜經堂叢書》本。

（漢）盧植撰，（清）臧庸輯：《盧氏禮記解詁》，《拜經堂叢書》本。

余英時著：《論戴震與章學誠》，三聯書店2000年版。

吴明霞撰：《論清代學者臧庸的學術成就》，《中國典籍與文化》2000年第4期。

蔡長林撰：《論清中葉常州學者對考據學的不同態度及其意義——以

臧庸與李兆洛爲討論中心》，中研院文哲研究所編《中國文哲研究集刊》2003年第23期。

張慧劍著：《明清江蘇文人年表》，上海古籍出版社2008年版。

麥仲貴著：《明清儒學家著述生卒年表》，臺灣學生書局1977年版。

（清）鈕樹玉撰，羅濟平校點：《鈕非石日記》（附《鈕非石遺文》），遼寧教育出版社1998年版。

（清）宋翔鳳著：《樸學齋文録》，咸豐間刊本。

漆永祥撰：《乾嘉考據學家臧庸》，《西北師範大學學報》1995年第5期。

漆永祥著：《乾嘉考據學研究》，中國社會科學出版社1998年版。

陳祖武、朱彤窗著：《乾嘉學派研究》，河北人民出版社2007年版。

陳祖武、朱彤窗著：《乾嘉學術編年》，河北人民出版社2005年版。

林慶彰、張壽安主編《乾嘉學者的義理學》，中研院中國文哲研究所2003年版。

（清）錢大昕著，吕友仁點校：《潛研堂集》，上海古籍出版社1989年版。

（清）徐珂編撰：《清稗類鈔》，中華書局1984年版。

王達津主編：《清代經部序跋選》，天津古籍出版社1991年版。

郭康松著：《清代考據學研究》，崇文書局2001年版。

［美］A. W. 恒慕義主編：《清代名人傳略》，中國人民大學清史研究所《清代名人傳略》翻譯組譯，青海人民出版社1990年版。

張維驤編：《清代毗陵名人小傳稿》，常州旅滬同鄉會1944年版。

支偉成著：《清代樸學大師列傳》，臺灣明文書局民國十三（1924）年版。

蔡冠洛編著：《清代七百名人傳》，中國書店1984年版。

羅炳良著：《清代乾嘉歷史考證學研究》，北京圖書館出版社2007年版。

清史編委會編：《清代人物傳稿》，中華書局1984年版。

本書編委會編：《清代詩文集彙编》，上海古籍出版社2010年版。

蕭一山著：《清代通史》，中華書局1986年版。

王重民、楊殿珣等編：《清代文集篇目分類索引》，北京圖書館出版社2003年版。

趙永紀主編:《清代學術辭典》,學苑出版社 2005 年版。

梁啟超著:《清代學術概論》,朱維錚校訂,中華書局 2011 年版。

柴德庚著:《清代學術史講義》,商務印書館 2013 年版。

張舜徽著:《清代揚州學記》,廣陵書社 2004 年版。

張麗珠撰:《清代義理學新貌》,臺灣里仁書局 1999 年版。

《清國史》,中華書局影嘉業堂鈔本 1993 年版。

李靈年、楊忠主編:《清人別集總目》,安徽教育出版社 2000 年版。

袁行雲著:《清人詩集敘録》,文化藝術出版社 1994 年版。

張舜徽著:《清人文集別録》,中華書局 1963 年版。

徐德明撰:《清人學術筆記提要》,學苑出版社 2004 年版。

《清人注疏十三經》,中華書局 1998 年影印本。

徐世昌等編纂,沈芝盈、梁運華點校:《清儒學案》,中華書局 2008 年版。

《清實録》(高宗、仁宗二朝),中華書局 1986 年版。

趙爾巽、柯劭忞等編:《清史稿》,中華書局 1977 年版。

王鍾翰點校:《清史列傳》,中華書局 1987 年版。

(清)唐鑑撰輯:《清學案小識》(原名《國朝學案小識》),上海商務印書館民國二十四(1935)年版。

周予同著:《群經通論》,上海人民出版社 2012 年版。

唐田恬撰:《阮元〈周禮注疏校勘記〉探析》,北京大學,碩士學位論文,2013 年。

郭明道著:《阮元評傳》,社會科學文獻出版社 2005 年版。

陳鴻森著:《阮元揅經室遺文輯存》(增訂本),載楊晋龍主編《清代揚州學術》,“中研院”中國文哲研究所 2005 年版。

李學勤主編:《十三經注疏》整理本,北京大學出版社 2000 年版。

(清)王鳴盛著,黃曙輝點校:《十七史商榷》,上海古籍出版社 2013 年版。

(清)顧廣圻著:《思適齋集》,道光二十九(1849)年上海徐氏校刻本。

《〈四庫全書總目〉與乾嘉“新義理學”》,周積明撰,載林慶彰、張壽安主編《乾嘉學者的義理學》,“中研院”中國文哲研究所 2003 年版。

(清)張紹南編,(清)王德福續編:《孫淵如先生年譜》,光绪刻藕香零拾本。

（清）孫星衍著：《孫淵如先生全集》，光緒二十（1894）年長沙王氏刊本。

楊晉龍撰：《臺灣學者研究“清乾嘉揚州學派”述略》，《漢學研究通訊》2000 年第 4 期。

（清）嚴可均著：《鐵橋漫稿》，世界書局 1984 年版。

（清）王念孫著：《王石臞先生遺文》，《高郵王氏遺書》本，1925 年版。

（清）莊存與著：《味經齋遺書》，道光間刊本。

（清）錢林著：《文獻徵存録》，《續修四庫全書》本。

（清）孫星衍著，駢宇騫點校：《問字堂集》，中華書局 1996 年版。

（清）姚鼐著，盧坡點校：《惜抱軒尺牘》，安徽大學出版社 2014 年版。

（清）姚鼐著，劉季高點校：《惜抱軒詩文集》，上海古籍出版社 1992 年版。

（清）凌廷堪著，王文錦點校：《校禮堂文集》，中華書局 1998 年版。

尚小明著：《學人游幕與清代學術》，社會科學文獻出版社 1999 年版。

（清）阮元撰，鄧經元點校：《揅經室集》，中華書局 1993 年版。

（清）張澍撰：《養素堂文集》，道光十七（1837）年棗華書屋刻本。

張壽安撰：《以禮代理——凌廷堪與清中葉儒學思想的轉變》，“中研院”近代史研究所 1994 年版。

（清）趙懷玉著：《亦有生齋集》，道光年間刻本。

（清）宋翔鳳著：《憶山堂詩録》，《浮谿精舍叢書》本。

李薇編：《臧拜經先生年譜》（稿本），北京大學圖書館藏。

陳鴻森撰：《臧庸〈拜經堂文集〉校勘記》，臺灣中山大學《文與哲》2004 年第 5 期。

陳鴻森撰：《臧庸拜經堂遺文輯存》，《書目季刊》2006 年第 2 期。

陳鴻森撰：《臧庸年譜》，《中國經學》第 2 輯，廣西師范大學出版社 2007 年版。

［日］吉川幸次郎撰：《臧在東先生年譜》，昭和十一（1936）年二月《東方學報京都》第六冊。

羅振玉編：《昭代經師手簡》，（臺灣）藝文印書館 1976 年版。

（清）莊存與著：《珍藝宧文鈔》，嘉慶、道光間刊《珍藝宧遺書》本。

（清）周中孚著，黃曙輝、印曉峰標校：《鄭堂讀書記》，上海書店2009年版。

孫欽善著：《中國古文獻學》，北京大學出版社2006年版。

梁啟超：《中國近三百年學術史》，東方出版社1996年版。

錢穆著：《中國近三百年學術史》，九州出版社2011年版。

［日］宇野哲人著：《中國近世儒學史》，馬福辰譯，（臺北）中國文化大學出版社1982年版。

［日］本田成之著：《中國經學史》，江俠庵譯，（臺北）學海出版社1985年版。

吳雁南、秦學頎、李禹階主編《中國經學史》，福建人民出版社2001年版。

周予同著：《中國經學史講義》（外二種），上海人民出版社2012年版。

姜廣輝主編：《中國經學思想史》，中國社會科學出版社2010年版。

曹聚仁著：《中國學術思想史隨筆》，三聯書店1986年版。

胡樸安著：《中國訓詁學史》，上海書店1984年版。

陳高春編著：《中國語文學家辭典》，河南人民出版社1986年版。

陳建初、吴澤順主編：《中國語言學人名大辭典》，嶽麓書社1997年版。

（清）錢維喬著：《竹初文鈔》，嘉慶十三（1808）年刻本。

陳鴻森撰：《〈子夏易傳〉臧庸輯本評述》，《齊魯文化研究》第10輯，2011年。

（清）陳壽祺著：《左海文集》，《續修四庫全書》本。